갑골학 일백 년 1

甲骨學一百年

The Study of Oracle-Bone Inscriptions in Century

2012년도
대한민국학술원 선정
우수학술도서

이 도서는 대한민국학술원에서 선정한
"2012년도 우수학술도서"로서 교육과학기술부의
지원으로 구입 배부한 것임.

지은이 왕우신王宇信은 북경 平谷 출생. 중국사회과학원 역사연구소 연구원, 중국은상문화연구회 이사장. 갑골학과 先秦 시대 역사학이 주 전공이며, 현재 중국 고대문명과 하상주 정치제도를 연구하고 있다. 1964년 북경대학 역사학과를 졸업하고 사회과학원에서 胡厚宣 교수의 지도를 받았으며, 『甲骨文合集』의 편찬에 참여하였다. 주요저작으로는 『建國以來甲骨文研究』, 『西周史話』, 『西周甲骨探論』 등이 있으며, 『甲骨學通論』은 한국에서도 번역되었다.

지은이 양승남楊升南은 사천성 平昌현 출생. 중국사회과학원 역사연구소 연구원, 선진사연구실 주임, 중국은상문화학회 부회장 등을 역임. 중국 先秦史 및 갑골학, 고문자학이 주전공이며 중국 고대 국가구조와 사회사를 연구하고 있다. 1964년 사천대학 역사학과를 졸업하고, 같은 해 8월 중국과회과학원 역사연구소로 옮겼으며, 『甲骨文合集』의 편찬에 참여하였고, 王宇信과 함께 胡厚宣 주편의 『甲骨文合集釋文』의 총교열을 맡았다. 『甲骨學一百年』의 주요 저자로 참여하였고, 『商代經濟史』, 『中國春秋戰國政治史』, 『商代土地制度史』(공저) 등이 있다.

옮긴이 하영삼河永三은 경남 의령 출생. 경성대학교 중문과 교수, 한국한자연구소 소장. 한자학이 주전공이며, 한자에 반영된 문화 특징을 연구하고 있다. 1983년 부산대학교 중문과를 졸업하고 臺灣 政治大學에서 석·박사 학위를 취득했다. 『한자문화학』, 『한자야 미안해』(부수편, 어휘편), 『연상 한자』, 『한자의 세계』 등의 저서와 『한어문자학사』, 『한자 왕국』, 『언어와 문화』, 『언어지리유형학』, 『洙泗考信錄』(공역) 등의 역서가 있다.

갑골학 일백 년甲骨學一百年 1

1판 1쇄 발행 2011년 4월 15일 **1판 2쇄 발행** 2012년 8월 25일

지은이 왕우신·양승남 외 **옮긴이** 하영삼 **펴낸이** 박성모 **펴낸곳** 소명출판
등록 제13-522호 **주소** 137-878 서울시 서초구 서초동 1621-18 (란빌딩 1층)
대표전화 (02) 585-7840 **팩시밀리** (02) 585-7848
이메일 somyong@korea.com **홈페이지** www.somyong.co.kr

ISBN 978-89-5626-577-3 94820 값 25,000원
ISBN 978-89-5626-576-6 (전 5권)

이 번역도서는 정부재원(교육인적자원부 학술연구조성사업비)으로 한국연구재단의 지원에 의하여 연구되었음.

갑골학 일백 년 1

甲骨學一百年

왕우신 · 양승남 외 지음
하영삼 옮김

소명출판

일러두기

※ 본문

1. 한글세대가 읽을 수 있는 쉬운 한국어로 풀어쓰는 것을 원칙으로 한다.
2. 가능한 한자의 사용을 자제하며 필요한 때에만 한자를 병기한다. 다만, 각주에서는 책의 전문성을 고려하고 번잡함을 피하고자 원문 그대로 쓴다. 본문 예) 갑골학甲骨學; 주석 예) 裴明相, 「略談鄭州商代前期的骨刻文字」, 『全國商史學術討論會論文集』, 1985; 『鄭州商城的考古新發現與研究』(1985～1992), 中州古籍出版社, 1993, 177면.
3. 한자 사용권의 인명과 지명, 책이름 등 고유명사는 시기에 관계없이 모두 한국 한자음으로 통일하여 표기하며, 처음 등장하는 인명 뒤에다 생몰연대를 병기한다. 단 중국의 소수민족명 등은 원음을 존중해 표기하며 한자를 병기해 둔다. 한자 사용권을 제외한 서구의 인명과 고유명사는 원음대로 표기함을 원칙으로 한다. 예) 왕우신王宇信(1940～현재), 나시納西족, 백천정白川靜, 멘지스明義士(James Mellon Menzies).
4. 인용 갑골문은 인용 후 번역문을 제시한다. 학자들 간의 해석상의 차이가 있을 때는 저자들의 해석과 의도를 존중한다. 갑골문 등 고문자는 스캔 후 그림저장 형식으로 편집한다.
5. 서명은 『 』, 편명이나 논문이나 단편 글 등은 「 」, 인용문은 " ", 작은 인용문과 강조는 ' ' 등으로 표기한다.
6. 서명과 편명을 동시에 적을 때에는 『서명』「편명」의 형식으로 한다. 예) 『논어』「술이」, 『맹자』「등문공」 상
7. 서명 · 논문명은 이해하기 쉽도록 풀어쓰는 것을 원칙으로 한다. 예) 『전후 남경 · 상해 지역에서 새로 얻은 갑골집戰後寧滬新獲甲骨集』
8. 원서에서 구분하지 않은 서명과 논문은 따로 구분해 표기한다. 예) 『甲骨文斷代硏究例』→「갑골문 시기구분 연구 예甲骨文斷代硏究例」
9. 연대는 서기로 하고, 연호로 표기된 경우에는 서기를 괄호 속에 표기한다. 예) 민국 44년(1955)
10. 숫자 표기는 아라비아 숫자로 한다. 예) 75,423편

※ 용어

1. 전문 용어는 가능한 한글화시킨다. 예) 斷代 : 시기구분, 綴合 : 조각 맞추기
2. 생경한 한자 용어는 가능한 한 풀어쓴다. 예) 品類 : 기물분류
3. 어려운 용어는 한자를 병기하고, 괄호 속에 간단히 풀이하여 이해를 돕는다. 예) 전와磚瓦(벽돌과 기와)
4. 비슷한 의미를 가지는 한자를 가능한 한 의미가 차이가 나도록 번역한다.
   1) "斷代"의 경우, 일반적 의미로 쓰일 때에는 "시기구분"이라 번역했지만, "分期"와 함께 등장하여 대칭적 의미로 쓰일 때에는 "斷代"는 "시대구분"으로, "分期"는 "시기구분"으로 번역했다.
   2) "宰"은 일반적인 양과 구분하기 위해 "희생양"으로, "牢"는 일반적인 소와 구분하기 위해 "희생소"로 구분해 번역했다.
   3) 재앙에 관한 용어의 경우, "타"는 "탈"로, "尤"와 "咎"는 "허물"로, "災"(祟, 齒 등)는 "재앙"으로, "禍"는 "불행"으로, "艱"은 "어려움" 등으로 구분하여 번역했다.
   4) 공납에 관한 동사의 경우, "氏"는 "갖고 왔다", "來"는 "보내 왔다", "入"은 "들여왔다" 등으로 구분하여 번역했다.

※ 역주

1. 중요한 개념이나 이 책에서의 설명이 미진한 경우, 혹은 이 책이 나온 이후 지금까지의 고고학적 성과는 가능한 보충하여 역주로 처리하도록 한다.

저자 서문

한국어판『갑골학 일백 년』출판에 부쳐

2010년 3월 5일 아침, 부산 경성대학교에서 한국의 저명 학자 하영삼 교수로부터 갑자기 걸려온 전화를 받고서, 너무나 반가웠다. 하지만, 가장 기뻤던 것은 하 교수가 알려온『갑골학 일백 년』의 한국어 번역본에 관한 진전 상황 때문이었다. 이미 제2차 교정이 완성되어 출판사에 넘길 예정이고, "순조롭다면 올해 안에 5권의 분량으로 출판될 수 있을 것이다"라고 했다. 아울러 필자에게 한국어 번역판『갑골학 일백 년』의 "서문"을 부탁해 왔다. 이 책이 한국에서 번역 출판될 수 있었다는 것은 한국의 "중국학" 전문가가 한층 더 깊은 수준의 중국 전통문화 연구를 향해 진전했음을 말해준다. 그리고 그러한 성과가 이루어졌음의 반영인 동시에 한중 학자 간의 학술 교류와 우호적인 왕래가 새로운 성과를 이룬 것으로 생각한다. 이 때문에 이 책의 주 편집자이자 저자의 한 사람인 필자는 "서문"을 부탁한 하 교수의 부탁을 흔쾌히 받아들이게 되었다.

우리가 이 책의 한국어 번역판 출간을 두고서 한국의 "중국학" 전문가가 한층 더 깊은 수준의 중국 전통문화 연구를 향해 진전했으며 그러한 성과가 이루어졌음의 반영이라 하는 것은, 바로 갑골문이라는 것이 3천 년 전 중국의 가장 이른 체계적인 문자이며, 사료가 상대적으로 적은 상나라 사회 역사의 백과사전이자 제1차 연구 자료이기 때문이다. 세계에서 가장 오래된 문자의 하나인 갑골문자는 방대하고 심오한 중국 전통문화를 계승한 한자의 시조이다. 그래서 누구라도 중국의 전통문화를 이해하려면 갑골문의 이해로부터 시작해야만 한다. 이러한 의미에서 갑골문은 중국 전통문화의 근원이자 핵심이다.

한중 양국 인민들 간에는 자고이래로 밀접한 문화 교류와 우호적 왕래가 있었으며, 인구에 회자하는 아름다운 이야기들도 많이 남겼다. 예컨대, 당나라 때의 많은 유학생 중, 유명한 고운孤雲 최치원崔致遠 선생은 그의 나이 열셋에 그 기세등등한 「토황소격문討黃巢檄文」을 남겼는데, 이미 중국의 모든 사람이 아는 천고의 명문이 되었다. 또 16세기의 퇴계 이황李滉과 율곡栗谷 이이李珥라는 "두 대학자"는 송나라 주희朱熹의 철학사상을 발전시켰으며, 명나라 철학자인 왕양명王陽明의 학설을 계승하여, 한국적 특색의 "퇴계학파"를 만들었다. 한국인들은 "동방의 주자朱子"라 불리는 이 두 분을 특히나 존중하여, 그들의 초상을 현재 쓰이는 천원권(이퇴계)과 오천원권(이율곡)의 도안으로 쓰고 있다. 게다가 고려高麗에서 조선朝鮮에 이르는 시기의 『조천록朝天錄』과 『연행록燕行錄』 등은 중국에서 경험한 한국인들의 견문을 기록하였는데, 오늘날까지도 당시 중국 사회와 전통문화를 연구하는 데 중요한 자료가 되고 있다.

세상이 변하고 왕조가 바뀌고, 일본 제국주의에 대한 항거와 한국전쟁이라는 시련 속에서도 중국 전통문화에 대한 한국 학자들의 사랑과 추구는 중단되지 않았다. 특히 지난 세기 60~70년대 이후 한국의 "중국학" 연구는 이미 단순한 중국 전통문화의 소개가 아니라 갑골문이나 금문과 상주商周의 역사문화라는 중국 전통문화의 심층과 근원의 영역까지 확장했다. 1950년대 말부터 70년대까지, 조좌호曺佐鎬 교수가 「복사卜辭에 보이는 중국의 고대국가」(『동국사학』 Vol.3 No.1, 1955)를, 윤내현尹乃鉉 교수가 「상 왕조사의 연구—갑골문을 중심으로」(1978) 등을 발표했으며, 80년대 이후에는 신진 학자들이 대거 출현했으며, 저술도 숲처럼 많았다. 예컨대, 이형구李亨求 교수의 「문헌자료로 파헤쳐 본 갑골문화」(1983), 「발해연안의 무자無字 복골卜骨 연구—고대 동북아 제 민족의 복골 문화를 함께 논함」(상·중·하, 1980~1981) 등이 있다. 또 손예철孫叡徹의 「갑골 복사로 본 은상 제사」(1980), 「갑골 제사 복사 중의 희생에 관한 고찰」(1980), 「서울대학 소장 갑골편 연구」(1980) 등도 있다. 특히 윤내현尹乃鉉 교수가 출간한 『상주사商周史』(1984)는 당시 외국 학자 중 갑골문과 금문과 문헌자료를 이용해 상주의 역사 문화를 계통적으로 정리한 비교적 이른 시기의 저작으로, 중국의 단대사斷代史에 대한 한국 학자의 연구 수준을 대표한다. 1992년 중국과 한국이 정식으로 수교한 이후, 한국 학자들의 갑골학 은상 문화 연구는 완전히 새로운 단계에 접어들게 되었다. 『갑골문합집』, 『소둔 남지 갑골』, 『은허 갑골 각사 유찬』 등과 같은 갑골 자료가 한국에서 영인 출판되었고, 실제 갑골문 자료들도 수집하였는데, 서울대학은 러시아로부터 몇 편의 갑골을 들어왔으며(1996년 필자의 감정에 의해 위각으로 밝혀졌다), 숙명여자대학에서도 미국에서 7편의 갑골(『은계유주殷契遺珠』에 실렸던 자료임)을 사 들였다. 또 중국학자들의 갑골학 저작도 대거 번역 출판되었는데, 『고문자 첫걸음』(이학근 저, 하영삼 역), 『중국 갑골학사』(오호곤(등) 저, 양동숙 역), 『은대 정복 인물 통고殷代貞卜人物通考』(요종이 저, 손예철 역), 『갑골학 통론』(왕우신 저, 이석재 역) 등이 있다. 또 이 시기에는 적잖은 저서도 쏟아져 나왔는데, 하영삼의 『문화로 읽는 한자』(1992.5), 「갑골문에 반영된 인간중심주의」(1996.5) 등을 비롯해, 이형구의 「발해 연안의 갑골문과 한국의 갑골 문화」(1996.5), 양동숙의 「중국문자의 형성과 갑골문의 표음성」(1996.5)과 「갑골문의 '호好'자의 형음의 고찰」(1993), 정기래의 「중국 고대의 식인—사람이 사람을 먹는 행위에 대한 투시」(1994) 등을 비롯해 중국 갑골학의 대가인 호후선에 관한 전문 연구 등이 있다.

특히 양동숙 교수가 출판한 『갑골문 해독』(2009)은 갑골과 문자 고석에 대한 한국 학자의 새로운 수준을 반영했다. 이뿐 아니라 양동숙의 「한국의 갑골문 현황」(1996.5)은 한국의 갑골학 연구를 총 정리했다. 또 한국의 연구 현황을 중국학계에 소개한 학자도 있는데, 정기래의 「남조선의 중국 상고사 연구」가 중국의 핵심저널인 『중국사연구』(1989년 제3기)에 발표되었고, 정일의 「한국 '국제 갑골학 학술토론회' 술요」도 핵심저널인 『중국사 연구 동태』(1996년 제9기)에 발표되었는데, 이는 중국 학계가 한국 학자들의 연구 성과에 주목하고 중시하고 있음을 보여주었다. 한국 학자들은 갑골학 영역의 새로운 분과라 할 "서주 갑골학"에 대해서도 상당히 일찍부터 관심을 둬, 양동숙이 1989년 「서주 갑골문의 고찰」을 발표했고, 홍희가 1991년 『주원 갑골문 연구』를 완성했다. 이외에도 많은 학자가 갑골문자를 고석했다. 중국 전통문화의 매체이자 원류라 할 갑골문과 금문과 은상 문화의 연구에서 한국학자들은 전방위적으로 깊이 있는 방향으로 나아가고 있다. 이러한 부분에서 체계적이고 전면적으로 갑골학 연구의 성과(한국 학자들의 성과까지 포함)를 총결하고 전망한 『갑골학 일백 년』의 한국어 번역 출판은 깊이 있는 한국 갑골학 발전의 급박한 수요에 부응하고, 동시에 한국 학자들이 중국 전통문화의 매체이자 원류인 갑골학과 은상 문화를 연구하는 과정에서 획득한 성과의 표지이다. 우리는 『갑골학 일백 년』이 한국에서 출판되어, 한국 학자들의 연구에 가치 있는 참고자료가 되고 유익한 계기가 되기를, 그리고 한국의 갑골학 발전에 공헌하기를 충심으로 희망한다.

우리가 이렇게 말하는 것은, 한국어 『갑골학 일백 년』의 번역 출판은 한중 양국 학자들의 교류와 우호적 왕래가 이룬 성과이며, 이는 1992년 한중 양국의 수교 이후 양국 학자들 간의 우호적 교류가 더욱더 절실해졌기 때문에 가능했다. 정기래, 홍희, 이형구, 하영삼, 정일, 양동숙 교수 등과 같은 적잖은 한국 학자들이 갑골문의 출토지인 하남성 안양에서 거행된 갑골학 은상 문화 국제 학술대회 등에 여러 차례 참가하였고, 또 중국의 각 대학을 방문하거나 거기서 연구하기도 했다. 또 적잖은 중국 학자들이 한국의 국제 학술대회에 초청되었고, 대학에서 강연하거나 방문하기도 했다. 그리고 홍콩이나 대만을 비롯해 외국에서 개최된 각종 국제대회에 함께 참석하여 "이문회우以文會友"하였으며, 학술 교류 속에서 우의를 다지고 상호를 이해해왔다. 위대한 선배 학자인 동작빈董作賓도 1955년 5월 서울대학, 성균관대학, 연세대학, 고려대학 등을 방문한 적이 있으며, 서울대학에서 박사학위를 받았고, "은허 고고"와 "한자 원류 탐색" 등을 주제로 강연한 바 있다. 동작빈은 대만으로 돌아가 「서울대학 소장 대갑골大胛骨 각사 고석」(1957)을 발표하기도 했다. 필자의 절친한 친구이자 "노형"인 정기래 교수는 1987년 9월 안양에서 거행된 제1차 국제회의 때 알게 되었다. 필자의 학생인 홍희 교수는 1992년 한중 수교가 이루어지고 나서 얼마 되지 않아 북경으로 필자를 찾아왔고, 서주 갑골을 연구하기 위해 필자의 대학원생이 되고자 했으나 실현되지는 못했다(당시 필자는 박사 지도 교수가 아니었다). 하지만, 그 후로 20년간 줄곧 스승과 제자의 관계로 지내왔으며, 지금 그는 이미 한국의 저명한 번역가이자 중국 민족사의 전문가로 성장했다. 이학근, 구석규, 채철무 등과 같은 적잖은 중국 학자들도 한국으로 초빙되어 방문하고 한국 학자들과 교류했다. 필자가 처음 한국을 방문하게 된 것은 1996년 숙명여자대학 창학 90주년을 기념하여 열린 "국제 갑골학 학술대회"였으며, 거기서 양동숙, 하영삼, 이규갑, 이홍진, 손예철 등 한국의 대표 학자들을 알게 되었다. 이후 2001년 4~8월까지 대진대학에서 한 학기 동안 방문 교수로도 있었다. 그 후 중어중문학회의 초청으로 2002년 연세대학에서 거행된 국제학술대회에 참가한 것이 세 번째 방문이었다. 세 번의 방문을 통해 필자는 한국의 남부로부터 북부에 이르기까지, 목포대학, 부산대학, 인제대학, 선문대학, 효성여자대학(대구가톨릭대학), 대전대학, 경북대학, 서라벌대학, 숙명여자대학, 서울대학, 성균관대학, 한양대학, 연세대학, 단국대학, 동국대학, 대진대학, 한림대학 등을 방문했으며, 거기서 강연을

하거나 교류하면서 서로 절차탁마하기도 하였고, 많은 친구를 만나고 또 새로운 친구도 사귀었다.

몇 번의 한국 방문 기간에 친구들은 필자로 하여금 가능한 한 많은 곳을 방문하고 참관하도록 배려해 주었다. 필자는 2002년 막 완공한 부산의 월드컵 경기장을 보기도 했고, 서울 타워, 아름다운 여의도와 경기도 파주의 오두산鰲頭山 등지의 현대 건축물을 보기도 했다. 하지만, 서울의 경복궁, 국립민속박물관, 국립중앙박물관, 한국 신석기 시대의 석마반石磨盤과 석마봉石磨棒, 그리고 청동기 시대의 농기구인 인답뢰人踏耒와 청동편 등과 같이 한국의 문화 고적을 더 많이 보았으며, 이는 필자에게 깊은 인상을 남겨 주었다. 이외에도 필자는 철도박물관을 참관하기도 했고, 서울의 유리창琉璃廠이라 할 수 있는 인사동 골동 거리와 유명한 동대문 시장을 여러 차례 돌아다니기도 했다. 경기도의 깊은 연봉과 울창한 숲에 둘러싸인 봉선사奉先寺에서 필자는 이러한 사찰이 선학禪學을 홍양하고 교육의 발전에 이바지하고 있으며, 지금의 동국대학도 이 사찰과 깊은 인연이 있다는 사실을 알게 되었다. 또 임진왜란 때 파괴된 포천에 있는 회암사檜巖寺 유적지를 방문하여, 부서진 기와 조각과 무너진 담장의 폐허 속에서 외로이 남은 쌍사자 석등과 조선 왕조 태종 때의 유물인 무학대사비의 좌대와 비석 덮개도 볼 수 있었다. 한국의 유명한 문화 고도인 경주를 방문해서는 세계 문화유산인 천마총과 민속문화원을 보고서 고도로 발달한 신라 문명에 감탄을 금할 수가 없었다. 불국사의 장엄함과 엄숙함은 필자로 하여금 정신이 번쩍 들게 함은 물론 놀라움을 금치 못하도록 하였다. 이외에도 필자는 세계문화유산에 등재된 경상남도 가야산의 해인사로 가 "학사대學士臺"에서 최치원 선생을 참배했고, 해발 1천 미터가 넘는 높은 산을 올라 정상에서 9세기에 축조된 5미터 높이의 부도 마애 석각 조상造像의 풍채를 보기도 했다. 해인사에서 완벽하게 보존된 팔만 고려 대장경을 보고서는 돌아갈 생각조차 잊어버렸으며, 방충과 통풍과 방습 문제를 과학적으로 처리하여 문물을 보호한 선인들의 지혜에 탄복했다.

친구들은 또 필자로 하여금 한국의 사회와 문화와 접촉할 수 있도록 해주었다. 성균관의 엄숙함과 유학이 한국 사회에서 대단히 큰 영향을 끼치고 있었고, 젊은 사람들의 경로사상은 가정에서뿐 아니라 지하철이나 버스 등 공공장소에서도 실현되어 노인에게 자리를 양보하는 것이 이미 습관화되어 있었다. 광주에서는 마침 "모내기" 때를 만났는데, 전통 복장을 한 "농부"들이 논에서 노래를 부르고 춤을 추며 모내기를 하고 있었다. 불어오는 바람에 흩날리는 깃발에는 "농민이 천하의 근본이다"라고 쓰여 있었다. 한국 사회가 현대 공업화 사회에 진입하였어도 중농 사상의 역사적 전통을 잊지 않고 있음을 잘 보여주었다. 이외에도 한국에서 석가탄신일(국가 지정 공휴일)을 체험하기도 했는데, 사원에서는 석가모니의 탄신을 기념하기 위한 성대한 잔치가 열렸다. 대진대학의 한 교수가 석가모니의 일생을 설명해주었고, 북소리와 음악에 맞추어 일제히 부처상을 향해 절을 하고 경건한 마음으로 공덕함에 돈을 넣었다……. 그런 다음 모두 공짜로 제공되는 공양도 함께 들었다. 필자는 또 대표단 속에 "끼어들어"(필자의 친구가 불교 신도였다) 해인사에서 거행된 선종 대표회의에 참석하기도 했다. 거기서 "좌선"을 체험할 수 있었고, 이틀 동안 소식素食만 먹으며 지낼 수도 있었다. 그리고 해인사의 "약수암藥水菴"에서는 주지 스님이 제공한 "작설차"도 맛보았다. 해인사를 찾은 동국대학(불교대학)을 졸업한 한 여성은 자신이 대만을 방문한 적이 있으며, 이후 돈을 모아 중국의 명산과 고찰을 찾아 여행할 꿈을 안고 살고 있다고 했다……. 몇 번에 걸친 한국 방문을 통해 한국 학자들의 중국학 연구와 추구에 상당히 이해하게 되었고, 한국의 유구한 역사문화와 전통과 민속에 대해서도 제법 깊이 인식하게 되었다. 이 때문에 필자는 대진대학에 있는 동안 강의의 나머지 시간을 이용해 보고 듣고 느끼고 한 것을 연속해 10여 편의 수필로 남겼다. 중국에 돌아오고 나서는 『중국사회과학원보中國社會科學院報』에 4~5편을 연재해 적잖은 사람들의 공감을 일으키기도 했다.

이처럼 한중 학자들의 학술 교류와 우호적 교류가 강화되면서, 우리는 갑골학 연구에서 얻은 성과는 물론 의문점과 난제를 비롯해 더 깊고 확장이 필요한 과제에 대해 인식을 같이하게 되었다. 1999년 안양에서 거행된 갑골문 발견 1백 주년 국제학술대회 석상에서 갑골학 발견 1백 주년을 기념하기 위해 『갑골학 일백 년』을 처음으로 내놓게 되었으며, 국내외 전문가들의 주목과 호평을 받은 바 있다. 대단히 영광스럽게도 것은 한국의 한국연구재단(KRF)에 의해 이 책이 번역과제 대상 문헌으로 선정되었다. 작금의 연구 수준을 대표하는 이 『갑골학 일백 년』은 2001년 9월 제8회 "5개년 제1차 프로젝트"의 일등상을, 같은 해 12월에는 제5회 중국 국가 "전국 도서상"의 후보상을, 2002년 10월에는 중국사회과학원의 "제4회 우수 저작상"을 수상했다. 해마다 수도 없이 쏟아지는 중국의 그 많은 도서 중에서 한국연구재단에서 우리의 이 책을 번역 대상으로 선정하였다는 것은 분명히 혜안을 가졌다고 해야 할 것이며, 세계 학술 발전의 현황을 파악하고 교육문화 발전을 이끄는 높은 수준을 반영한 결과라 하겠다. 우리는 한국 정부가 한국의 학계가 더욱 높은 수준의 중국 전통문화 연구에 박차를 가할 수 있도록 내린 중대한 정책적 결정에 충심 어린 흠모와 감사를 드린다. 또 학술 교류과정에서 공동으로 수준을 높이고, 우호적인 교류 속에서 우의와 이해를 증진시킨 한국의 동료께도 감사드린다. 이는 그들이 우리를 신뢰하고 지지하고, 긍정하고 적극적으로 추천했기에 한국 정부가 이러한 한중 학술 교류사에서의 새로운 중요한 일을 완성할 수 있었기 때문이다. 우리 함께 노력하여 "갑골학"이라는 이 국제성을 띤 학문이 다시 한 번 찬란한 역사를 이루도록 해야 할 것이다.

『갑골학 일백 년』의 한국어 번역판이 곧 출간될 이 시점에서, 우리는 또 하영삼 교수에게 진정 어린 위로와 진심 어린 감사를 드려야 할 것이다. 중국에 "10년을 갈아야 검 한 자루가 완성된다"는 말이 있다. 하영삼 교수는 과중한 학교 업무와 연구를 수행하는 동시에 묵묵히 혼자서 『갑골학 일백 년』의 한 글자 한 글자, 한 문장 한 문장을 한국어로 번역해 냈다. 원문으로 123만 자에 달하는 『갑골학 일백 년』은 중국에서도 대단한 분량의 대작이라 일컬어지고 있다. 이를 한국어로 옮긴 결과 2천 쪽 5권이라는 방대한 분량으로 변신했다. 한 사람의 일생이 몇 십 년이나 되던가? 하영삼 교수는 자신의 10년 청춘, 자신의 피와 땀, 고생스런 작업과 학술 발전을 위한 봉사정신을 『갑골학 일백 년』이라는 이 한국어 번역판의 한 줄 한 줄 행간에 녹여 넣었다. 갑골학은 중국에서도 일반인들이 느끼기에는 깊고 어려운 수준의 학문이라고 말해진다. 이 거대한 분량의 『갑골학 일백 년』은 전문성이 강한 학술서이다. 난삽하고 어려운 전문 용어, 많은 벽자僻字와 현대 한자로 옮기기 어려운 갑골문자, 정확하게 해독되지 않은 어려운 글자들이 많아, 문자학에 종사하는 사람이라 할지라도 일반 학자들이 읽고 이해하기에는 일정한 어려움이 존재한다. 하물며 중국과 다른 언어와 문자를 사용하는 한국 학자에게는 어떻겠는가? 하영삼 교수는 10년의 세월을 견디며 이 거대한 분량의 번역 작업을 완성했다. 이는 하 교수의 수준 높은 중국학 수준을 반영한 성과일 뿐 아니라 갑골학에 다져 놓았던 도타운 기초와 높은 연구 수준이 반영된 결정체라 할 것이다. 『갑골학 일백 년』의 번역을 완성했다는 것은 한국의 한 갑골학자가 이미 전 세계 갑골학 발전의 최전선에 서 있음을 나타내 주는 표지라 하겠다.

하영삼 교수가 오늘날의 이러한 뛰어난 학술적 성취를 이룰 수 있었던 것은 결코 우연이 아니다. 1996년 숙명여자대학에서 거행된 국제 갑골학 학술대회에서 그의 뛰어나고 정교한 논문은 송곳 끝이 주머니를 뚫고 나오듯 재능을 드러냈다. 그리고 학술대회에서 필자의 논문 발표 통역도 그가 담당했다. 그 이후로 인제대학과 부산대학 등에서의 몇 차례 학술 강연에서도 통역을 맡아주었고, 한국에서의 영접과 대접도 그가 직접 담당했다. 그는 또 중국에서 이루어진 국제학술대회에도 여러 차례 초청되어 참석하였으며, 그의 정교한 논문은 세계 각국 학자들의 주목을 받았다. 하영삼 교수는 한중 학자의 학술 교류에서도 큰 공헌을 했다. 2008년 7월 그는 정주대학과 경성대학이 연합으로 주최한 국제학술대회에 필자와 송진호 교수를 초청하였으며, 한국에서 온 30여 명의 학자를 만날 기회를 제공했다. 또 "한국한자연구소"를 운영하면서 중국은 물론 세계의 저명 학자들을 초청하여 한자의 세계화에 노력하고 있다. 기회는 언제나 준비된 자에게만 주어지는 법이다. 하 교수는 다년간에 걸쳐 쌓은 자신의 갑골학 연구에 대한 축적과 깊은 학술적 소양, 그리고 중국어문학에 대한 높은 수준과 능숙한 중국어 구사력, 여기에다 한순간도 나태하지 않고 끈기 있게 끝까지 해내는 발분과 고집으로 이 5권에 달하는 방대한 분량의 『갑골학 일백 년』이 한국에서 출판될 수 있게 하였고, 한중 문화교류가 깊이 있게 발전하는데 커다란 공헌을 할 수 있었다. 우리는 다시 한 번 하 교수에게 열렬한 축하와 깊은 감사를 드린다.

필자가 이 한국어판 「서문」을 쓰는 동안, 이런저런 생각이 끊임없이 떠올라 적잖은 한국의 옛 친구와 새로운 친구들의 얼굴이 내 눈앞에 아른거린다. 한국에서 가 보았던 대학, 답사했던 고대 유적지들, 명승고적과 아름다운 산천들…… 이 모든 것들이 어제 일처럼 아른거린다. 더 많은 친구가 중국을 방문해 주기를, 마음 편하게 지내기를, 마음껏 먹고 마시기를…… 필자는 학수고대한다. 또 한국에 가서 옛날 친구들과 새로운 친구들을 다시 만날 수 있기를 기대해 본다. 또 『갑골학 일백 년』의 한국어 번역판이 처음 발간되고서 이에 대한 독자들의 반응과 의견을 귀기울여 들을 수 있기를, 또 함께 갑골학의 미래와 발전과 우리 한 사람 한 사람 모두가 할 수 있는 공헌에 대해서도 함께 토론하고 싶다. 이 기회를 빌려 다시 옛날 그곳으로 돌아가 최근 7~8년간 변화한 한국 사회와 문화의 발전을 체험해 보고 싶다는 심경을 밝혀 본다.

마지막으로 옛 친구들(이 책의 새로운 독자를 포함하여)의 학술활동에 풍성한 수확이 있기를 빈다.

아울러 더욱 강화되고 발전한 한중 학술 교류를 축하한다.

2010년 3월 10일

북경 방장方莊 방고원芳古園에서

"입렴청소려入簾青小廬" 주인 왕우신王宇信 씀

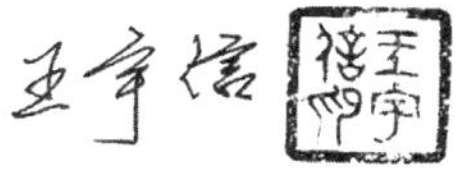

갑골학 일백 년 전체 차례

갑골학 일백 년 1권

갑골학 일백 년 2권

갑골학 일백 년 3권

갑골학 일백 년 4권

갑골학 일백 년 5권

갑골문甲骨文 연구사의 새로운 지평地平

『갑골학 일백 년甲骨學一百年』의 성과와 의의

1. 들어가며

1999년 8월 20일 중국 하남성河南省의 안양시安陽市, "중국은 안양으로, 안양은 세계로"라는 현수막이 온 시가지를 붉게 뒤덮고, 전 세계의 대표적 갑골학자 3백여 명이 이곳으로 속속 모여들고 있었다. 갑골문 발견 1백 주년을 기념하기 위해서였다. 적어도 이날만은 안양이 20세기 막바지에 선 조그만 시골 도시가 아닌 3천5백 년 전의 영광을 되찾아 세계 최고의 도시가 된 듯했다.

중국의 이학근李學勤·구석규裘錫圭·왕우신王宇信·이포李圃·이민李民, 홍콩의 요종이饒宗頤, 대만의 오여吳璵·채철무蔡哲茂·주기상朱歧祥, 일본의 송환도웅松丸道雄·이등도치伊藤道治·아십철차阿辻哲次, 미국의 알란(Sarah Allan)·진광우陳光宇, 캐나다의 타카시마高島謙一, 프랑스의 러푸웨(J. A.

Lefeuvre, 雷煥章) · 로단(D. Redouane, 羅端) 등 세계의 대표적인 갑골학자들은 물론이고 이철영李鐵映 중국 국무원 부총리를 비롯해 윌킨슨(E. Wilkinson) 주중 유럽연합 대사, 갑골문 4당堂의 한 사람인 동작빈董作賓의 장남 동경옥董玉京 선생 등 전 세계의 갑골 관련 인사들이 대거 참석하였다.[1)] 이들 참석자의 면면은 이 학회의 중요성과 발견 1백 주년을 맞는 갑골학에 대한 기대를 말해 주고 있었다. 특히 대만의 석장여石璋如 선생은 은허 발굴에 참여했을 당시의 정황을 소개하는 육성 메시지를 전해와 대회 참가자들을 한껏 고무시켰다. 그뿐만 아니라 중국의 CCTV, 안양安陽TV, 연대煙臺TV 등에서는 경쟁이라도 하듯 각각 1시간 분량의 특집 다큐멘터리를 제작하였고, 각종 신문에서도 특집을 마련하여 갑골문 발견 1백 주년의 성대한 생일을 기념했다.

그리고 회의 마지막 날, 안양의 은허를 유네스코의 세계 문화유산으로 등재 신청하는 서명식으로 화려한 막을 내렸으며, 마침내 2006년 7월 13일 유네스코 세계유산위원회는 리투아니아에서 열린 제30차 회의에서 은허를 인류가 함께 보존해야 할 '세계의 문화유산'으로 지정했다. 이를 기념하여 은허의 왕궁 터에는 은허박물원殷墟博物院이 지어졌고, 2006년 11월 17일 중국 정부에서는 「세계문화유산보호관리방법」을 선포하여 은허의 귀중한 문화유산을 과학적으로 보호하고 효과적으로 관리하며 합리적으로 이용할 것을 천명했다. 이후 2009년 8월 13일, 산동성 연대煙臺에서 열린 "왕이영王懿榮 갑골문 발견 110주년 기념 국제학술대회"에서 회의에 참가한 중국 · 미국 · 일본 · 러시아 · 한국 · 싱가포르 · 프랑스 · 캐나다 등 200여 명의 학자들은 다시 "은허의 갑골문"을 "세계 비물질 문화유산"에 등재 신청을 하기로 결의하였다.[2)] 그 결과, 최근에는 갑골

---

1) 한국에서는 河永三(경성대)이 「甲骨文所見古代中國人的時間觀」을 발표했고, 丁一(목포대), 梁萬基(제주한라대) 교수, 권창륜(서예가) 선생 등이 참석하였다.

2) 李雪山(等)(主編)(2009), 『甲骨學110年 : 回顧與展望』(王宇信教授師友國際學術研討會論文集), 471면 참조. 또 이 학술대회의 논문은 王宇信(等)(主編)(2009), 『紀念王懿榮發現甲骨文110周年國際學術研討會論文集』을 참조하면 된다.

문 그 자체를 한 문명의 문자가 아닌 "세계의 문화유산"으로 인식하게 되었으며, 인류가 함께 보존해야 할 공동의 자산으로 여기게 되었다.[3] 이러한 여세를 몰아 2009년 10월에는 국가급 규모의 "중국문자박물관中國文字博物館"이 안양에 세워져 안양을 한자의 메카로 만들려는 노력이 계속되고 있다.

『갑골학 일백 년』은 중국사회과학원 역사연구소의 왕우신王宇信・양승남楊升南・송진호宋鎭豪・상옥지常玉芝・맹세개孟世凱 교수 등이 갑골문 발견 1백 주년을 기념하기 위해 1996년 5월 발의하여 1999년 완성한 결과물로, 이름 그대로 "갑골"의 "1백 년 연구사"를 집대성한 150여 만 자 분량의 방대한 저작이다. 이 책은 지난 1백 년 동안의 갑골문 연구 성과를 비판적으로 계승하고 총정리 함으로써 앞으로 새로운 세기에서는 이 방면의 연구가 더는 중복되지 않고 더욱 깊이 있고 창조적인 결과가 도출될 수 있도록 하고자 준비되었다.

『갑골학 일백 년』의 출판과 더불어 갑골문 발견 100주년인 1999년에는 『갑골문합집 보편甲骨文合集補編』(彭邦炯・謝濟・馬季凡(저), 王宇信・楊升南(감수), 社會科學文獻出版社)과 『백년 갑골 논저목百年甲骨論著目』(宋鎭豪 주편, 社會科學文獻出版社)이 함께 출판되어 『갑골문 합집』에서 빠진 갑골자료를 보완하고 과거 1백 년간 이루어진 전 세계의 갑골문 연구 목록을 정리하였다. 또한, 이와 때를 같이하여 과거 1백 년간의 갑골학 관련 주요 논저를 망라한 『갑골문헌집성甲骨文獻集成』(40책, 四川大學出版社, 2001) 등이 출간됨으로써 이전 1백 년간의 성과에 대한 정리는 물론 앞으로의 1백 년간의 연구 방향 제시와 연구를 위한 자료가 구축되었다. 또 이 대회를 기념하여 호후선胡厚宣(주편)의 『갑골문합집 재료 내원표甲骨文合集材料來源表』(中國社會科學出版社, 1999)와 『갑골문합집 석문甲骨文合集釋文』(中國社會科學出版社, 1999)도 출판되었다. 이들은 모두 『갑골학 일백 년』과 짝을 이루어 1

---

3) 王宇信(2010), 「韓文版『甲骨學一百年』序言」.

백 년간의 연구 성과를 살필 수 있는 중요한 자료들이다.

2. 체제와 구성

1) 책의 체제

지금으로부터 꼭 111년 전인 1899년 처음으로 세상에 알려진 갑골은 중국 학술사에서 그 무엇보다 신선한 충격과 함께 엄청난 전환의 기회를 마련해 주었다. '갑골학'이라는 신생 학문의 출현이 그렇고, '중국 고고학'도 이의 발견으로 탄생하게 되었으며, 한자학은 물론 중국 고대 역사학도 새로운 부흥기를 맞았다. 그러나 무엇보다 중요한 것은 갑골문의 발견이 서구의 침략에 자존심 상하고 패배의식에 젖어 있던 중국인들에게 과거의 역사이긴 하지만 3천여 년 동안 땅속에 파묻혀 있던 600여 년간의 상나라 역사를 들추어냄으로써 자신들의 영화를 되새기게 하는 대리만족과 그들의 문자인 한자의 역사를 1천여 년 이상 앞당겨 주었으며, 이를 계기로 중국은 여전히 세계문명의 중심임을 확인해 주는 절묘한 사건이었다는 점이다.

이러한 상징성 때문에 은허에 관한 발굴은 계속되었고, 다양한 연구가 이루어졌다. 1899년 처음으로 갑골문이 세상에 알려진 후, 1908년 나진옥羅振玉에 의해 그간 비밀에 부쳐졌던 출토지가 하남성 안양의 소둔촌小屯村임이 밝혀지게 되었고, 1910년에는 거기가 상商나라 말기, 무을武乙·문정文丁·제을帝乙 등이 수도로 삼았던 곳임도 밝혀졌다. 그 후 1928~1937년까지 15차례에 걸쳐 은허에 대한 국가 주도의 과학적 발굴이 이루어졌고, 1936년 3월 18일부터 6월 12일까지 이루어진 YH127갱坑의 발굴에서는 무려 17,096편의 갑골이 출토되기도 했다. 또 신 중국에 들어, 1973년에는 소둔小屯의 남쪽 지역에서,[4] 1991년에는 화원장花園莊의 동쪽 지역에서 대량의 갑골문이 출토되었다.[5] 은허는 지금도 발굴이 계속되고 있으며, 2007년에는 은허 궁전 유적의 북쪽 강 건너에서 새로운 왕궁 터가 발견되었는데, 원북洹北 상성商城이라 명명되었고, 현존하는 상나라 최대 규모의 왕궁 터로 상나라 역사 연구의 공백을 메워주었다.[6]

이런 발견을 거쳐 지속적으로 발전해온 갑골학은 이미 언어문자학은 물론 역사학·고고학·과학기술사 등 여러 학문과 밀접하게 관련되어 학제간 연구에서 가장 기초적인 학문 영역으로 자리 잡았다.

『갑골학 일백 년』에서는 이렇게 발전해 온 갑골학 일백 년의 연구사를 1949년 신 중국 성립 이전 50년과 이후 50년의 둘로 나누었다. 이전 50년은 다시 1928년의 은허발굴 이전과 이후, 이후 50년은 다시 1978년의 『갑골문 합집』의 발간 이전과 이후로 나눌 수 있다. 그리고 이전 50년의 전기를 "갑골학의 초창기"(1899~1928년), 후기를 "갑골문의 발전기"(1928~1937년), 이후 50년을 "갑골학의 심화연구기"(1949년~현재)(이후 50년의 전반기를 심화연구기 제1단계, 후반기를 심화연구기의 제2단계)로 규정지었다.

이 책은 기본적으로 이러한 발전단계에 따른 각종 연구 성과를 최대한 반영하고, 이를 이론과 실제의 발전이라는 측면에서 "문자 고석", "시기 구분", "문례와 문법", "서주 갑골" 등으로 나누어 논의하였다. 이와

4) 여기서는 刻辭甲骨이 총 5041片(그중 卜甲이 70片, 나머지는 卜骨)이 발견되었는데, 『小屯南地甲骨』에서 刻辭甲骨 4589片(그중 卜甲은 69片)이 발표되었고, 『1973年小屯南地發掘報告』에서 다시 刻辭甲骨 294片이 보고되어, 지금까지 발표된 刻辭甲骨은 총 4892片(綴合을 거친 숫자)이다.

5) 花園莊 東地 甲骨坑에서는 甲骨 1583片이 발견되었는데, 그중 卜甲이 1558片(그중 刻辭된 것은 574片으로, 刻辭腹甲 557片, 刻辭背甲 17片), 卜骨이 25片(刻辭된 것이 5片)으로 刻辭甲骨은 579片이었다. 특이한 것은 여기서 발견된 갑골은 大版으로 된 卜甲이 위주였는데 그중 완전한 상태의 卜甲이 755版이고, 그중 刻辭된 것만 약 300版에 이른다.

6) 「殷墟洹北商城發現迄今最大規模商代宮殿」, 『大河論壇』(http://bbs.dahe.cn/bbs/viewthread.php?tid=1170938) 등 참조.

동시에 갑골문을 응용한 사회사 연구의 성과로 "사회 구조와 국가 기능", "사회 경제", "종교 제사", "역법과 의학" 등의 주제별 논의가 이루어졌으며, 마지막으로는 새로운 21세기의 갑골학 연구의 과제와 전망에 대해 논의했다. 그리고 부록에서는 과거 1백 년간의 갑골문 관련 사건기록을 연대순으로 제시함으로써 그간의 역사를 일목요연하게 살펴볼 수 있도록 배려하는 미덕도 잊지 않았다.

2) 책의 구성

이 책은 총 15장과 2개의 부록으로 구성되었으며, 중국사회과학원 역사연구소 선진사先秦史 연구실 소속의 교수들이 분담하여 완성한 중국어 원문 1백50만 자에 달하는 방대한 분량의 공동 저작으로, 주요 구성은 다음과 같다.

제1장부터 제9장까지는 갑골학 자체에 대한 순수 연구이고, 제10장부터 제14장까지는 응용연구로 갑골문 연구를 기초로 하여 이루어진 사회문화사에 관한 연구이며, 제15장은 갑골학 발견 이후 1백 년간 이루어진 한 세기의 연구 성과를 정리한 기초위에서 새로운 한 세기인 21세기의 갑골학 전망이며, 「부록 1」은 1백 년간의 갑골학 관련 주요 사건의 기록이고, 「부록 2」는 주요 갑골 서적의 간칭표이다. 이를 구체적으로 도표화하면 다음과 같다.

구분	장 / 제목	저자
서론	제1장 서론	王宇信
연구사와 전망	제2장 갑골문 출토 1백 년간의 역사 제3장 갑골학 기초 작업의 지속적인 강화 제4장 갑골문의 고석 및 이론화 제15장 새로운 세기의 갑골 연구 전망	孟世凱 孟世凱 宋鎭豪 王宇信
이론 연구	제5장 시기구분 제6~7장 복사 文例와 文法	王宇信 宋鎭豪
서주 갑골	제8장 갑골학의 새로운 발전-서주갑골 분과학문 형성	王宇信
사회사 연구	제11장 상나라 사회구조와 국가 직능 제12장 상나라의 사회 경제 제13장 상나라 종교제사 및 그 규율의 인식 제14장 상나라의 기상·역법과 의학 전통의 발굴과 연구	楊升南 楊升南 常玉芝 常玉芝
부록	부록1 갑골학 연대기(1899~1999) 부록2 갑골문 저록 목록 및 간칭	王宇信 輯 王宇信 輯

이러한 내용을 가진 이 책은 한국에서의 번역 소개 필요성도 절실하다 평가받았는데, 다행히도 한국연구재단(KRF)의 번역지원을 받아 소명출판사에서 5권 분량의 완역본으로 출간하게 되었다. 『갑골학 일백년』이 번역되기 전, 한국에서 번역·출판된 갑골학 관련 주요 저작을 출판 연도순으로 배열하면 다음과 같다.

(1) 동작빈董作賓(저), 이형구(역), 『갑골학60년』(『甲骨學六十年』, 臺北 : 藝文印書館, 1965), 서울 : 민음사, 1993.

(2) 요종이饒宗頤(저), 손예철(역), 『은대정복인물통고』(『殷代貞卜人物通考』, 홍콩 : 香港大學出版社, 1959), 서울 : 민음사, 1996.

(3) 오호곤吳浩坤·반유潘悠(저), 양동숙(역), 『중국갑골학사』(『中國甲骨學史』, 上海 : 上海人民出版社, 1985), 서울 : 동문선, 2002.

(4) 진위담陳煒湛(저), 이규갑(역), 『갑골학도론』(『甲骨文簡論』, 上海 : 上海古籍出版社, 1987), 서울 : 學古房, 2003.

(5) 왕우신王宇信(저), 이재석(역), 『갑골학통론』(『甲骨學通論』, 北京 : 中國社會科學出版社, 1989), 서울 : 동문선, 2004.

(6) 양동숙梁東淑(저), 『(갑골문 字典을 겸한) 갑골문 해독解讀』, 서울: 書藝文人畵, 2005.

이상의 갑골학 저작의 번역 소개와 저술은 그간 갑골문 연구에서 별다른 지위를 차지하지 못했던 한국 학계에 젊은 연구자들을 대거 끌어들임으로써 갑골문 연구의 새로운 가능 기지로 부상시키는데 토대를 제공할 정도로 긍정적인 기능을 했다. 특히 『갑골학 60년』과 『중국 갑골학사』는 갑골학 연구사를, 『갑골학 도론』과 『갑골학 통론』은 '갑골학'을 하나의 분과로 독립시킨 종합적 연구서이다. 그리고 『(갑골문 字典을 겸한) 갑골문 해독』은 한국인에 의해 저술된 갑골학에 대한 종합적 소개서라 하겠으며, 한국학계의 수준이 갑골학에 대한 전문 학술서를 저술할 수 있을 만큼 성장했음을 보여준다.

그럼에도 『갑골학 일백 년』은 지금까지의 거의 모든 연구 성과를 망라하고 집대성함으로써 그 내용의 상세함과 방대함은 이미 이상의 저술은 물론 중국을 비롯한 전 세계에서 출간된 그 어떤 저작보다 방대하고 체계적이며 가장 최신의 성과까지 반영한 권위적 저작으로, 갑골학 연구에서 기념비적인 성격을 띠고 있다. 또 책의 제목에서처럼 갑골문 발견 1백 주년을 맞고 새로운 한 세기를 맞이한 지금 그간의 연구를 총체적으로 회고하고 새로운 세기의 연구를 전망해야 하는 필요에 의해 중국 국가사업으로 기획된 저술이다.

『갑골학 일백 년』은 이러한 성과를 인정받아 2001년 9월에는 제8회 "5·1프로젝트"상, 2001년 12월에는 제5회 중국 국가 "도서상"의 후보상, 2002년 10월에는 중국사회과학원의 "제4회 우수저작상", "곽말약 중국역사상" 등을 수상하였으며, 각종 언론 매체와 논문집 등에 여러 차례 전문 서평이 실리기도 한 것처럼, 갑골학의 종합적 연구에 큰 도움을 주는 저작이다.

3) 저자

이 책의 공동 저자인 왕우신王宇信, 양승남楊升南, 송진호宋鎭豪, 맹세개孟世凱, 상옥지常玉芝 등은 모두 중국사회과학원 역사연구소 선진사先秦史 연구실 소속 연구원들로 갑골학이 주전공으로, 왕우신은 갑골학사와 서주갑골 연구에, 양승남은 국가구조와 경제사에, 송진호는 사회사에, 맹세개는 문자 고석에, 상옥지는 역법에 특히 두드러진 성과를 보이고 있다. 이들의 간단한 이력을 소개하면 다음과 같다.[7)]

(1) 왕우신王宇信(1940~현재)

북경 평곡平谷에서 출생했으며, 중국사회과학원 역사연구소 연구원, 중국은상문화연구회 이사장으로 있다. 갑골학과 선진先秦 시대 역사학이 주 전공이며 현재 중국 고대문명과 하상주 정치제도를 연구하고 있다. 1964년 북경대학 역사학과를 졸업하고 사회과학원에서 호후선胡厚宣 교수의 지도를 받았고, 『갑골문 합집』의 편찬에 참여하였다. 주요저작으로는 『건국 이래 갑골문 연구建國以來甲骨文研究』, 『서주 사화西周史話』, 『서주 갑골 탐론西周甲骨探論』 등이 있으며, 최근에는 『중국 갑골학中國甲骨學』(上海人民出版社, 2008)을 출간하였고, 『갑골학 통론甲骨學通論』은 한국에서도 번역되었다.

(2) 양승남楊升南(1938~현재)

사천성 평창平昌현에서 출생했다. 1964년 6월 사천대학 역사학과를 졸업했으며, 같은 해 8월 중국사회과학원 역사연구소 선진사연구실로 옮겨, 1985년 부연구원, 1993년 연구원이 되었다. 현재 중국사회과학원 대

7) 더 상세한 것은 中國社會科學院(CASS)의 홈페이지 http://ich.cass.cn을 참조.

학원 역사학과 교수로 있으며. 선진사연구실 부주임, 주임, 중국 은상문화학회 이사, 사무총장, 부회장 등을 역임했다. 왕우신과 함께 호후선 주편의 『갑골문 합집·석문釋文』의 총교열을 맡았으며, 『상대 경제사商代經濟史』, 『중국 춘추전국 정치사中國春秋戰國政治史』, 『상대 토지제도사商代土地制度史』(공저) 등의 저작이 있다.

(3) 송진호宋鎭豪(1949~현재)

1949년 1월 강소성 소주蘇州시에서 출생했으며, 1978~1981년 중국사회과원 대학원 역사학과 석사과정을 졸업했다. 1981년부터 현재까지 중국사회과학원 역사연구소 부연구원과 연구원을 역임하였고, 현재 선진사 연구실 주임, 갑골문 은상사 연구센터 주임, 중국사회과학원 연구생원 학술평가위원, 중국은상문화학회 부회장 겸 사무총장, 중국 선진사학회 부회장, 중국 곽말약郭沫若 연구학회 이사 등을 맡고 있다. 저서로 『하상 사회생활사夏商社會生活史』, 『중국음식사中國飲食史·하상권夏商卷』, 『하상 풍속사夏商風俗史』, 『중국 춘추전국 습속사中國春秋戰國習俗史』, 『중국 진적 대관中國眞跡大觀』(27권, 日本同朋舍), 『중국법서전집中國法書全集(1)·선진진한권先秦秦漢卷』 등이 있으며, 『백년 갑골학 논저목百年甲骨學論著目』, 『갑골문헌 집성甲骨文獻集成』(40책) 등을 주편했다.

(4) 맹세개孟世凱(1935~현재)[8]

1935년 4월 사천성에서 출생했으며, 중국사회과학원 역사연구소 연구원으로 있다. 1959년 사천대학 역사학과 졸업(당시 호후선 교수로부터 선진사를 배움), 같은 해 중국사회과학원 역사연구소로 옮겨 선진사와 갑골문 연구에 종사했다. 그간 중국선진사학회 사무총장, 부회장, 상무 부회장

8) 孟世凱(2009), 『甲骨學辭典』, 1면.

등을 역임했다. 곽말약 주편의 『갑골문 합집』의 주요 편집자의 한 사람으로 편찬에 참여하였으며, 『중국역사대사전』의 총 편집위원회의 편집위원, 『중국역사대사전』(선진사권)의 부주편을 맡았다. 주요 저서로 『은허갑골문 간술殷墟甲骨文簡述』, 『하상 사화夏商史話』, 『갑골학 소사전甲骨學小辭典』, 『중국역사 대사 본말中國歷史大事本末 · 선진사권先秦史卷』, 『중국문자발전사中國文字發展史』, 『갑골문 합집 · 석문釋文』(제2책, 제13책 후반부), 『십삼경 간술十三經簡述』, 『상사와 상대 문명商史與商代文明』, 『갑골학 사전甲骨學辭典』 등이 있다.

(5) 상옥지常玉芝(1942～현재)

1942년 4월 흑룡강성 하얼빈시에서 태어났으며, 1966년 북경대학 역사학과 고고학전공을 졸업했고, 1686년부터 사회과학원 역사연구소에서 봉직하였다. 중국 선진사先秦史학회 이사, 중국 은상문화학회 이사로 있으며, 갑골문과 상대사 연구에 종사하고 있다. 특히 역법 연구에 뛰어난 성과를 보였으며, 주요저작으로는 『상대 주제 연구商代周祭研究』, 『은상역법연구殷商曆法研究』 등이 있고, 『갑골문 합집』의 편찬과 석문釋文, 『중국 역사 대사전中國歷史大辭典』, 『상대사商代史』(『殷代宗教祭祀』卷) 편찬 작업 등에 참여하였다.

3. '1백 년 갑골학'의 새로운 평가

1) 『갑골학 일백 년』에 대한 평가

『갑골학 일백 년』에 대해 필자들 스스로 "갑골문 발견 1백 주년이 도래한 지금, '갑골학 일백 년' 성과의 하나인 『갑골학 일백 년』이 마침내 완성되어 학계에 바칠 수 있게 되어 정말 영광스럽고 감격스러운 일이 아닐 수 없다."라고 하면서 그 이유를 다음과 같이 들었다.

"첫째, 1899년 갑골문이 왕의영의 의해 발견된 이후 몇 대에 걸친 국내외 우수 학자들의 노력을 거쳐, 갑골학은 이미 대량의 연구 자료와 풍부한 연구 과제를 갖춘, 또 엄밀한 규율을 갖춘 성숙한 연구 분야이자 국제적인 학문으로 성장했기 때문"이며, "둘째, 중국사회과학원 과학연구국과 역사연구소 지도자들의 전폭적인 지지를 받았기 때문"이며, "셋째, 과제 제도의 우월성 때문"인데, "『갑골학 일백 년』이라는 과제를 설정한 이후, 중앙 정부와 사회과학원에서는 대대적으로 연구비를 지원해 주었으며 이로써 연구가 순조롭게 진행되고 전개될 수 있기를 보장해 주었기" 때문이며, "넷째, 『갑골학 일백 년』의 연구과제가 확정된 이후, 국내외 학자들의 광범위한 관심과 커다란 지지를 받았기 때문"이라고 했다(716~717, 원서의 쪽수, 이하 마찬가지).

이러한 자체 평가 외에도, 조성趙誠의 『20세기 갑골문연구 술요二十世紀甲骨文研究述要』(書海出版社, 2006), 마여삼馬如森의 「갑골학과 문사 연구甲骨學與文史研究—『갑골학 일백 년』의 학술적 가치를 함께 논함」(『東北師大學報(哲學社會科學版)』 2001年 第4期), 주기상朱歧祥의 「『갑골학 일백 년』을 평함」(『中國文字』 新26期(臺灣 : 藝文印書館, 2000年 12月), 주언민朱彦民의 「백과사전식의 갑골학 연구 거작 『갑골학 일백 년』一部百科全書式的甲骨學研究巨著—『甲骨學一百年』」(『考古』 2002年 第1期), 본전치本田治의 「『갑골학 일백 년』의 독회

보고『甲骨學一百年』を讀む會の報告」(白川硏究所便り), 제4호, 2009.3. 立命館大學 白川記念東洋文字文化硏究所) 등에서 이에 대해 평가를 했는데, 대체로 지난 1백 년간의 갑골학사를 체계적으로 정리하고, 1백 년 연구사를 집대성한 백과사전식의 훌륭한 저작으로, 풍부한 자료를 제시함으로써 독자에게 큰 편의를 제공했다는 호평을 받았다.

2) 성과와 특징

저자의 이러한 자평과 여러 평자들의 평가가 이 책의 성격을 잘 개괄하였지만, 이외에도 이 책의 두드러진 몇 가지 성과와 특징을 개괄하면 다음과 같다.

(1) 갑골학의 경계 정의

어떤 학문이든 먼저 개념에 대한 정의와 영역에 대한 범위 설정이 필수적이다. 이를 위해 이 책에서는 갑골학에 관한 그간의 논의를 역사적으로 회고하고 이에 대해 명확한 정의를 내렸다. 즉 '갑골학'이라는 이름의 출현은 역사적으로 비교적 늦어, '갑골문'이라는 이름이 등장한 지 10년이나 지난 1931년에서야 처음으로 출현하였다(16면). 또 '갑골학'과 '갑골문'은 구분되어야 한다면서, "갑골학은 갑골문을 연구대상으로 한 전문적인 학문이며, 갑골문 자체가 가진 고유한 규율의 체계적이며 과학적인 반영이다. (…중략…) 이 때문에 갑골문과 갑골학을 하나로 이야기해서는 아니 된다"[9](15면)라고 하면서, "갑골학은 협의와 광의의 두 가지 의미를 담고 있는데, 협의의 갑골학은 갑골 및 그 문자 자체의 연구만을 지칭하며, 광의의 갑골학은 갑골문을 자료로 논술한 역사 문화가 모두

9) 王宇信(1989), 『甲骨學通論』, 3~4면.

포함된다"(149면)라고 하여, 그간 혼재되었던 '갑골문'과 '갑골학'의 경계를 확정지었다.

이는 1988년 9월 대만에서 출판된 장병권張秉權의 『갑골문과 갑골학甲骨文與甲骨學』에서 처음으로 내린 "갑골학의 연구 대상은 갑골문이지만 갑골 문자에 국한되는 것은 아니며 점복에 사용된 갑골을 비롯해 복사에서 언급하고 있는 몇몇 유관 사항들도 모두 이의 범위에 속한다"(15면)라고 한 과학적 정의를 계승한 것이라 하겠다. 이처럼 '갑골학'을 갑골문자의 연구에 한정하는 '협의'의 정의를 넘어서, 갑골자료를 이용하여 진행되는 모든 역사 문화 연구를 지칭하는 '광의'의 개념으로 갑골학의 범위를 확장시켰는데, 상당히 의미 있는 성과이다.

(2) 연구 방법론의 강조

모든 학문은 해당 학문의 발전을 위한 연구 방법이 대단히 중요하다. 특히 연구사는 전인들이 경험한 연구 방법을 귀감삼아 그간의 한계를 극복하고 새로운 연구를 가능하게 하여 해당 학문을 발전시킨다는 점에서 더욱 중요하다. 그래서 갑골학 연구의 1백 년 역사를 정리하고 회고하는 것은 갑골학 연구의 훌륭한 방법을 얻기 위한 것이며, 사실 "1백 년 동안 이루어진 갑골학 발전은 연구과제의 끊임없는 개척과 연구방법의 지속적인 개진 등과 밀접한 관계가 있다"(8면). 이 때문에 이 책에서는 제9장 「선배학자들의 성과와 경험—참고해야 할 문화유산」의 제3절(379~389면)을 비롯해 제6~7장 「갑골 점복과 복사의 문례와 문법」(194~280면) 등에서 갑골학 연구 방법론을 특히 강조했는데, 특징적인 것으로는 다음의 것이 있다.

첫째, 전통 학문과 국학 기초의 강조.

갑골학 연구 1백 년 동안 대표적 선배 학자들의 성공 조건을 바로 "튼튼한 국학 기초"였음을 강조하면서, "갑골학사에서 성취를 이룬 학자들치고 '국학의 대가'라 불리지 않은 사람이 없는데, 그것은 그들이 가졌던 중국 고대문헌과 전통문화의 풍부하고 도타운 축적 탓에 가능했다. 그들은 문자 고석과 상나라 역사의 연구에서 숨겨졌던 부분을 파헤쳐 내 광범위하게 논증하고 하나로 여럿을 증명할 수 있도록 함으로써 새로운 높이의 갑골학 연구 성과를 이룰 수 있었다"라고 평가하면서 이러한 것이 "바로 신세대 학자들이 평생 가져야 할 목표"(379면)라고 했다.

이와 동시에 "그들은 튼튼한 전통 학문의 뿌리를 갖고 있었기에 높은 감별력을 가질 수 있었으며, 그 때문에 전통학술의 기초 위에서 서방의 지혜를 흡수하였고, 이로부터 높은 성취를 이룰 수 있었으며", 근 1백 년 이래로 갑골학사에서 성취를 이룬 학자들은 모두가 이미 "튼튼한 전통 학문의 뿌리를 갖고 있었기에" 가능했다고 평가했다(380면). 이는 나진옥羅振玉·왕국유王國維·동작빈董作賓·곽말약郭沫若·호후선胡厚宣·진몽가陳夢家 등 역대 갑골학 대가들의 성공 비결에 대한 설명에서도 이 책 전체를 통해 일관되게 강조한 내용이었다.

이는 신학문이라 해도 중국 전통의 국학 기초가 절대적으로 필요하다는 점을 특별히 강조한 것인데, 이는 그 어떤 문명보다 과거와 현재의 연속성이 강한 문명으로 평가받는[10] 중국 문화의 특징을 잘 반영한 주장이라 하겠으며, 중국 문화를 연구할 때 꼭 지켜야 할 금과옥조라 할만하다.

둘째, 동서양 학문의 결합을 강조.

갑골문 발견 이후 1백 년의 갑골학사에서 성취를 이룬 학자는 모두가 "튼튼한 옛날 학문의 뿌리를 갖고 있었고", 여기에다 "전통 학술의 기초 위에서 서양의 지혜"를 받아들였기에 가능했다고 했으며(380면), 이러한 동서양 학문의 관통이 갑골학 연구의 끊임없는 전진을 보증했다고 했다(380~383면).

---

10) 張光直(1990), 「連續과 破裂－文明起源에 關한 새로운 考察」.

이처럼 "동서양에 함께 관통했던" 선배 학자들의 정신은 우리에게 중국 전통 문화연구를 현대화로 전환하게 한 성공적인 범례를 제공해 주고 있으며, 오늘날 갑골학 연구의 현대화는 바로 사회과학의 여러 분과, 예컨대 역사문헌학·민족학·종교학·고고학 등과 같은 학문과 결합해야 할 뿐 아니라, 지금의 자연과학, 예컨대 천문학·기상학·농업학·물리학 등과 같은 여러 학문과도 결합해야만 한다고 역설했다(383면).

어떤 문명이든 자신만의 것을 가지고 지속적으로 발전할 수는 없다. 학문도 마찬가지여서 자기의 전통 기초 위에서 끊임없이 발전하는 외부 세계의 방법론과 성과를 받아들이고 새로운 모습을 융합할 때 진정한 발전을 이룰 수 있기에 이러한 학문 태도는 꼭 기억해야 할 부분이라 하겠다.

셋째, 고고학적 방법론의 강조.

갑골문의 연구는 갑골문자를 우선 해독해야 하기에 문자학의 도움을 받는 것이 절대적이다. 갑골문의 해독은 갑골 실물의 발굴과 출토가 가장 중요하고, 그것과 동반 출토된 문화 유물은 이의 고석에 절대적 영향을 미칠 수밖에 없다. 그래서 1928년 은허에 대한 과학적 발굴이 시작되면서 전에 보지 못했던 성과를 이루었는데, 그것은 "근대 고고학적 방법이 갑골학 영역으로 진입한 것과 불가분의 관계에 있으며"(10면), "이후의 발전된 갑골학은 반드시 진일보된 고고학을 그 기초로 삼아야 할 것"(13면)임을 특별히 강조했다.

이 책에서는 "갑골 그 자체가 바로 하나의 고고학적 유물"이라고 선언했으며, 그 때문에 고고학 이론과 방법을 갑골학의 연구에도 반드시 적용해야만하며, 이는 이전의 탁월한 성과에서도 이후의 난제 해결에서도 마찬가지라고 했다. 예컨대, "1949년 이전, 동작빈은 고고학적 방법을 갑골학의 연구영역에 도입하여 「갑골문 시기구분 연구 예甲骨文斷代硏究例」에서 '10가지 표준'과 '5시기 구분법'을 성공적으로 완성했고, 이로부터 갑골학은 금석학의 부속적 지위에서 벗어나 역사 고고학의 연구영역으로 들어갈 수 있었다. 1949년 이후, 고고학이 날로 정밀해져 갑골문은 진정한 과학적 의미에서의 '고고학적 고찰'이 가능해졌고, '문무정文武丁 복사의 수수께끼'와 '역조歷組 복사' 등에 관한 토론은 1973년 소둔 남쪽 지역 갑골의 과학적 발굴에 의한 지층을 근거로 삼고 있으며, '두 계통설'도 고고 유형학의 방법을 근거로 삼아 은허 왕실 복사의 '두 계통'의 변화를 정리해 제시된 것이다"라고 했으며, "이 때문에 과학적인 고고 발굴에 의한 갑골의 출토와 새로운 지층과 갱위에 관한 더 많은 증거가 제공된다면 앞으로 갑골문 시기구분 연구는 더욱 활발하게 이루어질 수 있을 것이다"(12~13면)라고 해 고고학적 방법론의 활용 여부가 갑골학 난제 해결의 관건임을 강조했다.

넷째, 문례와 문법 연구의 강조.

개별 갑골문자를 해독한다는 것은 갑골학에서 가장 중요하고 기초적인 작업이다. 한자는 각각에 개별적인 의미가 있어 독립된 단위로 움직이는 것이 사실이지만, 다른 언어와 마찬가지로 문장과 문맥 등 언어 환경 속에서 구체적인 의미가 드러난다. 이 때문에 개별적 독립된 형체라는 기초 속에서 한자를 해독하는 것도 중요하지만, 이들이 속해 있는 언어 환경 속에서 해독하는 것이 매우 중요하다. 특히 미해독 글자가 많은 갑골문의 경우는 더욱 그러하다.

그래서 이 책에서는 개별자의 해독에서 문례와 문법을 강조했다. 문례는 갑골을 새기는 방식과 배열 방식 등을 말하며, 문법은 갑골문 사용 당시의 문장 구성 법칙을 말한다. 갑골문은 대부분 점복 행위를 목적으로 사용되었으며, 대부분을 거북딱지와 동물 뼈에 새겼기 때문에, 새기는 일정한 방식이 있다. 따라서 우선 이에 관한 절차와 방식을 이해해야만 하고, 이와 관련된 점복 제도까지 체계적으로 이해할 때, 종합적이고 과학적이며 믿을 수 있는 결과를 도출할 수 있음을 강조했다.

다섯째, 최신 과학기술의 활용과 학제간 연구의 강조.

오늘날 비약적으로 발전하고 있는 현대 과학기술의 갑골학 도입은 거부할 수 없는 현실이며, 이의 활용 여부에 따라 앞으로의 갑골학은 다시 한 번 도약을 이루게 될 것임이 분명하다. 비록 "근년에 들어 비록 몇몇 학자들에 의해 컴퓨터를 이용한 갑골 조각 맞추기綴合와 갑골 내원의 컴퓨터 수록 등이 일정한 성공을 거두긴 했지만, 갑골학의 현대화라는 요구와는 아직도 먼 현실임"을 인정하면서도(190면), "지금, 세계의 주목을 받고 있는 국가 중점 과학연구인 '하상주 시기구분 프로젝트夏商周斷代工程'11)에서는 자연 과학자와 사회 과학자들이 학제 간 연합으로 C－14 질량 분광기(mass spectroscope)와 현대의 천문학 등과 같은 방법을 이용해 상나라 갑골의 연대에 대한 탐색을 시작하였으며, 성공적인 경험을 얻은 바 있다"(13면)라고 했다. 이렇게 볼 때 이러한 수단의 활용은 갑골학 학제간 연구의 현대화에 깊은 영향을 끼치게 될 것이다.

특히 제5장 제6절 「시기구분 연구의 새로운 길」과 제9장 제3절 「갑골학 연구 방법과 수단의 현대화」 등에서 이러한 점을 강조했는데, "C－14 질량 분광기의 이용"과 "현대 천문학 계산 수단과 학제 간의 배합"이라는 측면에서 이미 기뻐할 만한 성적을 거두었고 경험도 축적했다고 했다(697면). 또 대만의 창화사범대학彰化師範大學의 연구 프로젝트 사례를 들어, 해당 과제가 국내외의 갑골 학자와 자연과학자들의 참여 속에 인문과학・자연과학・공학 및 응용과학・생명과학 등의 측면에서 '갑골학 상사商史' 등 18개의 대형 과제를 제시한, 학제간은 물론 여러 측면에서의 갑골문에 대한 종합적인 연구라고 평가하면서 이는 '하상주 시기구

11) '하상주 시기구분 프로젝트'는 인문・사회・자연과학을 결합하고 현대과학기술을 이용한 학제간 연구를 통해 하상주의 절대연도 문제를 해결하고자 기획된 중국 국가 프로젝트이다. 1995년 가을에 주비위원회가 결성되어 중국사회과학원 李學勤 교수의 책임 아래 1996년 5월 16일부터 1999년 9월까지 연구되었다. 이 프로젝트의 구체적 목표는 첫째, 西周 공화원년(기원전 841년) 이전 각 왕들, 둘째, 商代 후기 5임금 이하의 각 왕들에 대해 비교적 정확한 연대를 제시하며, 셋째 商代 전기에 대해서 비교적 상세한 연대적 틀을 제시하며, 넷째, 夏代에 대해서도 기본적인 연대의 틀을 제시한다는 것이었다. 2000년 9월 15일, 「夏商周斷代工程1996－2000階段成果報告」와 「夏商周年表」 등이 발표되었다.

분 프로젝트'와 함께 21세기 갑골학 연구에 혁명적인 영향을 미치게 될 것이라 평가하기도 했다(697~698면).

(3) 전통적 평가에 대한 재평가

갑골문 연구 1백 년 동안 수많은 연구자가 탄생했고, 셀 수 없이 많은 저작과 역사에 남을 여러 성과가 만들어졌으며, 이 때문에 여러 연구자와 저작에 대한 다양한 평가가 이루어져 왔다. 그럼에도 이전의 평가와 차별성을 가지는 이 책의 몇 가지 중요한 평가를 보면 다음과 같다.

첫째, 멘지스(明義士, James Mellon Menzies, 1885~1957)에 대한 평가.

그간 갑골학 연구사에서 별다른 평가를 받지 못했던 멘지스에 대해, 이전의 평가가 소홀했으며 지금은 이에 대해 새로운 인식이 필요할 때라고 역설했다(369면). 이러한 인식에 기초해, 여러 업적 중에서도 특히 "멘지스의 갑골 시기구분은 대단히 의미 있는 작업"이라고 했으며, 연구 방법에서도 멘지스의 시기구분에 따른 갑골 정리는 중국의 전통적인 금석학 방법(예컨대 칭위의 고증 등)과 서양 고고학적 방법의 영향(문자 자형의 관찰)을 결합한 최초의 성과였다고 긍정적으로 평가했다.

또 멘지스는 일찍부터 의식적으로 '칭위稱謂'에 근거해 갑골문의 시기를 구분한 학자라고 해야만 할 것이며, 이는 당시의 나진옥과 왕국유에 비해 크게 앞선 부분이라고 평가했다(132면). 특히 제5장에서는 멘지스가 시대에 따라 갑골문을 정리하면서 시대가 서로 근접한다고 여겨지는 갑골을 한 곳에다 집중시켜 놓았고, 그렇게 함으로써 비교와 종합적인 연구가 가능하도록 했을 뿐 아니라 갑골문 글씨체의 변화에 대해 창의적인 발견을 했다고 보았다. 그래서 "이러한 것들은 이후 동작빈의 「갑골문 시기구분 연구 예」에서 제시한 10가지 표준의 '자체字體'와 '서체書體'보다 7~8년은 앞선다고 해야 할 것이다. 게다가 '왕빈王賓'류類에 속하는 갑골을 조갑祖甲 때의 것으로 보았는데, 이 또한 '사류事類'에 근거해 갑골의 시기를 탐색한 것이라 해야 할 것이다"(132면)라고 했다. 나아가 시기구분에서 이학근李學勤의 공헌으로 평가되는 '역조歷組 복사'가 "사실은 무정武丁 후기부터 조경祖庚 시기의 복사"라는 주장도 "1928년 기초한 멘지스의 『은허복사후편·서』에 이미 유사한 견해가 보이며"(『文物』, 1981年 第5期), 이로 볼 때 멘지스의 견해가 얼마나 깊었는지를 알 수 있다(373면)고 하면서 그의 시기구분과 연구방법에서의 선구적인 업적을 높이 평가했다.

이는 그간 시기구분에서 동작빈의 성과에 눌려 주목받지 못했던 멘지스의 시기구분 연구에서의 과학적인 방법론 운용과 이후 '역조歷組 복사'에 대한 기본 인식이 당시에 이미 이루어져, 시기구분 연구의 선구적인 성과를 도출했음을 인정한 재평가라 하겠다.

둘째, 나진옥羅振玉(1866~1940)에 대한 평가.

나진옥은 '갑골문 4당堂'으로 불리면서 극히 높은 평가를 받았던 대만의 평가와는 달리 사회주의 혁명에 의해 정권을 수립한 중국 본토에서는 그의 일본 망명 등 친일 행적과 봉건적 성향 때문에 상당히 부정적으로 평가되었던 것이 사실이다.

하지만, 이 책에서는 나진옥이 "반동적인 정치입장을 고수했던 것이 사실이지만", "학술적으로 공헌한 나진옥과 왕국유라는 인물에 대해 형이상학인 방법을 적용하지 않고 그들의 정치적 태도를 무시한 채 전면적으로 긍정하는 것은 불가능한 일이다. 그러나 그의 정치적 태도에 근거해 학문적 성과를 완전히 부정하는 것도 아니 될 일이다. 유일한 방법은 사실에 근거한 명확한 태도의 실사구시적인 방법으로 분석하여 옳지 않은 것은 옳지 않고 옳은 것은 옳다고 하는 것이다"라고 했다.[12] 이는 격동의 시절 정치적 변혁기에 혼란을 경험했던 학자들을 실사구시적인 입장에서 과학적으로 인식해야지 그들의 정치적 성향에 의해 공이 말살

12) 陳煒湛·曾憲通(1980), 「論羅振玉和王國維在古文字學領域內的地位和影響」 참조.

되어도 아니 됨을 강조하여, 학술과 정치는 분리되어 평가되어야 한다고 주장했다(87 · 347면).

이러한 인식에 근거하여 나진옥의 업적을 다섯 가지로 요약하였는데, 첫째, 갑골문의 수집과 및 소장이라는 측면, 둘째, 갑골문 자료의 저록과 유포라는 측면에서 최고의 노력을 했으며, 셋째, 갑골문의 출토 지점을 하남 안양安陽의 소둔촌小屯村으로 확정하고 그것의 성질을 밝혔으며, 넷째, 갑골문자의 고석과 편장篇章의 통독이라는 측면에서도 크게 공헌했으며,[13] 다섯째, 갑골문 자료를 이용한 상나라 역사 연구의 선구가 되었다고 했다(345~346면).

특히 그에 의해 처음으로 갑골문이 "하은夏殷 때의 거북"임이 밝혀졌고, 1908년 갑골문의 정확한 출토 지점이 확정되었으며, 1910년에는 소둔촌의 성격도 밝혀졌다. 갑골문의 대량 수집을 통해 갑골 연구의 많은 자료가 확보되었고 갑골문 외의 동반 출토문물의 수집을 통하여 다양한 연구 자료가 제공됨으로써 "은상殷商 고고학 발전의 계기가 마련되었다"라고 했다(3면). 게다가 "자료의 공표"는 갑골학 4당의 업적 중 나진옥이 가지는 차별성인데, 나진옥은 그가 소장한 대량의 갑골문이 "뼈의 질이 부스러지기 쉬워 혹시라도 문자에 손상이 갈까 두려워 아직 탁본을 뜨지도 못했지만", "그래도 자료들이 파묻혀 유포되지 못하는 것은 참을 수 없다"고 생각하여, 『은허서계殷墟書契』(1911)를, 『은허서계 정화殷墟書契精華』(1914), 『철운장귀의 나머지鐵雲藏龜之餘』(1915), 『은허서계 후편殷墟書契後編』(1916) 등을 출판했는데(7면), 이는 갑골문 연구를 확대하는 데 커다란 역할을 했다.

그뿐만 아니라 시기구분에서도 비록 의식적이지는 않았지만, "부父와 형兄 등과 같은 칭위를 통해 갑골문의 구체적인 시대를 판단한 왕국유

---

13) 郭沫若도 "갑골이 출토된 이후, 그것을 수집하고 보존하고 전파한 공으로 말하자면 당연히 나진옥의 공이 제일일 것이며, 문자의 고석 또한 나진옥에게 힘입은 바 크다"라고 했다(郭沫若(1954), 『中國古代社會硏究』, 213면).

의 선구적 업적도 분명히 나진옥과의 절차탁마하는 과정에서 그로부터 얻은 시사와 일정한 관계가 있다고 해야 할 것이며"(131면), 『은본기』에 근거해 복사에 보이는 상나라 제왕들의 이름을 계통적으로 정리했던 사람도(438면), 은나라 때의 역법에 윤달이 있었다는 사실을 처음으로 제기한 사람도(676면) 그였다고 했다. 나아가 전쟁복사와 지명 연구 등에서도 선구적인 업적을 이루었으며, 왕국유에게 영향을 가장 크게 끼쳤던 이도 그였다고 했다. 이렇게 볼 때, 나진옥을 두고 연구방법은 물론 "갑골학의 거의 모든 기초를 확립했다"라고 한 평가는 결코 과장이 아니라고 하겠는데, 나진옥에 대한 실사구시적 평가가 아닐 수 없다.

셋째, 손이양孫詒讓(1848~1908)에 대한 평가.

손이양의 갑골학 업적에 대해서는 그간 별다른 평가가 이루어지지 않았는데, 이 책에서는 그를 "초보적이었지만 체계적으로 갑골문자를 인식한 최초의 인물"[14]이며(91면), 특히 그의 『계문거례契文擧例』는 문자 고석에 관한 갑골학사 최초의 저작이자, 갑골문을 분류 연구한 최초의 저작이라 하면서(61면) 특별히 주목했다.

또 갑골학 발전사를 살펴볼 때, 손이양 이후의 문자 고석은 대체로 그의 방법을 답습하고 있음을 알 수 있으며, 문자 고석에 남다른 성과를 보였던 당란唐蘭도 "나의 고문자학은 민국 8년에 시작되었는데, 손중용孫仲容의 학술에 가장 감동하고 있었다"(『殷墟文字記·序』)라고 할 정도였다고 했다(61면). 그리고 고문자학에서 금과옥조로 여겨지는 '편방분석법偏旁分析法'도 손이양에서부터 시작된 글자체 속의 편방을 분석해 갑골문자를 해석하는 방법에 다름 아니라고 평가했다(119면).

특히 제4장 제1절에서는 손이양의 『계문거례』를 집중적으로 재평가하였는데, 나진옥과 왕국유 이래로 지속하여 왔던 "'사실 전혀 취할 것이 없다"거나 "전혀 옳은 곳이 없다"는 왕국유의 평가도 사실에 부합하

---

14) 陳夢家(1956), 『殷墟卜辭綜述』, 56면.

지도 않을뿐더러 "얻을 만한 것이 열에 하나요, 잃은 것이 열에 아홉이다"라고 한 혹평과는 달리 그 가치를 인정했다. 왕우신王宇信도 1980년대에 이르러 "『철운장귀』가 출판된 지 겨우 1년 만에 손이양이 갑골의 내용을 이렇게 과학적으로 분류할 수 있었던 것은 당시로서는 대단히 어렵고 힘든 부분이었다. (…중략…) 갑골학사에서 갖은 고생을 다해 이루어 낸 개척의 공은 지울 수 없는 부분이다."라고 평가한 바 있으며,15) 제문심齊文心도 "금문과의 비교라는 방법을 동원해 180여 자를 고석했으며, (…중략…) 『철운장귀』에서 저록한 사료를 사류事類에 따라 10장으로 분류했는데, 이는 갑골문의 분류연구의 기본 틀이 되었으며", 손이양의 연구에 시대적 한계가 있는 것은 사실이지만 "그가 처음으로 만들었다는 공만은 분명히 긍정해야만 할 것이다"16)고 했다(91~92면).

이렇게 볼 때 "고문자와 고문헌의 측면에서의 손이양의 실력은 결코 나진옥과 왕국유에 뒤지지 않는다"라고 한 구석규裘錫圭의 평가나,17) 손이양이 "제시한 고문자 연구의 갈피는 지금도 여전히 보편적으로 응용되고 있는 과학적인 길"이라고 한 요효수姚孝遂의 평가처럼,18) 손이양의 『계문거례』가 갑골문자의 해독과 갑골학사에서 가지는 선구적인 지위는 충분히 긍정되어야만 할 것이라고 주장했다(92면). 이를 통해 그동안 지나치게 가혹했던 손이양의 갑골문 연구에 대한 평가를 바로 잡았으며, 이는 『계문거례』에 한정되었던 관심을 『명원名原』 등으로 확대하고, 그간 『갑골문자 집석甲骨文字集釋』이나 『갑골문자 자석 종람甲骨文字字釋綜覽』, 『갑골문자 고림甲骨文字詁林』 등 대형 공구서에서 소홀하게 대해왔던 것을 잡을 수 있게 될 것이라 전망된다.

넷째, 왕양王襄(1876~1965)에 대한 평가.

---

15) 王宇信(1981), 『建國以來甲骨文研究』, 14면.

16) 齊文心(1983), 『殷商史史料』, 10면.

17) 裘錫圭(1992), 「談談孫詒讓的『契文擧例』」, 336~342면.

18) 姚孝遂(主編)(1995), 『中國文字學史』, 325면.

최근 들어 갑골문 최초 발견자가 왕의영이 아닌 왕양이라는 주장이 나올 정도로 왕양은 갑골문의 발견과 수집 및 초기 연구에 깊숙하게 관계된 인물이다. 하지만, 갑골학 발전사에서 그의 공헌은 홀대되어왔는데, "이는 공정하지 못한 처사"라고 했다(32면). 물론 1951년 호후선의 『50년 갑골문 발견의 총결五十年甲骨文發現的總結』과 1960년대 진몽가陳夢家의 『은허복사 종술殷墟卜辭綜述』에서 왕양의 공헌을 소개하긴 했지만, 그 뒤로는 더는 그에 대한 언급을 볼 수 없었다(33면)고 한탄했다.

하지만, 이 책에서는 갑골학 발전사에서 갑골을 수집한 공에서 왕양도 잊어서는 안 될 인물임을 강조했으며(60면), 갑골문을 분류하여 저록한 최초의 인물이 그이며, 민국 9년(1920) 12월, 왕양이 편집 출판한 『보실은계 유찬簠室殷契類纂』(18권)[19]을 갑골학 발전사에서 최초의 갑골문 자전이라고 했다(64면). 또 갑골문을 분류하고 배열하여 저록한 것도 왕양에 의해 시작되어 그의 『보실은계 징문簠室殷契徵文』(12권)에서 저록한 탁본 1,125편을 내용에 따라 12부류로 나누어 순서대로 분류 했다고 했다.[20] 이렇게 갑골문을 분류 저록했던 목적은 그것을 통해 '은나라 때의 제도殷禮'를 고석하고자 한데 있었음도 강조했는데(65면), 이러한 분류 저록은 갑골문의 연구를 문자 고석에서 벗어나 상나라 사회사 연구로 나아가게 했다는 선구적 의미를 지닌다.

물론 『보실은계 유찬』이 문자의 모사본이었고, 『보실은계 징문』은 탁본 전체의 약 2/3를 분류와 배열의 편의를 위해 자르고 수정한 바람에 많은 갑골학자들에 의해 위작으로 의심받았지만, 손해파孫海波가 『보실

---

19) 여기에는 이전에 출판된 갑골문 저록서와 자신이 소장했던 갑골문 탁본 자료에 근거한 개별 글자 2,867자가 수록되었다. 正編을 14권으로 나누어 총 873자를 수록했으며, 合文 1권, 存疑 1권을 부록으로 달아 총 2,852자를 수록했고, 待考 1권에서 142자를 수록했다. 이후 민국 18년(1929) 10월에 다시 增訂本이 출판되었다(孟世凱(1987), 『甲骨學小詞典』의 「簠室殷契類纂」條 참조).

20) 天象·地望·帝系·人名·歲時·干支·貞類·典禮·征伐·游田·雜事·文字 등 12부류로 나누었으며, 『殷契徵文考釋』 12권을 부록으로 달았다.

은계 징문』의 탁본이 위작이 아님을 감정했고, 곽말약郭沫若도 “『징문』은 가짜가 아니며, 그 책은 대단히 중요한 연구 자료이며, 그 속에는 나의 학설을 증명할 수 있는 많은 것이 들어 있음을 알게 되었다”(『卜辭通纂·後記』, 1933年)라고 했다(64~65면).

이처럼 왕양은 갑골문의 발견과 수집, 자료의 공표, 갑골의 고석과 내용별 분류, 갑골 연구의 목적을 사회사 연구로 확장시키는 등에서 상당한 공을 세웠다. 또 평생 수집했던 갑골을 어떤 유혹에도 굴하지 않고 국가에 기증해 애국주의적 지식인의 참모습을 보여준 정신에 대해서도 높이 평가했다(342면).

(4) 새로운 분과의 확장

첫째, 서주西周 갑골의 편입.

이 책의 가장 큰 특징 중의 하나는 기존의 ‘갑골문’ 연구가 은허 갑골에 한정되었다면, 1977년 섬서성 기산岐山 봉추鳳雛의 궁전 기초 터에서 1만7천여 편의 서주 갑골이 출토된 것을 계기로 “서주 갑골”을 갑골 연구의 중요한 영역의 하나로 편입시켜, “갑골학”을 기존의 은허 갑골학에서 벗어나 “갑골에 새겨진 모든 자료”를 대상으로 하는 학문으로 개념을 확장시켰다는 점이다.

주원周原 갑골문의 출토는 갑골학에 새로운 분과, 즉 서주 갑골학을 형성했으며 이 때문에 이 책의 제8장에서 단독으로 이에 대해 집중적으로 기술하였는데, 그 어떤 저작보다 다양한 시각에서 상세한 자료가 제공되었다. 물론 이는 왕우신의 『갑골학 통론甲骨學通論』(1989)의 제13~15장과 비슷하나, 자료와 내용을 더욱 보완하여 “한 권의 독립된 저술로도 가능할 정도”[21]로 상세하고 전문적인 내용으로 꾸며졌다.[22]

---

21) 趙誠(2006), 『二十世紀甲骨文研究述要』, 1378면.

22) 특히 주원 봉추의 H11·H31에서 나온 글자가 새겨진 갑골 중 商王의 宗廟名이 있

사실 산서성 홍조洪趙의 방퇴촌坊堆村에서 처음으로 글자를 가진 서주 갑골이 발견된 이후 기산岐山 봉추촌鳳雛村·낙약洛陽 태산묘泰山廟·풍서灃西 장가파張家坡·부풍扶風 제가齊家·방산房山 유리하琉璃河·방산房山 진강영鎭江營·창평昌平 백부白浮·형대邢臺 남소왕南小汪 등지의 서주 유적지에서도 갑골이 출토되어, 출토지가 서주 왕도는 물론 연燕과 형邢을 비롯한 서주 초기 제후국의 도읍지나 일반 취락(혹은 묘장) 등으로 광범위하게 분포되었다. 이 때문에 갑골하면 '은허 갑골'이라 여기던 전통은 깨지고 말았으며, "사료가 적었던 서주사 연구에도 대단히 진귀한 자료가 제공되었고, 갑골학에서의 새로운 분과 형성에도 기초가 마련되었다"(332면). 앞으로도 서주 때의 각 제후국의 유적지에서 갑골문이 광범위하게 출토될 가능성도 높다(692면). 또 최근 들어서는 은허 갑골문 이전 시대의 골각 문자도 상당히 발견되었다. 예컨대 배리강裴李崗 문화시기에 속하는 무양舞陽 가호賈湖, 용산龍山 문화시기에 속하는 장안長安 화원촌花園村, 악석岳石 문화에 속하는 환대桓臺 사가史家 유적지 등이 그렇다(692면).

이 때문에 앞으로의 '갑골문' 연구는 '서주 갑골' 뿐 아니라 은허 이전 시기의 유물을 포함한 '광범위한' 개념으로 발전할 가능성이 높은데, 갑골학 연구를 서주 갑골을 포함한 개념으로 확장시키고 '골학骨學' 전체를 연구 대상으로 하도록 확장 가능하게 해 놓은 것은 이 책의 공이라 하겠다.

둘째, 사회사 연구로의 확장.

전통적인 문자 학자들은 갑골문의 연구가 문자 연구에 한정되어야 한다고 주장하지만, 이 책에서는 갑골문의 연구 목적을 문자 연구는 물론 이를 기초로 하여 당시의 사회와 문화를 연구하는데 있다고 보았다. 그래서 이러한 정신을 반영하여 제11장부터 14장까지는 갑골문에 기초하여 연구된 당시의 사회 생활사 관련 연구를 상세하게 정리했다.

고 상나라 선조들에게 제사 드렸던 H11:1·H11:84·H11:112·H11:82편 등과 같은 갑골을 지칭하는 '廟祭甲骨'에 대해 집중 논의한 것이 특징적이다.

예컨대, 11장 「상나라의 사회구조와 국가 직능 연구」에서는 왕실귀족, 내복과 외복의 직관 체계－은정백벽殷正百辟과 은변후전殷邊侯甸, 종법宗法 제도와 가족 형태, 상나라 때 사회의 피통치 계급, 상나라 때의 형벌과 감옥, 상나라의 군대와 군사 편제, 상나라의 대외전쟁, 상나라 때의 방역方域 지리, 공납貢納 제도 등을 논의했으며, 제12장 「상나라 때의 사회 경제」에서는 상나라 때의 농업, 목축, 어렵・수렵, 수공업, 상품 교환과 교통 등에 대해 논의했다. 제13장 「상나라 때의 종교제사 및 규율」에서는 상나라 때의 종교 제사, 상나라 때의 주제周祭제도 및 규율에 대해 논의했는데, 특히 주제周祭제도에 대해서 주제의 발견과 연구, 주제周祭복사의 유형과 특징, '주제周祭'의 점복 순서와 제사 과정, 주제周祭에서 선왕 선비에 대한 제사 순서와 제수 품목, 주제周祭 주기와 5가지 사전祀典의 시작, "추왕기사隹王幾祀"의 "사祀"의 의미와 주제周祭 제사계보의 복원 등을 논의함으로써 그 어떤 저술보다 "주제"에 관해 상세하게 논의했다. 또 제14장 「상나라의 기상・역법・의학 전통의 발굴과 연구」에서는 갑골문의 기상 기록과 상나라 기후, 갑골문의 천상 기록에 대한 연구와 분석, 상나라 역법 연구와 복원, 상나라 때의 질병과 의학 전통의 발굴 등에 대해 논의했다.

갑골문에 기초한 사회사 연구를 갑골학 범주에 포함시킨 것은 필자들이 사회과학원 역사연구소 출신이라는 배경과도 관계있겠지만 문자학 연구의 궁극적 목표가 그 성과를 활용하여 당시의 사회문화 연구에 있다는 점을 감안할 때, 이처럼 갑골문을 연구 자료로 삼고 관련 문헌과 동반 출토 유물 등 고고학적 자료를 보완자료로 삼아 상나라 때의 사회경제 문화 전반에 관한 논의를 이끌어 낸 것은 이 책의 특장이라 할 수 있다.

(5) 기타

이상의 몇 가지 이외에도 시기구분연구에서 이학근李學勤의 '역조歷組 복사' 연구 성과 및 '두 계통설에 관한 연구'와 '명사命辭'의 의문문 여부 등과 관련된 성격 논쟁 등에 관한 최근의 여러 성과를 상세하게 소개한 점, 또 기존의 대륙에서 발간된 '갑골학사'에 비해 해외 학자들 특히 장병권張秉權의 『갑골문과 갑골학』, 주기상朱歧祥의 『주원갑골 연구周原甲骨研究』와 『은허복사 구법 논고殷墟卜辭句法論稿』의 연구 성구성과 등을 높이 사 대만의 입장을 가장 잘 반영한 대륙 연구라고 평가할 수 있는 점, 또 『갑골문 합집』의 편찬 과정에 대한 뒷이야기와 해명으로 산 역사의 증언이 되어 남다른 감동을 주고 있는 점 등도 이 책이 갖는 조그만 차별성이라 하겠다.

뿐만 아니라 한국 고대 문명과의 연계에 관한 부분도 눈여겨 볼만한데, 특히 제6장 고대 갑골 점복의 원류에 관한 논의에서 한반도의 복골문화와 중국의 갑골문화와의 연관성을 조명했으며, 한국의 이형구李亨求 교수의 성과를 비중 있게 인용하기도 하였는데(222~223면), 이는 다른 저작에서 볼 수 없는 부분이다.

4. 한국어 번역본의 특징

한국어 번역본에서는 이 책이 높은 수준의 학술성을 담보한 전문 학술서임을 고려하여 가능한 원의를 손상시키지 않도록 직역을 위주로 했다. 또 대상 언어를 목적 언어로 옮긴다는 번역이 지향하는 목적에 충실하고자, 첫째, '단대斷代'를 '시기구분'으로, '철합綴合'을 '짜맞추기' 등으로 옮기는 등 전문 용어는 가능한 한글화 했으며, 둘째, '품류品類'를 '기물분류'로 옮기는 등 생경한 한자 용어는 가능한 한 풀어썼으며, 셋째, '전와磚瓦'를 '전와(磚瓦 · 벽돌과 기와)'로 옮기는 등 어려운 용어는 한자를 병기하고, 괄호 속에 간단히 풀이하여 이해를 돕도록 하였다. 넷째, 비슷한 의미를 가지는 한자를 가능한 한 의미가 차이가 나도록 번역했다.

특히, '단대斷代'의 경우, 일반적 의미로 쓰일 때에는 '시기구분'이라 번역했지만, '분기分期'와 함께 등장하여 대칭적 의미로 쓰일 때에는 '단대斷代'를 '시대구분'으로, '분기分期'를 '시기구분'으로 구분하여 두었다. 또 '양⿱宀羊'은 일반적인 양과 구분하기 위해 '희생 양'으로, '뢰牢'는 일반적인 소와 구분하기 위해 '희생 소'로 번역했다. 또 재앙에 관한 용어의 경우, '타⿱止它'는 '탈'로, '우尤'와 '구咎'는 '허물'로, '재災'(祟, 齒 등)는 '재앙'으로, '화禍'는 '불행'으로, '간艱'은 '어려움' 등으로 번역했다. 그리고 공납에 관한 동사의 경우, '지氐'는 '갖고 왔다', '래來'는 '보내 왔다', '입入'은 '들여왔다' 등으로 구분하여 번역함으로써 그들 간의 미세한 의미 차이를 드러낼 수 있도록 노력했다.

또 모든 인용문은 한국어로 번역하여 붙임으로써 독자의 이해에 편의를 제공하는 한편 갑골 복사에 등장하는 개별 한자에 대해서도 독음이 있는 경우는 통용되는 독음을 병기함으로써 독자들을 배려했는데, 앞으로 고문자학 관련 전문 서적의 번역에서 참고로 삼아야 할 부분이라 생각한다. 사실 3천여 년 전의 갑골문을, 그것도 불완전한 문장이 많은 갑골문 예문을 하나하나 현대 우리말로 옮긴다는 것은 지난한 일이 아닐 수 없다. 이외에도 원서에 보이는 일부 명백한 오류를 바로 잡고 필요한 경우 도판을 보충하였으며, 1999년 이후 최근 10여 년간의 새로운 성과들도 역주를 통해 보완했다.

5. 아쉬움과 희망

『갑골학 일백 년』은 발견부터 지금까지의 1백 년 동안의 갑골학 연구사를 집대성한, 대단히 방대한 분량의 백과사전식 연구사이기 때문에 갑골과 관련된 전 세계의 모든 자료와 모든 영역의 연구에 대한 전문적 식견과 평가가 필요하다. 이는 단독 집필을 어렵게 했고, 이 때문에 중국사회과학원 소속 5명의 연구원이 각자의 특장 분야를 분담하여 집필한 집체적 저작으로 탄생했다.

이 때문에 이 책은 저자간의 협의와 조정, 왕우신의 최종 교열을 거쳤음에도 각자의 문체가 다소 다르고, 각자의 관점과 관심 때문에 서술 초점에서도 다소 차이를 보이는 곳도 있지만, 큰 문제는 될 정도는 아니다. 다만 인용 갑골의 해석을 편의에 따라 조정한 것은 학문적 신뢰에 부정적 영향을 줄 수 있기에 조심하고 또 조심해야 하는 부분이다.

예컨대, "임술복壬戌卜, 긍亘, 정유질치貞有疾齒, 유유타隹有巻"(『속』 5.5.4편)의 해석에 대해 자의적으로 해석한 경우가 보이는데,[23] 이 책에의 제14장 「상나라의 기상·역법·의학 전통의 발굴과 연구」의 제2절 「갑골문의 천상 기록에 대한 연구와 분석」에서 "문聞", "타巻"·"수祟"·"간艱"·"치齒" 등은 모두 재앙을 나타내는 글자라고 하여, "임술일에 점을 칩니다. '긍'이 물어봅니다. 재앙이 생길까요? 탈이 있을까요? 壬戌卜, 亘, 貞有疾齒, 隹有巻"(『속』 5.5.4편)(638면)로 해석했다. 하지만 같은 장의 제4절 「질병의 종류」에서는 동일한 예문을 이齒에 관한 질병으로 보아, "임술일에 점을 칩니다. '긍'이 물어봅니다. 이가 아픈데 탈이 없겠습니까? 壬戌卜, 亘, 貞有疾齒, 隹有巻"(『속』 5.5.4편)(687면)로 풀이했다. 이러한 예가 극히 드물긴 하지만 동일 사료에 대해서는 분명하고 엄격하게 동일한 잣대가 적용돼야

23) 복사에서 齒는 주로 ① 이빨, ② 소나 말의 나이, ③ 사고나 재앙, ④ 상아 등의 뜻으로 쓰인다. 崔恒昇(1992), 『簡明甲骨文詞典』, 630~631면.

할 것이며, 필요에 따라 달리 해석되는 일이 없어야 할 것이다.

이외에도, 조성趙誠의 지적처럼, 제7장 「갑골 점복과 복사의 문례文例와 문법文法(하)」의 제4절 "복사의 명사命辭가 의문문인지에 대한 논의"에서 "1970~80년대 이후, 미국의 키틀리(David N. Keightley, 吉德煒), 니비존(David S. Nivison, 倪德衛), 서레이(Paul L-M. Serruys, 司禮義), 캐나다의 타카시마(Ken-ichi Takashima, 高島謙一) 등이 복사의 정사貞辭가 의문문이라는 점에 이의를 제기했으며, 중국에서도 구석규裘錫圭 등 몇몇 학자들이 이에 호응했다"(278면)라고 하여 서구학자들에 의해 이 문제가 처음 제기된 것으로 보았다. 하지만 이는 이미 요종이饒宗頤가 1959년 『은대 정복인물 통고殷代貞卜人物通考』에서 이미 제기한 것임을 간과했다.[24]

이외에도 갑골학자들의 성과를 설명하면서 서중서徐中舒, 장정낭張政烺, 굴만리屈萬里 등을 지나치게 소홀하게 대한 것, 또 "묘호廟號"에 대해서는 생일이라는 설, 죽은 날이라는 설 , 이학근李學勤의 죽은 후 점을 쳐서 고른 날짜 즉 선택한 날짜라는 설 등이 있다고 했지만 이에 관한 장광직張光直의 다양한 해석이 빠진 점 등은 아쉽다 하겠다.[25]

하지만, 이러한 몇 가지 작은 문제점은 이 책이 갖고 있는 방대함이나 여러 가지 장점을 결코 해치거나 영향을 줄 수 있는 칠 수 있는 그런 문제는 아니라 생각한다.

갑골학은 한 세기 이상의 활발한 연구를 거쳐 이미 세계적인 학문분과로 성장하였으며, 『백년 갑골학 논저목百年甲骨學論著目』의 통계에 의하면 1999년까지 1백 년 동안 국내외에서 이미 1만 여 종 이상의 논저가 발표될 정도로 거의 모든 분야에서 비약적인 성장은 물론 가장 괄목할 만한 상과를 이루었다. 하지만 "갑골학 연구는 이미 완성된 것이 아니라 이제 막 시작된 것이다"(1006면)라는 저자들의 선언처럼 새로운 세기를 맞아서 해결해야 할 중요한 문제도 많은데, 이 책의 제15장에서 이렇게

24) 趙誠(2006), 『二十世紀甲骨文研究述要』, 1377면.

25) 趙誠(2006), 앞의 책, 1374~1382면.

제시했다.

첫째, 새로운 갑골 재료의 지속적인 발견과 전면적이며 과학적인 정리가 필요하다. 둘째, 갑골학 연구의 지속적인 심화와 개척이 필요한데, 갑골문자 고석 방면의 난관을 돌파해야 하며, 갑골문 시기구분 연구가 지속적으로 심화되어야 할 것이다. 이를 위해서는 동작빈의 전통적인 '시대 구분 연구법'을 지속적으로 심화시키고 엄밀하게 해 나가야 할 것이며, 시기구분의 '새로운 방안'의 검토와 실천, 이를 적용한 상나라 역사에 대한 전반적인 기술이 필요하다.[26] 셋째, 갑골학 연구 방법과 수단의 현대화가 필요하며, 넷째, 지속적인 연구가 가능한 인재 배양이 필요한데 이들이 갑골학 연구를 영원히 살아있게 할 보증수표가 된다고 했다.

이처럼 과학적 기술을 활용하여 전 세계의 모든 갑골 자료와 연구 성과를 하나로 모아, 이를 전산화하고 디지털 아카이브를 구축하여 더욱 완전한 연구토대를 제공함으로써 연구의 순선환 구조를 정착시켜야 할 것이다. 또 새로 출토되는 다른 문자자료들과 연계하여 미 해독 문자의 해독률을 제고하여 사료화의 정도를 높여 나가며, 갑골문 시기구분에 특히 집중하여 상나라 역사 기초자료의 정교성을 높을 수 있을 것이다. 그리고 무엇보다 이러한 연구를 수행하는 것은 '사람'인 만큼 각국이 연합으로 인재를 발굴하고 배양하여 이러한 연구가 지속적으로 발전할 수 있도록 만들어야 할 것이다.

---

26) 이는 이미 실천되었는데, 1999년 10월 20일 宋鎭豪가 제출한 『商代史』 계획이 中國社會科學院 歷史所 重點研究 課題로 채택되었고, 2010년 11월 현재 700만자 분량의 11책 중 7책이 中國社會科學出版社에서 간행되었다(*제1책 : 商代史 論綱(宋鎭豪), *제2책 : 『殷本紀』의 訂補와 商史人物徵(韓江蘇, 江林昌), 제3책 : 商族의 起源과 先商社會의 變遷(王震中), 제4책 : 商代 社會와 國家(王宇信, 徐義華), 제5책 : 先商 文化와 商代 都邑(王震中),제6책 : 商代의 經濟와 科學技術(楊升南, 馬季凡) 제7책 : 商代의 社會生活과 禮俗(宋鎭豪), 제8책 : 商代의 宗教祭祀(常玉芝), 제9책 : 商代의 戰爭과 군사제도(羅琨), 제10책 : 商代의 地理와 方國(孫亞冰, 林歡), *제11책 : 殷 遺民과 殷鑒(宮長爲, 徐義華) 등이다. *는 미간).

이러한 의미에서 지난날의 갑골학 연구사를 정리하고 연구 과정을 살펴봄으로써 다가올 새로운 미래의 연구를 준비하는 것은 학술 연구에서 대단히 중요한 일이다. “갑골문 발견 1백 주년을 막 지난 지금, 과거 1백 년 동안의 연구사를 집대성한 『갑골학 일백 년』은 그간의 갑골학 연구사를 정리하고 미래의 갑골문 연구의 방향을 제시해 주고 있다”는 점에서 기존의 그 어떤 저술보다 훌륭한 저작인 만큼 우리 학계에 번역 소개된다는 점을 기쁜 일이라 하겠다.

다른 언어권에서 아직 시도되지 않은 번역본이 한국에서 출간되는 시점에서 이의 번역은 한국 학계에서의 갑골문 연구를 더욱 다양화하고 연구 수준을 높일 수 있을 것으로 사료된다. 또 최근 젊은 연구자의 대거 참여로 갑골학 연구의 새로운 가능 기지로 부상하고 있는 한국이 명실상부한 갑골문 연구의 새로운 중심축으로 자리 잡을 수 있도록 토대를 제공하기를 기대한다.[27)]

27) 이 글은 韓國中國言語學會의 『中國言語硏究』 第34輯(2011.2)에 실린 것을 다시 정리한 것이다. 좋은 의견을 주신 여러 선생님들께 감사드린다.

제1장 서론

"1899년에 발견된 갑골문과 그 이후의 과학적 발굴로 '갑골학과 은상殷商 고고학'이라는 두 가지의 전혀 새로운 학문이 발전하게 되었다. 그간 사료의 부족으로 막다른 골목까지 내몰렸던 은상殷商 문화연구는 1899년을 전환점으로 하여 역경을 헤치고 희망차게 도약하는 학문이 되었다. 언어 문자학, 역사학, 고고학, 고대 과학기술사 등과 밀접한 관계를 가지면서 발전한 갑골학은 이제 '잘 나가는 학문'이자 '세계적인 학문'으로 변했다. 그래서 1899년 이루어진 은허殷墟 갑골문의 발견은 중국 학술사에서 대서특필할 만한 큰 사건이었다."[1)]

1) 王宇信, 『甲骨學通論』, 中國社會科學出版社, 1989, 23면.

1. 중국 '옛 학문'의 신기원을 연 갑골문의 출현

1840년 이후 중국은 반식민지 상태에 놓이게 되었다. 특히 1894년 중일전쟁으로 북양北洋 해군은 완전히 몰락했고 그로 인해 청나라의 '양무洋務' 운동은 실패하고 말았다. 하지만 '양무洋務' 운동을 시작했던 청 왕조의 의도와는 달리 서구에 파견된 많은 유학생들은 서구의 과학기술을 습득하고 서구 사회와 서구 학설을 이해하고 받아들였다. 그들은 열강들에 의해 분할 위기에 처한 중국을 존망의 위기에서 구해내기 위해서는 변법유신變法維新이 반드시 필요한 동시에 서구 학문과 사회학을 도입하여 민중을 계몽해야 한다고 생각했다. 따라서 그들은 서구의 사회와 정치·경제학을 비롯해 철학과 자연과학에 관한 많은 저작을 번역하였으며, 이러한 유학생들의 노력은 수천 년 동안 지속되어 왔던 봉건사상에 커다란 충격을 안겨다주었다. 뿐만 아니라 "중국 중심의 학문에 전면적 타격을 가했으며 중국 문화의 기초 또한 전에 볼 수 없었던 도전에 직면하게 되었다."[2)]

그러나 중국의 전통 학문에는 "시대적 한계도 있지만 동시에 영원한 가치도 있으며, 진부한 편견도 있지만 동시에 뛰어난 예지도 있으며, 한물 간 조박糟粕함도 있지만 동시에 대단히 깊은 정수精髓도 들어 있다."[3)] 이것은 많은 중국의 지식인들로 하여금 위기의 순간과 변화 앞에서 동요하지 않고 창조적이고 선구적으로 중국 전통 학문을 근·현대식 학문으로 전환하도록 하는 동력이 되었다. "근대 이후 서양 학문의 침투는 중국인에게 대단히 깊은 영향을 미쳤다. 시간이 지날수록 지식인과 학자들은 서구의 이론으로 무장하지 않을 수 없었으며, 그 이론과 지식의 수준도 더욱 더 깊어졌다. 하지만 중국 전통학문의 탄탄한 기초 위에서 서

2) 錢宏, 「重寫近代諸子春秋」, 『王國維評傳』, 百花洲文藝出版社, 1996.
3) 張岱年, 「序」, 『國學通覽』, 群衆出版社, 1996.

구의 지식을 습득했기 때문에, 그들은 서구학문에 대한 감별력을 지닐 수 있었고, 서구의 지혜를 전통학문의 기반 속으로 흡수하여 훌륭한 성과를 낼 수 있었다."[4)]

1) 갑골문의 발견과 연구—전통학문에서 현대학문으로의 전환점

중국의 전통학문 중 대단한 성과를 보였던 금석학金石學은 서구 고고학의 영향을 받으면서 그 연구 내용, 연구 방법, 연구 목적 등 다방면에서 본격적인 변화가 일어났다. "19세기 후반에 이루어진 고대 기물의 출현과 연구는 이전에 비해 근본적인 차이를 보였는데", 다음과 같은 것들로 요약된다. 첫째, 연구 대상이 되는 고대 기물의 범위의 확장이다. "북송北宋 때부터 금석金石이라는 명칭이 있었지만 그것은 고대 기물까지 포함하지는 못했다. 하지만 19세기 후반의 금석학金石學은 고대 기물학으로까지 그 범위가 확장되어 있었다." 둘째, 기물 분류의 전문화이다. 금석학의 범주에 막연히 포함되어 있던 몇몇 고대 기물, 예컨대 도용陶俑이나 전와磚瓦(벽돌과 기와) 등은 "이때에 이르러 각기 독자적으로 발전하여 독립된 수집과 연구가 이루어졌다." 셋째, 그 "수량과 내용이 풍부해졌다." 완원阮元(1764~1849)에서 시작된 고대 기물의 수집과 연구는 많은 사람들로 하여금 고대 기물을 대량으로 수집하고 정리 발표하게 만들었는데, 그 수량은 송나라 때보다 훨씬 많았다. 넷째, "기물과 명문銘文과 문자학과 역사학을 연계시켰다. 북송 때의 학자들도 명문을 이용하여 예의禮儀제도를 해석하고 문자를 고석考釋하기도 했으나, 청말 학자들은 건가乾嘉연간 이래의 경학經學과 소학小學의 눈부신 발전에 힘입어 여기서 한걸음 더 나아가 명문을 문자발전의 법칙과 고대 역사제도의 새로운 자료로

4) 張岱年, 「總序」, 『國學大師叢書』, 百花洲文藝出版社, 1995.

이용했으며, 경전사료經典史料의 저작시기에 대해서도 새롭게 고증하기 시작했다." 다섯째, "석인술石印術과 사진술의 수입이다. 이 이전에는 고대 기물의 형제形制·무늬·명문銘文의 유포와 인쇄는 탁본拓本과 조판雕板과 소수의 석인본石印本에 의지할 수밖에 없었다. 하지만 19세기 말 석인술과 사진술의 수입으로 연구 및 출판이 대단히 편리하게 되었다."[5)]

이 같은 이유로 근대 서구 고고학이론의 영향 아래서 이루어진 중국 전통 금석학이 '고대 기물학' 단계로 발전한 것은 과학적 의미에서의 진정한 근대 '현장 고고학'의 탄생이 이미 멀지 않았음을 알려 주었을 뿐 아니라, 갑골문의 감정과 수집 및 연구에도 기초를 마련해 주었다.

그래서 1899년 저명한 금석 학자였던 왕의영王懿榮(1845~1900)이 갑골문을 처음으로 감별해 낼 수 있었던 것 또한 우연이 아니었다. 1903년 처음으로 갑골문을 저록한 『철운장귀鐵雲藏龜』의 출판과 1904년 최초의 갑골문 고석考釋이자 연구서인 『계문거례契文擧例』의 완성은 갑골문이 중국의 학술계로 진입했으며 그 연구가 시작되었음을 알리는 표지가 되었다. 그 뒤 나진옥羅振玉(1866~1940)과 왕국유王國維(1877~1927)와 같은 학자들의 노력에 힘입어 갑골문 연구는 문자 해독과 문장 해석의 단계에서 대단한 발전을 이룰 수 있었다. "나진옥은 1910년 『은상 정복문자 고殷商貞卜文字考』 1권을 썼지만, 이는 바퀴살이 장착되지 않는 수레바퀴마냥 어설픈 시작에 불과했다. 하지만 1915년의 『은허서계 고석殷虛書契考釋』 1권(이후의 증정增訂본에서는 3권으로 됨)은 갑골문자의 연구를 대성황의 길로 들여 놓았다. 그래서 갑골학에 대한 논의는 바로 여기서부터 시작되었으며, 중국의 고대 학문에 대한 논의 또한 이로부터 시작되었다고 하지 않을 수 없다."[6)] 다시 말해, 나진옥의 『은허서계 고석』과 이후의 증정增訂본 『은허서계 고석』은 "청나라 전체 '소학小學'의 총결이었으며, 그것은 『설문해자』를 '소학'의 중심으로 삼던 전통이 종결되었다는 표지였다.

---

5) 陳夢家, 『殷虛卜辭綜述』, 科學出版社, 1956, 2면.

6) 郭沫若, 『中國古代社會研究』, 人民出版社, 1954, 213면.

동시에 고고 발굴에 의한 고문자 자료를 중심으로 하는 새로운 학문의 부흥이었으며, 실제로 이전의 성과를 계승해 미래를 열어주고 있었다."[7]

왕국유는 나진옥의 뒤를 이어 1917년 『전수당 소장 은허문자戩壽堂所藏殷虛文字』에서 갑골문을 저록하는 동시에 고석도 함께 하였다. 이러한 문자 고석의 기초 위에서 「은 복사에 보이는 선공 선왕 고殷卜辭中所見先公先王考」와 「속고續考」를 완성했다. "이는 갑골학 연구를 새로운 단계로 끌어 올린 중요한 논문이자, '문자시기'에서 '사료시기'로 진입했음을 알리는 표지였다.[8] 이와 동시에 그는 또 「은주 제도론殷周制度論」을 발표했는데, 이는 "은허복사를 종합적으로 비교 연구한 선하"가 되었으며, 이로부터 복사의 연구영역이 확장되었다. 이 때문에 "왕국유의 학문은 갑골문자의 연구를 그 주요한 근간으로 삼았으며, 앞서 든 네 가지 저술 이외에도 예제禮制나 도읍都邑을 비롯해 문자에 대한 논의가 『전집』의 여러 곳에 산재하게 되었다. 중국의 전통 학문은 갑골문의 출현으로부터 새로운 기원을 이루었으며, 나진옥과 왕국유 두 사람의 갑골문에 대한 고석으로부터 또 다른 신기원이 열렸다."[9]

나진옥과 왕국유가 이렇게 대단한 업적을 이루고 갑골문 '초창기' 연구의 최고봉에 오를 수 있었던 것은 바로 그들이 건가 연간 이후 이루어 놓았던 전대 학자들의 성과에 기초하고, 또 19세기 말 20세기 초의 동·서 학술의 충격과 융합이라는 큰 물결을 따라 연구를 더욱 발전시켰기 때문이다. 즉 그들의 연구방법이 중국학자들의 전통적인 방법과 "다른 부분이 대단히 많았기 때문이다. 그들이 마주친 문제들과 볼 수 있었던 자료(나진옥이 말했던 것처럼의 '문자의 복福')가 건가 시기의 학자들보다 훨씬 많았으며, 정도의 차이는 있겠지만 그들은 근대의 과학적인 방법도 흡수

7) 曾憲通·陳煒湛, 「論羅振王和王國維在古文字學領域內的地位和影響」, 『古文字硏究』 第4輯, 中華書局, 1980.

8) 王宇信, 『甲骨學通論』, 中國社會科學出版社, 1989, 324면.

9) 郭沫若, 『中國古代社會硏究』, 人民出版社, 1954, 213면.

하였기 때문에 그 학문방법은 건가시기의 박학樸學과는 완전히 다른 특징을 가지게 되었던 것이다."

이러한 특징은 다음의 몇 가지로 요약된다. 첫째 이중증거법二重證據法[10]이다. "이전의 학문 연구는 대부분 문헌에서 문헌으로, 경전으로 경전을 논의하거나 여러 경전으로 한 가지 경전을 주해하고 이리저리 주석을 달면서 갈수록 번잡해지는 경향을 가졌다." 이밖에도 "당시는 오로지 '의고疑古'만을 주장하는 학파들만 있어서 대량의 문헌을 '위서僞書'로 간주하기도 했다. 하지만 나진옥과 왕국유는 "이미 고대 문헌에 익숙해 있었을 뿐더러 대량의 고고 발굴 자료도 확보하고 있었기 때문에 이 두 가지를 결합시켜 연구함으로써 이전에 볼 수 없었던 새로운 국면을 개척했다. 그 결과 중국 학술사의 새로운 페이지를 장식하게 되었는데 이러한 방법을 '이중증거법'이라 한다." 이에 관해서는 왕국유가 『고사 신증古史新證』에서 상세히 논의했으므로 여기서는 더 이상 부연하지 않는다.

둘째, 더는 『설문해자』를 하늘처럼 받들지 않았고 『설문해자』에 비판적인 태도를 가졌다. "나진옥과 왕국유의 소학 연구는 『설문해자』를 모범 삼지 않은 것이 없으며, 허신에게 지고지상의 권위를 부여했다." 하지만 그들은 "『설문해자』를 참고하고 증거삼아 갑골문자를 해석했지 『설문해자』에 구속되지는 않았기에, 『설문해자』에서의 자형과 차이가 나는 대량의 갑골문자를 찾아냈고 도리어 이에 근거해 『설문해자』의 오

10) (역주) '문헌비교법'이라고도 하는데, 청나라 말 왕국유의 주장으로 역사 연구에서 전통의 문헌자료와 새로 발굴된 고고자료를 서로 결합하여 증명할 것을 주장한 내용이다. 그는 이렇게 말했다. "우리는 다행히도 오늘날에 태어나 종이 위의 자료 이외에도 지하에서의 새로운 자료를 얻을 수 있었다. 이러한 새로운 자료에 근거하여 종이 위의 자료를 보충하고 바로잡을 수 있으며, 옛 책의 어떤 부분이 완전한 실록임을, 즉 백가들의 아름답지 못한 말도 모두가 진실의 한 측면을 말하고 있음을 증명할 수 있다. 이러한 이중증거법은 오늘날에 이르러 비로소 시행이 가능해졌다. 비록 옛 책에서 증명을 얻지 못했다고 해도 부정을 할 수는 없으며, 이미 증명이 된 것에 대해서는 긍정하지 않을 수 없다는 것만은 단언할 수 있다." 王國維, 『古史新證－王國維最後的講義』, 清華大學出版社, 1994년, 2~3면 참조.

류를 바로잡을 수 있었다. 이러한 점은 이전 학자들에 비해 대단히 뛰어난 업적이었다." 그리하여 갑골문의 고석이라는 부분에서 이전 학자들을 뛰어넘는 훌륭한 성과를 이룰 수 있었다.

셋째, "의심 가는 것은 잠시 보류해 두고 해석을 기다린다闕疑待問"는 과학적인 태도이다. 나진옥과 왕국유는 모르는 것을 억지로 아는 체 하지 않았으며, 해결되지 않는 문제들은 "의심 가는 경우 잠시 보류해 두고 해석을 기다렸다." 이 때문에 "송宋나라 이후 모르는 글자가 없고 모르는 뜻이 없다는 식의 옛글자나 옛 뜻을 억지로 해석해 왔던 다른 학자들보다 훨씬 실사구시적이었다."[11]

2) 은상殷商 고고학 발전의 계기 마련

1908년에 이르러서야 나진옥은 갑골문의 정확한 출토 지점이 하남성 안양安陽의 소둔촌小屯村이라는 것을 알게 되었다. "광서光緖 무신戊申년, 나는 비로소 정복貞卜문자의 출토 지가 원수洹河 가의 소둔小屯임을 알았다."[12] 그리고 1910년 갑골문의 출토 지인 하남성 안양의 소둔촌이 "무을 임금의 유허지武乙之墟"임을 밝혀내었다. 1914년에는 여기서 한걸음 더 나아가 소둔小屯은 "원수洹水의 옛 유적지로 그 이전에는 단갑亶甲의 유적지라고 불려왔지만, 지금의 복사로 고증해 볼 때 이곳은 무을武乙 때 옮겨와 제을帝乙 때 폐기되었던 곳이다"[13]는 사실도 밝혀내었다. 바로 다른 학자들에 의해 대단히 높이 평가받았던 것처럼, "갑골문의 출토 지점을 고증해 낸 것은", "나진옥의 주요성과"의 하나이다.[14] 이것은 바로

---

11) 曾憲通・陳煒湛, 「論羅振玉和王國維在古文字學領域內的地位和影響」, 『古文字硏究』 第4輯, 中華書局, 1980.

12) 羅振玉, 「序」, 『殷虛古器物圖錄』, 1916.

13) 羅振玉, 「自序」, 『殷虛書契考釋』, 1914.

14) 戴家祥, 「甲骨文的發現及其學術意義」, 『歷史敎學問題』, 1957年 第3期.

다음과 같은 이유에서이다. 첫째, "갑골 자료의 손실을 줄여 연구에 도움을 주었기 때문이다." 둘째, "갑골문의 수집을 확대시켜 갑골 연구에 더 많은 자료를 확보할 수 있게 했기 때문이다." 셋째, "은허 갑골문 이외의 출토문물을 수집하게 함으로써 고고학 연구의 자료를 축적시켰기 때문이다." 넷째, "갑골의 출토 지점이 하남성 안양安陽 소둔촌小屯村이며 소둔촌이 은상殷商 때의 도성都城이었음을 확인함으로써 후기 상나라 유물의 연구에 커다란 의미를 더해 주었기 때문이다." 다섯째, "갑골문 출토 지의 확정은 나아가 1928년 이후 이루어진 은허의 대규모 과학적인 발굴을 촉발시켰으며 이로부터 은상殷商 고고학의 물길이 열리도록 하였기 때문이다."[15)]

1930년대의 '신사학新史學'이라는 사조 속에서 서구의 근대 고고학 사상도 중국 학술계에 소개되었다. 비록 당시의 서구 고고학에 대한 이해는 상당히 일천한 수준이었지만 중국학자들로 하여금 역사학과 고고학의 밀접한 관계를 인식하도록 만들었으며, 서구 고고학이 이루었던 중요한 성과와 고고학의 연구 범위 및 연구 목적 등에 대해서도 이해하도록 함으로써 전혀 새로운 이 학문에 대해 일정한 지식을 갖고 안목을 넓히도록 만들었다.[16)] 바로 1899～1928년까지의 갑골문 연구가 "문자를 인식하고, 상나라 역사를 탐구하는" 측면에서 성과를 이루었기 때문에, 은허에서 지속적으로 갑골문을 찾아 나서기 위해 "은허 갑골의 대규모 발굴이 필요하다는 데 동감하고 있었으며 그것은 먼저 실태조사로부터 시작되어야 한다"고 생각했다. 중앙연구원은 동작빈董作賓(1895～1963)의 다음과 같은 조사 보고서를 받았다. 즉 안양 소둔촌 일대의 갖가지 흔적은 "모두가 은허 갑골의 발굴이 미진했다는 증거이다." "갑골문은 아직도 남아있으며 최근에도 지속적으로 출토되고 있다. 그런데도 이 상태로 계속 나간다면 중국문화 최고의 정수라 할 갑골이 무지한 도굴꾼에 의해

15) 王宇信, 『甲骨學通論』, 中國社會科學出版社, 1989, 47～51면 참조.
16) 張岂之(主編), 『中國近代史學學術史』, 中國社會科學出版社, 1996, 407면.

흔적도 없이 도둑질 당하도록 방치하고 말 것이며, 발굴이 하루 늦어진다는 것은 바로 하루의 손실이 생긴다는 것을 의미한다. 이것은 정말 조금이라도 늦추어서는 아니 될, 국가 학술기관의 과학적 방법에 의거해 발굴해야 할 시급한 일이다."[17] 그리하여 중앙연구원 언어연구소의 고고조考古組에서 안양 소둔촌을 발굴할 계기가 마련되었다. "대량의 갑골을 과학적으로 발굴한 동시에 이 과정에서 발굴된 대량의 유적과 유물들은 중국 은상 고고학의 기초를 마련해 주었다."[18]

중국 역사시기의 은상 고고학은 바로 은허의 과학적 발굴의 제1단계 즉 1차(1928.10), 2차(1929.3), 3차(1929.10)의 '맹아기'를 거쳐 제2단계(4차(1931.3), 5차(1931.11), 6차(1932.4), 7차(1932.10), 8차(1933.10), 9차(1934.3))의 '형성기'에 진입했다. 은허의 과학적 발굴의 제3단계(10차에서 15차 발굴까지(1934~1937))에 이르러서는 중국 역사시기 고고학의 '성숙기'에 접어들게 되었다.[19] 1928년부터 시작해 1937년 중단된 은허의 대규모 발굴은 총 10년간 15차례의 발굴이 이루어졌으며, 대량의 갑골문은 물론 풍부한 유적과 유물을 발견하여 찬란한 성과를 이룸으로써 중국 고고학사에서 중요한 지위를 차지하게 되었다.[20]

이와 동시에 학자들은 고고학의 연구방법을 갑골학에 도입했으며, 이로부터 갑골문의 시기구분 연구에 중요한 돌파구가 마련되었다. 이런 의미에서 "갑골문의 시기구분법은 안양 소둔촌의 은허에 대한 발굴로부터 얻어진 것이라 할 수 있다."[21] 동작빈이 1933년 발표한 「갑골문 시기구분 연구 예甲骨文斷代硏究例」에서 구축한 '5시기 구분법'과 '10가지 표준'은 상나라 후기 273년 동안의 '온통 뒤섞여 있던' 갑골을 다섯 시기로 질서

17) 董作賓, 「民國十七年試掘安陽小屯村報告書」, 『安陽發掘報告』 第1期, 1929.
18) 張豈之(主編), 『中國近代史學學術史』, 中國社會科學出版社, 1996, 407면.
19) 張豈之(主編), 『中國近代史學學術史』, 中國社會科學出版社, 1996, 483~490면.
20) 王宇信, 『甲骨學通論』, 中國社會科學出版社, 1989, 86~87면.
21) 董作賓, 「爲書道全集詳論卜辭時期之區分」, 『中國現代學術經典』 「董作賓卷」, 河北教育出版社, 1996, 526면.

정연하게 구분해 내었다. 이는 지금까지도 국내외 갑골학계와 은상문화 연구에서 보편적으로 채택되고 인정되는 기본적 원칙이 되었다. "갑골학사에서의 이 대단한 명작은 엄청난 명성과 지대한 영향력을 가져다주었으며 갑골학의 상나라 역사 연구에 완전히 새로운 시기를 열어 주었다."[22] 이로부터 갑골문의 연구는 '나진옥과 왕국유의 학문'으로 대표되던 '초창기'에서 '전면적 발전기'로 진입하게 된다. 이 때문에 "근대 고고학 방법의 도입은 금석학의 영향 하에서 형성되었던 갑골학에 심각한 변혁을 가져다주었다. 즉 「갑골문 시기구분 연구 예」는 갑골학을 역사 고고학의 범주에다 귀속시켰으며, 이로부터 갑골학은 금석학의 종속적 지위를 벗어나 중국 고고학이라는 독립된 분과를 이루게 되었다."[23]

3) 신사학新史學 발전의 견실한 기초 제공

5·4 신문화 운동의 과학과 민주라는 기치 하에서 고힐강顧頡剛(1893~1980)을 필두로 한 일군의 의고변위疑古辨僞 학파는 청나라 말의 '신사학新史學'의 반봉건 정신을 계승했으며, 『고사변古史辨』을 기지로 삼아 점차 '의고학파疑古學派'를 형성하게 되었다. 그것은 "금문학今文學을 직접 계승한 의고학파의 출현 그 자체가 전통학문이 현대학문을 향해 내디딘 중요한 걸음이었다"[24]고 해야만 할 것이다. 특히 1923년 5월 『독서잡지讀書雜志』 제9기에 발표된 고힐강의 「전현동 선생과 고대 역사서에 관해 논함與錢玄同先生論古史書」이라는 글에서 제시된 그 유명한 '첩첩이 누적되어 만들어진 고대 역사관層累地造成的古史觀'[25]이라는 관점은 전체 학술계를

---

22) 王宇信, 『甲骨學通論』, 中國社會科學出版社, 1989, 162면.
23) 張豈之(主編), 『中國近代史學學術史』, 中國社會科學出版社, 1996, 514면.
24) 劉夢溪, 「總序」, 『中國現代學術經典』, 河北教育出版社, 1996, 26면.
25) (역주) 중국의 고대 역사는 '후대로 가면서 층층이 누적되어 만들어진 위조의 역사'라는 顧頡剛의 주장으로, 중국 辨僞史에서 시대의 획을 그은 이정표적인 이론이다. 중

경악시켰다. 그 거대한 영향은 "줄곧 어떤 문제도 없다고 인식해 왔던 중국의 화려한 고대사의 체계를 근본부터 뒤흔들어 놓았다. 이는 역사학계에다 원자탄을 투하한 것과 같이 엄청난 파괴력을 과시했으며, 각계각층에서 고서를 조금이라도 읽은 사람이라면 누구라도 이러한 문제에 자극을 받지 않은 사람이 없었을 정도였다. 왜냐하면 그간 사람들의 뇌리 속에는 오로지 반고盤古 이후의 삼황오제三皇五帝만 존재하고 있었는데, 어느 날 갑자기 반고는 존재하지도 않았고 삼황오제도 없었다는 말을 듣게 되자 그것은 마치 마른 날에 날벼락을 만난 듯 전혀 상상치도 못한 일이었기 때문이었다. 그리하여 전통적 봉건사상을 가진 대다수의 사람들은 벌 떼처럼 일어나 그를 공격했으며 격렬하게 비난했다. 하지만 자유로운 학술사상을 가진 소수는 그에게 박수를 보냈다. 그리하여 이는

국의 擬古辨僞 사상은 공자에서부터 시작된다. 공자는 '옛 것을 믿고 좋아했으나' 怪·力·亂·神에 대해서는 믿지 않음으로써 실사구시적인 태도를 보였다. 그의 제자 子貢은 역사서에서 말한 紂의 전설에 대해 회의하였으며, 서한 초의 劉安도 역사서에서 말한 고대사에 대한 긍정·부정적 평가는 후인들의 누적에 의한 것이라고 했다. 송나라 때의 歐陽修도 역대로 전해지는 고대사 체계는 후인들이 덧보탠 것에 의해 구성된 것임을, 劉恕는 『자치통감』을 편찬하면서 삼황과 오제에 대한 전설은 공자 때에는 없었는데 전국시대에 들어 생겨났음을 지적했다. 또 청나라 말의 崔述은 「補上古考信錄」과 「考信錄提要」에서 고대문헌에 실린 고대사는 후기로 올수록 복잡하고 상세해진다는 사실을 지적함으로써 고힐강 이론의 직접적 선구가 되었다. 고힐강은 이러한 전통에 힘입어, 『古史辨』(제1책 「서문」)에서 "전국·진·한 이후의 고서 속에 기록된 고대사는 대부분 신화와 전설에서 변화된 것이며, 각기 다른 시대의 신화와 전설이 한 층 한 층 누적되어 만들어진 것"이라고 했다. 그래서 고대 신화 전설의 발생시기의 순서와 고서에서 말하는 고대사의 배열순서가 정반대를 이룬다고 했다. 예컨대 주나라 때에는 禹 임금의 이야기만 나오지만 공자 때에는 요·순 임금의 이야기가, 전국시대 때에는 황제와 신농의 이야기가, 진나라 때에는 삼황의 이야기가, 한나라 때에는 반고의 이야기까지 등장하게 된다고 했다. 뿐만 아니라 후대로 갈수록 같은 인물에 대해서도 더욱 과장되고 확대되는 경향을 가진다고 했다. 예컨대 순임금은 공자에게서는 無爲而治의 성인에 불과했지만 「堯典」에 이르면 齊家 이후에 治國을 이룬 성인으로, 맹자에게서는 효자의 모범으로까지 만들어진다는 것이다. 이러한 인식에 기초하여 고힐강은 고대 중국의 경우 통일된 민족도, 통일된 영토도, 고대사에서의 전설적인 인물도 존재하지 않았으며, 고대가 황금시대였다는 것도 인정할 수 없다고 주장했다. 이는 당시의 사학계는 물론 전체 학계에 대단한 파문을 일으켜 '擬古辨僞'의 새로운 역사 연구를 탄생시켰다.

당시의 학계에서 대단히 뜨거운 화제가 되었다."[26] 고사변古史辨 학파의 의고변위疑古辨僞 때문에 전통적 사상에서 입신양명의 도구로 삼던 유가 경전과 2천여 년간 건립되어 왔던 '고대사 체계古史系統'는 철저하게 뒤집혀버렸고, 이를 계기로 새로운 사료의 수집과 상고사에 대한 재구 작업에 주목하게 된 것은 필연적인 결과였다.

이것이 바로 중국 현대 고고학의 기초를 세웠던 하내夏鼐(1910~1985)의 지적대로 "그들은 '중국의 과학적 상고사'를 건설하는 길에 존재하는 모든 장애물을 제거했으며, 그와 동시에 중국 상고사에 관한 과학적인 고고학 자료가 극히 결핍되어 있음을 느끼게 만들어 주었다."[27] 중국 근대 고고학의 또 다른 기초를 세웠던 이제李濟(1896~1979) 또한 이렇게 말했다. "낡은 역사는 이미 믿을 수 없기에 새로운 자료에 대한 필요성이 생겨났다. 그리하여 많은 사람들이 고고학에 희망을 걸었으며, 고고학을 '고대사 문제의 유일한 해결' 방법으로 인식했다."[28] "1921년 안데르손(J. G. Andersson, 1874~1960)의 앙소仰韶 유적의 발굴은 중국 근대 신석기 시대 고고학의 시작이 되었으며, 중국의 근대 고고학이 금석학의 '배태기'에서 싹을 틔웠다는 것을 의미한다."[29] 나아가 갑골문 출토 지인 하남성 안양 소둔촌을 은허에 대한 고증과 근대 고고학적 방법에 의한 갑골문의 발굴과 수집의 계기로 삼았으며, 1928년부터 1937년까지 중앙연구원의 총 15차에 걸친 발굴은 은상 고고학으로 하여금 '맹아기'와 '형성기'와 '발전기'를 경험하도록 함으로써 중국 현대 고고학이 번성할 기초를 마련해 주었다.

중국 고고학자들은 지하에서 새로운 자료를 발굴하는 동시에 고힐강 등과 같은 학자들의 '작업을 비교적 높이 평가'한 사람도 적지 않았으나,

26) 劉起釪, 『顧頡剛先生學述』, 中華書局, 1986, 104면.
27) 夏鼐, 「五四運動和中國近代考古學的興起」, 『考古』, 1979年 第3期.
28) 張光直, 「編者後記」, 『李濟考古學論文選集』, 文物出版社, 1990, 981면 인용.
29) 張豈之(主編), 『中國近代史學學術史』, 中國社會科學出版社, 1996, 448면.

"결국엔 그들이 너무 앞서 나가는 바람에 진실을 잃게 되었고, 그 결과 대부분 그의 결론은 옳지 않다고 생각했다."[30] 나진옥과 왕국유 등은 고힐강 등의 '의고' 학파들과는 완전히 반대로 갑골문 수집과 해석의 기초 위에서 '고대사를 증명證古'하고 '고대사를 해석釋古'하는 길을 걸었다. "나진옥의 공로는 바로 무수한 진실된 사료를 제공해 주었다는 데 있다. 그의 은나라 갑골의 수집과 소장, 유포, 고석 등은 실로 중국의 최근 30년간의 문화사에서 대서특필해야만 할 사건이었다."[31] 그리고 왕국유는 "먼저 복사卜辭 중에서 은나라 때의 선공先公과 선왕先王을 뽑아내 『사기』 「은본기殷本記」와 『제왕세기帝王世紀』 등에서 전하는 은나라 왕통王統에 대해 물증을 제시하는 동시에 오류도 바로잡았다. 예컨대, 상갑上甲의 다음은 보을報乙·보병報丙·보정報丁이지 보정報丁·보을報乙·보병報丙이 아니며, 주임主壬·주계主癸는 원래 시임示壬·시계示癸로 표기했으며, 중종中宗은 바로 조을祖乙이지 대무大戊가 아니며, 경정庚丁은 곧 강정康丁의 오류이며, 대정大丁은 문정文丁이라고 한 것 등이 그러하다. 이들은 모두 3천여 년 동안 땅 속에 묻혀버렸던 비밀이었다. 그래서 은허의 발견을 두고 신사학新史學의 시작이라고 하며, 왕국유의 업적을 두고 신사학의 개산조라고 하는 것은 전혀 지나친 평가가 아니다."[32] 이처럼 "은허 갑골문이라는 이 중요한 발견은 반박할 수 없는 증거로써 상고사의 공백을 메워주었다. 그간 중국의 유구한 역사에 대해 갖가지 회의적이고 부정적인 관점이 존재해 왔던 것도 사실이다. 예컨대 19세기 후반의 유명한 고고학자였던 모건(L. H. Morgan, 1818~1881)은 『선사 시대의 인류』에서 중국의 문명은 겨우 B.C. 7~8세기까지만 거슬러 올라갈 수 있을 뿐이라고 단언했다. 그리고 이것은 이후 중국 내에서 제시된 '동주東周 이전에는 역사가 없었다'라는 논의와 결합되었다. 하지만 갑골문의 발견과 은

---

30) 徐旭生, 「叙言」, 『中國古史的傳說時代』, 文物出版社, 1985, 1면.
31) 郭沫若, 「自序」, 『中國古代社會研究』, 人民出版社, 1954.
32) 郭沫若, 「古代研究的自我批判」, 『十批判書』, 科學出版社, 1955, 4면.

허의 발굴은 이 거대한 부분의 고대사를 일거에 회복시켜 주었다."[33] 즉 중국에서 문자기록을 가진 믿을 만한 역사를 1천여 년이나 앞당겨 주었던 것이다.

학술계를 풍미했던 '의고疑古' 사조와는 달리, 왕국유는 '고대사를 증명證古'하고 '고대사를 해석釋古'했다. 그의 마지막 강의록이였던 『고사신증古史新證』은 자신의 역사연구 경험으로부터 총결해 낸 '이중증거법二重證據法'이자 '새로운 고증 방법'이었다. 이러한 실증적 방법은 청나라의 고증학과는 또 다른 차이를 보인다. 청나라 고증학의 주안점은 "고대 문헌에 대한 고정考訂, 특히 문자의 훈고訓詁적인 측면에 대한 연구에 있었다. 하지만 왕국유의 학문적 시야는 대단히 넓어, 문자는 물론 사회제도와 선사 시대의 문물 등에 대해서도 연구했다. 그리고 갑골문과 금문 등의 새로운 자료를 이용한 대조 연구도 진행했다. 이러한 새로운 자료는 직접 눈으로 확인한 사실이었으며 이를 문헌의 기록과 서로 참조함으로써 객관성을 높여 나갔다."[34] 왕국유가 제창하고 실천한 '이중증거법'은 "의고학파들의 편견을 바로잡았을 뿐 아니라 20세기의 학술 여정에도 큰 영향을 미쳤다. 동시에 중국의 현대 학술사에서 역사학이 가장 풍부한 실적을 갖게 된 원인이 되기도 했다."[35] 이 때문에 왕국유는 신사학을 세우는 과정에서 많은 과학적인 성과를 얻었으며 시간의 시험을 견뎌내고 중국 신사학의 발전에 기초를 마련해 주었다.

뿐만 아니라 중국의 유물주의 역사학도 나진옥과 왕국유의 갑골문 자료의 정리와 연구로부터 시작되었다. '다른 학파異軍'로 불리는 마르크스주의 역사학의 대가 곽말약郭沫若(1892~1978)의 연구도 나진옥의 『은허서계殷虛書契』와 『은허서계 고석殷虛書契考釋』으로부터 시작되었다. 그는 「나는 중국인이다我是中國人」(『해도집海濤集』, 『곽말약 문집』 제3권)에서 이렇게 회

33) 李學勤, 「甲骨學一百年的回顧與前瞻」, 『文物』, 1998年 第1期.
34) 劉垣, 『王國維評傳』, 百花洲文藝出版社, 1996, 312면.
35) 劉夢溪, 「總序」, 『中國現代學術經典』, 河北教育出版社, 1996, 26면.

고한 적이 있다. 일본 동경의 상야上野 도서관에서 본 나진옥의 『은허서계 전편殷虛書契前編』은 "전혀 고석이 이루어지지 않은 상태의 탁본만 실었다." 그래서 더욱 절박하게 "그것을 독파하도록 만들었고 그것을 이용하도록 만들었으며 그것의 비밀을 파헤치도록 만들었다." 그리고 동경의 문구당文求堂에서 『은허서계』의 입문서인 『은허서계 고석』을 보았지만 살 돈도 없고 빌릴 수도 없어, 다시 동양문고東洋文庫로 가 한두 달 만에 "문고에 소장되어 있던 모든 갑골문과 금문에 관한 저작을 독파했다." 그리고 그는 조금도 서슴지 않고 이렇게 말했다. "지금 중국의 고대학문을 논하려 한다면, 중국의 고대사회를 청산하려 한다면, 나진옥과 왕국유 두 사람의 업적을 그 기초로 삼지 않으면 아니 된다."[36] 이렇게 해서 "곽말약은 역사유물주의를 지도 이념으로 삼고 갑골문 자료를 이용해 상나라 사회사를 연구함으로써 중국의 마르크스주의 역사학의 기초를 마련했다. '시대의 획을 그은' 저작으로 평가받는 그의 『중국 고대사회 연구中國古代社會研究』, 『10비판서十批判書』, 『노예제 시대奴隸制時代』와 그가 주편한 『중국사고中國史稿』 등은 마르크스주의 역사학이 미성숙의 단계에서 성숙의 단계로 발전해 가는 궤적을 보여주고 있다."[37]

2. 갑골학의 형성과 발전

갑골문은 3천여 년 전 상나라 후기 반경盤庚 임금이 은殷으로 천도한 이후부터 제신帝辛 때 멸망하기까지의 273년간에 걸친 대단히 오래된 유물이지만, 이를 연구하는 갑골학은 대단히 젊은 학문이다. 1950년대까지

36) 郭沫若, 「自序」, 『中國古代社會研究』, 人民出版社, 1954.
37) 王宇信, 『甲骨學通論』, 中國社會科學出版社, 1989, 343면.

만 해도 갑골학 대가였던 동작빈董作賓은 이렇게 말했다. "갑골학이 하나의 학문으로 성립된 것은 극히 최근의 일이다. 50년 전만 해도 전 세계 그 어디에도 갑골학이라는 것이 존재하지 않았으며 '갑甲'과 '골骨'이라는 두 글자가 함께 놓인 적도 없었다."[38)]

1899년 왕의영王懿榮에 의해 갑골문이 발견되고 의식적으로 구매되어 수집되기 시작하였는데, 이는 "중국 고고학사의 대단히 중요한 사건이 되었다."[39)] 하지만 갑골문은 대단히 오래된 것으로 "이 각사刻辭 속의 문자는 고문古文과도 달랐으며 한漢나라 이후의 장창張敞·두림杜林·양웅揚雄(B.C. 53~A.D. 18)·허신許愼(58?~147?) 등과 같은 문자학자도 볼 수 없었던 자료였다."[40)] 그래서 나진옥의 『은허서계』가 출판된 지 4년이나 지난 1915년에도 학계에서는 여전히 갑골문을 "너무 어려워 읽어낼 수 없는 것"[41)]으로 여기고 있었다. 하지만 몇 대에 걸친 노력과 탐색 끝에 갑골학은 '갑골문의 비과학적 발굴 단계'와 '갑골학의 초창기(1899~1928)', '갑골문의 과학적 발굴과 갑골학의 발전기(1928~1937)', '갑골학의 심화연구기(1949~현재)'[42)] 등의 몇 단계를 거쳐 장족의 발전을 이룰 수 있었다. 백 년 동안의 갑골학 발전은 "이미 대량의 연구 성과가 축적되어 엄밀한 규칙을 형성하였을 뿐 아니라 자신의 연구 대상과 과제를 가진 하나의 성숙된 학문"이자 '국제적인' 학문으로 발전했다.[43)] 그래서 갑골학이라는 이러한 신흥 학문의 형성과 발전을 진지하게 살피기만 한다면 백 년간의 갑골학이 갑골 자료의 수집과 저록적인 측면에서, 그리고 연구 과제와 연구 방법 등의 측면에서, 모두 끊임없이 완성되고 엄밀해지고 심화되고 확장되며 풍성한 성과를 만들어 왔음을 발견할 수 있을 것이다.

---

38) 董作賓, 『甲骨學六十年』, 藝文印書館, 1965, 1면.
39) 陳夢家, 『殷虛卜辭綜述』, 科學出版社, 1956, 2면.
40) 羅振玉, 「序」, 『殷虛書契』, 1911.
41) 羅振玉, 「自序」, 『殷虛書契考釋』, 1914.
42) 王宇信, 『甲骨學通論』 第四章, 中國社會科學出版社, 1989.
43) 王宇信, 「近百年來的甲骨學硏究」, 『炎黃文化硏究』 第3輯(『炎黃春秋』 增刊), 1996.12.

1) 갑골문 자료의 수집과 저록

1899년 갑골문이 발견된 이후 왕의영이 처음으로 이를 높은 가격에 수매하여 소장하기 시작했다. 이로부터 "몇 근斤이나 되어야 겨우 몇 푼 받을 수 있던", '용골龍骨'의 옛날 몸값은 몇 배씩 오르게 되었고, 글자 한 자에 은화로 "두 냥兩 오 전錢"이나 하는 '골동품'으로 변신했다. 그러자 소둔촌의 농민들은 갑골을 파헤치기에 바빴고, 왕의영·왕양王襄(1876~1956)·유악劉鶚(1857~1909)·나진옥 등 일군의 학자들과 몇몇 외국인들, 그리고 미국·영국·프랑스·캐나다·일본 등지의 박물관에서도 이를 구입하기 시작했다. 그리하여 1928년 은허가 과학적인 방법에 의해 발굴되기 전까지 출토된 갑골만 해도 10만 편片에 이를 정도이다.[44)]

1903년 유악劉鶚이 갑골학사 최초의 저록인 『철운장귀鐵雲藏龜』를 출판하고서야 "갑골문은 소수의 서재에서 비장되던 '골동'으로부터 학술적 연구 자료로서의 '금석자료'로 변모할 수 있었다."[45)] 그 후 나진옥은 그가 소장하고 있던 대량의 갑골문들이 "뼈의 질이 부스러지기 쉬워 혹시라도 문자에 손상이 갈까 두려워 아직 탁본을 뜨지도 못했지만", "그래도 자료가 파묻혀 유포되지 못하는 것은 참을 수 없다"[46)]고 생각했다. 그리하여 그는 1911년에는 『은허서계』를, 1914년에는 『은허서계 정화精華』를, 1915년에는 『철운장귀의 나머지鐵雲藏龜之餘』를, 1916년에는 『은허서계 후편後編』 등을 출판했다. 갑골문자 연구가 심화되어 가면서 1925년 왕양이 출판한 『보실은계 징문簠室殷契徵文』에서는 내용에 근거해 갑골을 저록하고 모두 12가지로 분류했는데, 이는 갑골을 분류하여 저록한 최초의 저작이 되었다. 은허가 과학적으로 발굴되기 시작한 1928년 이전까지 저록된 갑골문의 수는 총 9,919편이며, "발표된 자료가 비록 전체 출토 갑골

---

44) 胡厚宣, 『殷墟發掘』, 學習生活出版社, 1955, 36면.
45) 王宇信, 「近百年來的甲骨學研究」, 『炎黃文化研究』 第3輯(『炎黃春秋』 增刊), 1996.12.
46) 羅振玉, 「序」, 『殷虛書契精華』, 1914.

의 10분의 1정도에 불과하지만 중요한 자료는 이미 대부분 공개되어 갑골문 연구를 확대시키는 데 커다란 역할을 했다."[47]

하지만 1928년 이후, 하남성 안양의 소둔촌 은허에서 중앙연구원이 갑골문의 과학적인 발굴을 시작함으로써 이전의 도굴에 의해 얻어진 갑골문의 갖가지 한계를 극복할 수 있게 되었다. 즉 "은상 문화의 전체로 말하자면, 많은 문제가 문자를 통하여 해결되지는 못하겠지만 출토 상황 속에서 관찰될 수도 있다. 예컨대 이곳이 도대체 어떤 곳이었던가? 문자를 가진 이러한 갑골은 갑자기 매장됐던 것인가? 어떻게 해서 폐기되었는가? 등과 같은 쉽게 볼 수 있는 몇 가지 문제가 포함된다."[48] 1928년부터 1937년까지 총 15차례의 대규모 과학적 발굴이 이루어져 더욱 전면적이고 완전한 대량의 갑골문 자료들이 학술연구에 제공되었다. 통계에 의하면, 1차부터 9차 발굴에서 모두 6,513편의 갑골을 얻었고, 13차부터 15차 발굴까지 총 18,405편의 갑골을 얻었다. 이때의 발굴에서 얻은 갑골은 『은허문자 갑편殷墟文字甲編』과 『은허문자 을편乙編』에 저록되었다. 이 두 책에서 저록한 갑골은 시기구분도 없고 분류도 없이 출토 순서에 따라 배열되었는데, 이는 "이 대량의 자료가 과학적 발굴을 거쳐 얻어졌음을 보여주기 위한 것이었다."[49] 이로부터 "갑골학과 고고학이 함께 합쳐진" 새로운 저록 체계가 처음으로 만들어졌으며,[50] 이는 이후의 과학적 발굴에 의해 은허에서 얻은 갑골을 저록하는 데 전범이 제공되었다.

1949년 이후, 은허는 지속적으로 발굴되어 새로운 갑골문이 출토되었다. 특히 1973년 소둔의 남쪽 지역小屯南地에서 출토된 대량의 갑골은 1949년 이전 그 유명한 YH127갱坑의 대규모 발굴에 이은 또 한 차례의

47) 胡厚宣, 『殷墟發掘』, 學習生活出版社, 1955, 39면.
48) 李濟, 「現代考古學與殷墟發掘」, 『安陽發掘報告』 第2期, 1930.
49) 董作賓, 「自序」, 『殷墟文字甲編』, 商務印書館, 1948.
50) 王宇信, 「近百年來的甲骨學研究」, 『炎黃文化研究』 第3輯(『炎黃春秋』 增刊), 1996.12.

대단한 발견이었다. 거기서는 복갑卜甲과 복골卜骨을 합해 총 7,150편이 출토되었다.[51]

그리고 1991년 화원장花園莊 동쪽 지역에서 각사복골刻辭甲骨 579편과 화원장 남쪽 지역에서 글자가 새겨진 복골卜骨 5편이 발견되었는데,[52] 이는 가장 최근에 이루어진 발굴로 갑골 연구의 고고학적 고찰에 중요한 자료를 제공해 주고 있다.[53]

이에 그치지 않고, 안양 은허 이외의 정주鄭州에서도 상나라 때의 갑골이 발견되었다.[54] 또 하남성 낙양洛陽의 태산묘泰山廟, 산서성 홍조洪趙의 방퇴촌坊堆村, 섬서성 장안長安의 풍서灃西, 기산岐山의 봉추鳳雛, 부풍扶風의 제가齊家, 북경北京 방산房山의 유리하琉璃河, 진강영鎭江營, 창평昌平의 백부白浮, 하북성 형대邢臺의 남소왕南小汪 등지에서는 글자가 새겨진 서주西周 때의 갑골이 출토되기도 했다. 이들은 "사료가 비교적 부족한 서주사西周史 연구에 진귀한 자료를 제공해 줄 뿐만 아니라 갑골학에서도 새로운 분과를 형성할 수 있는 기초를 마련해 주었다."[55]

신 중국에 들어서는 갑골문 자료의 집중화와 정리 및 공표라는 측면에서 성공적인 성과를 이루었다. 예컨대 1980년의 『소둔 남지 갑골小屯南地甲骨』(상책 1 · 2분책)과 1983년의 『소둔 남지 갑골』(하책 1 · 2 · 3분책)의 출

---

51) 「1973年安陽小屯南地發掘簡報」, 『考古』, 1975年 第1期. (역주) 2002년에는 1973년 발견된 소둔 남쪽 지역의 동쪽에 위치한 H57 갑골갱의 발굴 결과가 마무리 되었으며, 228편의 글자가 새겨진 갑골을 포함한 총 628편의 갑골을 얻었다고 했다. 이는 은허에서 발굴된 1936년의 YH127갱, 1973년의 소둔 남쪽 지역의 갑골갱, 1991년의 화원장 H3갱에 이은 네 번째의 중요한 발굴로 평가되었다(新華社 2002년 10월 31일자 보도).

52) 「1991年安陽花園莊東地」·「南地發掘簡報」, 『考古』, 1993年 第6期.

53) (역주) 이 이후로도 2002년 10월 31일 소둔 남쪽 지역의 동쪽에 위치한 H57 갑골갱에서 글자가 새겨진 갑골 228편이 발굴되었다(주 51 참조). 또 2003년 4월 8일 산동성 濟南에 위치한 大辛莊 상나라 유적지에서 글자가 새겨진 복골 8편이 발견되었으며, 그 중 4편은 조각 맞추기를 한 결과 25자로 된 1판으로 만들 수 있다고 공식 발표했다(新華網 2003년 4월 8일자 보도).

54) 裴明相, 「略談鄭州商代前期的骨刻文字」, 『全國商史學術討論會論文集』, 1985; 『鄭州商城的考古新發現與研究』(1985～1992), 中州古籍出版社, 1993, 177면.

55) 王宇信, 「近百年來的甲骨學研究」, 『炎黃文化研究』 第3輯(『炎黃春秋』 增刊), 1996.12.

판이 대표적이다. "이 책에 저록된 갑골은 출토 층위層位, 찬조鑽鑿 형태, 해석문을 비롯해 각 항목의 색인까지 유기적인 체계를 이루어 다양한 필요와 각도에서 자료를 찾는 데 대단히 편리하게 되어 있다. 이는 『은허문자 갑편』과 『은허문자 을편』보다 진일보한 모습이다. 그래서 이는 '과학적 발굴 시기에 획득한 갑골의 가장 과학적인 저록'으로 불리고 있다."[56)]

이와 동시에 전해져 오던 몇몇 갑골에 대한 지속적인 정리와 공표도 이루어졌다. 호후선胡厚宣(1911~1995)이 1951년 출판한 『전후 남경 상해 지역에서 새로 얻은 갑골집戰後寧滬新獲甲骨集』에서 제시한 것처럼 먼저 시기 구분을 하고 다시 분류를 한 편찬체계는 조리가 분명하고 일목요연하여 "이후 갑골문 저록의 과학적 편집에 모범을 보여주었다."[57)] 그리고 그 후의 몇몇 대형 저록집, 예컨대 『경도대학 인문과학연구소 소장 갑골京都大學人文科學硏究所所藏甲骨』, 『영국 소장 갑골집英國所藏甲骨集』, 『갑골문 합집甲骨文合集』, 『갑골문 합집 보편甲骨文合集補編』 등과 같은 대형 저록들은 모두 이러한 새로운 편찬 체계를 계승해 전래 갑골을 수집·저록한 것들이다. 그리고 1978년부터 1982년까지 출판된 13거책巨冊의 『갑골문 합집』은 "이후 갑골학의 진일보된 발전에 기초를 만들어 주었다. 이는 이전의 성과를 계승하고 이후를 열어 준 저록으로, 갑골학사에서의 새로운 이정표라 할 수 있다."[58)] 『갑골문 합집 보편補編』은 여기서 한 걸음 더 나아가 1만3천여 편의 갑골문을 수록하였는데, 이는 백여 년 동안의 전래 갑골에 대한 총결이라 할 수 있다. 그리고 서주 갑골 또한 왕우신王宇信(1940~현재)의 『서주갑골 탐론西周甲骨探論』(1984), 진전방陳全方의 『주원과 주나라 문화周原與周文化』(1988), 서석태徐錫台의 『주원 갑골문 종술周原甲骨文綜述』(1991), 주기상朱歧祥의 『주원갑골 연구周原甲骨硏究』(1997) 등에 저록되어 있다. 갑골문

---

56) 王宇信, 「近百年來的甲骨學硏究」, 『炎黃文化硏究』 第3輯(『炎黃春秋』 增刊), 1996.12.

57) 王宇信, 『建國以來甲骨文硏究』, 中國社會科學出版社, 1981, 37면.

58) 王宇信, 『甲骨學通論』, 中國社會科學出版社, 1989, 285면.

자료의 발견과 즉각적인 저록은 신 중국 갑골문 연구에 훌륭한 기초를 마련해 주었다.

2) 연구과제와 연구방법

백 년 동안 이루어진 갑골학의 발전은 연구과제의 끊임없는 개척과 연구방법의 지속적인 발전 등과 밀접한 관계를 갖고 있다. 1899년 은허에서 갑골문이 발견된 이후 학자들이 관심을 가졌던 것은 먼저 그 대표 시기와 출토 지점에 관한 것이었다. 전하는 바에 의하면, 왕의영이 갑골문을 본 이후 "세밀하게 고찰한 결과 이것이 비로소 상나라 때의 복골卜骨임을 알았다"[59]고 한다. 그리고 유악은 1903년 갑골문이 "은나라 사람들의 도필刀筆 문자"[60]라고 했다. 하지만 나진옥은 오히려 갑골문을 "하은夏殷 때의 거북"이라고 했다.[61] 1910년에 이르러서야 나진옥은 "복사刻辭에서 은나라 제왕들의 이름 10여 가지를 찾아냈고 이것이 은상 왕조의 실제 유물임을 홀연히 깨닫게 되었다."[62] 학자들의 깊은 연구와 충분한 증거로 인하여 "갑골문은 상나라 때의 유물임이 공인될 수 있었다."[63]

그 다음은 갑골문이 도대체 어디에서 출토되었는가 하는 문제였다. "처음에 알고 있었던 것은 정확하지 않았다." 그래서 "하남성의 탕음湯陰"이라는 설, "하남성 탕음현湯陰縣에 속한 옛날의 유리성牖里城"이라는 설, "하남성 위휘衛輝(지금의 급현汲縣)"라는 설, "옛날 조가성朝歌城(지금의 기현淇縣)"이라는 설 등이 있었다. 1908년 나진옥이 "정복貞卜 문자의 출토 지점이 원수洹水 가의 소둔小屯임을 답사를 통해 비로소 알게 되었다"고

---

59) 王漢章, 「古董錄」, 『河北第一博物院通報』 第50・51期, 1933.10.10・15.
60) 劉鶚, 「自序」, 『鐵雲藏龜』, 1903.
61) 羅振玉, 「序」, 『鐵雲藏龜』, 1903.
62) 羅振玉, 『殷商貞卜文字考』, 1910.
63) 王宇信, 『建國以來甲骨文研究』, 中國社會科學出版社, 1981, 4면.

했다.[64] 1910년 나진옥은 『은상 정복문자 고殷商貞卜文字考』의 「서문」에서 한걸음 더 나아가 갑골문의 출토 지점인 하남성 안양 소둔촌이 "무을武乙 때의 유허지"임을 밝혀내었으며, 1914년에는 안양의 "무을 때의 유허지"는 "무을武乙 때 옮겨져 제을帝乙 때 폐기된"[65] 무을武乙·문정文丁·제을帝乙 세 임금의 왕도였음을 밝혀내었다. 또 왕국유와 동작빈과 호후선胡厚宣 등의 더욱 깊은 고증을 통해 안양의 소둔촌은 상나라 후기 반경盤庚 때 은殷으로 천도하여 제신帝辛 때 멸망하기까지 존속한 273년간 지속되었던 도성이었음이 확정되었다.[66]

갑골문이 대표하는 시대와 하남성 안양 소둔촌의 은허가 갑골문의 출토 지점으로 확정되자 갑골의 내용에 대해 심도 깊은 연구가 시작되었다. 갑골문의 "글자는 이미 출토되었으나 너무 어려워 읽을 수가 없다"[67]던 국면을 타개하기 위해 나진옥은 『은허서계 고석』이라는 문자 연구서를 출판했다. 나진옥과 왕국유, 섭옥삼葉玉森 등의 노력으로 갑골문자들은 기본적으로 인식할 수 있게 되었으며 전체 문장의 통독도 가능해졌는데, 이는 갑골학 연구의 기초를 마련해 주었다.

문자에 대한 고석考釋의 기초 위에서 갑골문을 이용한 상나라 역사에 대한 연구는 그 일정을 앞당길 수 있었다. 왕국유는 갑골문의 고석이라는 공을 세웠으며, "상주商周 때의 예제禮制, 도읍都邑, 지리地理 등에 관한 분야에 대해서도 연구했다. 특히 1917년 발표한 「은나라 복사에 나타난 선공 선왕에 대한 고찰殷卜辭中所見先公先王考」 및 「속고續考」와 같은 두 편의 저명한 논문은 갑골학을 새로운 단계로 끌어 올렸으며, 이는 갑골학이 '문자의 시기'에서 '사료의 시기'로 진입했음을 나타내는 표지가 되었다."[68]

---

64) 羅振玉, 「序」, 『殷虛古器物圖錄』, 1916.
65) 羅振玉, 「自序」, 『殷虛書契考釋』, 1915.
66) 王宇信, 『建國以來甲骨文硏究』, 中國社會科學出版社, 1981, 4면.
67) 羅振玉, 「自序」, 『殷虛書契考釋』, 1915.
68) 王宇信, 『甲骨學通論』, 中國社會科學出版社, 1989, 78면.

"나진옥과 왕국유의 갑골문에 관한 저작이 출판된 이후부터 과학적인 발굴이 이루어지기 전까지, 소위 '계학契學'이라 불리던 부분에 종사한 다른 사람들도 있었다. 그들은 대략 다음의 두 부류로 나뉜다. 한 부류는 나진옥과 왕국유의 직·간접적인 학생으로, 스승의 학설을 준수하는 바람에 나진옥이나 왕국유의 범위를 그다지 넘지 못했던 이들이다. 다른 한 부류는 나진옥이나 왕국유의 학문과 같은 수준도 갖지 못하면서 억설만 내세우고 갑골복사에서 해독하지 못한 글자만 전문적으로 골라내고자 골몰했던 사람들로, 그들의 특이한 해석은 설득력을 얻지 못하는 경우들이 많았다." 하지만 나진옥과 왕국유 및 그 제자들의 '나진옥과 왕국유' 학문의 연구방법은 "첫째 고대 문헌에 익숙할 것, 둘째 소학과 음운학 등 청대 고증학의 연구방법을 받아들일 것, 셋째 이에 근거해 새로운 고고 발굴 자료를 정리할 것, 넷째 고대 지리학과 결합하여 연구할 것, 다섯째 이중증거법二重證據法으로 역사학과 경학을 연구할 것, 여섯째 사료의 정리와 역사문헌 기록의 수정 임무를 완성할 것 등이었다."[69] 왕국유는 『고사 신증古史新證』에서 '이중증거'법을 제시하여 이전의 '문헌으로부터 문헌으로'의 고증방법과는 다른 '고고 발굴 자료'와 전통의 고전 문헌인 "종이로 기록된 자료를 서로 증명"할 것을 제시함으로써 중국학술사에 커다란 영향을 끼쳤다. 하지만 당시만 해도 근대 고고학이 아직 형성되지 않았던 때였으므로 소위 '고고 발굴 자료'라는 것은 기껏해야 지층관계를 벗어난 '금석문자'일 뿐이었다. 그래서 나진옥과 왕국유의 연구법은 여전히 전통적인 금석문자학의 범주에 속해 있었다. 하지만 "나진옥과 왕국유 및 그의 제자들의 갑골문 연구는 갑골문의 금석문자 연구에 총결을 내렸을 뿐 아니라 갑골문의 역사고고학 연구에도 깊은 영향을 끼쳤다"[70]는 사실 또한 반드시 알아야만 할 것이다.

---

69) 陳夢家, 『殷虛卜辭綜述』, 科學出版社, 1956, 51면.

70) 이 책의 제9장 제1절 「초기에 출토된 갑골문의 몇몇 소장가와 공헌을 끼친 학자들」을 참조.

1928년 이후, 중앙연구원 역사어언연구소에서 안양의 은허를 발굴하기 시작했다. 총 15차례에 걸친 대규모의 발굴 과정에서 대량의 유적과 유물을 확인할 수 있었다. 특히 3차 발굴(1929.10.7~12.10) 때 '대련갱大連坑'에서 발견된 '대귀 4판大龜四版', 9차 발굴(1934.3.9~5.31) 때의 '대귀 7판大龜七版'과 13차 발굴(1936.3.18~6.24) 때의 17,096편의 갑골문이 저장된 유명한 YH127갱 등의 발굴 성과가 있었으며, 전후 10년간에 걸쳐 총 24,918편의 글자가 새겨진 갑골 편을 얻었다. 이러한 발굴은 갑골학의 전면적인 발전에 그 기초를 마련했다. 먼저, '문자 연구'의 지속적인 확대가 그것이다. 은허의 과학적 발굴은 학자들에게 많은 새로운 과제를 제공해 주었으며 갑골학의 연구영역을 확대시켰다. 즉 그 이전 시기의 탁인拓印, 고석考釋, 분류分類, 문례文例, 예제禮制, 지리地理, 세계世系 등에 관한 연구 성과의 기초 위에서 지속적으로 깊이를 더해갔으며, 동시에 역법曆法, 문법文法, 서법書法 등에서도 새로운 개척이 이루어졌다. 둘째, 과거의 연구가 대부분 도굴에 의한 전래품에 의한 연구였다면 과학적 발굴에 의해 얻은 갑골은 '실물의 관찰'이며, 서계書契의 체계로부터 복조卜兆, 복법卜法, 귀龜, 골骨 등에 대한 연구가 이루어졌다. 셋째, 은허의 과학적 발굴 작업은 갑골문이 출토된 '지층地層의 관계', 즉 구역區域, 층차層次, 시대時代, 다른 기물들과 상호 증명하는 등의 문제에도 주목하도록 만들었다. 넷째, 과학적 발굴시기에 얻은 갑골에는 '지층의 관계'가 존재할 뿐 아니라 동반 유물도 있었으므로 '동반 출토 기물과의 비교 증명'이 가능해졌다. 예컨대 '상형자象形字와 고대 기물器物', '기물의 용도와 예기禮器', '동물 골격骨骼' 등이 그러하다. 하지만 여기에 그치는 것은 아니다. 갑골문은 중국은 물론 전 세계문화의 진귀한 보물로, 그것으로 '다른 나라의 고고학을 참고'하여 연구할 수 있을 뿐 아니라 외국의 관련 고고학 자료로 삼을 수도 있다. 예컨대 '상형문자의 비교'와 '골복骨卜의 습속', '고생물학과 귀골龜骨' 등의 연구가 그러하다.[71]

학자들의 힘겨운 노력 덕택에 이 시기의 갑골학은 커다란 진전과 함께 한계를 극복한 일련의 성과를 이룰 수 있었는데, 그 주요 내용으로는 다음의 것들이 있다.

첫째, "1933년 동작빈의 「갑골문 시기구분 연구 예」라는 저명한 논문의 발표이다. 이로부터 나진옥과 왕국유 이후, 상나라 후기 273년간의 사료로 한데 '뒤엉켜' 왔던 갑골문이 질서정연하게 시기 구분될 수 있었다. 「갑골문 시기구분 연구 예」의 발표는 '갑골문 연구에서 시대의 획을 긋는 커다란 사건'이었다."

둘째, "YH127갱에서 무더기로 출토된 갑골문과 과학적 발굴에 의해 얻은 대량의 갑골문은 갑골문 연구의 시야를 크게 확장시켰으며 연구의 길을 더욱 확대시켰다. 시기구분 연구와 함께 갑골학의 다른 과제, 예컨대 복법문례卜法文例・기사각사記事刻辭・복사동문卜辭同文・복사잡례卜辭雜例 등과 같은 갑골학 자체의 규칙에 관한 연구도 커다란 진전을 이루었다."

셋째, 갑골문 자료를 이용하여 상나라 역사를 연구함으로써 선공先公・선왕先王의 '상나라 역사' 연구에 한정되었던 이전 시기에 비해 크게 확장되고 진전이 이루어졌다. 호후선이 『갑골학 상사 논총甲骨學商史論叢』을 출간하였는데, 이 책에는 갑골문이라는 새로운 자료에 근거하여 얻은 결론이 많이 들어 있었으며 지금까지도 여전히 훌륭한 참고 가치를 지닌다. 그리고 "곽말약은 갑골문을 이용하여 상나라 역사를 연구하였는데, '시대의 획을 그은' 저작인 『중국 고대사회 연구』를 비롯해 그 이후의 『10비판서』와 『노예제 시대』, 그리고 그가 주편한 『중국사고中國史稿』 등과 같은 상나라 역사에 관한 저작들은 유물사관의 지도하에 중국의 역사학이 미성숙의 단계로부터 점차 성숙한 단계로 진입하였으며, 그가 중국 신 사학의 일대 종사宗師가 되어가고 있음을 보여주고 있다."

넷째, 이전 시기의 나진옥과 왕국유의 문자 고석의 기초 위에서 이 시기의 문자고석 작업은 또 다른 발전을 이루었다. "당란唐蘭(1900~1978)은 편방분석법偏旁分析法에 근거해 갑골문자를 고석함으로써 많은 성과를 거두었다. 우성오于省

---

71) 董作賓, 「甲骨文研究的擴大」, 『安陽發掘報告』 第2期, 1930.

吾(1896~1984), 양수달楊樹達(1885~1956), 장정낭張政烺(1912~현재), 진몽가陳夢家(1911~1966) 등도 계속해서 새로운 이론을 제시했다. 그리고 곽말약은 '다른 학파'의 갑작스런 출현이라 할 수 있는데, 그의 『복사통찬卜辭通纂』과 『은계수편殷契粹編』은 갑골문의 수집과 유포에 공헌을 세웠다. 뿐만 아니라 그의 문자 고석과 『갑골문자 연구甲骨文字硏究』 등에도 뛰어난 견해가 많아 국내외 학계(그를 반대했던 사람들도 포함하여)의 공인을 받는 등 문자의 고석에 커다란 공헌을 했으며, 대를 이어 영향을 끼친 갑골 학자가 되었다."[72]

이러한 성과는 근대 고고학적 방법이 갑골학 영역으로 진입한 것과 불가분의 관계에 있다. 역사시대 유적지에 속하는 안양 은허의 발굴은 "은허殷墟에 대한 지식뿐만 아니라 다른 고대 유허지에 대한 지식의 척도가 되길 바랐던"[73] 소망을 실현시켜 주었다. 이로부터 "중국 근대의 과학적 의미의 역사 고고학은 '맹아' 상태에서 첫걸음을 시작하여, 끊임없는 탐색과 총결을 거치면서 점차 근대 현장 고고학의 과학적 체계를 '형성'해 나갔으며, 동시에 그것의 '성숙시기'를 향해 한 걸음 더 나아갈 수 있었다."[74]

동작빈董作賓은 바로 근대 고고학의 연구 방법론을 갑골학의 영역에 도입함으로써 천지개벽에 비견되는 연구 성과를 낼 수 있었다. 즉 그의 "갑골문자의 시기구분법은 바로 안양 소둔촌의 은허의 지면으로부터 발굴된 것이라 할 수 있다."[75] 그리고 곽말약郭沫若은 비록 은허의 발굴에 직접 참여하지도 않았고 그가 걸은 길이 동작빈과 달랐지만 귀결점은 같았다. 그는 독일인 아돌프 미하이리스米海里斯(Adolf Michaelis)의 일본어판 『미술 고고학 발전사』로부터 근대 서구 고고학 방법에 관한 커다란 계

72) 王宇信, 「近百年來的甲骨學硏究」, 『炎黃文化硏究』 第3輯(『炎黃春秋』 增刊), 1996.12.

73) 傅斯年, 「本所發掘安陽殷墟之經過」, 『安陽發掘報告』 第二期, 1930.

74) 張豈之(主編), 『中國近代史學學術史』, 中國社會科學出版社, 1996, 473면.

75) 董作賓, 「爲書道全集詳論+辭時期之區分」, 『中國現代學術經典'董作賓卷』, 河北教育出版社, 1996, 526면.

시를 얻었다. 그는 『미술 고고 1세기』[76]의 「머리말」에서 이렇게 말했다. "은허복사와 청동기 명문에 관한 나의 연구는 주로 이 책에서 그 방법을 배웠다. 그래서 만약 내가 고대 사회에 대한 연구에서 조금의 성과라도 있었다면 그것은 바로 이 책이 가져다 준 것이다." 그리하여 "근대 고고학적 방법의 도입은 금석문자학의 영향 하에서 형성된 갑골학에 한 바탕 심대한 변혁을 이루도록 만들었다. 즉 「갑골문 시기구분 연구 예甲骨文斷代研究例」는 갑골학 연구를 역사고고학의 범주로 귀속시켰으며, 갑골학이 금석학의 종속적 지위로부터 벗어나 중국 고고학의 한 분과로 독립하게 만들었다."[77]

이와 동시에 갑골문의 대량 출토, 특히 앞에서 언급하였듯 대귀 4판大龜四版・대귀 7판大龜七版과 YH127갱의 완전한 모습을 한 갑골의 발견 등은 갑골 학자들로 하여금 "드디어 점점 탁본에 의한 문자연구로부터 실물(갑甲과 골骨)의 관찰에 주목하게 만들었다.[78] 그리하여 갑甲과 골骨의 구분이 불분명하고 귀龜와 골骨 상에서의 각사刻辭 위치 또한 불분명했던 '대롱으로 하늘을 살피는' 식의 연구는 큰 발전을 이루게 되었다. 특히 복사卜辭의 '정위법定位法'에 관한 고찰은 귀갑문례龜甲文例[79]와 골복문례骨卜文例[80]를 복원시켰을 뿐만 아니라, 이로부터 이리저리 복잡하게 얽혀 아무런 조리도 없어 보이던 복사를 질서정연하고 분명하게 연계된 복사로 복원시켜 주었다.[81] 뿐만 아니라 고대 갑골의 다듬기나 복법卜法 등과 같은 갑골학 자체의 규칙에 대해서도 전면적이며 체계적으로 인식하고 발양하게 만들었다.

이전의 몇몇 학자들의 연구는, 혹은 직접 볼 수 있는 자료의 한계, 혹

76) 新文藝出版社, 1952.
77) 張豈之(主編), 「中國近代史學學術史」, 中國社會科學出版社, 1996, 514면.
78) 董作賓, 「甲骨文研究的擴大」, 『安陽發掘報告』 第2期, 1930.
79) 董作賓, 「商代龜卜之推測」, 『安陽發掘報告』 第1期, 1929.
80) 董作賓, 「骨文例」, 『中央研究院歷史語言研究所集刊』 七本 一分, 1936.
81) 王宇信, 『甲骨學通論』, 中國社會科學出版社, 1989, 132면.

은 볼 수 있는 자료가 있다 하더라도 전면적인 정리가 이루어지지 않아 종종 자의적이거나 근거를 잃은 이론이 많았다. 하지만 전래 갑골문 저록의 증가와 은허의 과학적 발굴에 의한 갑골의 출토로 "단장취의나 견강부회의 혐의를 벗기 위해 보아야 할 자료가 필수적으로 증가했다. 그리하여 중국 내 모든 공공기관과 개인 소장의 저록 자료를 수집하여 이를 총괄하는 연구가 우선 이루어지게 되었다." 호후선胡厚宣은 "갑골문자에 대한 총체적이고도 철저한 정리의 필요성"을 제기했다.[82] 그의 이러한 이론의 실천작인 『갑골학 상사 논총甲骨學商史論叢』은 "이전에는 볼 수 없었던 최고의 논문집으로 동작빈 선생의 「갑골문 시기구분 연구 예甲骨文斷代硏究例」를 이은 또 하나의 획기적인 저작"이라는 평가를 받았다.[83]

이에 그치지 않고, 곽말약은 "미래 사회에 대한 기대로 이전의 사회를 청산하지 않을 수 없는 시대적 요구"를 가슴에 품고 있었다.[84] 그래서 그는 "1920년대의 가장 최신 사상—유물사관唯物史觀을 지도 이념으로 삼아 당시 가장 대표성을 지녔던 두 국학國學 파벌—고사변파古史辨派와 고고증사파考古證史派의 최신 연구 성과를 종합하여 자신만의 독특한 '국학' 연구체계를 세움으로써 당시 학술문화의 흐름을 선도해 나갔다.[85]

이처럼 곽말약郭沫若과 동작빈董作賓 등으로 대표되는 학자의 대대적인 영역 개척을 통해 이 시기의 갑골학은 전면적인 발전을 이루었으며 하나의 성숙된 학문이 될 수 있었다.

1949년 신 중국이 성립된 이후 갑골학은 이전 시기의 기초 위에서 다시 새로운 깊이를 더해갔다. 먼저, 시기구분에 관한 연구로는 다음과 같은 것들이 있다.

82) 胡厚宣, 「自序」, 『甲骨學商史論叢』, 齊魯大學國學硏究所出版, 1944.
83) 白川靜, 「胡厚宣氏的商史硏究」, 『立命館文學』 103號, 1953, 56면.
84) 郭沫若, 「自序」, 『中國古代社會硏究』, 人民出版社, 1954.
85) 謝保成, 『郭沫若評傳』, 百花洲文藝出版社, 1995, 29면.

첫째, 동작빈이 제시했던 '문무정文武丁 복사의 수수께끼'에 관한 더욱 깊은 논의가 이루어졌으며 공감대가 형성되었다. 의견 차이가 비교적 큰 이러한 갑골에 대한 논쟁에 참여했던 국내외 학자의 수도 적지 않았다. "논의의 깊이가 더해지고 새로운 증거들이 끊임없이 늘어나면서, 현재 중국 내 학자들의 의견은 그 대표 시기가 응당 제1기의 무정武丁 때로 앞당겨져야 한다는 데로 모아지고 있다. 특히 1973년 소둔小屯 남쪽 지역의 T53(4A)지층의 분석은 '사조自組' 복사卜辭가 무정武丁 후기 때의 것이라는 데 유력한 증거를 제공해 주었다."[86]

둘째, '역조歷組 복사'[87]에 대한 논의와 무을武乙과 문정文丁 복사에 대한 세밀한 구분이다. 1977년 은허 부호묘婦好墓의 발굴을 계기로 이학근李學勤(1933~현재)은 '역조歷組' 복사는 동작빈이 구분했던 제4기 무을武乙·문정文丁 때의 것이 아니라 "무정武丁 후기로부터 조경祖庚에 이르는 시기의 복사로 보아야 한다"고 주장했다. 학계에서는 이에 대한 격렬한 토론이 벌어졌으며, 이를 통해 갑골문의 시기구분 연구는 깊이를 더하는 한편 지속적인 논의가 이루어졌다. 얼마 전 오준덕吳俊德의 『은허 3·4기 갑골의 시기구분 연구殷墟第三·四期甲骨斷代研究』[88]라

86) 王宇信, 「近百年來的甲骨學研究」, 『炎黃文化研究』 第3輯(『炎黃春秋』 增刊), 1996.12.

87) (역주) '역조 복사' 논쟁은 1977년 이학근에 의해 제시되었으며 동작빈이 제4시기에 귀속시켰던 歷이라는 貞人의 시기를 무정·조경 시기까지 앞당겨야 한다는 주장이 주요내용이다. 1928년 캐나다의 멘지스가 이러한 견해를 발표하긴 했으나 이후 진몽가에 의해 전혀 근거가 없다고 부정되어 그간 잠잠했다. 하지만 이학근이 1974년 발굴된 부호묘에서 출토된 갑골에 근거해 다시 논의를 이끌어 내었다. 그에 의하면 부호묘에서 나온 갑골은 모두 歷이라는 정인에 의해 주관되었고 그렇기 때문에 歷은 동작빈이 제시한 제4시기 정인에서 부호묘의 대표시기인 무정에서 조경에 이르는 시기로 앞당겨져야 한다는 주장이었다. 이러한 주장은 갑골학계의 시기구분에 관한 논쟁을 불러일으켰으며, 현재 이학근과 구석규와 임운 등의 주장처럼 무정·조경 시기로 보아야 한다는 주장과 肖楠의 주장처럼 여전히 무을·문정 시기에 귀속되어야 한다는 두 학파로 나뉘어져 있다. 하지만 최근의 연구에 의하면 이학근이 자신의 근거를 보완하기 위해 '두 계통설'을 제시했음에도 불구하고 '역조 복사'는 여러 가지 특징으로 볼 때 무을·문정 시기에 속하는 것이 합당하다는 견해가 더욱 우세하다. 또 '역조 복사'의 명칭 또한 합당하지 않다는 주장이 있다. 갑골학에서 '조'는 비슷한 시기의 비슷한 특징을 가지는 정인들의 집단을 지칭하는 용어인데 '역조'에는 歷이라는 정인 혼자만 등장하기 때문이다. 하지만 이러한 논쟁은 동작빈 이후 주춤했던 갑골문 시기구분 연구를 활성화 시켰으며 더욱 정교하고 발전된 시기구분 논의가 이루어지도록 했다는 역사적 의의를 가진다.

는 저서가 출판됨으로써 역조歷組 복사의 시기구분에 관한 의견이 발표되었다. "세력이 막상막하였던 이러한 논쟁 속에서 제4기의 무을武乙·문정文丁 복사는 더욱 세밀하게 구분되었다. 초남肖楠은 1973년 소둔의 남쪽 지역에서 '발굴한 지층地層 관계는 처음으로 무을武乙 때의 복사를 문정文丁 때의 복사와 구분하도록 만들어 주었다는 것에 근거해', 실제에 부합되는 시기구분의 실마리를 제공했다." 오준덕吳俊德의 『은허 3·4시기 갑골의 시기구분 연구』의 제2부분에서도 이 문제를 체계적으로 논술했다.

셋째, 갑골문 시기구분의 새로운 방안에 대한 유익한 탐색이다. "소위 '역조歷組' 복사의 대표시기를 앞당김과 동시에 이학근李學勤은 또 은허 왕실 복사의 변화에 나타난 '두 계통설'을 주창했다." 팽유상彭裕商의 『은허갑골 시기구분殷墟甲骨斷代』(1994), 이학근·팽유상의 『은허갑골 시대구분 연구殷墟甲骨分期硏究』(1996), 황천수黃天樹의 『은허 왕 복사의 분류와 시기구분殷墟王卜辭的分類與斷代』(1991) 등은 바로 이러한 '두 계통설'을 전면적으로 논술한 역작이다.[89]

넷째, 문자의 고석에 관한 부분에서도 더욱 깊이 있는 연구가 이루어졌다. "응당 지적해야 할 것은, 우성오于省吾는 문자의 고석에 관한 새로운 길을 개척했으며, 그의 문자 고석은 깊이로 보나 넓이로 보나 이전 학자들을 넘어섰다는 점이다." 그리하여 『갑골문자 석림甲骨文字釋詁』이나 『갑골문자 자석 종람甲骨文字字釋綜覽』 등과 같은 갑골문자 고석의 대형 사전은 이전 90년 동안 이루었던 갑골문자 고석의 성과를 반영해 주었으며 갑골학사의 이정표가 될 만한 집대성작이다.

다섯째, "갑골학의 끊임없는 연구와 다양한 성과를 따라 총체적 성격의 저작과 갑골학 연구사에 관한 논저도 계속 발표되었다."[90] 이러한 저작은 갑골학이 일정한 단계로 발전하여 이룩한 성과의 반영인 동시에 새로운 단계의 시작이자 기초이기도 했다. 바로 일부 학자의 지적처럼, "갑골학이 채 백 년도 되지 않는

88) 臺灣藝文印書館, 1999.1.
89) 王宇信, 「近百年來的甲骨學硏究」, 『炎黃文化硏究』 第3輯(『炎黃春秋』 增刊), 1996.12.
90) 王宇信, 「近百年來的甲骨學硏究」, 『炎黃文化硏究』 第3輯(『炎黃春秋』 增刊), 1996.12.

짧은 기간에 국학의 반열에 오르게 된 것은 혼신의 힘을 다하여 갑골의 몸값을 높이고자 노력한 많은 학자들 이외에도 몇몇 학자들의 끊임없는 연구 성과의 총결과 연구 방향의 제시와 이로 인해 촉진된 연구 수준의 제고와도 불가분의 관계에 있다."[91]

여섯째, 1949년 이후의 상商나라 역사 연구는 전면적으로 깊이를 더해 갈 수 있었다. "1950년대 이후 갑골문을 이용한 상나라 역사 연구의 영역은 갈수록 광범위해 졌고, 사회생산, 사회조직, 군사조직, 중인衆人의 신분, 방국方國과의 전쟁, 상나라 때의 지리, 다섯 가지 제사, 천문 역법 등과 같은 여러 방면에서 풍성한 수확이 이루어졌다. 게다가 고고학과의 결합이라는 측면에서도 기뻐할 만한 걸음을 내디뎠으며, 이로 인해 상나라 역사 연구의 내용을 대대적으로 확충할 수 있었다." 이러한 측면에서의 새로운 수확에 대해서는 장영산張永山의 『갑골학甲骨學』에 수록된 「갑골문 상나라 역사 연구甲骨文商史研究」의 '상나라 역사 연구의 새로운 진전商史研究新進展'에서 전문적으로 논술하고 있다. 주봉한朱鳳瀚의 『최근 백 년간의 갑골문 연구近百年來的殷墟甲骨文研究』에서도 백 년 동안의 '갑골문 상나라 역사 연구'를 총결했다. "왕국유王國維의 연구로부터 지금까지 은허의 갑골문 연구로 인해 상나라 역사 연구가 이미 대단히 활발하게 촉진되었고 영역 내에서의 여러 측면을 섭렵하도록 만들었다." 하지만 이 글은 "몇 가지 중요한 문제의 연구 상황에 대해서만 간단하게 서술하고, 근년에 이루어진 몇몇 새로운 수확과 견해 등에만 중점을 두었으며",[92] 주로 1949년 이후의 상나라 역사 연구의 발전에 관해서 소개하였다는 한계를 갖고 있다.

1949년 이후의 갑골문 상나라 역사 연구가 '심화기'에 접어든 것은 1978년 이루어진 『갑골문 합집甲骨文合集』의 출판을 그 기점으로 삼아야 할 것이며, 1978년 이전을 제1단계, 『합집』이 출판된 1978년 이후를 제2단계로 구분할 수 있을 것이다. 『합집』의 출판은 대단히 완비된 은허 갑

---

91) 張永山, 『甲骨學』, 『國學通覽』, 群衆出版社, 1996, 486~488면.

92) 『歷史研究』, 1997年 第1期에 실림.

골의 자료를 제공해 주었다. 이로부터 연구 자료가 부족한 국면은 타개되었으며, 여러 학문과의 연구, 특히 갑골학과 은상殷商의 역사와 고고학의 발전 등을 대대적으로 촉진시켰다.[93] 근년에 들어 갑골문에 관한 논저는『합집』출판 이전에 비해 양적 질적인 면에서 모두 크게 증가하고 수준도 높아졌다. 그래서 1978년 이후를 1949년 이후의 '심화연구 시기' 중에서도 갑골학 상나라 역사 연구의 '전면적인 심화연구 단계'로 보는 것이다.

1949년 이후의 갑골학은 연구방법론적인 측면에서도 1928년 은허의 과학적 발굴시기에 비해 더욱 엄밀해졌으며 한계를 극복한 진전이 이루어졌다. 특히 자연과학과 사회과학의 결합은 갑골학 상나라 역사 연구의 전혀 새로운 길을 열어 주었다.

먼저, "이 새로운 시기에서 우리는 응당 새로운 입장에 서서 새로운 관점과 방법을 사용해 갑골문자를 새롭게 연구해야만 한다."[94] 많은 학자들이 역사유물주의의 입장과 관점과 방법을 받아들였으며, 그 결과 1928년 곽말약이 개척한 유물주의 역사연구라는 신천지에 신 중국의 갑골학을 이용한 상나라 역사 연구에 백가제방 시대가 열리도록 만들어 주었다.

둘째, 고문자 고석의 전통적 방법의 기초 위에서 새로운 이론을 제시함으로써 고문자 연구의 진전을 이루었다. 우성오于省吾(1896~1984)는 "청나라 한학자들의 고거학考據學이라는 우수한 성과의 기초 위에서", "변증법辯證法을 이용해 문자의 점과 획, 혹은 편방偏旁 및 그것과 독음 및 의미와의 관계"[95] 등을 분석했다. 이와 동시에 새로운 길을 개척하여 "고립적인 고문자 연구는 아니 되며 사회발전사의 각도에서, 그리고 세계의 고대사 및 소수민족지少數民族誌에 보존되어 있는 원시민족의 생산·생활·사회의식 등의 측면으로부터 고문자의 기

93) 王宇信,『甲骨學通論』, 中國社會科學出版社, 1989, 284면.
94) 胡厚宣,「序言」,『五十年甲骨學論著目』, 中華書局, 1952, 22면.
95) 于省吾,「關于古文字研究的若干問題」,『文物』, 1973年 第2期.

원을 추적해야만 글자창제 당시의 본래의미를 정확하게 해석할 수 있으며, 고문자 자료의 이해에도 도움을 줄 수 있다"[96]고 했다. 이것은 이후의 갑골문자 고석에서 전혀 새로운 길을 개척해 주었다.

셋째, "갑골 그 자체가 바로 고고학적 유물이기 때문에 고고학의 이론과 방법을 갑골학의 연구에도 꼭 같이 적용해야 한다." 그래서 어떤 학자들은 "이후의 발전된 갑골학은 반드시 진일보된 고고학을 그 기초로 삼아야 할 것"[97]임을 특별히 강조하고 있다. 1949년 이전, 동작빈은 고고학적 방법을 갑골학의 연구영역에 도입하여 「갑골문 시기구분 연구 예」에서 '10가지 표준'과 '5시기 구분법'을 성공적으로 완성했다. 이로부터 갑골학은 금석학의 부속적 지위로부터 벗어나 역사 고고학의 연구영역으로 들어 갈 수 있었다. 1949년 이후, 고고학이 날로 정밀해지고 은허 발굴로 그간 지층이 부정확했던 여러 한계가 극복됨으로써 갑골문이 진정한 과학적 의미에서의 '고고학적 고찰'이 가능해졌다. '문무정文武丁 복사의 수수께끼'와 '역조歷組 복사' 등에 관한 토론은 1973년 소둔 남지 갑골의 과학적 발굴에 의한 지층을 근거로 삼고 있다. 또 '두 계통설'도 고고유형학의 방법을 근거로 삼아 은허 왕실 복사의 '두 계통'의 변화를 정리해 제시된 것이다. 이에 관해서는 이 책의 제5장 제6절에서 전문적으로 다룰 예정이다. 하지만 "전통적인 '시기구분 연구'든 아니면 '두 계통설'의 새로운 연구든, 이들은 이론적인 면이나 방법적인 면에서 완전히 다르긴 하지만 지층과 갱위坑位라는 고고학적 근거가 복사의 시기구분을 더욱 정확하게 인식하도록 해 주었다는 점에서는 서로 같다. 이 때문에 은허에서 앞으로 더욱 많은 과학적인 발굴에 의한 갑골의 출토와 새로운 지층과 갱위의 더 많은 증거가 제공된다면 앞으로 갑골문 시기구분 연구는 더욱 활발하게 이루어질 수 있을 것이다."

넷째, 갑골문에 대한 전 방위적인 연구이다. 선배 대학자였던 동작빈은 갑골문을 전체적으로 연구할 것을 주창했다. 하지만 그가 활동하던 당시의 주된 연구는 갑골의 정면에 가득 찬 문자의 '전체' 현상에 대한 연구였지, 그 뒷면에 분

96) 于省吾, 『于省吾自傳』, 『中國現代社會科學家傳略』 第3輯, 山西人民出版社, 1983.
97) 李學勤, 「甲骨學一百年的回顧與前瞻」, 『文物』, 1998年 第1期.

포된 찬조鑽鑿의 형태에 관한 의식적인 관찰은 이루어지지 않았다. 1953년 곽약우郭若愚의 『은계습철殷契拾掇』에서 처음으로 갑골 뒷면의 찬조鑽鑿를 몇 판版 수록한 이후, 1973년 허진웅許進雄(1941~현재)은 시기구분에서 가지는 갑골상의 찬조의 중요성을 발견했으며 이에 관해 따로 「갑골상의 찬조형태卜骨上的鑽鑿形態」라는 연구논문을 발표했다. 1979년 허진웅은 또 『갑골상의 찬조형태 연구甲骨上的鑽鑿形態的硏究』를 출판했는데, 이것은 찬조에 관한 자신의 연구의 대략적인 총결이라 할 수 있다. 허진웅은 복골의 뒷면에 있는 찬조의 형태에 관해 창조적인 논의를 이끌어 냄으로써 갑골문의 시기구분 연구에 또 다른 길을 열어 주었으며, 갑골의 나머지 반쪽, 즉 뒷면의 찬조형태의 과학적 가치를 충분히 발휘했다. 그 이후로 중국 본토 학자들도 갑골 뒷면의 찬조 형태를 관찰하기 시작했다. 1983년 발간된 『소둔 남지 갑골小屯南地甲骨』 하책의 제3분책에서는 "찬조를 가진 총 276판版의 도판을 수록하였는데, 그 중에서 선으로 그린 그림이 87판, 먹으로 탁본한 것이 189판이었다. 선으로 그린 그림 형태의 찬조와 탁본을 합해 총 421판이 수록되었다."[98] 이것은 갑골학사에서 갑골문자와 함께 갑골 뒷면의 찬조 형태를 전면적으로 기록한 최초의 저작이다. 이로부터 "다방면의 다각도로 갑골을 관찰하고 연구할 수 있는 전면적인 과학적 정보가 제공되었다." 갑골문 연구에 관한 또 다른 길, 즉 갑골 뒷면의 찬조 형태의 관찰을 통한 시기구분에 대해서는 이 책의 제5장 제6절의 "시기구분 연구의 새로운 길"에서 전문적으로 다룰 예정이다.

여기에 그치지 않고, 「1973년 소둔 남쪽 지역의 발굴보고一九七三年小屯南地發掘報告」[99]에서는 당시 발굴 과정에서 얻은 글자 없는 갑골無字甲骨도 함께 수록하였으며 뒷면의 찬조형태도 정리해 두었다. 특히 글자 없는 갑골과 갑골상의 찬조형태에도 주의를 기울임으로써 연구의 범위는 한층 더 넓어졌다. 이러한 이유로 이 또한 갑골학사에서 처음 이루어진 의미 있는 작업이라 해야 할 것이다.

다섯째, 최신 과학기술의 이용이다. 1928년 은허에서 과학적으로 갑골을 발굴

---

98) 郭振祿, 「小屯南地甲骨綜論」, 『考古學報』, 1997年 第1期.
99) 『考古學集刊』 第9集(科學出版社, 1995)에 실려 있다.

한 이후, 근대의 현장 고고학의 방법이 갑골학 영역에 도입되었다. 이로부터 갑골학은 전통적 금석학의 부속적 지위에서 탈피하여 고고학 영역의 새로운 분과 학문으로 자리 잡게 되었다. "그리고 현대의 과학기술이 비약적으로 발전하고 있는 오늘날, 현대 과학기술의 수단과 방법을 갑골학에 도입함으로써 앞으로의 갑골학은 다시 한 번 도약을 이루게 될 것임이 분명하다. 근년에 들어 비록 몇몇 학자들에 의해 컴퓨터를 이용한 갑골 조각 맞추기綴合와 갑골 내원의 컴퓨터 수록 등이 일정한 성공을 거두긴 했지만, 갑골학의 현대화라는 요구에는 아직도 먼 현실이다."[100] 지금, 세계의 주목을 받고 있는 국가 중점 과학연구인 '하·상·주 시기구분 프로젝트夏商周斷代工程'[101]에서는 자연 과학자와 사회과학자가 학제 간 연합으로 C-14 질량 분광기(mass spectroscope)와 현대의 천문학 등과 같은 방법을 이용해 상나라 갑골의 연대에 대한 탐색을 시작하였으며, 성공적인 경험을 얻은 바 있다. 이렇게 볼 때 이는 갑골학과 같은 고대문화의 학제 간 연구의 현대화에 깊은 영향을 끼치게 될 것임이 분명하다. 이 문제에 대해서는 이 책의 제5장 제6절 "시기구분 연구의 새로운 길"에서 상세하게 논의하게 될 것이다.

1949년 이후의 갑골학 '심화연구 시기'에는 연구방법과 연구수단이라는 측면에서 이전 단계인 1928년 갑골학 '발전시기'의 기초 위에서 더욱 깊이 있고 새로운 창조가 이루어졌음을 볼 수 있다. 특히 1978년 이후로

---

100) 王宇信, 「甲骨學硏究九十年」, 『史學月刊』, 1989年 第4期.

101) (역주) '하상주 시기구분 프로젝트'는 인문·사회·자연과학을 결합하고 현대과학기술을 이용한 학제간 연구를 통해 하상주의 절대연도 문제를 해결하고자 기획된 중국 국가 프로젝트이다. 1995년 가을에 주비위원회가 결성되어 중국사회과학원 李學勤 교수의 책임 아래 1996년 5월 16일부터 1999년 9월까지 연구되었다. 이 프로젝트의 구체적 목표는 첫째 西周 공화 원년(B.C. 841) 이전의 각 왕들, 둘째 商代 후기 5임금 이하의 각왕들에 대해 비교적 정확한 연대를 제시하며, 셋째 商代 전기에 대해서 비교적 상세한 연대적 틀을 제시하며, 넷째 夏代에 대해서도 기본적인 연대의 틀을 제시한다는 것이었다. 2000년 9월 15일, 「夏商周斷代工程1996~2000階段成果報告」와 「夏商周年表」 등이 발표되었다.

는 앞서 말한 다섯 가지가 막 제시되고 탐색되거나 개진되고 심화되어 기뻐할 만한 진전을 이룬바 있다. 이 때문에 갑골학 연구방법과 연구수단이라는 측면에서 볼 때, 1978년 이후도 갑골 연구의 '전면적인 심화'단계에 속한다고 보아야 할 것이다. 이것은 앞에서 서술했던 과제의 성과에서 반영된 '전면적 심화연구'와 일치하고 있다.

이렇게 볼 때 백 년간의 갑골 연구는 '갑골자료의 수집과 저록'이나 '연구과제와 연구방법적인 면'에서 모두 발전과정의 단계성을 보여주고 있다. 즉 1899년부터 1928년까지, 1928년부터 1937년까지, 1949년부터 1999년까지의 세 단계로 나누어진다. 그리고 1899년부터 1928년까지의 첫 번째 시기에 10만여 편의 갑골이 발굴되고 9,919편의 갑골이 저록 출판되었다. 이를 기초로 "갑골의 연구과정에서 경험한 문자의 인식과 문장의 분석 단계에서 다시 초기 연구자들의 갑골 출토 지에 대한 탐구, 갑골문의 시대와 안양 소둔촌이 은허라는 확정이 이루어지기까지 대체로 30여 년의 시간이 걸렸다." 그리하여 "갑골학은 이미 초보적인 규모가 갖추어졌으며 갑골학의 '초창기'가 완성되었다."[102)]

그리고 1928년 중앙연구원에 의해 은허의 대규모 과학적 발굴이 시작되어 갑골 학자들에게 많은 새로운 연구 과제가 제공되었으며 갑골 연구의 범위가 이전 시기에 비해 확장되었다. 특히 "대량의 갑골이 과학적으로 발굴되고 근대 현장 고고학의 방법 도입으로 갑골 연구는 장족의 발전을 이루게 되었다. 갑골 연구가 '초창기'에서 '발전기'로 진입하는 중요한 표지는 동작빈의 갑골문 시기구분설의 확립에 있었다."[103)] 이 때문에 바로 이 시기에 갑골학이 형성되었다고 해야 할 것이다. 1949년 이후, "중국의 갑골학은 '심화연구'의 시기로 접어든다. 이 시기에 이루어졌던 갑골학의 성과와 진전은 주로 지속적으로 출토된 새로운 자료들의 집중화, 자료의 정리, 자료의 공표 등에 의해 이루어졌다. 동시에 갑골문 자료를 이

102) 王宇信, 『甲骨學通論』, 中國社會科學出版社, 1989, 79면.
103) 王宇信, 『甲骨學通論』, 中國社會科學出版社, 1989, 87~88면.

용한 상나라 사회의 성질과 계급구조 등에 대한 연구도 적잖게 제기되고 또 해결되었다. 갑골 자료의 집중과 끊임없는 출토로 문자의 고석과 시기 구분에 관한 진전도 있었다. 또 서주갑골의 연구와 논의도 갑골학 영역에서 새로운 분과를 이루게 되었다."[104] 갑골학 일백 년의 발전과 성공은 몇 대에 걸친 창조적인 탐색과 심혈을 기울인 결정체였다. 갑골학의 초기 50년, 즉 '초창기'로부터 '발전기'로의 전변은 나진옥 · 왕국유 · 동작빈 · 곽말약 등의 커다란 노력이나 개척과 불가분의 관계에 있다. 당란唐蘭은 1939년 『천양각 갑골문존天壤閣甲骨文存』의 「서序」에서 그들의 공헌을 대단히 높게 평가했다. "복사의 연구는 설당雪堂이 길을 열었으며, 관당觀堂이 이를 이어 역사를 고증했고, 언당彦堂이 시기를 구분했으며, 정당鼎堂은 사례辭例를 파헤쳤으니, 이미 한 시대의 극성을 이루었다." 이는 갑골 '4당四堂'의 연구에 대한 대단히 과학적인 평가이며, 그들 자신이 처했던 시대의 연구에서 최전선에 서 있었음을 보여준다. 그래서 "나진옥과 왕국유는 갑골 초창기의 기반을 마련한 사람이며, 곽말약과 동작빈은 체계적이며 과학적인 정리와 연구시기로 넘어갈 당시의 거장이라 할 수 있다."[105] 일본의 백천정白川靜은 나진옥과 왕국유가 세상을 떠나고 "동작빈과 곽말약의 연구 또한 숱한 곤경에 처하게 되었을 때, 호후선胡厚宣이 중국공산당의 영도 하에 이 분야의 실제적인 일인자의 지위를 차지하였다"[106]고 예리하게 지적한 바 있다. 이렇게 말할 수 있을 것이다. "갑골학 90여 년의 발전사에서 56년은 호후선 선생의 커다란 공헌과 불가분의 관계에 있다. 그의 모범적인 논문들은 갑골학의 발전(1928~1949)을 촉진시켰으며, 갑골학을 더욱 심화시켰다(1949~현재)."[107] 1978년 이후, 즉 갑골 연구의 '심화연구 시기'의 제2단계에서는 이학근李學勤이 많은 영역에서 창조적인 탐색

104) 王宇信, 『甲骨學通論』, 中國社會科學出版社, 1989, 91면.
105) 張永山, 『甲骨學』, 『國學通覽』, 群衆出版社, 1996, 473면.
106) 白川靜, 「胡厚宣氏的商史研究」, 『立命館文學』 第103號, 1953, 51면.
107) 王宇信, 「甲骨學研究的發展與胡厚宣教授的貢獻」, 『甲骨學與殷商史』 第3輯, 上海古籍出版社, 1991.

과 성과를 이루었으며, 갑골학을 '전면적 심화연구'의 단계로 끌어 올리는 데 공헌했다. 이상에서 말한 각 시기 여러 학자들의 갑골 연구 성과와 갑골학의 발전에 끼친 큰 공헌에 대해서는 이 책의 제9장 "선배학자들의 성과와 경험–참고해야 할 문화유산"에서 전문적으로 논술하게 될 것이다.

3. 갑골문과 갑골학의 과학적 정의

갑골학이 '초창기'와 '발전기'와 '심화연구기'를 거쳐 커다란 성과를 이루긴 했지만 '갑골학'의 과학적 정의는 대단히 늦게 이루어졌다. 1988년 9월 대만에서 출판된 장병권張秉權의 『갑골문과 갑골학甲骨文與甲骨學』에서 처음으로 전면적인 과학적 정의가 내려졌다.

> 갑골학의 연구 대상은 갑골문이다. 하지만 갑골문자에 국한되는 것은 아니며 점복에 사용된 갑골을 비롯해 복사에서 언급하고 있는 몇몇 유관 사항들도 모두 이의 범위에 속한다.

이와 거의 동시에 1989년 6월 북경 중국사회과학출판사에서 출판된 왕우신의 『갑골학 통론甲骨學通論』에서도 갑골학을 이렇게 정의했다.

> 분명하게 해야 할 것은, 갑골문이 결코 갑골학은 아니라는 점이다. 갑골문은 상나라 후기 때의 전해져 내려온 진귀한 문물이자 사료에 불과하며, 그것의 과학적 가치는 갑골 연구의 발전이 수반될 때 비로소 더 많은 사람들의 공감을 얻게 될 것이다.

그리고 갑골학은 갑골문을 연구대상으로 한 전문적인 학문이며, 갑골문 자체가 갖고 있는 고유한 규칙의 체계적이며 과학적인 반영이다. 바로 갑골학의 끊임없는 발전으로 인해 이러한 '다 떨어지고 문드러진 기록斷爛朝報' 속에 감추어져 있던 고대사회의 신비가 비로소 하나하나 밝혀지게 되었다. 이 때문에 갑골문과 갑골학을 하나로 이야기해서는 아니 된다.108)

그래서 갑골학 발전의 '심화 연구기'의 후반 1단계, 즉 1978년 이후의 '전면적 심화연구'의 단계에 이르러서야 '갑골학'의 과학적인 정의가 "끝없이 밀어닥치는 재촉 속에서 겨우 처음으로 등장하게 되었다"고 할 수 있을 것이다. 그렇다면 '갑골학'의 과학적 정의가 어떻게 해서 이렇게 "늦게 나오게 되었던 것일까?" 이에는 다음과 같은 이유들이 있다. 첫째, 학자들이 한 때 "갑골문과 갑골학을 혼용하여 하나로 이야기 했던" 때문이다. 둘째, 이때 들어서야 갑골을 다각도에서 전 방위적으로 인식하고자 하는 자각과 노력이 있었기 때문이다.

1) 갑골문과 갑골학의 제시

은허 갑골문은 전통 문헌에 실려 있지 않기 때문에 그간 이름에 대해 전혀 알 길이 없었다. 혹자는 '갑골의 재질'에 근거해 은허 갑골을 '귀龜'·'귀갑龜甲'·'귀갑수골龜甲獸骨'로, 혹자는 '문자의 필사방법'에 근거해 '계문契文'·'은계殷契'·'서계書契'로, 혹은 '갑골문의 용도'에 근거해 '정복문자貞卜文字'·'정복문貞卜文'·'복사卜辭'로, 혹자는 '갑골문의 출토지'에 근거해 '은허문자殷墟文字'로, 혹자는 '재질과 문자를 결합'하여 '귀판문龜版文'·'골각문骨刻文'은 물론 '귀갑수골문자龜甲獸骨文字' 등으로 불

108) 王宇信, 『甲骨學通論』, 中國社會科學出版社, 1989, 3~4면.

렀다. 1921년 육무덕陸懋德이 「갑골문의 발견과 그 학술적 가치甲骨文之發現及學術價值」[109]를 발표한 이후 '갑골문甲骨文'을 제목으로 삼은 논문이 많이 발표되었는데, 이때부터 '갑골문甲骨文'이라 불리게 되었다. 1924년 용경容庚(1894~1983)의 「갑골문의 발견과 그 고석甲骨文之發現及其考釋」[110]이 발표되었고, 1925년에는 왕국유의 「최근 20~30년간 중국에서 새로 발견된 학문最近二三十年中中國新發現之學問」[111]이라는 글에서도 '은허 갑골문자 및 서목殷墟甲骨文字及其書目'이라는 절 제목이 등장한다. 1930년 동작빈은 「갑골문 연구의 확대甲骨文研究之擴大」[112]를, 1931년 곽말약은 『갑골문 연구甲骨文字研究』를, 1933년 동작빈은 「갑골문 시기구분 예甲骨文斷代研究例」 등을 발표했다. "어떤 학자들은 지금까지도 '계문契文'이나 '복사卜辭'라는 명칭으로 갑골문을 부르고 있지만, 호후선 선생의 지적처럼 '결론적으로 말해 다른 모든 명칭은 '갑골문'이나 '갑골문자'라는 명칭보다 못하다." "물론 '갑골문'이라는 명칭이 더욱 많은 사람들의 인정을 받게 된 것은 은허의 과학적 발굴 이후 은허에서 출토된 문자자료를 진일보하게 인식한 결과이다."[113] 이후부터 영향력을 지닌 많은 대형 갑골문 저록들, 예컨대 패총무수貝塚茂樹의 『경도대학 인문과학연구소 소장 갑골문자京都大學人文科學研究所所藏甲骨文字』, 곽말약 주편의 『갑골문 합집甲骨文合集』 등은 모두 '갑골문'으로 책의 이름을 삼았다.

'갑골학'이라는 이름은 비교적 늦게 출현했는데, 그것은 '갑골문'이라는 이름이 출현한 지 10년이나 지난 1931년의 일이었다. 주여동周予同(1898~1981)이 개명서점開明書店의 『중학생 잡지中學生雜誌』에다 「갑골학에 관해서關于甲骨學」라는 글을 발표함으로써 '갑골학'이라는 이름은 처음으로 학계에 등장하였다. 그 후 '갑골학'은 점차 학계에서 상용하는 명사가

109) 『北京晨報副刊』, 1921年 10月 25日자에 실림.
110) 北京大學 『國學季刊』 第1卷 第4期(1924)에 실림.
111) 『學衡』 第45期(1925)에 실림.
112) 『安陽發掘報告』 第2期(1930)에 실림.
113) 王宇信, 『甲骨學通論』, 中國社會科學出版社, 1989, 63~64면.

되었다. 이를 채택한 책이름으로는 다음의 것들이 있다.

보우나코프(布那科夫, G. W. Bounacoff), 「갑골학의 새로운 연구甲骨學之新研究」, 『통보通報』 32권 5기, 1933.

주방포朱芳圃, 『갑골학 문자편甲骨學文字編』, 상무인서관商務印書館.

대가상戴家祥, 「갑골학 문자편을 평함評甲骨學文字編」, 천진 『대공보大公報』 도서부간圖書副刊 25기, 1934.

이성가李星可, 「갑골학 목록 병서甲骨學目錄幷序」, 『중법대학월간中法大學月刊』 4권 4기.

정사허鄭師許, 「중국갑골학 발견사我國甲骨學發現史」, 복단대학 중문계 『문학기간文學期刊』 제2기, 1935.

진경명陳競明, 「35년 이래의 갑골학三十五年來的甲骨學」, 『고고사간考古社刊』 제3기.

소천무수小川茂樹, 「갑골학의 새로운 전개甲骨學之新展開」, 『동양사연구東洋史研究』 2권 2기, 1936.

장대기蔣大沂, 「갑골학 소사甲骨學小史」, 『민보民報』, 『상해시박물관주간上海市博物館周刊』 16기, 1937.

호후선胡厚宣, 「갑골학 개요甲骨學概要」, 『대학大學』 2권 1기, 1943.

호후선胡厚宣, 『갑골학 상사 논총甲骨學商史論叢』 초집初集 총 4책, 제로대학 국학연구소齊魯大學國學研究所, 1944.

호후선胡厚宣, 「갑골학 개론甲骨學概論」, 『논총論叢』 2집 하책, 1945.

호후선胡厚宣, 「갑골학 유목甲骨學類目」, 『논총論叢』 2집 하책.

호후선胡厚宣, 『갑골학 상사 논총甲骨學商史論叢』 2집 총 2책.

호후선胡厚宣, 『갑골학 상사 논총甲骨學商史論叢』 3집 총 1책.

호후선胡厚宣, 「갑골학 연구의 경과甲骨學研究之經過」, 『중앙일보 상대 갑골 동기 전람 특집中央日報商朝甲骨銅器展覽專刊』 하, 성도成都, 1946.4.20.

호후선胡厚宣, 「갑골학 간론甲骨學簡論」, 『중앙일보 상대 갑골 동기 전람 특집

中央日報商朝甲骨銅器展覽專刊 상, 성도成都, 1946.4.20.

호후선胡厚宣, 「갑골학 개요甲骨學提綱」, 『대공보大公報』 「문사주간文史周刊」 13기, 상해上海, 1947.

「호후선씨 갑골학 연구 근황胡厚宣氏甲骨學研究近況」, 『대공보大公報』 「도서주간圖書周刊」, 천진天津.

호후선胡厚宣, 『50년 이래의 갑골학五十年來之甲骨學』, 복단대학 강의노트復旦大學講義本, 1949.

호후선胡厚宣, 『50년 갑골학 논저목록五十年甲骨學論著目』, 중화서국中華書局, 1952.

동작빈董作賓, 『갑골학 50년甲骨學五十年』, 예문인서관藝文印書館, 1955.

동작빈董作賓, 『갑골학 60년甲骨學六十年』, 예문인서관藝文印書館, 1965.

엄일평嚴一萍, 『갑골학甲骨學』, 예문인서관藝文印書館, 1978.

오호곤吳浩坤・반유潘悠, 『중국 갑골학사中國甲骨學史』, 상해인민출판사上海人民出版社, 1985.

장병권張秉權, 『갑골문과 갑골학甲骨文與甲骨學』, 대만국립편역관國立編譯館, 1988.

왕우신王宇信, 『갑골학 통론甲骨學通論』, 중국사회과학출판사中國社會科學出版社, 1989.

복모좌濮茅左, 『갑골학과 상사 논저 목록甲骨學與商史論著目錄』, 상해고적출판사上海古籍出版社, 1991.

이상의 서술로부터 다음과 같은 사실을 알 수 있다. 먼저, 비록 1899년 은허 갑골문이 이미 발견되었지만 '갑골문'이라는 이름을 과학적으로 개괄한 것은 1921년, 즉 은허 갑골문이 발견된 지 20여 년이나 지나서의 일이었다. 이렇게 된 것은 "갑골문의 명명이 갑골학의 연구와 밀접하게 관련되어 있기 때문이었다. 즉 갑골문을 아는 사람이 많지 않아 표면적인 부분에만 관계되었는데, 점차 깊이를 더해가면서 표면으로부터 심층적인 문제로 들어가는 과정이 되어야 가능하기 때문이다."[114] 갑골문이 발견된 지 얼마 되지 않았을 당시 그 재질만을 관찰할 수 있었기에 그것을 '귀龜'(1903), '귀갑수골龜甲獸骨'(1909), '귀갑龜甲'(1910)이라 부를 수밖에 없었다. 혹자는 갑골에 새겨진 문자가 있다고 해서 그것을 '계문契文'(1904)이나 '서계書契'(1911)라 부르기도 했다. 손이양孫詒讓은 1904년 『계문거례契文擧例』에서 "제3, 복사卜事"라고 했으며, 학자들의 진일보한 연구를 통해 갑골문이 점복과 관련이 있음을 알게 되었다. 이 때문에 1910년 나진옥이 출판한 『은상 정복문자 고殷商貞卜文字考』에서는 '정복문자貞卜文字'를 책의 이름으로 삼았으며, 책에도 "제3, 복법卜法"이라는 말이 들어 있었는데 이는 갑골문의 성질을 진일보하게 인식한 결과였다. 이러한 기초 위에서 1913년 이후부터는 이를 '복골卜骨'이라 불렀다.[115] 그리고 1915년 이후, 어떤 학자들은 이를 '복사卜辭'라 부르기도 했다.[116] 갑골문이 거북딱지나 동물 뼈에 새겨진 문자였기에 1913년 어떤 학자들은 재질과 문자를 함께 합쳐서 '골각문骨刻文'이라 부르기도 했다.[117] 또 1915년 어떤 학자들은 '귀갑수골문자龜甲獸骨文字'라고도 불렀고,[118] 1919년에는 '귀판문龜版文'이라 부르기도 했다.[119] 1921년 육무덕陸懋德에 이르러서야 '갑골문甲骨文'[120]이라는 적절한 명칭이 비로소 출현하게 되었다. 이후 특히 은허의 과학적 발굴에 의해 갑골문이 출토된 이후 이러한 명칭은 갑골 학자들에 의해 보편적으로 받아들여지기 시작했다. "'갑골문'으로 부른다는 것은 거북딱지와 동물 뼈에 있는 문자라는 의미를 포함하는 동시에 점복에 사용하지 않은 거북딱지와 동물 뼈의 문자도 함께 포함하는 개념이다.

114) 王宇信, 『甲骨學通論』, 中國社會科學出版社, 1989, 63면.
115) (독) 뮐러(穆勒, H. Mueller), 「中國古代卜骨論」, 『人類學雜志』 第6期, 1910; (영) S. 쿨링(庫壽齡), 「河南之卜骨」, 『亞洲文會雜志』 第45期, 1914.
116) 王國維, 「殷墟卜辭中所見地名考」, 『雪堂叢刻』(1915)에 수록됨.
117) (영) 홉킨스(金璋, L. C. Hopkins), 『古代骨刻文中龍龜文研究』, 1913.7.
118) (일) 後藤朝太郎, 「龜甲獸文字之研究」, 日本 『東洋學報』 4卷 1期・5卷 1期, 1915.
119) (日) 後藤朝太郎, 「殷代龜版文中之族字」, 日本 『民族與歷史』 1卷 3號, 1919.
120) 陸懋德, 「甲骨文之發現及其價值」, 『北京晨報副刊』, 1921.12.25.

즉 이에는 복사卜辭도 있고 기사각사記事刻辭도 들어있다는 의미이다. 이 밖에 거북딱지나 동물 뼈에 새겨진 문자든 붉은 색으로 쓴 것이든 먹으로 쓴 것이든 모두 갑골문이 지칭하는 내용 속에 포함되었다. 갑골문은 거북딱지와 동물 뼈 상의 문자임을 지칭함으로써 자연히 토기陶, 돌, 뼈骨, 조개蚌, 옥玉, 청동기 상의 문자들과 구별되었고, 점복과 관련된 문자를 전문적으로 지칭하는 명칭이 되었다.[121]

사실 '갑골학'이라는 명칭의 출현은 '갑골문'이라는 이름이 1921년 처음 나온 10년 뒤의 일이었다. 1931년 주여동周予同이 『중학생 잡지』에 발표한 「갑골문에 관하여關於甲骨學」라는 글에서 처음으로 '갑골학'이 사용된 이후 빠른 속도로 갑골 학자들의 인정을 받았다. '갑골학'이라는 명칭이 이 시기에 나올 수 있었던 것은 1928년의 은허에 대한 과학적 발굴로 갑골학이 '초창기'로부터 '발전기'로 진입한 성과의 필연적인 결과였다.

은허의 과학적 발굴은 갑골학에 일련의 과제를 던져 주었고 이로부터 동작빈의 「갑골문 연구의 확대甲骨文硏究的擴大」라는 논문이 나오게 만들었다.[122] 동작빈은 이 글에서 "갑골문 연구의 범위를 대략적으로 구성해 놓았으며", 앞서 말한 것처럼 총 5가지의 큰 주제와 25가지의 작은 연구과제를 제시함으로써 갑골문을 '금석문자' 연구로 보았던 그 이전 시기의 '계학契學'의 범위를 훨씬 뛰어 넘게 만들었다. 바로 은허의 발굴이 '갑골문 연구의 확대'를 촉진시켰으며, 이전 시기의 '금석문자' 연구와는 차이를 보이게 만들었던 것이다. 이 때문에 그에 이르러 비로소 "'계학契學'을 연구하는 동지들과 하나하나씩 토론해 나가고 싶다"는 말을 할 수 있었던 것이다.

동작빈이 「갑골문 연구의 확대甲骨文硏究之擴大」에서 제시한 5가지 큰 부류와 25가지 작은 주제는 갑골문이라는 이름으로 명명되긴 했지만 이미 갑골학의 연구내용을 기본적으로 다 포함하고 있다. 그래서 1931년

121) 王宇信, 『甲骨學通論』, 中國社會科學出版社, 1989, 63면.
122) 董作賓, 「甲骨文硏究的擴大」, 『安陽發掘報告』 第2期, 1930.

주여동에 의해 '갑골학'이라는 명칭이 제시되었던 것은 이 시기 은허의 과학적 발굴이 갑골학 연구를 추동하여 발전시켰다는 것의 반영이기도 하다. 특히 1933년 동작빈의 「갑골문 시기구분 예甲骨文斷代硏究例」의 발표는 "갑골학이 전통적인 금석학 시기를 넘어서 역사고고연구의 새로운 시기로 진입하여"[123] 갑골학이 형성되었다는 표지가 된다. 앞에서 열거했던 논저목록으로 볼 때, 1931년 주여동이 '갑골학'이라는 명칭을 제시한 이후 역대로 '갑골학'이라는 명칭을 사용한 논저가 많이 보이는데, 이는 '갑골학'이라는 명칭이 학계에서 이미 보편적으로 받아들여졌음을 의미한다.

셋째, 위에서 열거한 '갑골학'으로 명명된 논저 목록으로부터 갑골학의 여러 규칙에 대한 규명과 해석을 시도했던 동작빈・호후선 등과 같은 학자들도 갈수록 '갑골학'이라는 제목을 많이 사용하고 있음을 알 수 있다. 갑골학 대가였던 동작빈의 『갑골학 50년甲骨學五十年』과 『갑골학 60년甲骨學六十年』은 "이전의 갑골학에 대한 총체적 보고서였을 뿐 아니라 이후 갑골학 연구의 이정표였다."[124] 이것은 다음과 같은 이유 때문이다. "50년 동안 무수한 학자들의 끝없는 노력이 있었지만 갑골학의 체계를 일목요연하게 세울 수 있었던 사람은 오직 언당彦堂선생 한 사람 뿐이다. 그것은 첫째, 정인貞人의 발견이 없었더라면 시기구분이 불가능했을 것이기 때문이다. 둘째, 역보曆譜의 수립이 없었더라면 은상殷商의 정확한 연대는 물론 예제禮制 상의 신구新舊 분파分派도 알 수 없었을 것이기 때문이다. 오늘날 10만 편의 갑골은 이러한 체계를 벗어날 수 없으며 그것은 갑골이 이미 하나의 전문적인 학문으로서의 기초를 가졌음을 의미한다."[125] 갑골학에 대한 동작빈의 지대한 공헌에 대해서는 이 책의 제9장 제2절에서 체계적으로 논술하게 될 것이다. 그리고 또 다른 갑골학 대가

123) 張豈之(主編), 『中國近代史學學術史』, 中國社會科學出版社, 1996, 482면.
124) 嚴一萍, 「序」, 『甲骨學五十年』, 藝文印書館, 1955.
125) 嚴一萍, 「序」, 『甲骨學五十年』, 藝文印書館, 1955.

인 호후선胡厚宣은 1943년 『갑골학 개요甲骨學概要』와 1944년과 1945년 『갑골학 상사 논총甲骨學商史論叢』 초집初集(4책) · 2집(상 · 하)을 출판했다. 『논총』에서는 "갑골학 연구라는 측면에서, 호후선 선생이 기사각사記事刻辭 · 복갑내원卜龜來源 · 문자고석文字釋讀 · 중복 편의 교정校對重片 등에 대해서도 논술하는 한편 갑골학 연구사에 대해서도 최종결론을 내렸다."126) 특히 호후선이 1945년 쓴 『갑골학 개론』은 명칭의 변증辨名, 출토出土, 시대時代, 유별類別, 크기尺寸, 수량數量, 복법卜法, 복사卜辭, 문례文例, 글자수字數, 장문長文, 전책典冊 등의 측면에서 갑골학에 대해 총체적으로 논술함으로써, 1899년 은허 갑골문이 발견된 이후, 특히 1928년 은허의 과학적 발굴 이후 갑골학에서 이루어진 진전을 반영하였다. 이 책의 뒤에 붙은 88개의 주해注解는 50여 년 동안의 갑골학 규칙에 대한 학자들의 탐색과 추구를 반영하고 있다. 이에 그치지 않고 "호후선 선생은 그의 찬란한 거작인 『논총』 이외에도 많은 논문과 갑골에 관한 저서를 출간하여 갑골학 연구의 갖가지 측면을 언급했다. 이 중요한 논저들은 『논총』과 상호보완 관계를 이루어 이 시기 갑골학 연구의 발전을 이루었다." 예컨대 "갑골문의 복법과 문례에 관한 부분에서 호후선 선생은 동작빈 선생의 1929년 「상나라 거북점에 관한 추측商代龜卜推測」과 1936년 「골문 예骨文例」 등 두 편의 논문을 이어 1939년 「복사 잡례卜辭雜例」를, 1947년에는 「복사 동문 예卜辭同文例」 등을 발표했다. 이는 동작빈 선생이 거북딱지와 동물 뼈 상의 문례를 기본적으로 확정한 이후 또 다른 한계 돌파였으며 '갑골 문례에 대한 많은 보충이자 심화된 연구였다'."127) 갑골학 발전에 끼친 호후선의 탁월한 공헌에 대해서는 이 책의 제9장 제2절에서 상세하게 논술할 것이다.

---

126) 王宇信, 「甲骨學硏究的發展與胡厚宣教授的貢獻」, 『甲骨文與殷商史』 第三輯, 上海古籍出版社, 1991.

127) 王宇信, 「甲骨學硏究的發展與胡厚宣教授的貢獻」, 『甲骨文與殷商史』 第三輯, 上海古籍出版社, 1991.

2) '갑골학'의 과학적 정의

갑골 학자들이 '갑골학'이라는 말을 썼다는 것은 대단히 의미 있는 일이다. 그들은 "이 명칭을 사용함으로써 갑골문을 선전하는 동시에 갑골학을 발전시키고자 했으며, 동시에 자신이 배워 알고 있던 것을 설명하고자 했다."[128] 이 때문에 동작빈 · 호후선 등과 같은 갑골학 대가들은 자신들의 탐색과 추구로써 갑골학을 개척하고 규모화 하는 데 노력했으며, 이로부터 풍부한 갑골문 자료를 연구대상으로 삼게 만들었고 광범위한 연구 과제가 갖추어지도록 하였으며, 동시에 비교적 엄밀한 규칙을 가진 갑골학 연구 체계가 세워졌다.

비록 그렇긴 하지만 갑골학은 신흥 학문이었기에 아직 개선되고 발전할 여지가 많이 남아 있었다. 동작빈은 1950년대에 이미 이렇게 말했다. "50년 동안의 갑골문자 연구는 지금에서야 비로소 약간의 방법을 얻었으며 이제 막 시작 단계에 올랐다고 할 수 있다. 전체적인 정리와 연구의 결과는 아직도 기다려야 할 부분이다."[129] 그는 1960년대에도 이렇게 말했다. "진정한 의미의 과학적 갑골학은 기껏해야 이제 막 시작되었으며, 아직도 시작을 기다리는 상태일지도 모른다. 60년의 세월이 바로 이러한 기간이었다."[130] 바로 이러한 이유 때문에 이전의 선배 학자들이 온갖 정성을 다하여 갑골학의 틀을 구축해 주었던 것이다. 하지만 아직 화룡점정畵龍点睛은 이루어지지 않아 갑골학에 대한 과학적인 정의는 내려지지 않고 있었다.

이것은 학자들이 한 때 갑골문을 "갑골학과 혼동했던 탓이다. 예컨대 1935년 정사허鄭師許의 「중국 갑골학 발견사我國甲骨學發現史」와 진경명陳競明의 「35년 이래의 갑골학三十五年來的甲骨學」 등이 그러하다. 바로 학자들

---

128) 張秉權, 「代序」, 『關于甲骨文與甲骨學』, 藝文印書館, 1988.
129) 董作賓, 『甲骨學六十年』, 藝文印書館, 1965, 103면.
130) 董作賓, 『甲骨學六十年』, 藝文印書館, 1965, 148면.

의 지적처럼, "갑골문은 중국 고대문자의 하나이기에 자연히 중국문자의 일부분이다. 예컨대 갑골학의 내용과 범위가 단지 갑골의 문자적인 측면에만 한정된다면 갑골학이 문자학의 한 부분에 속한다고 하는 것은 물론 옳은 말이다. 하지만 실제로 지금의 갑골학에서 연구 대상으로 삼는 것은 문자에만 한정되는 것이 아니다. 그래서 갑골학은 문자학과 서로 다른 학문이 되어야만 할 것이다. 이러한 점에서는 그 유명한 동언당(작빈) 선생도 이를 자세히 구분하지 못했던 것 같다."131)

분명히 그랬다. 동작빈은 일찍이 이렇게 말했다. "'갑골학'이라는 이 세 글자가 합쳐져 하나의 명사를 이룬 것은 최근의 일이다. 갑골학이 하나의 학문이 된 것도 역시 최근의 일이다." 하지만 그는 또 "나는 광서光緖 을해乙未년(1895)에 태어났으니 갑골학보다 4살이 많은 셈이다"라고 말했다.

동작빈은 그가 1899년 발견된 갑골문보다 4살 많다고 했다. 그리고 "'갑골학'이라는 이 세 글자가 합쳐져 하나의 명사를 이룬 것은 최근의 일"이라고 했다. 여기서 그는 갑골문을 갑골학으로 보았음이 매우 분명하다. 이밖에 그는 이렇게 말하기도 했다. "갑골학에서 연구하는 것은 갑골문자이며, 갑골문자는 거북의 배딱지나 등딱지와 소의 어깻죽지 뼈肩胛骨(이전에는 거북의 등딱지가 있는 줄 몰랐다. 또 소의 어깻죽지 뼈의 주변 부분을 늑골肋骨이나 경골脛骨로 잘못 알았다)에 새기거나 쓴 문자이다." 그리고 또 이렇게도 말했다. "지금 지난 50년간을 되돌아 볼 때 갑골학은 분명 이미 산발적인 문자고석으로부터 전체 사료의 정리에 이르렀으며, 놀랄 만한 진보와 함께 가장 새로운 학문으로 성장했다."132)

이것은 바로 그가 1931년 「갑골문 연구의 확대甲骨文研究的擴大」에서 열거했던 "첫째, 문자의 연구"에서의 내용을 말한다. 그 중의 "탁인拓印, 고석考釋, 분류分類, 문례文例, 예제禮制, 지리地理, 사항事項" 등은 '과거의 성

---

131) 張秉權, 『甲骨文與甲骨學』, 國立編譯館, 1988, 3면.
132) 董作賓, 『甲骨學六十年』, 藝文印書館, 1965, 1~2면.

적'을 나타낸 것이다. 분명 50년 이후의 "갑골학은 이미 산발적인 문자 고석으로부터 전체 사료의 정리"에 이르렀다고 했지만, 그 주요 내용은 '문자의 연구'라는 항목을 결코 벗어나지 못했으며, 그 자신이 1931년 열거했던 내용의 제2항 '실물의 관찰'(다시 5개 항목으로 나뉨), 제3항 '지층의 관계'(다시 4개 항으로 나뉨), 제4항 '동반 출토된 기물과의 비교'(다시 3개 항목으로 나뉨), 제5항 '다른 나라 고고학의 참고'(다시 3개 항목으로 나뉨) 등의 내용은 포함하지 못했다. 동작빈이 정의했던 '갑골학'은 사실 '갑골문자의 학문', 즉 그가 1931년 '갑골문 연구를 확대'한 이후 "계학契學을 하는 동지들과 하나하나씩 토론해 나가고 싶다"고 한 '계학契學'이었다.133) 그 때문에 확대된 갑골문자의 연구—그가 발전시켰던 '갑골학'은 아니었다.

1928년의 은허의 과학적 발굴에 의해 갑골학은 '초창기'에서 '발전기'로 전변이 이루어졌다. 또 1949년 이후의 '심화연구'시기, 즉 갑골자료의 수집과 저록·연구과제와 연구방법의 측면에서도 새로운 진전이 일어날 수 있었다. 이에 관해서는 이 장의 제2절 "갑골학의 형성과 발전"에서 이미 서술한 바 있다. 다만 특별히 주의해야 할 것은, 1973년 과학적인 지층관계를 가진 소둔 남쪽 지역에서 대량의 갑골이 발견되고 이를 저록함으로써 갑골의 '고고학적 고찰'에 중요한 자료가 제공되었다는 점이다. 그리고 1973년 시작된 전래 복골의 찬조형태에 관한 고찰과 1983년 『소둔 남지 갑골小屯南地甲骨』 하책 제3분책에서 과학적 발굴에 의해 얻은 갑골의 뒷면의 찬조형태를 함께 저록하고 연구함으로써, 진정한 의미의 갑골의 '전모를 함께 살피는' 고찰이 이루어지게 되었다. 그리하여 이 시기의 갑골학은 그 연구대상이 이미 단순히 갑골문자에 관한 것이 아니라 뒷면의 찬조형태를 비롯해 글자가 없는 갑골까지 포함하게 되었다. 그리고 그 연구방법도 이미 문자의 고석과 사료의 정리에서 한 걸음 더 나아가 고고학을 기초로 하는 연구로 변했다. 이 때문에 갑골(문자가 있는

133) 董作賓, 「甲骨文硏究的擴大」, 『安陽發掘報告』 第2期, 1930.

것과 없는 것을 모두 포함해서)을 다각적이고 전방위적인 측면에서 연구하고 관찰했다고 할 수 있을 것이다. 그리하여 '갑골학'은 심화발전 시기의 제2단계, 즉 1978년 이후의 '전면적 심화연구' 단계에 이르러 '갑골학'에 대한 전면적이고 과학적인 정의가 내려질 수 있었던 것이다.

따라서 '갑골학'에 대해 과학적인 정의를 내린 1988년의 『갑골문과 갑골학甲骨文與甲骨學』과 1989년의 『갑골학 통론甲骨學通論』은 1931년 '갑골학'이라는 명칭이 출현한 이래 50여 년간 갑골학이 초보적으로 형성된 이후 갑골과 갑골문과 갑골학에 대한 연구가 날로 '심화'되고 '전면적'으로 연구되어 이에 대한 더욱 명확하고 심화된 인식이 가능했던 결과에 의한 것이었다. 그리고 '갑골학'의 과학적 정의는 갑골학 연구를 더욱 자각하게 만들어 맹목적인 연구를 피하도록 만들어 주었다.

4. 갑골학에 대한 우리의 주장

1899년에 이루어진 은허 갑골문의 출토는 중국 근대학술사에서 커다란 사건이었다. 은허 갑골문은 20세기 초에 이루어졌던 돈황敦煌의 사경寫經, 한진漢晉 때의 간독簡牘, 내각대고內閣大庫의 당안檔案 등과 함께 중국 근대 사료의 새로운 4대 발견이라 불린다. "옛날부터 새로운 학문의 흥기는 언제나 새로운 발견에 의해 이루어졌다."134) 이 때문에 중국학술사에서는 갑골학甲骨學, 돈황학敦煌學, 간독학簡牘學, 명청明淸 당안학檔案學 등 몇 가지 세상의 이목을 끈 전혀 새로운 학문이 융성하게 되었다.

백여 년간의 갑골학은 그 발전의 과정에서 '초창기', '발전기', '심화

134) 王國維, 「最近二三十年中中國新發現之學問」, 『學衡』 第45期, 1925.

기'를 거쳐 이미 하나의 성숙된 학문으로 성장하였으며, 그간 찬란한 성과를 거두었다. 현재 이미 출토된 10만여 편의 갑골문은 중국 내의 25개 성省, 시市, 자치구自治區의 41개 도시와 대만, 홍콩 등지에 소장되어 있다. 이외에도 일본, 미국, 영국, 캐나다, 독일, 프랑스, 스위스, 벨기에, 러시아, 한국 등의 대형 박물관과 학술기관에 소장되어 있으며, 개인 소장도 있다. 갑골문은 고대 이집트의 파피루스와 바빌론의 점토판 문서에 비견되어 세계문명의 빛나는 보물이 되고 있다. 몇 대에 걸친 국내외 우수 학자들의 갑골학에 대한 연구와 그들의 심혈이 응축된 수만 종의 갑골학 논저[135]는 갑골학이 오늘날의 성과를 가지도록 만들었을 뿐 아니라, 그 자체도 은허의 갑골문과 마찬가지로 중국학술의 보물 중의 보물로 자리 잡았다.

선배 학자들이 물려준 진귀한 정신과 재산을 전면적으로 계승하고 발양하기 위해, 그들이 이룩한 성과를 "최전선의 가장 기본적인 출발점으로 삼아 다시 출발하여"[136] 새로운 백 년간의 찬란한 연구 성과를 창조해야 한다. 따라서 한 세기가 교차하는 지금, 과거 백 년간의 갑골문 연구를 전면적이고 과학적으로 총결하는 것은 대단히 필요한 일이다. 이것이 바로 '갑골학 일백 년甲骨學一百年'이라는 과제를 제출하게 된 이유이다. 여기서 말하는 '전면적이고 과학적인'이라는 말은 "좁은 의미의 갑골학에서 말하는 갑골 및 그 문자 자체의 연구", 즉 갑골문자의 고석에 관한 성과와 문자학 이론의 논의와 갑골 자체의 규칙에 관한 탐색과 발굴은 물론 '넓은 의미의 갑골학', 즉 "갑골문을 자료로 하여 논술한 모든 역사 문화가 포함될 수 있다."[137] 이 『갑골학 일백 년』은 '협의의' 갑골학 뿐 아니라 광의의 갑골학이라는 각도에서, 이제 막 지나간 과거 백 년간의 연구를 체계적으로 총결하게 될 것이다. 이에 관해서는 이 책의

---

135) 宋鎭豪, 『百年甲骨學論著目』(語文出版社, 1999)의 統計에 근거함.
136) 郭沫若, 「古代研究的自我批判」, 『十批判書』, 人民出版社, 1956, 5면.
137) 李學勤, 「甲骨學一百年的回顧與前瞻」, 『文物』, 1998年 第1期.

「목차」에서 열거한 장절의 표제를 보면 더욱 분명해 질 것이다.

지난 백 년간 많은 대가들이 출현했으며 논저 또한 숲을 이룰 정도로 많이 나왔다. 특히 1950년대 이래 더욱 신속한 발전이 이루어졌다. 백 년 동안의 갑골학에 대한 총결산은, 다가올 새로운 백 년의 연구를 이론, 방법, 규칙적인 측면에서 더욱 명확하고 자각적으로 탐색하게 만들 것이다. 이로부터 맹목적인 연구와 중복을 피하도록 하여 우리의 연구가 더욱 주동적이고 더욱 깊은 수준과 넓은 안목으로 새로운 영역의 개척에 힘을 다하도록 만들 것이다. 이 때문에 우리는 백 년 동안의 갑골학 발전의 각기 다른 단계의 각 항목의 성과를 가능한 한 발전적인 각도에서 논술해 나갈 것이다. 즉 문제가 어떻게 해서 제기되게 되었으며, 또 어떻게 연구가 전개되었는가, 그리고 어떻게 점차 통일된 결론에 도달하게 되었는가 등을 명확하게 논술할 것이다. 그리고 아직도 토론되고 있는 몇몇 문제에 대해서도 가능한 한 객관적으로 각 진영의 의견을 추출하여 분석과 판단, 사고와 연구가 이루어지도록 할 것이며, 이로부터 더 많은 학자들이 이 토론에 참가하도록 만들 것이다. 때로는 이전부터 진행해 왔던 일정한 연구의 기초 위에서 토론에 참여하고, 그 속에 존재하는 병폐를 분석함으로써 이전에 이룰 수 없었던 토론의 한계도 돌파할 수 있길 바란다. 또 논쟁적인 문제에 대하여 토론할 때는 우리의 사고에 근거한 경향성을 가진 의견을 기술하게 될 것이다. 자료의 증가와 역대 갑골 연구의 발전으로 몇몇 전통적인 관점과 결론이 도전과 검증을 받고 있다. 갑골학 대가들은 갑골학을 "새로 일어난 학문이며 그것은 언제나 변하고 있다"고 여긴다.[138] 연구의 모든 진전은 "거의 언제나 오늘의 나와 어제의 나 사이의 투쟁"[139]에 의해 이루어진다. 혹은 "번거로움을 무릅쓰고", "정확한 방법을 찾기 위해 전체의 복사를 정리"[140] 해야 함을

138) 郭沫若,「古代研究的自我批判」,『十批判書』, 人民出版社, 1955, 5면.
139) 郭沫若,『中國古代社會研究』新版「引言」, 人民出版社, 1954.
140) 董作賓,「爲書道全集詳論卜辭時期之區分」,『中國現代學術經典』「董作賓卷」, 河北教

반복적으로 주장하기도 한다. 이것은 바로 학자들이 자신을 넘어서 갑골학을 지속적으로 깊이 있게 만들어 나간 이유이기도 하다. 또 어떤 학자들은 이전의 학설에 얽매이지 않고 그 권위에도 빠져들지 않은 채 전면적인 자료의 파악 위에서 옛 학설에 과감한 도전장을 던졌으며, 논쟁과 변론 과정에서 자기학설의 엄밀한 체계를 세움으로써 갑골학을 발전시키기도 했다. 이 때문에 선배학자들이 성공적으로 얻었던 공동의 규칙에 대해 최종결론을 내림으로써 앞으로 파헤쳐 나갈 갑골학연구의 새로운 국면에 크게 도움을 주고자 한다.

백 년 이래의 갑골학은 학자들의 끊임없는 새로운 창조와 개척에 힘입었고 이미 중국 고대문화 연구의 모든 면과 연계되어 있다. 그래서 "누구라도 중국의 고대 역사와 문화를 연구하려면 반드시 갑골학에 대한 일정 정도의 지식을 갖추어야만 한다"[141]는 말은 조금도 과장이 아닐 것이다. 이 때문에 갑골문을 이용하여 학제 간으로 중국고대의 우수한 문화유산이 이룩한 성과를 발굴하는 동시에 이를 총결산하는 것은 대단히 필요하다. 연구 과정에서의 의문점과 약점에 대해서는 『갑골문합집』의 편찬 작업 과정에서 보여주었던 축적과 경험과 사고를 참고삼을 수 있을 것이다. 다시 유관 갑골자료에 대해 전체적인 정리 위에서 관련 문제를 연구하고 기술하게 된다면 자료적인 면에서나 관점적인 면에서 모두 새로운 진전이 이루어 질 것이다.

백 년 이래로 갑골학이 이룬 찬란한 성과는 중국학자와 해외학자가 공동으로 노력한 결과이다. 그래서 이 책을 기술하면서 가능한 한 중국학자의 연구 성과 및 공헌을 반영하고자 노력했다. 마찬가지로 해외학자의 연구저작 또한 갑골학사에서 중요한 지위를 지닌다. 그래서 외국학자의 영향력 있는 저작 및 공헌에 대해서도 충분히 반영했다. 그리고 대만학자의 성과도 갑골학의 발전을 추동시켰다. 우리 모두가 알고 있듯 어

育出版社, 1996, 524면.

141) 李學勤, 「序」, 『建國以來甲骨文硏究』, 中國社會科學出版社, 1981.

떤 특수한 사정 때문에 대륙과 대만 학자의 관계가 잠시 단절되기도 했었지만 최근 들어 학술교류가 강화됨으로써 대만학자들의 최신연구에 대한 정보도 확보할 수 있게 되었다. 그래서 갑골학의 발전에 비교적 큰 공헌을 끼친 대만학자의 저작과 성과에 대해서도 충분히 반영하고자 노력했다. 이러한 총결산은 연구에 대한 인식과 방향의 진전을 위한 것이다. 이 책의 각 장절에서 관련 연구과제에 대해 기술하면서 결론적인 의견을 도출하는 동시에 가능한 한 상응하는 과제에 대해서도 개척적인 전망이나 조작 가능한 예측을 하고자 노력했다. 따라서 이 책의 마지막 1장에서는 전술한 각 장의 기초 위에서 새로운 세기의 갑골학에 대해 전망하였으며 이렇게 함으로써 갑골학 발전의 지속성과 개척적인 성격을 담보하고자 하였다.

이러한 것들이 세기가 교차하는 시점에 우리가 『갑골학 일백 년』을 저술하고자 하는 주된 이유이다. 이 책은 중국사회과학원 역사연구소 소속의 갑골학 전공 왕우신王宇信, 양승남楊升南(1938～현재), 송진호宋鎭豪(1949～현재), 상옥지常玉芝(1942～현재), 맹세개孟世凱(1935～현재) 교수 등이 분담하여 함께 저술했다. 각 교수들의 연구 성과와 전공에 따라 나누어 기술했으며 그 담당 부분은 다음과 같다.

제1장_ 서론 : 왕우신王宇信
제2장_ 갑골문 출토 백 년 역사 : 맹세개孟世凱
제3장_ 갑골학 기초 작업의 지속적인 강화 : 맹세개孟世凱
제4장_ 갑골문의 고석과 이론화 : 송진호宋鎭豪
제5장_ 갑골문의 시기구분 : 왕우신王宇信
제6장_ 갑골 점복과 복사의 문례文例와 문법文法(상) : 송진호宋鎭豪
제7장_ 갑골 점복과 복사의 문례文例와 문법文法(하) : 송진호宋鎭豪
제8장_ 갑골학의 새로운 발전－서주갑골 분과학문 형성 : 왕우신王宇信
제9장_ 선배 학자들의 성과와 경험－참고할 만한 문화유산 : 왕우신王宇信

제10장_ 학문성과의 지속적인 인식과 총결—연구 발전의 지도와 추동 : 왕우신王宇信

제11장_ 상나라 사회구조와 국가 직능 연구 : 양승남楊升南

제12장_ 상나라 사회 경제 : 양승남楊升南

제13장_ 상나라 종교제사 및 그 규칙 : 상옥지常玉芝

제14장_ 상나라의 기상 · 역법과 의학 전통의 발굴과 연구 : 상옥지常玉芝

제15장_ 새로운 세기 갑골 연구의 전망 : 왕우신王宇信

부록 1_ 갑골학 연대기(1899~1999) : 왕우신王宇信 집輯

부록 2_ 갑골문 저록 목록 및 간칭 : 왕우신王宇信 집輯

후기 : 왕우신王宇信 · 양승남楊升南

삼가 이 책을 갑골문 발견 백 주년과 중화인민공화국 성립 50주년의 선물로 바친다.

제2장 갑골문 출토 백 년 역사

1. 먼지를 덮어 쓴 보물 – 1899년 이전 갑골문의 상전벽해桑田碧海

1) "나라가 망하자 복골卜骨을 묻었다"는 것과 갑골문의 매장 시기

중국은 수천 년의 문명사를 갖고 있으며, 문자를 가진 역사만 해도 5천 년이나 된다. 이 5천 년간의 역사자료는 주로 한자로 기록되어 있으며, 그 수량 또한 엄청나 '바다처럼 많다'는 말로만 형용할 수 있을 뿐이다. 『24사史』는 중국의 각 왕조의 역사를 체계적으로 기술해 '사료의 보고'라 불린다. 하지만 갑골甲骨·갑골문甲骨文·갑골각사甲骨刻辭 등과 같은 명칭은 그 어디에도 보이지 않는데, 갑골학이 1930년대 이후에 들어서야 비로소 형성되었기 때문이다. 이 새로운 학과의 흥성이 가능했던 것은 청나라 광서光緒 연간 말에 지금의 하남성 안양현 소둔小屯의 '은허殷墟'에서 출토된 상나라 후기의 유물과 유문遺文 덕택이다. 백 년 동안의 '은허' 갑골문에 대한 연구로부터 상 왕조에서는 거북딱지나 소뼈를 점복의 재료로 사용했으며, 갑골에 새겨진 문자는 상나라 때 통용되던 문자의 대부분이라는 사실을 알 수 있었다. 하지만 갑골에 새겨진 복사와 기록은 결코 상 왕조의 공식 문건이 아닌 각종 사회 활동을 기록한 문자의 일부이다. 제사 때의 점복 기록으로부터, "귀신을 존중하는 은나라에서는 백성들에게 귀신을 모시도록 하였으며, 먼저 귀신을 모신 후에 의식을 거행했고, 먼저 벌을 가한 후에 상을 준"[1] 관습까지 더해짐으로써 거의 매일 제사를 지냈고 일이 있을 때마다 점복을 행했음을 알 수 있다. 이 때문에 대량의 복갑卜甲과 복골卜骨이 전해져 내려왔다. 점복에 사용되었던 갑골이 보존된 정황은 다음의 세 가지 경우로 요약된다. 첫째, 이미 점복에 사용했던 것으로, 갑골에 복사나 기사의 내용이 새겨진 경우이다. 둘째, 이미 가공을 했거나 불로 지지기는 했지만 내용은 아직 기록되지 않은 경우이다. 셋째, 단지 초보적인 가공을 거쳤거나 찬조鑽鑿를 파둔 상태에서 아직 불로 지지지는 않은 준비 단계에 해당하는 경우이다.

전해져 오던 갑골이 어떻게 해서 세상에 나타나게 되었을까? 동작빈은 '은허'에서 1928년 10월부터 1937년 6월까지 총 15차례에 걸쳐 갑골 자료를 발굴했으며, 특히 그 과정의 13차례(1934년 10월부터 1935년 말까지의 3차례 발굴, 즉 제9·10·11차 때에는 갑골을 발견하지 못했다)에 걸친 매장 갑골의 발굴 상황에 근거해 다음과 같이 분석했다.

> 종합해서 말하자면, 10년간의 발굴을 통해 경험을 쌓을 수 있었으며, 은허의 땅 속에 묻힌 갑골문자는 다음과 같은 네 가지 상황에 의한 것임을 알게 되었다.
>
> 첫째는 '보존 저장存儲'이다. '보존存'이라는 것은 의식적인 보존을 말하며, '저장儲'이라는 것은 의식적인 저장을 말한다. 모든 왕들은 항상 수렵, 정벌, 사

1) "殷人尊神, 率民以事神. 先鬼而後禮, 先罰而後賞." 『禮記』「表記」.

냥, 유람 등과 같은 활동을 했는데, 이러한 활동에는 언제나 점복이 이루어졌으며 그것이 언제나 은나라의 수도 안에서 이루진 것만은 아니었다. 게다가 복석卜夕[2)]에 관한 문장은 대부분 왕이 밖에 있었을 때의 일에 속한다. 그래서 '복석'에 관한 글에는 항상 "어떤 곳에서 점을 친다"는 말이 들어 있으며, 수렵이나 정벌이나 유람 때에도 소재지를 기록해 두었다. 이러한 갑골들은 수레로 실어 갔다가 실어 왔던 것임에 틀림없다. 그렇지 않다면 이것들이 은나라 때의 도성(즉 소둔촌)에서 발견될 수가 없다. 대단히 분명한 예, 예컨대 제신帝辛의 인방人方 정벌은 재위 10년 9월부터 11년 7월까지 동남지역을 향해 한 바퀴 돌면서 이루어졌는데, 남쪽으로는 회淮 지역까지, 동쪽으로는 바닷가까지, 또 제齊 지역까지도 이르렀다. 수도로 돌아올 때, 그간 점복에 사용했던 갑골도 모두 가져왔다. 지금 '제신의 인방 정벌 일기帝辛征人方日譜'를 만드는 데 사용한 자료는 모두 이 여행에서 만들어진 작품들이다. 제1차 발굴 때의 제9갱에는 제1·2·5기 때의 갑골이 포함되어 있으며, 제3차 발굴 때의 '대련갱大連坑'에는 제1·2·3·5기 때의 갑골이 포함되어 있다. 이것은 대단히 명백한 사실로, 이러한 갱坑은 바로 지하의 복혈複穴이자 저장창고 역할을 겸했던 곳으로, 순전히 갑골문을 보관하는 데 이용되었던 장소였다. 무정武丁 때(제1기)도, 조갑祖甲 때(제2기)도, 늠신廩辛과 강정康丁 때(제3기)에도 거기를 사용했고, 제을帝乙과 제신帝辛 때(제5기)까지도 여전히 사용하고 있었다. 또 제4차 때 발굴된 E6갱坑에는 무정武丁 때부터 조갑祖甲 때까지의 복사만 보존되어 있었으며, 그 뒤로는 더 이상 사용되지 않았다. 제9차 때 발굴된 후가장侯家莊 남쪽 지역에서는 강정康丁 때의 점복에 사용된 완전한 모습의 거북배딱지 6점과 등딱지 반 조각이 함께 포개진

---

2) (역주) "夕은 은나라 때 夜라는 의미였다. 그래서 今夕은 바로 今夜라는 뜻이다. 卜夕이란 그날 밤의 일에 대해 점을 친다는 말이다. 은나라가 망한 4백여 년 후, 陳나라에서도 그날 밤의 일에 대해 점치는 습속이 남아 있었다. 『춘추좌전』「莊公」(22년)에 陳나라 임금 元이 齊나라로 망명한 일에 대해 이렇게 기술했다. (…중략…) 桓公에게 술대접을 했더니 즐거워했다. 공이 이렇게 일렀다. '불을 밝혀 계속 술자리를 하도록 하라.' 그러자 이렇게 말했다. '신은 낮의 일에 대해선 점을 쳐 보았으나 밤의 일에 대해서는 아직 점을 쳐 보지 못했기에 감히 그렇게 할 수가 없습니다'." 동작빈, 『은력보』「夕譜」.

채로 복혈複穴 속에 보존되어 있었다. 아마도 그때 이것들을 궁궐(즉 소둔)로 가져가려 했으나 잊어버렸던 것 같다. 물론 은나라 왕실에서 점복에 사용되었던 신의 모든 흔적을 의식적으로 보존하지 않았더라면, 그리고 그것을 저장해 두지 않았더라면, 오늘날의 갑골학은 존재할 수 없었을 것이다.

둘째는 '매장'이다. 이러한 경우는 대단히 드물다고 해야 할 것이다. 만약 거북딱지를 다 쓰고 나서 매번 땅속에다 매장할 것 같으면 어디라도 매장할 수 있기 때문에 어떤 한 곳에다 집중시켜 매장할 필요는 없었을 것이다. 제13차 발굴 때의 H127갱은 분명 매장된 예의 하나라 하겠는데, 어떤 이유에서 매장되었는지는 알 수 없지만, 매장되기 전에 이미 다른 곳에서 저장되어 무정武丁으로부터 문무정文武丁 때까지 7대 왕의 재위시기를 거쳤다.

(…중략…)

셋째는 '산일散佚'이다. 이것은 우연히 흩어져 떨어진 것으로, 의식적인 결과는 아니다. 많은 복혈複穴이나 저장창고 속이나 판축版築으로 다져진 기단의 안이나 위에서 우연히 발견되는 몇 편의 갑골문자들은 분명 이러한 부류에 속한다고 보아야 할 것이다.

(…중략…)

넷째는 '폐기'이다. 이를 폐기라 하기보다는 '폐기물의 재활용'이라고 부르는 편이 나을 것이다. 이러한 경우도 소수에 불과하다. 어떤 경우에는 사관史官들이 자신의 제자를 가르칠 때, 이미 사용한 귀골龜骨을 가져와 필사하거나 새기는 연습용으로 쓰게 한 경우이다. 가장 흔한 예는 바로 간지표干支表를 연습으로 새긴 경우이고, 그 다음은 복사 새기기를 모방하며 연습한 경우이다.

(…중략…)

엄격하게 말하자면, 이상의 네 가지 중 첫 번째가 가장 많다. 두 번째는 단 한 번만 보이며, 세 번째와 네 번째는 모두 소수를 차지하고 있다. 은허의 땅 속에 묻혀있던 갑골문자의 정황은 대체로 이와 같다.[3)]

---

3) 董作賓, 『甲骨學五十年』, 藝文印書館, 1955, 제1장 제2절.

1973년 3월부터 12월까지 중국 과학원 고고연구소(지금은 중국사회과학원에 귀속)는 '은허' 소둔촌의 남쪽 지역을 두 차례 발굴했다. 총 1만 편이 넘는 갑골이 발견되었는데 그중 글자가 있는 것만 해도 5,629편(출토 수)이었으며, 갑골의 출토 정황으로 볼 때 대체로 의식적인 저장에 의한 것이었다.[4] '은허'의 발굴을 표지로 하는 중국 근대고고학이 탄생한 이후에서야 중국에서는 지하에 매장된 역사적 문화유적과 묘장墓葬과 유물들의 땅 속 정황에 대해 과학적이고 정확한 이해가 이루어지게 되었다. 이렇게 해서 고대기물과 금석문자에 대한 전통적인 금석학의 시대는 막을 내렸다. 또한 '은허'를 발굴하기 이전에 출토된 갑골문 및 그것의 출토 정황, 특히 매장의 갱위와 지층 관계 등에 대해서는 이해할 방법이 없었기에 초기의 갑골문 연구자들은 여러 가지 추측을 하게 되었던 것이다. 예컨대 갑골학에 뛰어난 공헌을 남겼던 나진옥은 일찍이 이렇게 말했다.

> 「귀책열전龜策列傳」에서는 "다 사용하면 내다 버린다"고 했다. 하지만 지금 출토된 동물 뼈骨와 거북딱지甲를 보면 한 번만 사용한 것이 아니라 다시 사용한 것이다. 내가 소장하고 있는 한 동물 뼈骨의 경우, 그 속에 찬조의 흔적이 종횡으로 나 있으며 37개나 배열되어 있는데, 장자莊子가 말한 72개의 구멍을 막았다는 이야기와 같이 조금의 틈새도 없다. 그렇다면 "다 사용하면 내다 버린다"고 했던 것은 한 번 쓰고 다시는 더 이상 쓰지 않는다는 말이 아니라, 더 이상 새기거나 지질 곳이 없게 된 이후에 내다 버렸다는 말에 지나지 않을 것이다.[5]

『사기』「귀책열전」은 저소손褚少孫에 의해 보충된 것으로 복골의 매장 정황에 관한 그의 설명은 상나라 때의 실제 모습이 아니며, 나진옥은 1910년(청나라 선통宣統 2년) 이전에 얻은 갑골문에 근거해 추측했다. 당시

---

4) 중국사회과학원 고고연구소 안양공작대, 「1973년 소둔 남쪽 지역 발굴 보고」, 『고고학집간』 제9집, 1995.
5) 나진옥, 『은상 정복 문자 고』 제1편, 王簡齋石印本, 1910.

의 '은허'는 마침 마구잡이로 도굴 당하는 운명에 처해 있었으니, 골동상들이 내다 판 글자가 새겨진 갑골의 지층이나 갱위는 물론 그 출토 지점조차도 비밀에 부쳐져 그곳을 밝히지 않거나 일부러 다른 곳을 말해주기가 일쑤였다. 그래서 후대의 문헌에 근거해 추측할 수밖에 없었던 것이다. 1928년 5월, 진방복陳邦福은 「상나라 때 나라가 망하자 복골을 묻었다商代失國埋卜考」라는 논문을 발표했는데, 그는 이렇게 생각했다.

> 복골을 매장한 일에 대해서는 『주례』와 『사기』 등에서는 증거를 찾을 수가 없다. 다만 「곡례曲禮」에서만 "거북이나 점대가 헐어 못쓰게 되면 묻어 버린다龜筴蔽則埋之"고 했는데, 정현의 주석에서 "사람들이 그것을 더럽히지 않도록 하기 위한 조치였다"고 했다. 은나라 때 복골을 매장했는지에 대해서는 역사적으로도 논의된 바도 없고 문헌에서도 기록이 없으니 의심은 가나 확정할 수가 없다. 지금 후호侯虎 때의 여러 뼈로 그것을 증명해 보건대, 제신帝辛 때 은나라가 멸망하자 은나라 사람들은 복골이 없어질 것을 걱정해 복실卜室에서 꺼내어 조가朝歌의 공터에다 매장했다. 그곳은 원수洹水의 남쪽으로, 바로 은허와 마주 보이는 곳이었다.[6]

진방복은 상나라의 주紂왕이 멸망할 때 "은나라 사람들이 복골이 없어질까 걱정되어", 복실卜室에서 갑골을 꺼내어 매장했다고 했다. 이러한 해석은 앞에서 인용했듯 동작빈이 '은허'의 발굴에 근거해 분석한 정황과는 전혀 맞지 않다. 이 때문에 동작빈은 『갑골학 50년甲骨學五十年』에서 진방복의 글을 인용하면서 이렇게 말했다. '후호侯虎'는 당연히 무정武丁 때의 인물이지 은나라 주紂임금 때의 '숭후호崇侯虎'는 아니다. 또 '은허'이지 조가朝歌가 아니다. 그래서 나라가 망하게 되자 비로소 복골을 묻었다는 말은 정확하지 않다. 『예기』 「곡례曲禮」 상上에서 말했던 것처럼

6) 초간 『中山大學語言歷史硏究所週刊』, 제3집 제13기. 같은 해 『殷墟埋契考』로 이름을 바꾸어 석인본으로 출간함.

"거북이나 점대가 헐어 못쓰게 되면 묻어버렸을龜筴敝則埋" 것이다. 정현의 주석에서도 "사람들에 의해 더럽혀지지 않게, 그리고 귀신의 행위를 알지 못하게 하기 위해서였다"고 했다. 그렇다면 점복에 사용한 이후에 그것은 의식적으로 매장되었으며, 그 때문에 갑골이 보존되어 올 수 있었던 것이다.

상나라는 통일을 이룬 대제국으로 총 31대 왕에 의해 약 6백 년 동안 역사가 지속되었다. 바로 주紂왕(제신帝辛) 때 이르러서도 상 왕조는 여전히 발전해 가고 있었는데, '조그만 주나라小邦周'가 어떻게 해서 목야牧野에서 벌어진 단 한 번의 전쟁으로 '큰 상나라大邑商'를 멸망시킬 수 있었던 것일까? 곽말약의 다음과 같은 분석은 일리가 있어 보인다.

> 주나라 무왕武王이 은 왕실에 철저히 보복하고 은 왕조를 뒤집을 수 있었던 것은 결코 은나라의 주紂왕(제신)이 그렇게 포악해 민심을 잃었던 때문이 아니라, 사실은 다른 어떤 일단의 역사에 기인한다. 그 고대사의 진상은 복사의 발견으로 세상에 밝혀지게 되었다.
>
> 은나라 말 제을帝乙과 제신帝辛 때, 오랜 기간 동안 동쪽과 남쪽의 이민족들과 전쟁을 치렀다. 복사의 기록에 근거하면 제을 10년 및 20년에 이민족을 여러 차례 정벌했다. (…중략…) 마침내 동쪽과 남쪽의 이민족들이 평정되었다. 그래서 그들은 '억조億兆의 이민족들'을 '신하臣'—즉 노예로 거느릴 수 있게 되었다. 포로들이 끝도 없이 늘어나게 된 것에서 전쟁이 얼마나 격렬했던가를 볼 수 있으며, 그 때문에 은나라 군사들의 손실도 적지 않을 수 없었다. 바로 이러한 상황을 틈타 주나라 사람들이 허를 찌르고 공격했다. 은의 주紂왕은 포로병들로 적과 대치했으나 끝내 '무기를 거꾸로 돌리는' 바람에 실패하고 말았던 것이다.[7)]

『사기』「은본기」에도 『상서』「서백이 여나라를 쳐서 이기다西伯戡黎」

7) 郭末若, 「古代硏究的自我批判」, 『十書批判』, 科學出版社, 1956, 10면.

는 기록이 실려 있다.

> 서백이 기饑나라를 쳐서 멸망시켰다. 주紂왕의 신하였던 조이祖伊가 이 소식을 듣고 주나라를 책망했으나, 두려워하며 주紂왕에게 달려가 고하였다. "하늘이 이미 우리 은나라의 명을 끝맺으시려는 것 같습니다. 천명을 잘 아는 현인과 점칠 때 쓰는 큰 거북도 감히 길함을 알지 못합니다. 선왕들께서 우리 후손을 돕지 않는 것이 아니고, 오직 왕께서 방탕하게 즐기심으로써 스스로 끊으신 것입니다. 그러므로 하늘이 우리를 버리시어 편안하게 먹게 하지 아니하고, 하늘이 주신 수명을 즐기지 못하게 하시어 법도를 따르지 않도록 하셨습니다. 지금 우리 백성은 망하기를 바라지 않는 사람이 없어 이렇게 말하고 있습니다. 하늘은 어찌하여 벌을 내리시지 않는가? 징벌하라는 하늘의 크나큰 명이 어찌 이르시지 않는가? 지금 하늘은 어찌 하실 것인가?" 이에 주왕이 말했다. "내가 태어난 것은 그 명이 하늘에 있다는 것이 아니던가?" 조이가 반란을 일으켜 말하였다. "주왕에게는 간언이 소용없구나!" 及西伯伐饑國, 滅之. 紂之臣祖伊聞之而咎周, 恐, 奔告紂曰, "天旣訖我殷命, 假人元龜, 無敢知吉, 非先王不相我後人, 維王淫虐用自絶, 故天棄我, 不有安食, 不虞知天性, 不迪率典. 今我民罔不欲喪, 曰天曷不降威, 大命胡不至? 今天其奈何?" 紂曰, "我生不有命在天乎!" 祖伊反, 曰, "紂不可諫矣!"

주紂왕은 평생 복을 받을 명이 하늘에 있기 때문에 백성이 자기를 어떻게 할 수 없을 것이며 멸망하지도 않을 것이라 믿고 있었다. 그래서 주나라 사람들의 세력이 커 가는데도 조금도 개의치 않았으며 그 결과 하루 밤의 공격에 멸망하고 말았다. 주나라는 기습 공격을 하면서도 주紂왕이 이토록 견디지 못할 것이라고는 전혀 예상하지 못했다. 주紂왕이 비록 몸을 불태워 자살했지만 그 광활한 토지는 여전히 상나라의 세력 차지였다. 그 때문에 상나라를 멸망시킨 후 주공周公은 은나라 유민의 힘이 강성해지는 것을 막고 서주西周의 정권을 공고히 하는 데 주력했다. '3감의 주살誅三監'이나 '동쪽 지역의 정벌東征'이나 '분봉分封' 등과 같은 것이 모두 그러한 반영이다. 무경武庚을 주살한 후 상 왕조 후기의 수도 또한 폐도廢都가 되고 말았다. 그리고 시간이 흐름에 따라 결국엔 폐허로 변했으며 매장된 대량의 상나라 갑골문은 주나라 사람들조차 전혀 알지 못하게 되었고, 이후의 문헌 기록에서도 찾아 볼 수 없게 되고 말았다.[8]

상나라를 멸망시키기 전 주나라는 문화가 낙후한 조그만 농경 국으로 사방 백 리의 땅을 가진 소국에 불과했다.[9] 그 스스로도 '조그만 주나라 小邦周'[10]나 '조그만 나라小國'[11]라고 불렀다. 주나라는 계력季歷과 희창姬昌 때에 농경의 발전을 이루기도 했으나 다시 상나라에 예속되었으며 상나라의 문화를 받아들였다. 섬서성의 부풍扶風과 기산岐山 사이에 위치한 '주원周原'에다 종묘宗廟를 지었는데, '주원'의 봉추鳳雛 종묘 터에서 출토된 갑골문이 바로 이러한 사실을 증명해 주고 있다.[12] 주나라 사람들도 갑골로 점을 쳤으며 서주 갑골문은 섬서·산서·하북·북경 등지에서 발견되었다(이 책의 제8장 참조). 주원 봉추鳳雛의 종묘 서쪽 행랑西廂 제2호 방房의 교혈窖穴(H11, H31)에서 집중적으로 출토된 서주 갑골문으로 볼 때 이 또한 의식적으로 매장되었던 것으로 보인다. 서주 왕조가 수립된 이후 상나라처럼 매일 제사를 지내고 일이 있을 때마다 점을 치는 그런 일은 더 이상 없었기에 그때 사용된 갑골은 상나라 때보다 훨씬 적었다.

그리고 주나라의 발상지였던 주원은 서주가 도성을 풍호豐鎬로 옮기고 낙읍洛邑에다 동도東都를 건설하게 되면서 점차 역사의 뒷자락으로 물러나고 말았다. 게다가 상전벽해처럼 변해버린 역사에다 서주 말기의 북쪽 이민족의 침략으로 갑골문은 역사의 먼지 아래 깊디깊게 묻히고 만다.

---

8) 주나라 무왕이 상나라를 멸망시킨 시점에 대해서는 국내외적으로 40여 가지의 학설이 존재하지만, 여기서 자세한 설명은 생략한다.

9) 『맹자』「공손추」.

10) 『상서』「대고」.

11) 『상서』「다사」.

12) 어떤 학자들은 다른 견해를 견지하기도 한다. 자세한 것은 이 책의 제8장의 서술을 참조.

바로 이 때문에 3천여 년 동안 서주갑골은 더 이상 세상에 알려지지 않았던 것이다.

2) 은허의 변천과 갑골문의 파괴

중국은 예로부터 장례를 대단히 중시해왔다. 씨족사회로부터 상나라와 주나라에 이르면서 장례에 관한 일련의 예제禮制, 즉 '5례五禮' 중의 하나인 '흉례凶禮'가 만들어졌다. 순장품은 가축과 생활용품으로부터 귀중품은 물론 사람의 순장으로까지 확대되었다. 제왕과 장상將相들의 경우 예기禮器로부터 일반 장식품까지 포함되지 않은 것이 없었다. 사회경제가 발전함에 따라 춘추시기에는 후장厚葬의 풍기가 흥성했다. 『예기』「단궁檀弓」 상上에서 이렇게 말했다. "송宋나라 양공襄公이 그 부인을 장사지낼 때 1백 단지瓮의 식초醯와 젓갈醢을 사용했다. 이에 대해 증자曾子는 '이미 기물을 밝혔을진대 또 그 속도 가득 채웠을 것이다旣明器矣, 而實'고 했다." 통상적인 예의 30여 배가 넘는 이러한 "사람의 기물人器"은 후장의 풍속이 이미 성행하고 있었음을 보여주고 있다. 제후의 부인이 이러했다면 제후나 임금은 당연히 그보다 더했을 것이다.

전국시기의 후장 풍속은 더했으면 더했지 못하지는 않았고, 이미 임금과 대부로부터 부호들에게로 이어졌다. 묵자墨子는 이러한 후장 풍습을 통렬하게 비판한 바 있다.[13] 후장 때에 훗날의 도굴은 이미 예견된 것이었다. 고고학적인 측면에서 볼 때, 하남성 휘현輝縣 고위촌固圍村의 위魏나라 왕 무덤, 섬서성 봉상鳳翔의 진秦나라 왕 무덤, 하북성 한단邯鄲의 조趙나라 왕 무덤, 이현易縣의 연燕나라 왕 무덤, 평산平山의 중산中山국의 무덤 등과 같은 것들은 역대로 수차례 도굴을 당했음에도 발굴을 통

13) 「節葬」『墨子』.

해 적잖은 유물을 발견할 수 있었다. 『여씨춘추』「안사安死」에서 이렇게 말했다.

> 자고 이래로 망하지 않은 나라는 없다. 망하지 않은 나라가 없다는 것은 파헤쳐지지 않은 무덤도 없다는 말이다. 눈으로 보고 귀로 들었던 것처럼, 제齊·형荊·연燕나라는 일찍이 망했다. 송宋나라와 중산국中山國도 이미 망했다. 조趙·위魏·한韓나라도 모두 망했다. 이 모두 옛 나라가 되어 버렸다. 이 보다 이전 나라들 중 망한 나라는 셀 수도 없이 많다. 그 때문에 큰 무덤 치고 파헤쳐지지 않은 경우가 없다.

하지만 도굴꾼들은 청동기나 금과 옥과 보물 같은 것에만 관심을 두었지 글자가 있는 물건은 전혀 중시하지 않았다. 그것은 돈이 되지 않았기 때문에 훼멸시키거나 폐기시켜 버렸다. 주지하다시피 『죽서기년竹書紀年』은 바로 서진西晉 무제武帝 함녕咸寧 5년(279) 급군汲郡의 도굴꾼들이 전국시대 때의 위魏나라 왕의 무덤을 파헤치는 과정에서 발견되었다. 하지만 무덤 속으로 들어가는 길에 불빛이 없어 죽간으로 불을 지펴 길을 비추었으므로 적잖은 죽간이 훼멸되고 말았다.

역대로 출토된 고대기물은 도굴 이외에 자연 재해에 의해 출토된 경우도 있다. 예컨대 서한 무제武帝 때 분수汾水의 강 언덕에서 청동으로 된 큰 정鼎 하나가 출토된 것이 그 경우인데 이 때문에 연호를 '원정元鼎'으로 바꾸기도 했다. 선제宣帝 때에는 미양美陽(지금의 섬서성 무공武功 서북쪽)에서 정鼎이 발견되었는데, 그 명문은 장창張敞에 의해 해독되었다. 동한 명제明帝 때에는 여강廬江 태수가 왕락산王雒山에서 얻은 보정寶鼎을 바치기도 했다. 그 때문에 허신許愼의 『설문해자』「서」에서는 "여러 나라에서는 종종 산과 들에서 청동기鼎彝가 출토되기도 했는데 그 명문은 이전 시대의 고문으로 되어 있었다"라고 했던 것이다. 진한秦漢 때 상주商周 때의 갑골문이 출토되었을까? 이에 대해서는 아직 설명할 자료가 없다.

'은허'는 수·당 때 이미 묘지로 변했으며, 무덤의 숫자는 "2천여 기基를 넘었다."[14] 북송 때의 '은허'는 하단갑성河亶甲城이라 전해졌고, 여기서 청동기가 자주 출토되었다.[15] 이렇게 2천 년 이상 폐기되었던 상나라의 옛 수도는 명나라 때에 이르러 비로소 사람들이 모여 사는 마을이 되었다. 그때부터 그곳을 소둔촌小屯村이라 부르게 되었다. 동작빈은 이렇게 말했다.

> 소둔촌의 역사는 채 4백 년이 되지 않는다. 명나라 초기, 주朱씨들의 가묘家廟에 있던 비석에도 아직 '소둔촌'이라는 이름이 나타나지 않는다. 만력萬歷 4년(1575)의 묘지 벽돌의 지권地券에서 비로소 소둔촌이라는 이름이 처음 등장한다. 소둔촌이 건립되기 전, 위로는 수·당 때까지 이 일대는 무덤으로 뒤덮인 곳이었다. 황량한 무덤으로 뒤엉킨 이곳은 천 년간(6세기부터 15세기까지) 완전히 귀신의 세계에 속했었다.[16]

촌락이 생기면 흙을 가져와 집을 지어야 하고 곡식을 뿌리려면 또 땅을 파헤쳐야 하고 우물을 파고 물길을 만들어야 하는 법이다. 수·당 때부터 명·청에 이르기까지 소둔촌 일대에서는 아마도 적잖은 갑골문이 출토되었을 것으로 보이나 잘 알아보지 못하여 폐기해버렸을 것이다. 이는 역사적 원인에 의한 것으로, 갑골과 갑골문이 상나라 때의 진귀한 유물이라는 것을 알 수가 없던 시절이었다.

전하는 바에 의하면, 서주가 건립된 지 얼마 되지 않았을 때, 주나라 무왕에 의해 조선朝鮮에 봉해졌으나 "신하되기를 거부했던" 기자箕子가 주나라 조정으로 돌아가 "옛 은허를 지나갔다"고 한다. 궁실은 훼멸되어 조와 기장만 무성하게 자라고 있었고, 기자는 이에 마음이 상하여 울려

14) 董作賓, 「殷墟沿革」, 『中央硏究院歷史語言硏究所集刊』 第2本 2分, 1930.
15) 胡厚宣, 『五十年甲骨文發現總結』, 商務印書館, 1951, 제3절.
16) 董作賓, 『甲骨學六十年』, 藝文印書館, 1965, 제2장 제1절.

고 해도 울 수가 없어 가장 가까웠던 그의 아내에게 하소연하고자 맥수麥秀의 시詩를 지어 노래로 읊었다. 그 시에서 이렇게 노래했다. "보리 이삭만 점점이 이어지누나. 조와 기장은 누릇누릇하고. 저 교활한 아이여, 나와는 잘 지낼 수가 없구나麥秀漸漸兮, 禾黍油油. 彼狡童兮, 不與我好兮." 여기서 말한 "저 교활한 아이狡童"는 주紂왕을 가리킨다. 은나라 사람들이 이를 듣고 모두 눈물을 흘렸다 한다.17)

『상서대전尙書大傳』에서는 기자가 주나라 조정에서 일 했던 것이 '13년' 때의 일이라고 했다. 이 시간이 정확한 지에 대해서는 잠시 제쳐두기로 하지만, 기자가 주나라 조정에서 일 한 것은 은의 수도가 폐기된 지 10년이 지난 이후의 일임은 분명하다. 그 당시 그렇게 웅장하고 찬란했던 수도는 이미 무너진 담장과 훼멸된 기왓장도 치워져 보리와 기장을 심을 수 있는 농지로 개간되었음을 알 수 있다. "이 때부터 그 옛날의 은나라 수도—오늘날의 소둔촌 일대는 더 이상 그 어떤 역사서에도 등장할 만한 일이 일어나지 않은 궁벽한 곳으로 변하고 말았다"고 학자들은 말한다.18)

오늘날 안양安陽은 은나라 수도가 훼멸되고 폐기된 이후 5백여 년간의 풍상을 거치면서 춘추 말기에 이르면 이미 '은허殷墟'라고 불리게 된다. 『좌전』「정공定公」4년에서는 "「소고詔誥」의 명命으로 은허殷墟에 봉封했다"고 했다. 역대 주석가들은 모두 여기서 말한 '은허殷墟'는 조가朝歌를 지칭한다고 했지만 사실은 그렇지 않다. 조가朝歌가 상나라의 도성인지에 관해서는 역대로 두 가지의 주장이 존재해 왔다. 『죽서기년』에는 이렇게 기술되어 있다.

> 반경盤庚이 은殷으로 천도한 후, 주紂왕에 이르러 멸망할 때까지 273년간 더 이상 수도를 옮기지 않았다. 주紂왕 때에는 그 영역을 다소 확장했으며, 남쪽으

---

17) 『史記』「宋微子世家」와 『尙書大傳』에 실린 "麥秀之歌"와는 약간의 차이를 보인다.
18) 王宇信, 『甲骨學通論』, 中國社會科學出版社, 1989, 제3장 제2절.

로는 조가朝歌에 이르렀고 북쪽으로는 한단邯鄲 및 사구沙丘까지 이르렀는데 모두 이궁離宮과 별관別館이 있었던 곳이다.[19]

'은허'를 안양의 소둔으로 보는 것은 모두 이 기록에 근거하고 있다. 그러나 조가朝歌를 '은허'로 보는 견해는 『괄지지括地志』의 다음 기록에 근거하고 있다.

주紂왕은 조가朝歌에다 도읍을 정했는데, 위주衛州의 동북쪽으로 70리에 위치한 조가朝歌의 고도故都가 바로 이곳이다. 본래 매읍妹邑이라 불렀는데 은나라 무정武丁 때부터 도읍으로 삼았다. 『제왕세기帝王世紀』에서 이렇게 말했다. "제을帝乙이 다시 하북河北 지역을 회복하고 조가朝歌로 옮겼으며 그의 아들 주紂는 여전히 거기를 도읍으로 삼았다."[20]

1933년 곽말약은 『복사통찬卜辭通纂』을 편찬한 후 다음과 같이 말했다.

새로 사료에 편입된 자료를 종합하여 증명해 볼 때, 제을帝乙 말년에는 필시 그 정치 중심이 조가朝歌로 옮겨 갔을 것이다. 다만 안양의 옛 수도는 여전히 존재했으며 그 종묘宗廟에 보존되던 갑골에도 변화가 없었다. 지층이 엇섞여 나타나는 것은 바로 안양에 살던 사람들이 제멋대로 뒤집어 놓았기 때문이다. 즉 고본 『기년紀年』에서의 말을 자세히 살펴보면 『제왕세기』에서 말한 것과 서로 상치되지 않는다. 『사기정의』에서 인용한 『사기』「은본기」를 살펴보면, "더 이상 수도를 옮기지 않았다"는 언급 아래에 "주紂왕 때에는 그 영역을 다소 확장했으며, 남쪽으로는 조가朝歌에 이르렀고 북쪽으로는 한단邯鄲 및 사구沙丘까지 이르렀는데 모두 이궁離宮과 별관別館이 있었던 곳이다"라는 말이 더 있다. 이는 『기년』의 말을 개괄한 것으로, 『기년』에서 말한 은殷은 그 포괄 범위가 대단

19) 『史記』「殷本紀」, 『正義』에서 인용.
20) 『史記』「周本紀」, 『正義』에서 인용.

히 넓어서 안양으로부터 조가朝歌까지를 포함하는 개념이기 때문에 "옮기지 않았다"는 말과 같다고 할 수 있을 따름이다.[21)]

상나라 말, 두 개의 도성이 동시에 존재했다는 것은 사실이다. 서주 때에도 종주宗周인 호경鎬京과 동도東都인 낙읍洛邑이 동시에 존재했다. 제을帝乙은 인방人方을 정벌하기 위해 조가朝歌로 이사해 머물렀으며, 주紂왕(제신)도 동쪽과 남쪽의 이민족 정벌을 위해 계속해서 조가朝歌에 머물렀다. 하지만 상나라 수도를 전적으로 '은허'라고 부른다면 이는 안양의 소둔촌 일대 지역을 지칭할 수밖에 없다. 왜냐하면 주나라 무왕이 상나라를 멸망시킨 후 조가는 훼멸되지 않았기 때문이다. 이곳은 위衛나라의 수도가 된 이후 약 4백 년간 지속되었으며, 춘추 초기 위衛 의공懿公 9년(B.C. 660) "12월, 적狄이 위衛나라를 침입하면서"[22)] 이곳은 적적赤狄의 차지가 되었다. 제齊나라 환공桓公이 초구성楚丘城(지금의 하남성 골현滑縣 동쪽)을 축조하여 위衛를 회복시킨 후 조가朝歌는 비로소 적적赤狄의 거읍居邑이 되었고 이후 다시 진晉나라에 귀속되었다가 전국시대 때에는 위魏나라에 귀속되었다. 이것은 조가朝歌가 결코 폐기되어 '폐허'가 되지 않았음을 보여준다. 그 때문에 춘추 이후로 '은허'라고 하면 이는 오늘날 원수洹水 가의 상나라 후반기 왕도의 옛 유적지였던 소둔촌을 지칭한다고 해야 할 것이다.

오늘날 안양 부근 지역을 상나라 때에는 북몽北蒙이라 불렀고, 반경盤庚 때에는 그곳으로 옮겨가 은殷이라 불렀다. 서주 초에는 위衛나라에 귀속되었고, 전국 후기에 이르러서야 위魏나라의 땅이 되었다. 진秦 소양왕昭襄王 50년(B.C. 257), 진秦나라는 "녕신중寧新中을 함락시키고 녕신중寧新中을 안양安陽이라 불렀다."[23)] 이때부터 '은허'의 정확한 지리적 위치는 점

21) 郭沫若,「後記」,『卜辭通纂』, 科學出版社, 1983.
22)『春秋』「閔公二年」.
23)『史記』「秦本紀」.

차 안양과 연계되기 시작했다. 『사기』 「항우본기項羽本紀」에는 항우가 장한章邯과 약속을 하였는데, "항우가 원수洹水의 남쪽 은허殷墟에서 그를 기다렸다"는 기록이 나온다. 『수경水經』 「원수주洹水注」에서도 "원수는 업鄴의 동쪽에서부터 안양현의 옛 성 북쪽을 지나 흐른다"고 했다. 『괄지지括地志』에서도 이렇게 설명했다.

> 상주相州의 안양은 본래 반경 임금 때 도읍을 한 곳으로, 바로 북몽北蒙의 은허殷墟이며, 남쪽의 조가성朝歌城으로부터 146리 떨어져 있다. 『죽서기년』에서 "반경 임금이 엄奄으로부터 북몽北蒙으로 천도하고 이곳을 은허라 불렀는데, 남쪽으로 업鄴으로부터 40리 떨어져 있다"고 했다. 이것은 옛날 수도를 말한다. 성의 서남쪽 20리에 원수洹水가 있고 남쪽 강가 3리 되는 지점에 안양성安陽城이 있으며, 서쪽에는 은허殷墟라 불리는 성이 있는데 소위 북몽北蒙을 말한다.[24]

은허에서 출토된 상나라의 유물이 그간 얼마나 훼손되었는지는 알 수 없으며 단지 그중 일부분만이 전해져 내려온다. 청나라 말 발견된 갑골문은 지금까지 '은허'에서만 총 10만 편 정도가 발견되었다. 그리고 약 3백 년 동안 그곳은 수도 역할을 하면서 거기서 매일 제사를 지내고 일마다 점을 쳤을 것이다. 하지만 현재 출토된 은나라 갑골문은 극히 부분적인 것에 불과할 뿐이다.

중국은 자고 이래로 "농업으로 나라를 세웠다." 중국의 역사에서 봉건사회로 진입한 이후 농촌경제는 각 왕조의 변화를 따라 각기 다른 정도의 발전을 이루었다. 하지만 인구의 절대다수를 차지하는 농민의 경우, 농경을 벗어난 자를 제외하면 모두가 모택동이 지적했던 그대로였다.

> 중국의 역대 농민들은 바로 이러한 봉건경제의 수탈과 봉건적인 정치의 압박

24) 『史記』 「殷本紀」, 『正義』에서 인용.

하에서 빈궁하기 그지없는 노예 생활을 영위했다.25)

청나라 말, 소둔촌 일대의 농민도 다른 지역의 농민과 마찬가지로 빈곤의 선상에서 몸부림치고 있었다. 그들은 밭을 갈고 우물을 파며 수로를 뚫고 흙을 가져와 집을 짓는 과정에서 종종 고대의 유물을 발견할 수 있었다. 하지만 그들은 무식했고 고대기물에 대한 지식도 없었기에 종종 진귀한 청동기를 '폐기된 기물'이나 '폐기된 청동' 정도로만 알았다. 유명한 '사모무방정司母戊方鼎'도 발굴된 이후 한 때는 말을 먹이는 구유로 사용되었다. 비록 소량의 청동기가 내다 팔리긴 했지만 훼손되고 버려진 것도 분명 적지 않았을 것이다. 갑골도 자주 파헤쳐지고 큰 조각은 '용골龍骨'로 내다팔렸지만 작은 조각들은 내다 버리거나 다시 묻어버렸다.26)

갑골문이 상나라 때의 문자임이 밝혀진 후 골동상들은 이것이 국보임을 알고서는 독점하고 농단하고자 구매자들을 속여 거짓으로 하남성 탕음湯陰에서 출토되었다고 했다. "당시의 유악劉鶚과 나진옥羅振玉, 일본인이었던 임태보林泰輔과 부강겸장富岡謙藏, 미국인이었던 찰펀트方法斂 등과 같은 이들도 모두 속은 경험이 있다."27)

나진옥은 광서光緖 27년(1901) 유악의 집에서 갑골문 탁본을 본 이후,28) "진실로 이는 장창 · 두림 · 양웅 · 허신 등 한나라 이후 문자학자들도 볼 수 없었던 자료"29)라고 놀라워했다. 이 이후로 그는 여러 해 동안의 탐문 끝에 광서 34년(1908)에야 비로소 골동상이었던 범유경范維卿의 입으로부터 갑골의 진짜 출토 지가 바로 안양의 소둔촌임을 알아냈다.30) 이듬

25) 「中國革命和中國共産黨」, 『毛澤東選集』 第2卷.

26) 董作賓, 『甲骨學六十年』, 藝文印書館, 1965, 第2章 第2節 참조.

27) 胡厚宣, 『五十年甲骨文發現的總結』, 商務印書館, 1951, 第4節.

28) 이 연보는 羅繼祖가 편집하고 羅昌霖이 보충하고 교정한 『羅振玉 年譜』(行素堂 발행, 1986)에 근거했다. 羅琨 · 張永山, 『羅振玉評傳』, 百花洲文藝出版社, 1996.

29) 羅振玉, 「自序」, 『殷虛書契』, 1911.

30) 羅振玉, 「序」, 『殷虛古器物圖錄』, 1916.

해 친구인 축계선祝繼先과 추량신秋良臣을 소둔촌으로 보내 갑골을 수매하게 하였으며, 그 후 처제인 범항창范恒昌도 그곳으로 갔고, 그의 동생 나진상羅振常도 자진해서 그곳을 찾았다. 나진상羅振常의 실지 조사는 이후 『원락방고유기洹洛訪古游記』라는 책으로 만들어졌는데, 당시의 정황을 이렇게 기술하고 있다.

> 이곳에 매장되어 있던 귀골龜骨은 30여 년 전에 이미 발견되었으며, 지금이 그 시작은 아니다. 몇 년 전 어떤 사람이 밭에서 쟁기질을 하는데 갑자기 뼛조각이 흙에 섞여 뒤집혀졌다. 살펴보니 획 같은 것이 새겨져 있었으며, 은색殷色으로 된 것(즉 붉게 덧칠한 것)도 있었지만 그것이 무엇인지는 알 수 없었다. 중국의 북방에서는 땅 속에 매장물이 많아 밭 갈기를 할 때면 대단히 희귀한 물건이 발견되기도 한다. 그 즉시 그곳을 파헤쳐 보면 종종 청동기나 옛날 돈이나 거울 등이 나와 좋은 값을 받을 수 있곤 했다. 하지만 뼈가 나온 것은 특이한 경우였으므로, 더 깊이 파보자 더 많은 수량을 얻을 수 있었다. 이들을 고이 간수해 두었지만 아무도 물어 오는 자가 없었다. 특히 대단히 큰 크기의 갑골의 경우, 근대에는 이러한 동물이 없었기 때문에 그곳 사람들은 용골龍骨이라 여기고서는 약방에다 내다 팔았다. 한약에는 용골龍骨이나 용치龍齒라는 재료가 있지만 지금은 용이 존재하지 않았으므로 사람 뼈든 동물 뼈든 오래된 뼈로 이를 충당해 왔다. 게다가 오래된 뼈는 가루로 만들면 베이거나 찔린 상처에 효험이 있었다. 그 때문에 약방에서 이를 사들였으며 그 값은 한 근斤에 겨우 몇 전 정도였다. 뼈 중에서 단단한 것은 또 어떤 것을 새기는 데 사용되기도 했다. 그곳 농민들은 농한기가 되면 땅을 파헤쳐 많은 뼈를 찾아냈고 그중 큰 것을 골라서 내다 팔았다. 사 들이는 사람들이 글자가 새겨진 것은 받지 않았기 때문에 끌로 글자를 깎아내고 팔았다. 크기가 작거나 글자를 깎아 내기 힘든 것은 모두 우물을 메우는 데 사용했다.[31]

---

31) 羅振常, 『洹洛訪古游記』 河南人民出版社, 1987, 宣統3年 2月 20日條.

이 조사 기록은 '은허' 갑골문이 갑골문으로 인식되기 전에 많이 파괴되었음을 보여주는 실제 기록이기도 하다.

안양은 금金나라 명창明昌 3년(1192) 상주相州로 승격되었으며, 창덕부彰德府에 귀속되었다. 창덕부의 관할 지역은 오늘날 하남성의 안양·탕음湯陰·학벽鶴壁·임주林州와 하북성의 임장臨漳 등이었다. 원나라 지원至元 2년(1265)에는 창덕로彰德路로 이름이 바뀌었고, 명나라 홍무洪武 원년(1368)에는 다시 부府로 회복되었으며, 관할 지역도 확대되어 지금의 하북성 무안武安·섭현涉縣·자현磁縣도 포함되었다. 창덕부彰德府에서 관할하던 이러한 지역은 선진先秦 때부터 모두 이름 있는 고읍古邑이었다. 예컨대 임장臨漳은 옛날 업성鄴城이었고, 자현磁縣은 옛날 자주磁州이고, 무안武安은 진秦나라 장군 무안군武安君 백기白起의 식읍食邑이었으며, 섭현涉縣은 조趙나라 때의 사읍沙邑이었으며, 탕음湯陰은 유리羑里였으며, 임주林州는 옛날 융려현隆慮縣이었으며, 학벽鶴壁은 조趙나라의 중모中牟였다. 이러한 지역의 땅 속에 옛날 유물이 적지 않았을 것이다. 그래서 북송 이후로 종종 고대 기물이 출토되었으며, 청나라 말 창덕부彰德府는 골동상의 집합지가 되기도 했다. 골동상들은 소둔촌 일대 농민들의 무지함을 이용해 저가로 고대 기물을 사들였으며 이를 북경·천진·상해 등 대도시에 고가로 내다 팔았다.

청나라 말 광서 연간에 소둔의 촌민들이 갑골을 대량으로 발견하였으며, 이를 부인병과 허약 병을 치료하는 한약재인 '용골龍骨'로 내다 팔거나, 안양에서 매년 봄가을 두 번 열리는 묘회廟會에서 외상을 치료하는 '도첨약刀尖藥'으로 팔기도 했다. 나진상羅振常의 「원락방고유기洹洛訪古游記」에 의하면, "사 들이는 사람들이 글자가 새겨진 것은 받지 않았기 때문에 끌로 글자를 깎아내고 팔았다. 크기가 작거나 글자를 깎아 내기 힘든 것은 모두 우물을 메우는 데 사용했다"고 했다. 이로 보건대 갑골문이 아직 밝혀지기 이전 몇 십 년 동안 또 대량의 갑골문이 훼손되었음을 알 수 있다. 왕우신王宇信은 호후선胡厚宣의 연구에 근거하여 갑골문의 출토를 발견으로부터 문자자료로 사용되기까지 '8개 시기'로 나누었다.[32] 그중 '매장시기'·'파괴시기'·'약재시기'에 대해 분석한 후 이렇게 말했다. "소위 '파괴시기'는 전국戰國·진한秦漢 때부터 청나라 말까지 약 1600~1700년 동안이나 계속되었다."[33]

2. 1899년 은허 갑골문의 발견과 갑골문의 개인 발굴

1) 갑골문 발견에 관한 논쟁

역사발전의 규칙은 언제나 인간의 의식을 지배한다. 그래서 예언가라 하더라도 어떤 특정한 시기에 대해서 규칙에 맞는 예측만 할 수 있을 뿐, 역사발전의 규칙을 위배한 채 발전 과정 속의 어떤 구체적 사물을 예측하게 되면 종종 바라던 것과 상반된 모습으로 나타나기도 한다. 상주商周 때의 갑골문은 땅속에 묻힌 이후 3천 년의 역사 동안 사람들에게 발견되지 않았다. 서한 선제宣帝 때 미양美陽에서 출토된 청동 정鼎의 명문이 장창張敞에 의해 해독되긴 했지만 선제宣帝 유순劉詢을 포함한 대다수의 관심을 이끌어 내지 못했다. 동한 때의 허신許愼도 『설문해자』「서」에서 "여러 나라에서도 종종 산과 들에서 청동 정鼎이나 제기를 얻었는데, 그 명문은 이전의 고문이었다"고 하며 『설문』에 금문을 수록했으나 더 많은 사람의 주목을 끌어 하나의 학과를 이루어내진 못했다. 동한 말부터 북송 초에 이르러 금석학이 발생할 때까지 약 8백여 년의 세월이 흐르고서야 비로소 '이전의 고문'의 중요성을 인식하기 시작했으며, 이

32) 胡厚宣, 「序」, 『五十年甲骨論著目』, 中華書局, 1952.
33) 王宇信, 『甲骨學通論』, 中國社會科學出版社, 1989, 第4章 第1節.

를 하나의 고문자로서 연구하기 시작했다. 이 때문에 이전에 은허나 다른 지역에서 상·주 때의 문자가 새겨진 갑골이 출토되었다 하더라도 썩은 뼈나 '용골'로 볼 수밖에 없었을 것이다. 당시는 역사발전의 조건에 한계가 있었기 때문에 아직 그것의 의미를 분별해 낼 수 없었던 것이다.

'고동古董'을 옛날 책에서는 '골동骨董'이라고 썼는데, 원래는 잡다한 기물을 지칭하는 개념이었으나 이후 보석을 판매하는 전문 직업을 뜻하게 되었다.[34] 금석학이 발전함에 따라 고대기물을 판매하는 전문적인 상인을 지칭하게 되었고, 근대에 들어서는 이들을 "골동상商"이라 부르게 되었다. 청나라 말의 북경·상해·광주·천진 등과 같은 대도시에는 골동상들이 운집했다. 골동상들의 행적은 비밀스러웠고, 각지의 농촌을 드나들면서 농민들이 몇몇 고대유적지나 옛날 무덤에서 파낸(혹은 도굴한) 갖가지 기물을 저가에 매입한 후 이를 대도시로 옮겨와 골동 상점이나 골동 소장가에게 팔았다.

골동상은 고대 기물들을 저가에 매입하여 고가에 팔아 폭리를 취했으며, 농민을 착취하고 문물을 훼손시켰으며 심지어는 위조품을 만들어 소장가를 속이기도 했다. 그 때문에 골동상에 대한 일반인의 인상은 그다지 좋지 않았다. 골동상들 중에도 "본래 가치에 근거해 이익을 추구하며" 위조품을 만들지 않는 사람도 있었지만 그런 경우는 별로 많지 않았다. 산동성의 유현濰縣(지금의 유방시濰坊市)은 근대의 골동상이 대거 배출된 지역이다. 유현濰縣의 많은 골동상 중 대대로 가업을 이은 자가 많았는데, 그것은 골동을 팔면 큰 부자가 될 수 있었기 때문이다. 그들은 가짜를 만들기도 하고 팔기도 하여 문물을 훼손시키기도 했다. 하지만 그들은 문물에 관한 풍부한 지식을 갖고 있어 진위를 분별할 수도 있었다. 특히 그들은 정보가 정확해서 산동·하북·하남 등지의 농촌에 출몰하면서 어떤 곳에서 어떤 기물이 자주 출토되며 어떻게 사들여야 하는지

34) (南宋) 吳自牧, 『夢粱錄』 十三 「團行」.

도 잘 알고 있었다. 지금 세상에 전해지고 있는 많은 고대 기물과 농민들이 몰래 도굴한 각종 문물은 바로 그들의 손에 의해 문물상점이나 소장가에게 전해졌으며, 그 때문에 많은 유물들이 보존되어 올 수 있었다. 이러한 측면에서 보자면, 당시의 사회적 여건 아래서 그들은 문물의 보존에 적극적인 역할을 하기도 했다. 그들은 도굴꾼과는 달랐지만 농촌에서 고대 기물들을 수집했기 때문에 다른 한편 농민들로 하여금 도굴을 부추기게 되었고, 그 때문에 많은 고대 문화 유적지와 무덤들이 파헤쳐졌다. 이러한 의미에서 그들은 또 역사문화의 '죄인'이기도 했다.

청나라 광서光緖 말, '은허' 즉 지금의 하남성 안양시 소둔촌 북쪽의 농지에서 출토된 상나라 갑골문은 바로 골동상에 의해 천진·북경 등지로 팔려 나간 이후에 비로소 그것이 은나라 때의 유물이자 유문遺文임이 밝혀지게 되었다. 그렇지 않았더라면 북경의 왕의영과 유악이든 천진의 왕양王襄과 맹정생孟定生이든 그 누구도 3천여 년 동안 땅속에서 잠들어 있던 갑골문을 볼 수 없었을 것이다. 앞 절에서 언급했던 것처럼, 청나라 광서 말년 소둔촌 일대의 농민들은 곤궁한 생활로 농한기를 이용해 종종 '용골'을 파내 내다 팔고 있었다. 당시의 농민들은 무식했고 역사지식도 결핍되어 '글자가 새겨진' '용골'이 고대의 유물임을 알아 낼 수가 없었다. 하지만 골동상의 고대기물에 대한 지식은 당연히 농민들보다 훨씬 나았다. 바로 이러한 이유로 그들은 고대기물과 '획이 새겨진' 갑골을 북경이나 천진으로 가져갈 수 있었다. 하지만 유현濰縣의 골동상이었던 범유경范維卿(수헌壽軒)과 조집재趙執齋 등이 '하남의 탕음'이 갑골의 출토 지라고 거짓말을 하는 바람에 최초의 갑골문 저록인 『철운장귀鐵雲藏龜』의 저자인 유악(자는 철운鐵雲)조차도 속아 넘어가고 말았던 것이다. 유악은 『철운장귀』「자서自序」에서 이렇게 말했다. "귀판龜板은 을해己亥년 하남 탕음현에 속해 있는 옛날 유리성牖里城에서 출토되었다." 그럼에도 상나라 때의 갑골문이 세상에 다시 모습을 드러낼 수 있었던 것은 분명 유현의 골동상들의 공로라고 해야 할 것이다. 이렇게 그들을 평가해야만 공평하다 할 것이다.

은허 갑골문이 상나라 때의 유문임이 밝혀진 뒤 얼마 지나지 않았기에 갑골문의 최초 발견자는 1903년 출판된 『철운장귀』의 유악과 나진옥의 「서문」에 근거해 볼 때 북경의 왕의영이며 왕의영이 1899년(기해년) 갑골문을 발견했다는 설에 대해서 학술계에서는 한동안 다른 이견이 없었다.

그것은 민국 17년(1928) 10월, 은허에 대한 정식 발굴이 이루어지기 전까지 갑골학 연구가 아직 초기 단계에 놓여있어 하나의 독립된 학과를 형성하지 못했기 때문이다. 게다가 당시는 갑골문 연구자의 숫자도 많지 않았기 때문에 갑골문의 최초 발견자를 비롯해 그 발견 시점에 관한 문제는 학술계에서 논쟁을 일으키지 못하였거나 홀대 당했다고도 할 수 있을 것이다. 은허의 발굴은 이미 중국 현장 고고학이 정식으로 탄생했음을 나타낼 뿐 아니라 갑골학이 정식으로 형성되었음을 보여준다. 갑골학 일백 년 발전사로 볼 때, 여전히 민국 17년(1928) 10월 은허에 대한 발굴로부터 중화인민공화국이 성립된 1949년 10월까지를 하나의 발전단계로 묶을 수 있다. 그것은 다음과 같은 이유 때문이다.

> 이 단계는 갑골학이 형성된 시기이다. 그래서 갑골학에 관련된 연표와 도서목록 등도 출판되었는데, 동작빈의 『갑골 연표甲骨年表』(1930년, 1937년 호후선과 합편하여 재출판), 용원容媛의 『갑골 유목甲骨類目』(1930), 진진동陳振東의 『은계 서록殷契書錄』(1930), 동작빈의 『갑골문 논저목록甲骨文論著目錄』(1932), 소자풍邵子鳳의 『갑골서록 해제甲骨書錄解題』(1935), 호후선의 『갑골학 유목甲骨學類目』(1945) 등이 있다.35)

그 때문에 "갑골학이 체계를 갖춘 학과로 변한 것도 이때의 일이

---

35) 孟世凱, 『殷墟甲骨文簡述』, 文物出版社, 1980, 54면.

다."[36] 하나의 학과가 되려면 당연히 그 원류가 있어야 한다. 따라서 그 발견 시점과 발견자에 대해서도 다른 의견이 제시되기 시작했다.

과거의 몇몇 갑골학 관련 논저에서는, 갑골문의 최초 발견과 이것이 상나라 때의 문자라는 것을 변별해 냈다고 할 때 일률적으로 '발견'이라는 말로 기술해 왔다. 하지만 엄격하게 말하자면 갑골문의 '발견'과 상나라 때의 문자로 '인식해 낸 것'은 두 가지의 다른 개념이다. 진몽가陳夢家는 1956년 『은허복사 종술殷虛卜辭綜述』에서 이렇게 말했다.

> 소둔촌의 부지런한 농민들에 의해 경작 과정에서 글자가 새겨진 갑골을 우연히 발견하고서부터 갑골에 대한 초보적인 감정과 수집이 이루어졌으며, 정확한 출토 지점과 갑골자료를 최초로 편집한 두 권의 책이 인쇄되었다. 그렇게 되자 갑골 연구의 가장 기본적인 조건이 비로소 갖추어지게 되었다.[37]

진몽가는 갑골문의 발견자는 응당 '소둔촌의 부지런한 농민들'이어야 하며, 여기에다 학자들에 의해 '갑골에 대한 감정과 수집'이 초보적으로 이루어졌다고 했다. 하지만 그는 광서 24년(1898)과 25년(1899) 두 가지 설을 열거한 후 "그래도 기해己亥(1899)설을 따른다"고 했다.[38] 즉 학자들이 갑골을 '감정하고 수집'한 1899년을 갑골문을 발견한 해로 보았던 것이다.

갑골문 발견 연대에 관한 '두 가지 설' 중의 하나는 동작빈과 호후선이 합편하여 민국 26년(1937) 발표한 『갑골 연표甲骨年表』[39]의 '기년紀年'이라는 난에 "광서 25년 기해년, 1899~1900년에 시작되다"라고 한 것에 기초하고 있다. 그런데 '기사紀事' 난의 첫째 조목에서 이렇게 말했다.

---

36) 孟世凱, 「甲骨學的發展與商代史研究」, 『全國商史學術討論會論文集』, 『殷都學刊』 增刊, 1985.2.

37) 陳夢家, 『殷虛卜辭綜述』 第一章 「總論」, 科學出版社, 1956 참조.

38) 陳夢家, 『殷虛卜辭綜述』 第一章 「總論」, 科學出版社, 1956.

39) 이 『年表』는 董作賓이 민국 19년(1930)에 발표한 『甲骨年表』의 增修本이다.

먼저, 멀리 이 해 이전에 하남성 안양현 소둔촌의 북쪽지역 원하洹河 주변의 농지에서 갑골이 자주 발견되었다. 소둔촌 사람들은 이것이 약재인 줄 알고 주워 모았으며 약방에다 내다 팔았는데, 용골龍骨이라 불렀다.

둘째 조목에서는 이렇게 말했다.

이 해 단도丹徒의 유악劉鶚 철운鐵雲이 북경에 놀러 갔다가 복산福山 왕의영王懿榮 정유正儒의 집에 머물렀다. 정유正儒가 병을 앓았는데, 귀판龜版을 사용한 약을 복용했다. 약은 채소시장 입구의 달인당達仁堂이라는 곳에서 사 왔다. 철운鐵雲이 거북딱지에 전서篆文가 새겨져 있는 것을 보고서 정유正儒에게 보여주었고, 둘은 모두 놀랐다. 정유正儒는 옛날부터 금문金文을 연구했기에 그것이 고대의 것임을 알았고, 약방으로 가 그것의 내원에 대해 물었다. 그랬더니 하남의 탕음과 안양의 주민들이 땅을 파 얻은 것이라 했다. 수레에 실어 내다 팔았기에 그 가격이 대단히 저렴했으며, 별로 쓸 데가 없어서 그것에 대해 물어보는 자도 없었고 오직 약방에서만 사 간다고 했다. 철운鐵雲이 여러 약방을 있는 대로 돌아다니면서 문자가 비교적 선명한 것을 모두 사가지고 돌아왔다(석옹汐翁의 「귀갑문龜甲文」에 근거함. 다만 원문에서는 광서 무술戊戌년의 일이라고 한 것은 잘못이기에 고쳤다.)

석옹汐翁이라는 이름은 가명이다. 「귀갑문龜甲文」은 민국 23년(1931) 북경에서 출판된 『화북일보華北日報』 「화북화간華北畵刊」 제89기에 발표되었다. 『연표』의 편자 중의 한 사람인 호후선은 일찍이 "석옹汐翁의 이 글은 여태껏 원문을 보지 못했다"40)고 했다.

또 다른 한 가지 학설은 왕양王襄과 맹정생孟定生에게 기원을 두고 있다. 민국 22년(1933), 왕양은 『하북박물원 반월간河北博物院半月刊』의 제32·

40) 1961年 3月, 1965年 8月, 1978年 6月, 孟世凱가 『甲骨文合集』의 편찬에 참여하고 『殷墟甲骨文簡述』을 찬술하는 과정에서 胡厚宣 선생께 물었다.

33기에 「수록한 정복문책에 관하여題所錄貞卜文冊」라는 글을 발표했는데, 거기서 이렇게 말했다.

> 이전에 청나라 광서 기해己亥년 하남 안양현에서 정복문貞卜文이 출토되었다. 그해 가을, 유현濰縣의 상인들이 거기로 가 이를 사들였다. (…중략…) 오직 맹정로孟定老 세숙世叔과 나만이 그것이 옛사람들이 새긴 것이라는 것을 알았으며, 먹으로 탁본을 해 본 결과 글씨체를 알아볼 수 있었다.

(다음과 같은 사실에 유의해야만 한다. 왕양은 1933년 이 글을 발표하면서 하남 안양에서 출토된 갑골문은 "이전 청나라 광서 기해己亥년"이었다고 했다.) 민국 24년(1935) 왕양은 또다시 『하북박물원 반월간河北博物院半月刊』의 제85기에 「역로원 은계탁책에 관하여題易櫓園殷契拓冊」(『보실제발簠室題跋』)라는 글을 발표했는데, 이렇게 말했다.

> 시골 농민들이 땅콩을 수확하면서 우연히 땅속에서 주웠으나 그것이 귀한 것임을 알지 못했다. 유현의 골동상 범수헌范壽軒의 무리들이 이를 보고 사들였으나 그들도 그 가치를 알지는 못했다. 범수헌이 고대 기물을 팔러 우리 집에 왔다가 그 동안 본 일을 이야기 해 주었다. 동향인 맹정생孟定生 세숙世叔이 이 이야기를 듣고 그것은 아마도 옛날의 죽간일 것이라 하고서는, 직접 찾아가 보았는데 그때가 청나라 광서 무술戊戌년 겨울 10월이었다. 이듬해 가을, 팔려고 가지고 왔는데 이름을 귀판龜版이라 하였다. 세상 사람들이 은계殷契를 알게 된 것은 이때부터 시작되었다. 큰 갑골은 한 글자에 1금金씩 주고 샀다. 맹孟씨와 나는 능력에 부쳐 더 이상 사들일 수가 없었다. 전체 갑골의 반 이상은 다른 것보다 훨씬 더 진귀했는데, 듣자니 복산福山의 왕문민공王文敏公에게 팔았다 했다.

1898년 왕양이 처음으로 갑골문을 발견했다는 설의 근거는 바로 이 글에서 말한 "동향인 맹정생孟定生 세숙世叔이 이 이야기를 듣고 그것이 아마도 옛날의 죽간일 것이라 하고서는, 직접 찾아가 보았는데 그때가 청나라 광서 무술戊戌년 겨울 10월이었다.” (또한 다음의 사실에 주의하라. 왕양이 1935년 이 글에서 말한 “세상 사람들이 은계殷契를 알게 된 것은 이때부터 시작되었다.” 즉 “광서 무술년 겨울” 1898년의 “이듬해 가을” 즉 기해년(1899)에 시작되었다고 한 부분이다.) 이상의 두 가지 내원을 제외한 몇몇 관련 기록에 대해서는 왕우신의 『갑골학 통론甲骨學通論』 제2장을 참조하면 된다. 1951년 3월 호후선의 『50년 갑골문 발견의 총결五十年甲骨文發現的總結』이 출판되었다. 그 책의 제3절에서 석옹汐翁의 「귀갑문龜甲文」에 대해 이렇게 말했다.

> 1899년, 다시 말해 청나라 광서光緒 25년에 이르러서야 산동 복산福山의 왕의영王懿榮이라는 사람이 처음으로 갑골에 새겨진 것이 바로 고대의 문자라는 것을 알게 되었다.

이 책의 제5절에서는 이렇게 기술했다. “그와 동시에 갑골을 수집했던 사람으로 왕양王襄과 맹정생孟定生이 있다. 이 일은 사람들이 잘 모르고 있다.” 학술계에서 소홀히 했던 왕양과 맹정생이 “왕의영과 동시”에 갑골문을 발견하고 소장한 공헌이 있음을 특별히 강조하고 있다. 그리고 왕양이 쓴 전문을 인용한 후 이렇게 썼다.

> 이 두 편의 글은 모두 이전의 화보에 실렸던 것으로 그다지 많이 알려지지 않았다. 그래서 특별히 전문을 초록해 두었다. 글에 의하면, 맹정생은 1898년 이것이 혹 고대의 죽간이 아닐까 의심했지만 원래의 물건을 보지 못했기 때문에 확정하지 못하고 있었다. 하지만 맹정생과 왕양 두 사람이 갑골을 수집한 것은 적어도 왕의영과 동시의 일이다. 이 점을 많은 학자들이 소홀히 하고 있다.

갑골학의 발전사에서 전반 50년 동안 왕양과 맹정생의 공적과 공헌을 소홀히 했는데, 이는 공정하지 못한 부분이다. 그래서 호후선이 옛날의 일을 다시 꺼낸 것은 대단히 과학적이며 공평한 처사라 하겠다. 1960년대 진몽가陳夢家는 『은허복사 종술』에서 호후선을 이어 왕양과 맹정생 두 사람의 공헌을 소개했다. 그러나 그 뒤로는 더 이상 공개적인 저술에서 이 문제에 대해 연구한 것을 볼 수 없었다. 그것은 당시 갑골문 연구자가 많지 않았고 갑골학사 연구자는 더욱 적었기 때문이다. 곽말약이 주편한 『갑골문 합집』은 대규모의 체계적인 프로젝트로, 호후선을 총 편집장으로 하는 편찬팀에서 그것의 구체적 작업을 담당했다. 그들은 1961년부터 역할을 분담하여 전국의 유관 기관을 찾아다니며 자료를 수집했다. 그러는 과정에서 많은 사람들이 연구에 종사하고 있음을 알게 되었다. 1966년까지만 해도 전국 각지(대만 포함)의 전문 연구자는 48명에 불과했다. 당시 『합집』의 편찬조 8명을 제외한 나머지 40명 중 일부는 교육을 담당하면서 연구를 함께 하고 있는 사람들이었다. 그 때문에 갑골학사의 여러 가지 문제점을 전면적이고 심도 있게 연구할 조건이 아직 갖추어지지 않았던 것이다.

1970년대 말, 중국사회는 이미 개혁개방 시대에 접어들었고 학술적 환경은 바야흐로 확대일로에 놓여 있었다. 국내외의 고대사·고고·고문자학계에서 주목하고 있던 『갑골문 합집』의 도판부분이 1977년 연속해서 출판되기 시작했다. 이 체계적인 프로젝트에 참여했던 연구자들도 갑골학 연구에서 발언권을 가지게 되었다.[41] 1980년대 초에 들어 갑골학과 상나라 역사를 전공한 몇몇 청년 인재들도 졸업 후 갑골학의 영역에 뛰어 들게 되었다. 통계에 의하면, 1984년까지 갑골문을 이용해 선진사와 갑골문을 연구한 중국 내의 학자만 해도 이미 80여 명(대만 포함)이나 되었다.[42] 이러한 구름 한 점 없는 화창한 날씨 속에서 갑골학 연구는 새로운 면모를 보이고 다시 분위기가 고조되었는데 이는 역사발전의

41) 孟世凱, 「甲骨豐碑鑄, 青春忽已逝」, 『人民日報』, 1997.5.21.

42) 1982年 5月 成都에서 개최된 "中國先秦史學會" 成立學會와 1984年 10月 安陽에서 개최된 "全國商史學術討論會"에서 알 수 있었다.

필연적 결과였다.

1980년 이후, 『갑골문 합집』의 출판에 발맞추고 갑골학 지식을 보급하기 위해 몇몇 보급물이 출판되었다. 그전 10년 동안 문화의 명줄을 '바꾸어' 버린 문화대혁명으로 인해 갑골학계도 타격을 입었으며 한 차례 공백으로 남게 되었다. 이러한 저작의 출판은 학술계의 급박한 필요를 만족시키고 갑골학 연구에 관심을 둔 젊은이들의 환영을 받았다. 하지만 어떤 사람들은 자신의 높은 권위를 내세워 이렇게 대중의 환영을 받고 있는 책을 '소책자'라고 낮추어 부르기도 했다. 그리고 그것들을 두고서 "갑골문의 발견을 논의한 일에 대해 어떤 것은 그다지 정확하지 않으며 전면적이지도 못하다"[43]고 질책하기도 했다. 이러한 학자들의 눈에는 이들 '소책자'가 별 것 아닌 것으로 보였을지 몰라도 이러한 '작은 돌'이 모여 커다란 파도를 일으키듯 갑골문의 발견 연대 및 발견자에 대한 격렬한 토론을 벌이게 만들었다.

1980년대 초에 시작된, 은허 갑골문이 언제 누구에 의해 발견되었느냐에 관한 논의는 아직까지도 끊이지 않고 이어지고 있다. 종합적으로 볼 때 주요한 것은 대체로 '두 가지 설'이다. 즉 광서 25년 기해년(1899) 북경의 왕의영이 처음으로 갑골상에 새겨진 문자가 은나라 때의 문자임을 알아내었다는 것이 하나이며, 광서 24년 무술년(1898) 천진의 왕양과 맹정생이 갑골문을 알아내었다는 설이 다른 하나이다. 그리고 또 다른 한 가지는 석옹汐翁의 「귀갑문」에 근거해 왕의영과 유악이 함께 알아내었다는 것이다. 1980년대 말 이전의 '두 가지 설'에 대한 토론은 왕우신의 『갑골학 통론』의 제3장을 참고하면 될 것이다. 1986년 세모에 천진에서 거행된 '왕양 탄신 110주년 기념학회'에는 북경과 천진 지역의 학자들이 참가했다. 그 후 얼마 지나지 않아 왕양과 맹정생이 1898년 처음으로 은허 갑골문을 변별해 내었다는 설이 지속적으로 발표되었다.[44] 1990

43) 齊治源, 「胸掩萬卷, 筆底生花一憶先師王襄師一二事」, 『今晚報』, 1987.1.10.

44) 王巨儒, 「從晚清擧人到共産黨員」, 『天津日報』, 1987.1.14; 「首先識得甲骨文的學者」, 『人

년대에 들어 '두 가지 설'에 대한 논의가 다시 신문지상에 발표되었다.45)

중국 역사상 많은 문제들이 당시의 문자기록이나 실물 증거가 없을 경우 '해결하기 어려운 병'으로 남는 경우가 적지 않기 때문에 이를 연구하고 증거를 구하는 것 또한 역사 연구에서 빼놓을 수 없는 작업이 되었다. 은허 갑골문의 출토는 『사기』 「은본기」에서 제시된 세계世系의 신빙성을 증명했고 태사공太史公의 오류를 바로잡아주었다. 은허 갑골문은 상 왕조의 문자이지 결코 후인들의 입과 귀로 전해지는 기록이 아니다. '바다처럼 많은' 중국의 고대 문헌 중에서 어떤 경우에는 동일 사안에 대한 후인들의 기록이 사람마다 달라 분란이 일어나기도 하는데, 이러한 모습은 언제나 가능한 일이다. 은허 갑골문의 발견과 변별과 감정은 지금까지 백 년이 되었기 때문에 '두 가지 설'의 논쟁이 일어난 것도 이상할 것이 없다. '두 가지 설'을 견지하는 것이 정상적이긴 하겠지만 어느 것이 더 사실에 부합되는지는 자료에 근거해야만 한다. 특히 초기 학자들의 기록 자료에 근거해야 할 것이며, 어떤 회고담이나 '유고遺稿'에 근거해서는 아니 될 것이다. 왕의영의 설을 따르는 학자들이 근거로 삼은 것은 1899년 후의 기록, 즉 유악이 청나라 광서 29년(1903)에 최초의 갑골문 저록인 『철운장귀』(이 책은 갑골문의 발견과 겨우 4년밖에 떨어져 있지 않다)이다. 이 책의 「자서」에서 이렇게 말했다. "거북딱지는 기해년 하남성 탕음현湯陰縣에 속한 유리성牖里城에서 발견되었다. 경자년 범范씨 성을 가진 손님이 백여 편을 갖고 북경으로 왔다. 복산福山의 왕문민공王文敏公 의영懿榮이 이를 보고 기뻐하여 후한 값을 치루고 남겨 놓았다." 이밖에 나진옥이 쓴 이 책의 「서문」에서도 "광서 기해년에 이르러 고대의 거북

民日報』(海外版), 1987.1.25.

45) 王維剛, 「甲骨發現第一人－王襄」; 王翁如, 「王襄老人與甲骨」, 모두 『天津日報』 1991年 9月23日자에 실림. 英夫, 「甲骨之發現舊說之疑」, 『中國文物報』, 1996.12.27; 邢杰, 「甲骨鴻儒王倫閣」, 『中國文物報』, 1997.1.24. 이상은 王襄이 "발견"했다는 설이다. 徐義華, 「也談甲骨文發現的舊說」, 『中國文物報』, 1997.3.16. 이는 王懿榮이 "발견"했다는 설이다.

뼈가 출토되었다"고 했다. 물론 다른 사람이 쓴 회고와 조사기록 등도 있다. 그중에는 왕양이 1925년 출판한 『보실은계징문』「서」도 포함되는데, 거기서는 이렇게 말했다. "광서 기해년부터 민국 원년까지 이 14년간은 출토 갑골을 많이 얻을 수 있었다." 동작빈과 호후선 두 사람이 함께 쓴 『갑골 연표』도 이에 포함된다.46) 왕양과 맹정생 설을 따르는 학자들의 근거는 앞서 말한 왕양이 1933년과 1935년 발표한 「수록한 정복문책에 대하여題所錄貞卜文冊」와 「역로원 은계탁책에 대하여題易櫓園殷契拓冊」라는 논문이다. 물론 이외에도 왕양의 후인들이 쓴 회고록 등이 있다.47) 비록 '두 가지 설'이 각기 그 근거를 갖고 있지만 갑골의 초기 수집가의 기록이 명약관화한 것이기에 후인들이 이를 말살하려는 것은 무익하다 생각된다. 이밖에 당사자들의 당시 기록이 결국엔 후대의 '회고'보다는 정확할 것일진대 후인들이 발휘한 '정확성' 그 자체에 회의를 할 만한 가치가 반드시 있단 말인가?

갑골학 연구에서 이러한 의견 차이는 정상적인 것이다. 단지 연구자들이 이 학문 자체의 외재적 목적에 끌리지 않고 정상적인 평상심만 유지한다면 이러한 문제는 어렵지 않게 해결될 것이다. 분명한 것은 갑골 발견의 시점은 하나일 수밖에 없다는 것이다. 그리고 왕양 본인도 1925년·1933년·1935년 갑골문은 "광서 기해년"(1899)에 발견되었다고 말했다. 그렇다면 수십 년이 지난 뒤의 후인들이 억지로 1898년 왕양이 갑골문을 발견했다고 주장하는 것은 설마 후인들의 기록이 왕양 자신의 그때 기록보다 더 정확하다고 주장하려는 것은 아니지 않겠는가?

46) 王宇信, 『甲骨學通論』, 中國社會科學出扳社, 1989, 第2章.

47) 앞의 주석에서 보이는 王維剛과 王翁如의 글이 그렇다.

2) 개인의 마구잡이식 발굴

은허에서 출토된 글자가 새겨진 갑골이 상나라 때의 유문임이 밝혀진 후 왕의영은 청나라 광서 25년(1899) 골동상으로부터 이를 고가에 매입하기 시작했다. 이 일은 골동상의 주목을 받았으며 많은 이득을 챙길 수 있는 이 일은 그들에게 뜻밖의 행운이었다. 그래서 이 몇 년 사이에 산동 유현濰縣의 골동상 외에도 산동의 범조경范兆慶과 진陳씨 상인(이름은 알려지지 않음. 일반적으로 진씨 상인陳氏估人이라 불림), 북경의 축계선祝繼先, 상해의 김송경金宋卿과 하남성 개봉 등지의 골동상도 갑골문의 판매에 뛰어 들었다. 그들은 지속적으로 안양의 소둔촌에 출몰하면서 촌민들로 하여금 갑골문을 파헤치도록 부추겼다. 호후선의 통계에 의하면, 왕의영이 광서 25년(1899)과 광서 26년(1900)에 범유경과 조집재 등 유현의 두 골동상으로부터 적잖은 갑골문을 사들였으며 "왕의영이 사들인 갑골편만 해도 모두 약 천4~5백 편 정도였다." 또 "이와 동시에 갑골을 사들인 사람으로 왕양과 맹정생이 있었다. 이 일은 그간 잘 알려지지 않았던 내용으로 (…중략…) 맹정생과 왕양 두 사람이 처음에 사들인 양은 대략 5~6백 편 정도 되었다."[48] 왕의영은 광서 21년(1895) 국자감國子監 좨주祭酒가 되었다. 그리고 26년(1900) 5월 경사단련대신京師團練大臣으로 임명되었으며, 7월에는 8국 연합군이 북경을 침공하자 병력을 이끌고 동편문東便門에서 격렬히 싸웠으나 실패하였고 우물에 몸을 던져 순국하였다. 이상의 사실로부터 왕의영이 죽기 전까지 사들였던 1천 편 이상의 갑골문과 왕양 등 몇몇 사람들이 사들인 숫자를 합하면 이미 4~5천 편은 된다.[49] 그 이전 만약 골동상들이 개인으로 하여금 발굴하도록 부추기고 그 발굴된 문물을 서로 다투어 사들이지 않았더라면 1년 남짓한 기간 내에 수천 편에 달하는 글자가 새겨진 갑골을 사들일 수는 없었을 것이다. 이것

---

48) 胡厚宣, 『五十年甲骨文發現的總結』, 商務印書隋, 1951, 第5節.

49) 董作賓・胡厚宣, 『甲骨年表』 清 光緒 25年, 己亥, 第1899~1900條, 商務印書館, 1937.

이 왕의영이 자극받아 고가에 갑골을 사들였던 이유이다. 처음에 왕의영은 "갑골 1편에 은전 2냥"[50]의 가격으로 사들였지만 뒤에 가서는 글자 수에 따라 가격을 계산했으며, "글자 당 2냥 5전"씩 계산했으니 가격이 얼마나 올랐는지를 알 수 있다.

소둔촌의 주민들이 밭을 갈거나 흙을 파내다가 간혹 '용골'을 발견하였던 것으로부터 글자가 새겨진 갑골을 의식적으로 발굴하기까지 비교적 오랜 과정을 거치긴 했지만 그래도 많은 양의 갑골이 여전히 지하에 매장되어 있었다. 광서 25년(1899)을 전후로 해 촌민들은 더 많은 이득을 챙기기 위해 대규모 발굴을 시작했다. 그리하여 은허의 이러한 지하보고는 더 큰 손상을 입게 되었다. 나진상은 『원락방고유기洹洛訪古游記』에서 이렇게 기술하고 있다.

> 거북딱지가 출토된 곳은 마을 뒤편의 밭 가운데였다. 두 지역이었는데, 한 곳은 옛날에 이미 파헤쳐진 곳이었다. 마을 북쪽의 동편으로 2~3백 보 되는 곳에 있으며 30여 년 전에 이미 파헤쳐져 지금은 뼈가 남아 있지 않았다. 다른 한 곳은 새로 발굴된 곳으로, 역시 북쪽으로 수백 보 되는 지점에 있었다. 그곳은 10여 년 전에 발굴되기 시작했는데 아직 뼈가 남아 있었다. 그곳 사람들은 구덩이를 파내 그 속에 들어 있는 뼈를 골라내고는 다시 평평하게 묻어버렸다. 지금 옛날 발굴한 곳에 두 개의 구덩이가 남아 있었는데 아직 메우지 않은 상태였다. 구덩이는 길이가 각각 약 7~8척, 넓이가 4~5척, 깊이가 2~3척 정도 되었으며 장방형이었다. 새로 발굴한 곳에도 구덩이가 하나 남아 있었는데 막 발굴 중이었다. 그곳은 밭주인이 사람을 고용해서 발굴하고 있었으며 이미 7~8일 정도 되었으나 아직 뼈를 찾지 못했다고 했다. 마을 뒤의 북쪽으로 원수洹水까지는 2리 정도 된다. 동쪽으로 원수洹水까지는 겨우 몇 백 보밖에 되지 않아 북쪽의 3분의 1쯤 되는 지점이다. 마을 뒤쪽으로부터 꾸불꾸불 북쪽으로 가면 중간은

50) 王宇信, 『甲骨學通論』 中國社會科學出扳社, 1989, 第2章.

평지보다 2~3척 정도 높은 고지대인데 거기서 거북딱지가 많이 나왔다. 강가에 가까이 다다르면 점점 낮아지고 깎인 지형이 나오는데 거기가 갑골이 가장 많이 출토된 곳이며 그 면적은 약 30무畝 정도 된다고 했다. 마을의 입구에도 아직 메워지지 않은 구덩이가 하나 있는데, 앞의 구덩이보다 크고 깊이는 3~4척 정도 되었다. 그 구덩이에서도 이전에 뼈가 나왔는데, 발굴 때 흙덩이가 무너져 내려 발굴을 하던 한韓씨의 허리가 깔리는 바람에 작업을 중단했다고 한다. 이로 볼 때 뼈의 출토 지가 마을의 뒤쪽에 한정되어 있는 것은 아니며 마을 가운데에도 있었다는 것을 알 수 있다. 다만 그 위에 집들이 있어 발굴에 불편했기 때문일 뿐이다.

이것은 '선통 3년(1911) 2월 21일 조항'에서 기록한 실지 조사기록이다. "마을 북쪽에서 동편으로 2~3백 보 되는 곳인데 30여 년 전에 발굴되었다"는 것은 광서 초기 소둔의 촌민들은 마을의 북쪽에서 '용골'을 파내기 시작했다는 말이다. "또 거기서 북쪽으로 수백 보 되는 지점에 있었는데, 10여 년 전에 발굴되기 시작했으나 아직 뼈가 남아 있었다"고 했으니 1899년 이전에도 여전히 발굴되고 있었다는 말이다. 나진상이 소둔촌으로 가 조사를 했을 때는 이미 선통 3년(1911) 2월 중순의 일이었다.[51] 골동상들이 땅을 차지하고 수매하기 시작하면서 개인들의 마구잡이 발굴도 더욱 빈번해졌으며, 세상에 모습을 드러낸 글자가 새겨진 갑골도 날로 늘어갔다. 「원락방고유기」에서도 촌민들이 갑골을 내다 파는 모습을 잘 묘사하고 있다.

그곳 사람들이 뼈를 내다 팔았지만 대량으로 판매하는 경우는 극히 드물었다. 마을과 관련된 수십 집에서 사람들은 각기 각자가 파낸 것을 내다 팔았다. 심지어는 한 집의 형제자매라도 서로 빌려주지 않았으며 자신이 가진 뼈를 독자적

51) 羅琨・張永山, 『羅振玉評傳』, 百花洲文藝出版社, 1996, 제6장 제3절.

으로 팔았다. 그 때문에 그곳에 가려면 반드시 여러 사람 혹은 열 몇 명이 함께 가야 했다. 광주리가 늘어서 있고 가격을 따지는 소리가 시끌벅적 하였다. 간혹 이루어지는 대규모의 판매는 여러 사람이 함께 파 낸 것으로 거기서 얻은 뼈는 한 집에 보관하되 봉인을 하여 독단적으로 내다 팔지 못하게 하였다. 그리고 팔고나면 돈을 나누었다. 그리고 혹 한 집에 갑골이 많이 있다 해도 반드시 분할해서 조금씩 나누어 팔았다. 그것은 한꺼번에 내다 팔 경우 제값을 받지 못할까 해서였다. 아이들이 뼈를 갖고 팔러 오는 경우도 있었는데, 양이 대단히 적고 깨진 것이 대부분이었지만 가끔 훌륭한 것도 있었다. 아마도 발굴자들이 흙 속에서 다 주워가지 못하고 남은 것을 아이들이 주워 모아 온 것이라 생각된다.

이것은 '선통 3년(1911) 2월 18일 조'의 기록이다. 즉 나진상 일행 몇 사람이 안양에 도착한 다음날 소둔촌에서 보았던 촌민들의 갑골 판매 모습을 그린 실제 기록이다. 10여 년간 농민들이 발굴한 갑골은 이미 개체에서 집단의 합작행동, 심지어 '아이들'조차도 발굴 대열에 참여하여 작은 조각의 갑골문을 팔러 나오는 상황이었음을 알 수 있다. '선통 3년 2월 23일 조'에는 또 이렇게 적고 있다.

뼈가 나온 땅은 대부분 현지인의 소유가 아니었으며 땅주인이 따로 있었다. 그중에서도 뼈가 가장 많이 출토되었던 10여 무畝의 땅은 주朱씨 성을 가진 자의 소유였다. 처음 발굴 할 때는 주인이 문제 삼지 않았다. 하지만 근자에 들어 이익이 난다는 사실을 알고서는 판 가격 중의 일부를 세금으로 받고자 하였으나 그곳 사람들이 받아들이지 아니했다. 그러자 발굴을 중단시키고 사람을 고용하여 자신이 직접 발굴했다. 이 때문에 그곳 사람들은 밤을 틈타 도굴하였으며 주인에게 발각되기도 했고 주인은 사람을 시켜 지키게 하였다. 지난해 겨울, 발굴자와 감독관 사이에 구타사건이 발생하여 두 사람의 두개골이 깨지는 일이 일어났다. 그 때문에 송사가 일어나 지금까지 해결되지 않고 있다. 땅 주인은 방향을 잘 몰라 어떤 곳은 이미 발굴했으나 어떤 곳은 아직 발굴하지 않는 등

제멋대로 발굴하는 바람에 종종 소득이 없는 경우도 있었다.

소둔촌의 지주들이 '근자에 들어 이익이 난다는 사실을 알고서', 촌민들에게 '구전을 뜯어 먹으려' 했던 것이다. 이러한 생각이 저항을 받게 되자 사람을 보내어 촌민들의 발굴의 막았던 것이다. 촌민들은 밤을 틈타 도굴하였고 결과적으로는 유혈충돌까지 생겨났으며, 지주들은 사람을 고용해 직접 발굴했으나 종종 소득이 없기가 일쑤였다. 지주와 농민들은 글자가 새겨진 갑골을 발굴하기 위해서 큰 싸움도 마다하지 않았던 것이다. 『갑골 연표』의 '청나라 광서 30년, 갑진년, 1904~1905년' 항목에 이렇게 기록되어 있다.

> 겨울, 소둔촌의 지주였던 주곤朱坤은 머슴들을 이끌고 마을의 북쪽 원하 남쪽 강가의 자신의 밭에서 갑골문자를 대대적으로 발굴했다. 천막을 치고 임시 주방시설을 갖추어 오랜 기간 동안 작업을 계속했다. 발굴한 갑골도 몇 수레 분이나 되었다. 마을 사람 가문원賈文元과 유금성劉金聲 등이 발굴지 때문에 주씨와 다투었다. 서로 치고 박고하여 결국엔 송사까지 일어났다. 이때부터 현縣의 관리들이 이의 발굴을 금지시켰다.

'현의 관리들이 금지시켰다'는 것은 일종의 형식적인 조치에 불과했지 실제로는 금지시킬 수도 없었다. '청나라 선통 원년, 기유년, 1909~1910년" 항목에서는 또 이렇게 적고 있다.

> 봄, 소둔촌의 앞에 있는 장학헌張學獻의 땅에서 산약山藥을 재배하기 위해 도랑을 파다가 갑골문자를 발견했다. 마을 사람들은 공동 발굴을 서약한 후 '마제아馬蹄兒'와 '골조骨條'를 많이 얻었다(마을 사람들은 소 어깻죽지 뼈의 끝부분을 마제아馬蹄兒(말발굽)라 불렀고, 어깻죽지 뼈 가장자리 쪽의 갈라진 흔적을 골조骨條라 불렀는데 모두 갑골각사가 비교적 많은 부위이다). 또 이때의 발굴은 지주의 허락을 얻

> 지 않은 채 이루어졌기에 학헌學獻의 어머니가 마을 사람들을 크게 꾸짖었다가 구타당하여 머리가 깨지는 사건까지 발생하였으나 사람들의 중재로 송사까지는 가지 않았다.

소둔촌의 땅 속에 묻힌 갑골은 개인에 의해 마구잡이로 파헤쳐졌으며 그중에서도 지주였던 장학헌張學獻이 가장 대표적이었다. 『갑골 연표』의 '중화민국 12년, 1923년" 조에는 이렇게 기록되어 있다.

> 봄, 소둔촌에 있는 장학헌張學獻의 채소밭에서 글자가 새겨진 복골이 발견되었다. 학헌이 직접 발굴을 하고 하국동何國棟이 그를 도왔는데 큰 뼈 2판版을 얻었으며 모두 글자가 새겨져 있었다. 하씨가 그 곳을 잘 기억해 두었다가 결국 15년 봄 몰래 대규모 발굴을 하게 되었다(하국동의 말에 의함).

민국 15년(1926) 장학헌이 여러 차례 갑골을 몰래 발굴해 돈을 모으자 지방 도적들에게 인질로 잡혔다. 도적들이 장씨 집에 거액의 몸값을 요구하자 소둔촌 사람들은 그 기회를 틈타 가족들과 글자가 있는 갑골을 파서 내다 팔아 돈을 마련하고 그 돈을 공평하게 나누자는 제의를 했다. 합의가 이루어 진 이후 장학헌의 채소밭에서 대규모의 발굴이 이루어졌는데, "수십 명이 3개조로 나뉘어 삼각 지점에서 각기 깊은 곳으로부터 중간 지점으로 파 들어갔다. 갑자기 흙이 무너져 일하던 사람 4명이 파묻히기도 했으나 겨우 목숨만은 건질 수 있었다. 그래서 작업은 중단되고 말았다."[52] 만약 흙이 무너져 네 사람이 매몰되지 않았더라면 계속 발굴이 진행되었을 것이다. 그때 발굴한 글자가 새겨진 갑골은 대부분 캐나다의 멘지스(James Mellon Menzies)에게 팔려 나갔다.

민국 9년(1920), 당시 북방 5성省에 대단한 가뭄이 들었다. 가뭄 때문에

52) 董作賓・胡厚宣, 『甲骨年表』, 商務印書館, 1937.

농민들은 먹을 것이 없어지자 서로 다투어 갑골을 파헤쳤다. 그때는 주로 소둔촌 북쪽의 원수 주변을 파헤쳤다. 소둔촌의 농민들 뿐 아니라 소둔촌 부근의 농민들도 가세했다. 민국 13년(1924), 소둔촌 사람들이 담을 쌓으려 흙을 채취하다가 글자가 새겨진 복골이 가득 든 구덩이를 발견했다. 그 속에는 대단히 많은 갑골이 들어 있었으며 모두 멘지스에게 내다 팔았다. 이듬해, 소둔촌 사람들은 다시 마을 앞을 가로 지르던 한길을 파헤치다가 갑골 몇 광주리를 얻을 수 있었다. "어깻죽지 뼈의 경우 크기가 1척이 넘는 것도 있었으며 대부분 상해 상인들에게 팔렸다."[53]

민국 17년(1928), 북벌전쟁으로 혁명군이 북상하면서 안양에서 전쟁이 일어났다. 군인들이 원하 남쪽 언덕에 진주하는 바람에 소둔 촌민들은 경작을 할 방법이 없었다. 4월 전쟁이 정리되면서 주둔군도 철수했지만 봄의 경작에는 영향을 미쳤다. 소둔촌민들은 대부분 고용된 농민이었기에 다른 할 일이 없어져 버렸다. 그 때문에 지주와 상의하여 들판에서 갑골을 파헤쳐 발굴되면 절반씩 나누기로 하였다. 지주의 동의가 있은 후, "마을 앞의 도로 옆과 보리밭 앞의 숲을 파헤쳤으며 거기서 나온 갑골문자는 대부분 상해와 개봉의 상인들에게 팔려 나갔다."[54]

은허 갑골문이 개인에 의해 파헤쳐진 정황에 대해서는 나진옥羅振玉이 민국 4년(1915) 3월 직접 소둔촌으로 달려가 조사를 한 후 쓴 『50일 몽흔록五十日夢痕錄』을 통해 잘 알 수 있다.

> 30일. 이날 사시巳時에 안양安陽에 도착했다. 인화창人和昌이라는 객사에 투숙했다. 급하게 식사를 마치고 수레를 빌어 소둔小屯으로 갔다. 소둔은 읍내에서 서북쪽으로 5리 되는 곳에 있었는데, 동・서・북쪽 삼면이 모두 원수洹水에 둘러싸여 있었다. 『창덕부지彰德府志』에 의하면 이곳이 하단갑성河亶甲城이라 했다. 최근 10여 년간 거북딱지와 동물 뼈가 모두 여기에서 나왔다. 그곳 사람에

53) 董作賓・胡厚宣, 『甲骨年表』, 商務印書館, 1937.
54) 董作賓・胡厚宣, 『甲骨年表』, 商務印書館, 1937.

게 물었더니 갑골이 출토된 지역의 면적은 약 40여 무畝에 이른다고 했다. 곧바로 그곳으로 가 보았더니 글자가 새겨지지 않은 갑골이 밭에 겹겹이 쌓여 있었다. 옛날 짐승 뿔 하나를 주웠고 갑골을 여러 웅큼 가득 주울 수 있었다. 그곳은 보리와 면화를 심었는데, 그곳 사람들은 면화를 따고 나면 곧바로 두 팔 남짓 깊이로 그곳을 파헤쳤고 발굴이 끝나면 바로 되묻고서는 씨를 뿌렸다.[55]

파헤쳐진 농지가 '약 40여 무畝'이며 파헤쳐진 깊이는 '두 팔 남짓'하다고 했다. 이렇게 넓은 면적과 이러한 깊이로 파헤쳐진 것은 이전에 볼 수 없었던 규모이다. 게다가 채소밭과 집터나 도로변 등이 파헤쳐지면서 비록 은허殷墟 전체가 파헤쳐진 것은 아니었지만 중심 지역의 대부분은 파괴되고 말았다. 청나라 말부터 민국 초기까지 약 50여 년 동안 부패한 봉건 왕조와 무능한 '국민정부'의 통치 하에서 이 지하에 묻힌 보물들은 농민의 '용골' 찾기에서부터 지주와 농민이 서로 합심하여 오로지 이익만을 위해 파헤친 갑골에 이르기까지, 글자가 새겨진 갑골뿐 아니라 소둔 촌민들이 알지 못하거나 골동상이 사 가지 않은 고대 기물까지도 대대적으로 훼손되었다. 나진옥이 소둔촌을 조사한 후 보고서에서 이렇게 쓰고 있다.

출토된 문물은 갑골 이외에도 조개껍질이 대단히 많았는데 갑골과 비슷한 양이었다. 이는 이전에 알지 못했던 사실이다. 또 옛날 짐승의 뿔 또한 대단히 많았는데, 오늘날 존재하지 않는 뿔들이다. 어떤 집엘 갔더니 수십 구具를 볼 수 있었고 뿔의 뿌리 이마 근처까지 약 1~2촌寸 남짓 되는 간격에 테를 한 바퀴 둘렀는데 사람의 손에 가락지를 두른 것처럼 보였다. 사람들은 이를 '용의 뿔'이라고 했다. 조개도 하나 주웠는데 대합의 껍질이었으며, 옛날의 둥근 벽옥璊璧처럼 무늬가 조각되어 있었으나, 아쉽게도 이미 파손된 상태였다.[56]

---

55) 羅振玉, 『五十日夢痕錄』(雪堂叢刻本), 1915, 22면.
56) 羅振玉, 『五十日夢痕錄』(雪堂叢刻本), 1915, 22면.

소둔 촌민들과 부근의 마을 사람들이 소둔촌에서 오랜 기간 동안 파헤친 사적 발굴로 적잖은 고대 기물이 훼손된 것은 물론 은허의 지층이 파괴되어 대단히 혼란스럽게 변했다. 이는 이후의 고고 발굴에 대단히 어려움을 가져다주었다. 왜냐하면 은허의 땅속에 묻힌 것은 은상 때의 문화유적과 유물만이 아니었기 때문이다. 민국 17년(1928) 10월, 중앙연구원 역사어언연구소에서 진행한 은허의 고고 발굴 과정에서 적어도 소둔촌에는 수·당으로부터 명·청 때에 이르는 다양한 무덤도 존재했음이 증명되었다. 마을 사람들이 광서 25년(1899) 이렇게 대규모로 파헤친 은허 갑골문의 사적 발굴은 그래도 대부분이 경제적 이익 때문이었지 다른 사회적 요인은 그 다음의 문제였다. 하지만 지금은 청나라 말에 비하면 수백 배 이상 나아졌으며 농민들의 생활도 입고 먹는 기본적인 문제가 해결되었다. 하지만 도굴이 아직도 끊이지 않고 심지어는 사형이라는 극형으로 다스렸음에도 목숨을 담보한 채 모험을 마다 않고 있다.

은허 갑골문이 청나라 말에 들어 상나라 때의 문자로 밝혀지자 수집가들은 돈을 아끼지 않고 구매하기 시작했으며, 개인적인 마구잡이식 발굴이 가져다 줄 결과는 불 보듯 뻔했다. 앞에서도 서술했다시피 상나라 때의 갑골문이 어떻게 해서 19세기 말에 이르러서야 비로소 밝혀지게 되었는지의 시대성에 관해서는 이제李濟가 다음과 같이 기술했다.

> 현장 고고학자들은 적어도 수나라 때에 이르면 은허가 이미 묘지로 사용되었다는 사실 정도는 매우 분명하게 알고 있었다. 수나라 때 사람들이 그곳에서 시신을 매장할 때 글자가 새겨진 갑골을 자주 발견했다는 사실도 증명되었다. 만약 그때의 몇몇 학자들이 19세기 때의 고문자학자들처럼 수준을 갖고 있어서 이러한 진품을 발견할 수 있었더라면 중국의 학자들은 일찍이 13세기 전에 이미 갑골문을 해독할 수 있었을 것이다. 이러한 가설은 오늘날에도 수나라 때의 무덤을 덮고 있는 지층에서 여러 차례 발견되는 글자가 새겨진 수많은 갑골의 잔편에 근거를 두고 있다. (…중략…) 19세기말에 이루어진 갑골문의 발견이 중

요한 것은 이의 발견이 우연이라기보다는 학자들의 부단한 노력에 의한 것이기 때문이다. 또 나는 19세기 말 학술계의 일반적인 경향에 대해서도 언급하고자 한다. 이 시기에는 고거학과 금석문자 연구가 축적된 기초 위에서 건륭과 가경(1736~1820) 연간의 학풍 영향 하에서 중국의 명각학銘刻學이 이미 새로운 자료와 새로운 관점을 찾고 연구해야 하는 절박한 단계에 이르렀다. 이때에 이르러 1천여 년 이상 중국의 지식계를 짓누르고 있던 『설문』은 이미 완전히 해체되고 있었다.57)

비록 청나라 말에 이르러 갑골문이 상나라 때의 문자로 판별되고, 발견된 초기부터 중국 내외의 학자들이 높은 가격에 수매하기 시작함으로써 촌민들에 의해 마구 파헤쳐지는 결과를 낳긴 했지만, 전체적으로는 이전의 '용골'로 반출되어 나가 '획이 새겨진'(문자) 것들을 파내거나 갈아서 분말로 만들어 '도첨약刀尖藥'으로 팔면서 훼손시킨 것에 비하면 훨씬 나았다. 소둔촌과 부근의 마을 사람들은 비록 갑골문의 역사적 가치는 인식하지는 못했지만, 그들은 글자가 있는 갑골이 값이 더 나간다는 것도 게다가 값도 싸지 않다는 것도 알았기에 더 이상 이를 '용골'이나 '도첨약'으로 싼 값에 팔지는 않았으며 마음대로 훼손시키지도 않았다. 이러한 의미에서 볼 때 그들은 돈을 버는 방식을 통해 이 3천 년 전의 문자와 역사문화의 진귀한 보물을 세상에 남길 수 있었던 것이다. 개인이 발굴한 이런 갑골을 사들인 사람이 중국인이든 아니면 외국인이든 절대 다수는 모두 그것을 보존해 왔다. 지금 중앙연구원 역사어언연구소와 이전 하남성 박물관이 은허에서 진행한 15차례(그중 13차례에 걸쳐 글자가 새겨진 갑골이 출토되었다)와 2차례의 고고 발굴 외에 1950년대 초에 출판된 갑골문 저록서들로 볼 때 대부분이 청나라 말부터 민국 17년(1928) 가을 이전 촌민들에 의해 개인적으로 파헤쳐진 갑골문이다. 1928년 10월

57) 李濟, 『安陽－殷商古都發現・發掘・復原記』(중국어판) 제1절, 中國社會科學出版社, 1990.

시작된 은허의 고고 발굴은 기본적으로 촌민들의 개인 발굴을 중지시켰다. 하지만 1937년 7월 이후, 항일전쟁의 발발로 인해 은허 고고 발굴은 중단되었으며, 그 이후 화북 지역이 함락되고 중국 내외 상인들의 부추김 속에서 은허는 또다시 마구잡이로 파헤쳐지는 액운을 만나게 된다. 그래서 중화인민공화국이 성립한 후에서야 비로소 은허에 대한 사적인 발굴은 금지되었다고 할 수 있다.

3) 국외로 흘러나간 은허 갑골문

왕의영王懿榮 · 왕양王襄 · 유철운劉鐵雲 · 단방端方 등이 광서 25년(1899)을 전후로 해 갑골문을 소장하기 시작하자, 이는 중국내 학자들의 주목을 끌었고 그들로 하여금 수집 행렬에 뛰어 들게 만들었다. 또 중국에 주재하던 몇몇 외국 기관과 상인과 학자들도 주목하게 되었다. 이러한 외국인들은 청말 중앙정부가 봉착한 국내외적인 어려움과 부패와 무능, 중국인들의 역사문화에 대한 무관심 등의 기회를 틈타 금권을 동원하는 등 각종 수단을 이용해 은허 갑골문을 사들이기 시작했다.

중국의 금석학은 북송 때 형성된 이후 비교적 완만하게 발전했으며, 19세기 말에 이르러 상당한 발전을 이루긴 했으나 근대 고고학의 단계로까지 발전하지는 못했다. 유럽은 14세기에 들어 문예부흥을 이루어 진정한 의미의 문화대혁명을 이루기 시작했으며, 15세기부터는 과학 · 기술 · 문화의 발전에 힘입어 고고학도 유럽 각국에서 발전하기 시작했으며, 그리스 · 로마의 고대 기물에 대한 연구로부터 외국의 고고학으로까지 확장되었다. 영국 · 프랑스 · 독일 · 스웨덴 · 덴마크 등은 나일 강 유역이나 티그리스와 유프라테스 유역의 문명 중심과 같은 그러한 유구한 역사와 고대 유물을 갖고 있지 못했다. 그래서 그들은 대부분 영국과 프랑스의 해외 식민지 개척에 힘입어 고고학의 손길을 국외로 뻗쳤다. 처음에는 아프리카의 몇몇 국가(식민지)에 한정되었던 것이 나중에는 점차 남아메리카로 뻗어 나갔다. 하지만 19세기 중엽 이전까지 중국의 봉건왕조는 아직도 우물 안 개구리처럼 문을 걸어 잠근 채 자신을 "천조天朝"라 부르고 유럽 국가들을 "번藩"이나 "이夷"로 부르고 있었다. 유럽의 식민주의자들도 "천조天朝"를 얕잡아 볼 수는 없었다. 그들은 풍부한 역사문화를 갖고 있는 고대 중국의 문물과 고대문헌에 대해 동경의 마음을 갖고 있었지만 아직 가져갈 수 있는 힘은 없었다.

청나라 도광 20년(1840), 중국과 영국의 '아편전쟁'에서 청나라는 전쟁에 패하여 굴욕적인 불평등조약을 체결하게 되었고, 이로부터 중국은 점차 반봉건 반식민지 사회에 놓이게 되었다. 19세기 말, 즉 광서 황제 때에 이르면 열강의 보다 적극적인 침략 하에 구미 각국의 여러 인원이 자유롭게 중국을 드나들 수 있게 되었다. 중국에 온 각종 인사 중에서 선교사가 큰 비중을 차지했다. 이러한 선교사의 일부는 설사 밝힐 수 없는 목적을 안고 중국에 왔다손 치더라도 대부분은 교리를 전파하기 위한 목적이었다. 이러한 선교사 중 대부분은 비교적 높은 문화적 수준을 갖고 있었고, 그들은 선교사라는 특수한 신분을 이용해 중국의 도시와 시골 지역을 마음대로 돌아다닐 수 있었다. 그들은 중국의 고대문물에도 대단히 관심이 높았으며 많은 사람들이 다양한 지역에서 수집을 했다. 어떤 경우에는 개인적인 감상을 위해 수집하기도 했으나 자국의 박물관이나 예술관을 위해 수집한 경우도 많았다.

은허 갑골문이 갑골학의 선구자들에 의해 높은 가격에 수매되기 시작했다. 하지만, 중국의 일부 학자들이 여전히 썩은 뼈에 위각僞刻한 것이 아닐까 의심하고 있었을 당시, 외국의 선교사들은 이것이 가치 높은 중국의 고대문물임을 인식했다. 『갑골 연표』의 기록에 의하면 광서 30년(1904), 미국과 영국의 선교사들은 산동의 유현濰縣에서 갑골문을 사들였다. 그 때문에 곽말약은 이렇게 말했다.

> 제일 처음 갑골을 발견한 사람들은 유현의 상인들이었다. 또 갑골이 출토된 지 얼마 지나지 않아 경자庚子년의 난이 일어났기 때문에, 이러한 상인들이 북경에서의 장사가 시원치 않자 갑골의 일부분을 유현으로 되가져 갔을 것이라 생각한다. 당시 유현에 있던 쿨링(庫林, Samuel Couling)과 찰펀트(査爾芳, F. H. Chalfant. 스스로는 방법렴方法斂이라 불렀다) 두 목사가 그 일부분을 사들였다. (…중략…) 이것은 아마도 구미인과 갑골이 관계된 시작일 것이다.[58]

'고림庫林'은 달리 '고수령庫壽齡'이나 '고령考齡' 등으로도 번역되기도 하는데 그는 영국 침례교회의 청주靑州 주둔 선교사였다. '사이방査爾芳'은 달리 '사이범査爾凡'으로 번역되기도 하는데 미국 장로회의 유현濰縣 주둔 선교사였다. 이 둘은 산동성 유현의 골동상으로부터 수백 편에 이르는 글자가 새겨진 갑골편(구체적인 숫자는 지금까지도 알려져 있지 않은데 그 속에는 적지 않은 위각품이 섞여 있기 때문이다)을 사들였으며, 얼마 지나지 않아 상해에서 영국인들이 열었던 "아주문회박물관亞洲文會博物館"에다 4백 편의 갑골을 팔아 넘겼다. 영·미 두 나라의 교회는 연합으로 유방濰坊에다 광문학당廣文學堂(제로齊魯대학의 전신)을 만들었다. 당시 버건柏根(Rev. Paui. Bergen) 목사가 교장이었는데, 갑골문이 중국의 고대문자임을 알고서 쿨링과 찰펀트 두 사람에게서 약 80편을 사들였다. 약 80편이 이르는 이 갑골문은 이후 제남濟南에서 영·미 교회에 의해 문을 열었던 광지원廣智院(1951년 자연박물관으로 이름을 바꿈)에 귀속되었다.

광서 30년(1904) 겨울, 소둔촌의 주곤朱坤이라는 지주가 마을의 북쪽 원수의 남쪽 언덕에서 마구잡이식으로 파낸 몇 수레 분량의 갑골도 대부분 유현의 골동상에 의해 수집되었다. 쿨링과 찰펀트 두 사람은 계속해서 수매를 했기 때문에 유현의 상인들은 그들이 갖고 있던 일부분을 쿨링과 찰펀트에게 팔았다. 이 두 사람이 두 번째 수매한 갑골은 이후 미

58) 郭沫若, 『中國古代社會硏究』, 人民出版社, 1954, 211면.

국 피츠버그의 카내기 박물관에 소장되었다. 얼마 지나지 않아 세 번째 구매가 이루어졌으며 이를 영국의 에딘버러(Edinburgh)의 왕립 스코트랜드 박물관(Royal Scottish Academy)에 팔았다. 그 뒤 또 네 번째 구매한 것들은 쿨링의 손에 들어갔다가 쿨링은 다시 이를 브리테니커 박물관에다 팔았다. 쿨링과 찰펀트가 갑골을 대량으로 구입한 후 광서 30년(1907), 홉킨스(L. C. Hopkins, 중국이름은 김장金璋)라는 영국인도 8백 편을 사 갔다. 이듬해 독일의 빌헬름(Dr. Wilhelm)도 청도青島에서 711편을 사갔으며 이후 독일의 베를린 민속 박물관에 소장되었다.[59] 또 다른 독일인 빌헬름衛禮賢(Richard Wilhelm)도 청도에서 72편을 샀는데 "그중 70편은 스위스의 빠소 민속 진열관에 진열되어 있으며, 1편은 독일의 프랑크푸르트 중국학원에 소장되었다."[60] 『갑골 연표』의 기록에 의하면, 광서 32년(1906) 9월 "유현에 머물던 미국 선교사인 찰펀트가 「중국 원시문자 고中國原始文字考」라는 논문을 썼는데 그는 최초의 구미 갑골문 연구자가 되었다." 찰펀트의 중국식 이름은 '방법렴方法斂'이었으며 이 글은 『카내기 박물원 보고卡內基博物院報告』의 제4기에 실렸다.

구미인들 중에서 갑골문을 가장 많이 수집한 사람은 캐나다의 멘지스明義士(James Mellon Menzies)일 것이다. 그는 스스로 중국식 자字를 지어 자의字宜라고 불렀던 안양 주재 영국 장로회의 목사였다. 그는 안양에 온 후 소둔촌에서 "글자가 있는 용골"이 출토된다는 말을 듣고서 민국 3년(1914) 봄 소둔촌으로 조사를 갔던 사람이다. 『갑골 연표』의 기록에 의하면 멘지스는 이런 사람이었다.

> 멋진 백마를 타고 원수洹水의 강가를 노닐면서 은허에서 출토된 갑골문자의 정황을 살폈다. 이 이후로 그는 자주 그곳으로 가서 조사하고 수소문했으며 얻은 갑골문도 상당했다. 하지만 멘지스가 처음 얻었던 큰 어깻죽지 뼈大胛骨는

59) 胡厚宣, 『五十年甲骨文發現總結』 第5節, 商務印書館, 1951.
60) 胡厚宣, 『五十年甲骨文發現總結』 第5節, 商務印書館, 1951.

새로운 소뼈로 위조한 것이었다. 파는 사람들이 그가 진위를 구별하지 못하는 외국인임을 알고 속여 팔았던 것이다. 얼마지 않아 썩는 고약한 냄새 때문에 가까이 갈 수조차 없었다. 멘지스는 이 때문에 자세히 연구하게 되었으며 끝내는 진위를 감별하는 고수로 변신했다. 멘지스 스스로 "처음 얻었던 큰 갑골은 완전히 가짜였다"고 했다. 이후 작은 것도 소홀히 할 수 없음을 알았고 그 때문에 잔편으로 된 갑골도 많이 모았다.

멘지스라는 사람에 대해, 캐나다 국적의 중국인인 허진웅許進雄은 멘지스의 『은허복사 후편殷墟卜辭後編』을 편집한 후 「편집자의 말」에서 이렇게 말하고 있다.

멘지스 선생은 갑골을 수집하고 연구한 외국인 중에서 가장 유명한 사람이다. 그가 가진 예리한 안목은 다른 사람들이 따라갈 수 없는 부분이었다. 그가 주목했던 문제, 예컨대 정인貞人의 이름, 『주역』이 복사의 변화된 모습이라는 것, 찬과 조의 서로 다른 형태 등은 모두 갑골학에서 중요한 발견으로 알려져 있다. 만약 그가 외국인이 아니었더라면, 그 때문에 중국의 학문 연구에 많은 어려움이 따르지 않았더라면 그의 성취는 무한했을 것이라 믿어 의심치 않는다.

바로 소둔 사람들에게 "명明 목사"라 불렸던 바로 이 사람은 갑골문 연구에 관심을 두었던 한 외국인이었다. 그는 1914년 봄 소둔촌으로 가 갑골문의 출토 상황을 조사했으며, 이후 여러 차례 구매를 하기도 했다. 적잖은 커다란 "우골각사牛骨刻辭"를 얻어 기뻐하면서 조심스레 정성을 다해 포장하여 보관하였으나 얼마지 않아 구린 냄새가 났고, 검사 결과 그것은 새로운 소뼈로 모방하여 새긴 것이었다. 이 이후로 그는 소둔촌의 주민들로부터 글자가 새겨진 작은 조각의 갑골만 전문적으로 사들였으며 감별법도 재빨리 배울 수 있었다. 3년 후, 즉 민국 6년(1917) 3월, 멘지스는 자신이 직접 모사하고 수록한 『은허복사殷虛卜辭』라는 책을 출판하게 되었다. 총 2,369편의 갑골(중복 1편)을 수록했는데, 이 책은 갑골문을 모사본의 방식으로 저록한 최초의 책이 되었다. 그는 영문으로 된 「머리말」에서 이렇게 말했다. "이 책에서 수록한 각사의 정확한 모사본은 총 2,369편이다. 모두 거북딱지와 동물 뼈의 정수이며, 약 5만 편에 달하는 옛 소장품 중에서 신중하게 선별한 작품이다." 『갑골 연표』의 민국 16년(1927) 조에는 이렇게 기록되어 있다. "10여 년간 멘지스가 얻은 갑골은 대단히 많았다. 민국 6년, 멘지스가 『은허복사』를 출판할 때 5만 편의 갑골을 소장하고 있었다. 그리고 민국 14년과 15년에 소둔촌에서 출토된 것들도 올해 모두 멘지스에게 팔렸다." 또 민국 13년(1924) 조에는 "소둔촌 사람들이 담을 쌓다가 갑골이 들어 있는 구덩이를 발견했는데, 멘지스에게 팔렸으며 그중에는 대단히 큰 것도 있었다"고 기록하고 있다.

멘지스가 소둔에서 갑골문을 사들인 수량과 그 과정은 아직 수수께끼로 남아 있다. 1917년 그 스스로 약 5만 편을 사들였다고 했으며, 1924년부터 1927년까지 또 대량의 갑골문을 사들였으니, 그가 사들인 총수는 5만여 편이거나 5만 편 이상일 것이다. 도대체 얼마나 되는 양의 갑골이 멘지스에 의해 국외로 빠져 나갔을까? 지금까지도 상세한 정황을 알기 어렵다. 멘지스가 처음으로 중국에 가 선교를 시작한 것은 청나라 선통 2년(1910)이며 그 다음에 한 번 귀국했었다. 민국 10년(1921)에 다시 중국으로 갔으며 여전히 소둔에서 갑골문을 수매했다. 민국 18년(1929) 다시 귀국했다. 그 이듬해 세 번째로 중국에 갔으며 민국 26년(1937), 중일 전쟁의 발발로 귀국한 후 더 이상 중국에 가지 않았으며, 1957년 병으로 죽었다. 1914년 그가 갑골문을 사들인 시점부터 1937년까지, 그는 두 차례 캐나다로 귀국했으며 그때 적잖은 갑골을 가져갔을 것으로 추정되나 아직까지 정확한 상황을 알 수 없다. 최근의 이해에 의하면, 캐나다의 토론토 박물관에 8,702편이 소장되어 있는데 아마도 이것이 멘지스가 가져간 갑골의 대부분일 것이다. 국외로 옮겨가지 못한 갑골은 현재 남경박물원 · 산동성박물관 · 북경고궁박물원 등에 소장되어 있으며 총 숫자는 약 8천여 편에 이른다.

일본은 중국의 인근 국가로 중국과 역사 문화적으로 깊은 연관을 갖고 있다. 그래서 일본은 중국의 고대문화를 유럽인이나 미국인들보다 쉽게 받아들이고 연구한다. 광서光緖 연간 때, 청나라와 일본 간에 권리를 상실한 치욕적인 불평등조약이 체결되었으며, 일본인으로 하여금 중국에서 통상무역의 특권을 가지는 한편 중국을 자유자재로 드나들 수 있도록 규정했다. 은허의 갑골문이 상인들에 의해 상품으로 판매된 이후 중국에서 일본인들이 갑골문을 사들인 시간은 왕의영·유철운·단방端方의 바로 뒤였다. 일본에서 갑골문의 연구는 임태보林泰輔에 의해 시작되었는데, 그는 1909년 10월 「청나라 하남 탕음에서 발견된 귀갑수골淸國河南湯陰發現之龜甲獸骨」이라는 글을 발표했다.[61] 이듬해 7월, 일본의 부강겸富岡謙이 소장하고 있던 「옛날 유리에서 출토된 귀갑에 관한 설명古羑里城出土龜甲說明」이라는 글이 발표되었다.[62] 이러한 것들은 일찍이 1908년 나진옥이 갑골문의 진짜 출토 지역이 안양의 소둔촌임을 개봉開封 상인의 입으로부터 알아내기 이전에 일본 사람들은 이미 골동상으로부터 갑골을 수매하여 일본으로 가져갔다는 것을 설명해 주고 있다. 이 때문에 그 전에는 골동상들은 갑골이 탕음의 유리羑里에서 출토되었다고 속여 왔으며, 일본 상인들도 갑골문이 소둔촌에서 출토되었다는 사실을 듣고서는 모두 소둔촌으로 달려가 그곳 주민들에게 갑골을 사들였다는 사실을 알 수 있다. 『갑골 연표』의 선통宣統 2년(1910) 조에는 이렇게 기록되어 있다. 나진옥이 나진상羅振常 등을 소둔으로 파견해 갑골문을 사들이도록 했다. "나진상의 그때 나이가 40여 살이었고, 모습이 일본사람을 닮아 마을 사람들은 그를 '일본 나씨日本羅'라 불렀다." 만약 일본인들이 소둔으로 가 갑골문을 사들이지 않았더라면, 혹은 사람의 수나 횟수가 적었더라면 마을 사람들에게 그렇게 강한 인상을 남길 수는 없었을 것이며, 나진상을

61) (일) 『사학잡지』 제20권 제8~10기, 1909.
62) (일) 『사학연구회강연집』 제3책, 1910.

일본사람으로 착각했을 리도 없다.

일본에 흩어져 있는 갑골문은 일본인들이 중국의 골동상으로부터 구매하였거나 일본인들이 직접 소둔으로 가 사들인 것 이외에도 몇몇 일본학자가 소둔에서 직접 고찰하고 소둔 촌민들로부터 구매한 것이다. 임태보林泰輔(1854~1922)는 자가 호경浩卿이며 호가 진재進齋로 일본의 역사학자·한학자·문학박사로 동경고등사범학교의 교수였다. 『갑골 연표』의 선통 원년(1909)조에 이렇게 기록되어 있다.

> 먼저 『철운장귀』가 출판되자 임태보는 책 속의 내용들이 아마도 위조된 것일 것이라고 의심했다. 그 후 동경의 문구당文求堂에서 갑골문자 백 판版을 사 들여 이를 팔았는데 임태보가 그중 10판을 샀다. 실물을 보면서 그간의 의심이 봄기운에 얼음 녹듯 말끔히 풀리게 되었다. 이 때문에 그것이 고대의 진짜 물건임을 믿게 되었다. 올해에 들어서 그 일이 『사학잡지』에 게재되었다. 그때만 해도 의심하는 사람들이 여전히 많았다. 하지만 임태보만 유독 갑골에 대해 특이한 관심을 가졌다. 임태보가 다시 6백 판을 사들였으며 삼정원우위문三井源右衛門도 3천 판을 사들였고, 하정선랑河井仙郎·중촌불절中村不折 같은 사람들도 1백여 판이나 수십 판을 사들였다.

임태보는 갑골문 연구에서 독보적 존재였다. 이듬해 소장하고 있던 갑골문의 논저를 나진옥에게 보내어 나진옥이 『은상 정복 문자 고』를 저술하는 데 자극을 주었다. 이 뒤로 일본에서도 갑골문을 소장하는 사람들이 날로 늘게 되었고 임태보는 일본 상주 유문회日本商周遺文會·권불재權不齋·청빙각聽冰閣·계술당繼述堂 등에서 소장하고 있던 갑골 탁본을 수집한 후 『귀갑수골 문자龜甲獸骨文字』를 편집하여 총 갑골문 1,023편을 저록하여 1917년 12월 출판하였다. 이는 일본학자가 편찬한 최초의 갑골문 저록이다. 1918년 4월, 임태보는 중국으로 가 소둔촌에서 은허를 조사하고 갑골문을 수집하였다. 이때 "갑골 20판을 구매했는데, 도기陶·

뼈骨·조개 같은 것도 대단히 많았다. 귀국 후 『은허 유물연구殷墟遺物研究』를 발표했다."[63] 소둔촌으로 가서 갑골문을 수집한 일본학자로는 이 외에도 빈전청릉濱田青陵이 있는데 은허에서 갑골 20~30편을 얻은 바 있다.[64]

곽말약은 1928년 2월 일본으로 갔다. 양주兩周 금문金文과 갑골문 연구에 전력을 다했기에 동경 문구당文求堂의 주인이었던 전중경태랑田中慶太郎의 도움으로 1932년 여름과 가을 사이에 동경대학의 고고교실, 상야上野박물관, 동양문고東洋文庫, 임태보, 중촌불절中村不折, 중도호산中島壕山, 전중자양田中子祥(즉 전중경태랑田中慶太郎) 등의 기관과 개인이 수장하고 있던 갑골문을 볼 수 있었다. 11월초, 다시 전중경태랑의 둘째아들인 전중진이田中震二의 안내로 경도京都로 가 경도대학 고고교실과 내등호남內藤湖南·부강군위富岡君僞가 소장하고 있던 갑골문도 볼 수 있었다. "이를 합하면 이미 3천 편 정도가 된다. 이밖에 많이 소장한 대가들이 있다고 들었으나 갖가지 이유로 해서 아직 직접 보지는 못했다."[65] 동작빈과 곽말약이 기록한 일본에서 흩어져 없어진 갑골문의 숫자는 1932년 이전의 대략적인 숫자일 뿐 실제는 3천여 편을 훨씬 넘을 것이다. 민국 28년(1939) 5월, 김조동金祖同이 편집 출판한 『은계 유주殷契遺珠』에서는 1,459편의 갑골문을 저록했는데, 모두 일본의 하정전려河井荃廬·중촌불절中村不折·당야전충송堂野前种松·중도료산中島燎山·전중구당田中救堂·삼병원우위문三幷源右衛門 등 여섯 사람이 소장하던 갑골 탁본을 뽑은 것이었다. 비록 그중에서 142편이 『귀갑수골 문자龜甲獸骨文字』·『복사통찬卜辭通纂一별2別二』 등 몇몇 책과 중복되긴 하지만 새로 얻은 갑골자료도 적지 않았다. 또 경도대학 인문과학연구소 소장 갑골문이 모두 약 3천여 편 되었다. 1959년 3월에는 패총무수貝冢茂樹가 편집한 『경도대학 인문과학연구소 소장 갑골문자京都

63) 董作賓·胡厚宣, 『甲骨年表』, 商務印書館, 1937, 民國7年 條.
64) 郭沫若, 「序」, 『卜辭通纂』, 1933.
65) 郭沫若, 「序」, 『卜辭通纂』, 1933.

大學人文科學研究所藏甲骨文字』가 출판되었는데, 3,246번(정면 혹은 뒷면을 모두 1번으로 번호매김했다)까지 이어지는 갑골문을 저록하였다. 이 책은 다른 저작과 중복되는 것이 단지 90여 편밖에 되지 않아 실물이 3천 편 이상 됨을 알 수 있다.

결론적으로 말해, 여러 소장가들과 각종 통로를 통해 일본의 각 기관과 개인들에게 소장되어 있는 은허 갑골문은 왕우신의 다음의 통계와 같다고 할 수 있다.

> 일본에 소장된 갑골은 총 8,200편인데 이는 지금까지 밝혀진 가장 정확한 숫자이다. 한 가지 지적해야만 할 것은, 그중 5,745편이 나진옥의 손에 의해 일본으로 건너간 것이라는 점이다. 이러한 갑골 중 나진옥 자신에 의해 저록된 것은 많지 않다. 『전前』·『후後』·『청菁』에 소수 저록된 것을 제외하고는 "아직도 많은 것들이 당시에는 결코 저록된 적이 없는 중요한 자료였다."66)

3. 고고 발굴에 의해 출토된 은허 갑골문

1) 고고 발굴과 갑골문의 대량 출토

중국은 5천 년이 넘는 문자의 역사를 갖고 있다. 여기에다 전설 시대인 3~4천 년까지 더하게 되면 약 만 년에 이른다. 이렇게 긴 역사의 과정에서 풍부한 역사적 자료를 남겼다. 왕조시기에 진입한 이후 점차 유가儒家사상이 통치 지위를 차지하는 일련의 정치제도가 만들어졌다. 하

66) 王宇信, 『甲骨學通論』, 中國社會科學出版社, 1989, 261면.

늘을 믿고 조상을 숭배하는 이러한 사상의 영향 하에서 고대인이 남겨 놓은 모든 것들, 특히 무덤은 신성불가침한 곳이었다. 앞서 말했던 것처럼, 자연적으로 몇몇 지역에서 발견된 청동기들은 모두 종묘로 옮겨 모셔졌고 하늘이 내려준 길상물吉祥物로 인식되었다. 심지어는 이 때문에 연호를 바꾸기도 하였다. 비록『여씨춘추』「안사安死」에 "자고 이래로 망하지 않은 나라가 없었다. 망하지 않은 나라가 없었다는 것은 파헤쳐지지 않은 무덤이 없다는 말이다 自古及今, 未有不亡之國也. 無不亡之國者, 是無不拍之墓也"라고 했지만, 무덤의 발굴은 다음의 두 가지 경우가 있다. 하나는 이후의 왕조가 반란을 일으켜 이전 왕조를 멸망시킨 후 이전 왕조가 가한 탄압에 대한 분기를 발산할 때였으며, 다른 하나는 보물을 캐내기 위한 것으로 주로 도굴꾼들에 의해 행해졌다. 이 두 가지 상황은 모두 역사 문화에 대한 훼손이었으며, 수천 년 동안 얼마나 많은 역사 문화유적과 유물이 이러한 액운을 맞았는지 알 수 없다.

북송 때 흥기한 금석학은 중국 고고학의 발상이 되었지만, 8백여 년에 이르는 역사 속에서 금석학은 고대 기물을 수집하고 그에 새겨진 고문자를 연구하며 각종 금석류의 기물 유형에 관한 감상의 단계에만 머물렀을 뿐이었다. 이에 비해 과학적 방법을 사용한 유럽의 고고학은 19세기 말에 이미 전문적인 학문으로 발전했으며, 20세기 초기에 이르러서는 역사적 문화유적과 유물을 찾는 것을 목적으로 하는 현장 고고학이 세계 각지에서 운용되었다. 1911년의 신해辛亥혁명은 청 왕조를 종결시켰을 뿐 아니라 중국 지식계의 폐쇄적 사상도 종식시켰으며, 일련의 의식 있는 인사들은 유럽의 현장 고고학의 지식을 배우기 시작했다. 민국 5년(1916) 정문강丁文江의 "지질 조사소" 건립을 시작으로, 그 이후 벌어진 발굴 작업은 주로 철과 석탄 등의 광석을 찾기 위한 것이긴 했지만 실제의 야외 발굴 과정에서 함께 존재하던 고생물 화석을 발견하게 되었고 그 결과 선사시대 유적의 조사로 확대되었다. 중국의 근대 고고학이 정식으로 탄생하는 과정에서 캐나다의 데이빗슨 블랙步達生(Davidson Black, 1884~1934)과

스웨덴의 안데르센과 프랑스의 샤르댕德日進(Pierre Teihard de Chardin, 1881~1955) 등이 필드 작업에 참여하거나 고대 기물을 감정하는 데 도움을 주었다. 설사 그들의 목적이 달랐다 하더라도 유럽 고고학의 과학적 방법을 중국의 고고 발굴에 수입했다는 점은 긍정적으로 평가할 수 있다. 민국 10년(1921), 하남성 민지현澠池縣의 앙소촌仰韶村 발견과 거기서 발굴한 신석기시대 문화 유적과 민국 16년(1927) 다시 이루어진 북경 주구점周口店의 "북경원인北京猿人" 유적에 대한 발굴은 중국 근대고고학의 정식 탄생이라는 서곡을 울려 주었다.

앞에서도 언급했다시피 민국 17년(1928) 10월, 중앙연구원 역사어언연구소가 하남 안양 소둔촌에서 시작한 고고 발굴은 중국 근대고고학의 정식 탄생을 의미한다. 만약 청나라 광서 말년에 발견되어 상나라의 유문遺文으로 확인된 은허 갑골문이 국내외 학계의 대충격으로만 남겨진 채 통치자들의 주목을 받지 못함으로써 은허에 매장된 다른 유물과 함께 계속해 개인의 도굴로 손상될 위험에 놓였더라면, 은허에서 진행된 고고 발굴의 정황은 또 어떠했을 것인가?

민국 17년(1928) 5월, 중앙연구원이 성립되었는데, 이는 국민정부에 속하는 전국 최고의 연구기관이었다. 연구원 산하에 자연과학과 인문과학의 몇몇 연구소가 설치되었고, 역사어언연구소의 주비처籌備處가 광주廣州에 만들어져 중산中山대학 문학원의 교무처장이었던 부사년傅斯年이 대리소장으로 초빙되었다. 당시는 모든 연구가 아직 정상적인 궤도에 진입하지 못했던 때였다.[67] 당시 34세의 하남성 남양南陽 출신의 동작빈董作賓은 중산대학의 부교수로 재직하고 있다가 역사어언연구소에 통신원으로 초빙되었다. 10월, 역사어언연구소가 정식으로 출범하자 동작빈을 편집원으로 정식 초빙했다. 은허와 지하에 매장된 갑골문에 대해 더욱 전면으로 이해하기 위해, 또 더 이상 개인에 의해 마구 도굴되는 것을 막기 위

67) 傅斯年,「序言」,『中央研究院歷史語言研究所集刊』第1期, 1928.10.

해, 부사년은 동작빈을 안양 소둔촌으로 보내 조사하게 하였다.

갑골학 발전사에서 뛰어난 공헌을 했던 나진옥이 일찍이 청나라 광서 34년(1908) 갑골문의 출토 지점이 하남의 탕음도 아니요 위휘衛輝도 아닌 안양의 소둔촌임을 밝혀내었다. 청나라 광서 25년(1899)부터 갑골문은 국내외 학자들에 의해 수매되기 시작하여 민국 17년(1928)까지 소둔촌에서 개인에 의해 도굴된 숫자가 약 6만 편 정도에 이른다.[68] 채 10년도 못되는 시간을 고려해 볼 때 이러한 숫자는 놀랄 만한 것이다. 이 때문에 중앙연구원에서 역사어언연구소에게 은허발굴을 허가했을 때, 나진옥과 갑골문의 몇몇 연구자는 물론 소둔촌의 촌민들도 더 이상 글자를 가진 갑골문의 대량 출토는 없을 것이라 생각했다. 동작빈의 말에 의하면, "나설당이 사람을 파견해 대대적으로 구매하기 시작한 후 몇 년간 수만 편이 출토되었다. 나씨가 보기에도 이미 '그 보물 창고는 텅 비어 있었다.'"[69] 소둔촌의 지하에 매장된 글자가 새겨진 갑골은 이미 모두 발굴되어 텅 비었던 것일까?

민국 18년(1929) 초 역사어언연구소의 주임으로 초빙된 이제李濟는 『안양安陽』이라는 책에서 이렇게 말했다.

> 부사년傅斯年은 현대 고고학과 과학기술을 이해하고 있던 몇 안 되는 천재 중의 하나였다. (…중략…) 동작빈董作賓은 대학을 졸업한 것도 아니었다. 1928년 그의 나이 30살이 막 되었을 때, 그는 "5·4"운동의 자연스런 추종자였으며 다양한 새로운 사상을 가졌었고 자신의 연구를 위해 자료 수집에 바빴다. 부사년 소장은 동작빈을 안양安陽으로 보내 조사하도록 한 것은 다음의 두 가지의 이유에서였다. 하나는 동작빈이 하남 출신이어서 여러 측면에서 작업에 유리할

68) 호후선은 몇 차례 통계를 낸 적이 있는데, 개인적인 발굴에 의한 것이 12만 편이 넘는다고 했다. 하지만 이는 정확한 것으로 보기 어렵다. 이에 대해서는 董作賓의 『甲骨學六十年』, 第5章과 孟世凱의 「中華民族文化的凝聚力－漢字」, 『中華文化論壇』(1997년 第1期) 참조.

69) 董作賓, 「民國十七年十月試掘安陽小屯報告書」, 『安陽發掘報告』 第1期, 1929.

것이라 생각했고, 다른 하나는 그가 비록 전통적인 의식 속의 고대 기물학자는 아니었지만 이지적이고 두뇌회전이 빨랐기 때문이다.

실제로 이 두 학자, 동작빈을 안양으로 보내 필드 작업을 하게 했던 부사년 소장이든 하남 출신이면서 천재성을 갖추고 새로운 사상도 잘 받아들여서 안양으로 파견되었던 동작빈이든 모두 현대고고학에 대해서는 어떠한 실천적 경험도 없는 사람들이었다. 동작빈은 그의 보고서에서, 자신의 임무는 유적지를 살펴 몇몇 갑골이 아직도 발굴 가능한 가치를 갖고 있는지 아니면 나진옥과 그 동료들의 말처럼 갑골은 이미 모두 사라지고 말았는지의 여부를 밝히는 데 있었다고 했다.[70)]

민국 17년(1928) 8월 12일, 동작빈이 안양에 도착했다. 그는 먼저 창덕彰德 제1중학교의 장상덕張尙德 교장을 찾았다. 장 교장은 원래 개봉에서 교편을 잡다가 민국 14년(1925)에 안양으로 가 교장이 되었으며, 일찍부터 소둔촌의 농지로 나가 갑골문 출토 정황을 살핀 적이 있었다. 촌민들에게서 작은 갑골 한 움큼을 대양大洋 1원元으로 살 수 있었지만 글자 크기가 너무 작았었다. 동작빈은 다시 안양 시내의 몇몇 골동상가로 가 갑골 수매의 정황을 조사했으나 당시 이익을 독점하고 있던 이러한 상인들 중 진실을 이야기 해 주는 이는 한 사람도 없었다. 단지 존고재尊古齋의 주인이었던 왕가서王嘉瑞만이 비교적 성실한 축에 들었다. 그 때문에 동작빈은 "이 상점의 주인인 왕가서는 대단히 성실했다. 나에게 만약 갑골을 구하길 원한다면 대신해서 수집해 주겠다"[71)]고 했다. 왕가서는 동작빈에게 자신이 소장하고 있던 갑골문 3편을 보여 주면서 겨우 1촌寸 남짓한 크기였는데 양洋으로 5~6호毫를 요구했다. 또 2~3촌寸 크기의 갑골문은 몇 원元에서 십 수원까지 했으며, 손바닥만 한 크기의 것은 50~60원이나 했다. 왕가서를 만난 덕에 동작빈은 안양에 가짜 갑골문 만들

70) 李濟, 『安陽－殷商古都發現・發掘・復原記』, 中國社會科學出版社, 1990, 41면.
71) 董作賓, 「民國十七年十月試掘安陽小電報告書」, 『安陽發掘報告』 第1期, 1929.

기에 능숙한 남보광藍葆光이 있다는 사실도 알아냈다.

동작빈은 안양성에서 조사를 마친 이튿날 친구 서소결徐紹潔(자는 정헌靜軒)을 불러 자신을 안내하게 하여 안양성의 서북쪽 5리 지점에 있는 소둔촌으로 조사를 나갔다. 소둔촌의 남쪽에 화원장花園莊이라는 마을이 있는데, 마을의 개인 서당의 훈장으로 있던 염금성閻金聲이라는 사람이 대단히 겸손하게 이 방문객들을 맞아 주었다. 염 훈장의 동원으로 학생들과 아이들의 손에서 글자가 남아 있는 갑골 잔편 몇 개를 얻을 수 있었다. 염 훈장과 헤어진 후 동작빈은 소둔촌의 북쪽으로 가 갑골문이 출토되었던 곳을 찾았다. 가는 길에 몇몇 부녀자들과 아이들과 촌민에게서 백여 편의 글자가 새겨진 작은 갑골을 살 수 있었다. 촌민들의 수중에는 글자가 새겨진 비교적 큰 조각의 갑골들도 있었지만 부르는 값이 너무 비싸 감히 흥정조차 해보지 못했다. 동작빈은 갑골의 발굴에 참여했던 곽문원霍文元의 자녀를 안내자 삼아 원하洹河의 서쪽 강가로 갔는데 거기서 최근 촌민들에 의해 파헤쳐진 10개의 갱坑을 발견했으며 갱의 주변에서 글자가 없는 골판骨版 하나를 줍기도 했다. 이제李濟는 이렇게 말했다.

> 여기서 주운 이 갑골의 증거와 촌민이 팔던 갑골 및 동작빈이 그곳에서 수집한 상황은 소둔에 묻혀있는 글자가 새겨진 갑골이 나진옥과 그의 동료의 말처럼 이미 다 소진되어버린 것이 아니라는 결론을 내리게 만들었다. 소둔을 처음 방문했을 때 동작빈은 이 유적지가 여전히 발굴 가치를 갖고 있다고 생각했다. 그래서 그는 즉시 상급기관에 보고서를 올렸으며 초보적인 발굴계획을 준비하게 되었던 것이다.[72]

동작빈이 안양에서 조사를 마친 후 중앙연구원 역사어언연구소에 보낸 보고서에서 이렇게 말했다.

---

72) 李濟,『安陽－殷商古都發現・發掘・復原記』, 中國社會科學出版社, 1990, 42면.

> 갑골은 아직도 남아 있으며, 근년에도 끊이지 않고 계속 출토되고 있습니다. 만약 이렇게 계속 간다면 중국 고대 문화의 지극히 중요한 보배가 무지한 현지인들에 의해 하나도 남김없이 도굴되고 말 것입니다. 즉 하루가 늦어지면 바로 하루의 손실이 생깁니다. 이 때문에 국가의 학술기관이 과학적인 방법으로 그곳을 발굴하는 것은 사실 조금도 늦추어서는 아니 될 일입니다.[73]

역사어언연구소 소장이었던 부사년은 동작빈의 보고서를 본 후 조금도 망설임 없이 상응하는 조치를 취하는 데 동의하였으며 소둔촌에 대한 고고 발굴을 진행했다. 부사년은 중앙연구원의 본부와 여러 차례 협의를 거쳐 채원배蔡元培 원장의 전폭적인 지지를 받아 은원銀元 1천 원의 지원을 얻어냈는데, 이 경비는 당시로서는 상당히 큰 충분한 비용이었다. 그래서 동작빈은 재빨리 6개 단으로 구성된 고고발굴단을 조직했으며, 동시에 야외에서 사용할 측정기기와 촬영기구와 관련 문헌자료를 사들였다.

민국 17년(1928) 10월 7일, 동작빈은 남경의 중앙정부와 하남성 정부의 허가 문건을 소지하고 고고 발굴단을 이끌고 안양에 도착했다. 하남성 정부는 고고 발굴의 편의를 위해 동작빈을 당시 성도였던 개봉으로부터 안양까지 두 명의 직원을 차출해 안내하도록 했다. 며칠간의 작업 준비 후 10월 13일 발굴 작업이 정식으로 개시되었다. 이렇게 해서 세계를 놀라게 했던 "은허 발굴"의 막이 열리게 되었으며, 중국 근대고고학의 찬란한 성취 또한 전 세계인의 눈앞에 서서히 모습을 드러내게 되었다. 은허의 고고 발굴은 당시 학자들에 의해 "과학적 발굴"이라 불렸는데, 이는 개인에 의한 마구잡이 발굴과는 천양지차였으며, 중국고고학의 전신—금석학과도 연구 자료의 수집과 연구방법에서 전혀 다른 것이었다. 중

---

73) 董作賓, 「民國十七年十月試掘安陽小屯報告書」, 『安陽發掘報告』 第1期, 1929.

국근대고고학은 중국전통학술과 서양 근대고고학의 방법이 결합된 산물이었다. 이 때문에 은허의 발굴은 시작하면서부터 분명한 중국적 특색을 가지게 되었다.

소둔촌에서의 당시 발굴은 처음엔 "시험 발굴試掘"이라 불렸으며, 10월 13일부터 30일까지 글자를 가진 갑골 854편을 발굴했는데 그중 거북딱지가 555편, 뼈가 299편이었다.74) 동반 출토된 것으로는 뼈骨·조개蚌·돌石·도기陶와 청동 조각 등 고대 기물도 있었다. 발굴이 끝난 후 동작빈은 역사어언연구소에 「민국 17년 10월 안양 소둔 시굴 보고서民國十七年十月試掘安陽小屯報告書」를 제출했다. 이에 근거해 중앙연구원에서는 안양 소둔에서 다시 고고 발굴을 진행하기로 하였고, 부사년은 이제李濟를 역사어언연구소 고고조의 주임으로 위촉해 소둔발굴의 전체 작업을 책임지도록 했다.

이제李濟(1896~1979)는 호북성 종상현鍾祥縣 사람으로 민국 7년(1918) 청화학당清華學堂을 졸업한 후 미국으로 건너가 유학하였으며, 차례로 심리학과 사회학과 인류학을 전공하여 철학박사 학위를 취득하였다. 민국 12년(1923) 중국으로 돌아갔으며, 이듬해부터 실제 고고 발굴에 참여하였다. 1925년 청화학교 국학연구원으로 들어가 인류학을 강의했으며, 이듬해 산서성 하현夏縣의 서음촌西陰村 유적지 발굴을 독립적으로 주재했다. 민국 17년(1928) 여름 미국의 워싱턴으로 가 프리어 예술전시관(Freer Gallery of Art)과 중국 학술기관과의 합작으로 현장발굴을 진행할 수 있는 협의를 이끌어 내었다. 귀국 후 12월에는 광주廣州에서 부사년과 만나 동작빈이 소둔에서 갑골문을 발굴하였다는 소식을 듣고 고고조考古組의 주임직을 수락하였으며 다시 소둔을 발굴할 계획을 세웠다. 이후 다시 개봉開封으로 가 동작빈과 만나 이듬해 봄에 다시 발굴할 것을 의논하였는데, 동작빈은 갑골문의 자료를 연구하고 이제는 기타 유물을 연구하기로 협의하

74) 董作賓의 논저에서는 229편이라 했지만 嚴一萍은 『甲骨學』 第2章에서 854편이며 글자를 가진 뼈가 299편이라 했다.

였다. 민국 18년(1929) 1월, 이제는 고고조의 주임으로 정식 취임하였으며 3월7일부터 5월10일까지 이루어졌던 제2차 은허발굴을 지휘했다.

민국 17년(1928) 10월부터 민국 26년(1937) 6월 중일전쟁의 발발로 은허의 발굴이 중단될 때까지 총 15차례의 발굴이 이루어졌다. 그중 제10·11·12차는 서북강西北岡과 대사공촌大司空村 등지에서 발굴했으나 글자가 있는 갑골은 출토되지 않았다. 제1차부터 제9차, 제13차부터 제15차까지 글자를 가진 거북딱지가 22,718편, 글자를 가진 뼈가 2,200 편, 총 24,918편의 갑골이 발굴되었다. 은허의 15차 발굴에서 출토된 갑골의 정황에 대해서는「은허 발굴 갑골문 간표殷墟發掘甲骨文簡表」를 참조하면 된다.

역사어언연구소 고고조가 소둔에서 제3차 발굴(1929년 10~12월)을 진행할 때 하남성 정부는 하남박물관관장이었던 하일장何日章이 조직한 발굴대를 파견해 소둔에서 2개월간 함께 발굴했다. 이듬해 2월 20일부터 3월 9일까지, 4월 12일부터 4월 말까지 다시 발굴을 진행했다. 이 두 차례의 발굴에서 글자가 있는 거북딱지 2,673편, 글자가 있는 소뼈 983편 등 총 3,656편이 발굴되었다. 10년간 이 두 기관의 은허 고고 발굴에서 얻은 갑골은 28,574편이었다.

은허의 제1차 고고 발굴이 시작된 후 갑골이 출토되었을 뿐 아니라 다른 고대 기물도 많이 발견되자 군벌이 통치하던 지방 토호들은 눈에 불을 켜기 시작했고 보물을 파내겠다는 도굴꾼의 야심을 다시 자극하게 되었다. 그래서 민국 18년(1929)부터, 부사년과 이제와 동작빈 등과 같은 고고학자와 다른 학자들은 곧바로 "고대기물 보호법古物保護法"을 제정할 것을 국민당 정부에 호소하고 글을 올렸다. 이듬해 6월, 입법원에서는 이 "보호법"을 통과 시켰다. 민국 24년 3월, 국민정부의 내무부와 교육부는 연합하여 정식으로 중앙연구원에게 은허발굴을 허가하는 최초의 "비준서"를 발급했으며 비준서가 없는 발굴은 위법임을 천명했다.

제1차 발굴 이후 이제는 역사어언연구소의 은허 발굴 경비로 미국 워싱턴의 프리어 예술전시관(Freer Gallery of Art)에서 찬조를 받을 생각이었다.

〈표 1〉 은허 발굴 갑골문 약표

차수	날짜	책임자	참가자	발굴지	글자있는 거북딱지	글자있는 뼈	총 숫자	저록
1	1928.10.13 ~10.30	董作賓	趙芝庭, 李春昱, 王湘, 郭寶鈞, 張錫晉	小屯	555편	299편	854편	갑편
2	1929.3.7 ~5.10	李濟	董作賓, 董光忠, 王慶昌, 王湘, 裴文中	小屯	55편	685편	740편	갑편
3	1929.10.17 ~10.21 11.15~12.12	李濟	董作賓, 董光忠, 張蔚然, 王湘	小屯	2,050편	962편	3,012편	갑편
4	1931.3.21 ~5.11	李濟	董作賓, 梁思永, 郭寶鈞, 李光宇, 劉嶼霞, 王湘, 周英學, 馬元材, 關伯益, 許敬參, 馮進賢, 石璋如, 幼弱	小屯, 後岡, 四盤磨	751편	31편	782편	갑편
5	1931.11.7 ~12.19	董作賓	郭寶鈞, 王湘, 劉嶼霞, 梁思永, 石璋如, 劉躍, 張善, 馬元材, 李伯英	小屯, 後岡	275편	106편	381편	갑편
6	1932.4.1 ~5.31	李濟	董作賓, 王湘, 吳金鼎, 劉嶼霞, 李光宇, 周英學, 馬元材, 石璋如	小屯, 高井臺子, 王裕口, 霍家小莊		1편	1편	갑편
7	1932.10.19 ~12.15	董作賓	石璋如, 李光宇, 馬元材	小屯	23편	6편	29편	갑편
8	1933.10.20 ~12.25	郭寶鈞	李光宇, 李景聃, 馬元材, 石璋如, 劉躍	小屯, 後岡, 四盤磨	256편	1편	257편	갑편
9*	1934.3.9 ~5.31	董作賓	李景聃, 石璋如, 劉躍, 尹煥章, 祁延霈, 馮進賢	小屯, 侯家莊, 後岡, 南霸臺	446편	11편	457편	갑편
13	1936.3.18 ~6.24	郭寶鈞 石璋如	王湘, 李景聃, 尹煥章, 祁延霈, 高去尋, 潘慤, 孫文青	小屯	17,756편	48편	17,804편	을편
14	1936.9.20 ~12.31	梁思永 石璋如	王湘, 尹煥章, 高去尋, 王建勛, 石偉, 魏鴻純, 李永淦, 王思睿	小屯 大司空村	2편		2편	을편
15	1937.3.16 ~6.19	石璋如	王湘, 尹煥章, 高去尋, 潘慤, 王建勛, 石偉, 魏鴻純, 李永淦, 張光毅	小屯	549편	50편	599편	을편

* 제10차부터 제12차까지는 후가장의 서북강에서 '왕릉'을 발굴하였으나 갑골문이 출토되지 않았기에 생략했다.

하지만 프리어 박물관 측이 식언을 하게 되면서 많은 현지 발굴자들은 중화교육 문화기금회에 비용을 신청했다. 결과 민국 19년(1930)부터 계산해 이후 3년까지 매년 은원銀元 만 원의 발굴경비가 제공되었다. 이로써 이후 경제적 문제로 발굴이 중지될 뻔했던 위기는 면하게 되었다.

중앙연구원 역사어언연구소의 은허에 대한 15차례의 고고 발굴에서 갑골문이 출토되었을 뿐 아니라 상 왕조 후기의 궁전·종묘宗廟·왕릉·수공업 작업방 등과 같은 유적을 비롯해 상 왕조 및 다른 시대의 많은 유물도 발굴하였다. 이 책에서 소개할 수 있는 범위를 넘어선 것에 대해서는 『안양 발굴보고安陽發掘報告』[75]와 호후선의 『은허 발굴殷墟發掘』[76]을 참조하면 된다. 또 은허발굴에서 출토된 갑골문의 상세한 내용에 대해서는 동작빈의 『갑골학 60년甲骨學六十年』,[77] 엄일평의 『갑골학甲骨學』,[78] 왕우신의 『갑골학 통론甲骨學通論』[79] 등을 참조하면 된다.

2) 은허의 보호와 갑골문의 지속적 발견

민국 26년(1937) 7월 7일, 일본이 중국을 침략함으로써 중일전쟁은 시작되었다. 중앙연구원 역사어언연구의 은허 발굴도 이로 인해 중단되었다. 8년간의 항일전쟁으로 은허는 다시 개인에 의해 마구잡이로 파헤쳐졌으며, 갑골문은 다시 국외로 계속 유출되었다. 오호곤吳浩坤 등은 『중국 갑골학사中國甲骨學史』 제2장 제3절에서 이렇게 묘사하고 있다.

---

75) 『中央研究院歷史語言研究所專刊』 제1~4기, 1929.12~1933.6.

76) 學習生活出版社, 1955.5.

77) 臺灣藝文印書館, 1965. 劉夢溪, 「董作賓卷」, 『中國現代學術經典』(河北教育出版社, 1996)에도 이 책이 수록되었다.

78) 臺灣藝文印書館, 1978.

79) 中國社會科學出版社, 1989. 또 馬如森의 『殷墟甲骨文引論』(東北師範大學出版社, 1993)도 참고할 만하다.

항전기간 동안 일본인은 소위 "조사"와 "연구반"이라는 것을 조직하여 화북과 동북 지역 일대에서의 고고 발굴을 통해 중국의 진귀한 문물을 대량으로 탈취해 갔다.

그중 하남의 고고를 전담했던 "화북 종합 조사연구기관" 같은 것도 있었다. 개인적인 조사와 탐방은 더욱 빈번했다. 호후선 선생은 이렇게 통계 낸 바 있다. 즉 1938년 봄, 경응의숙대학慶應義塾大學 문학부에서 북지나北支학술조사단을 조직해 대산백大山柏의 인솔 하에 안양으로 가 고고 발굴을 한 적이 있다. 같은 해 가을, 동방東方 문화연구소의 수야청일水野清一・암간덕야岩間德也 등도 안양의 후가장侯家莊으로 가 고찰하고 발굴했다. 1940년부터 1941년까지 동경東京 제국대학 고고학교실에서도 안양으로 가 발굴을 했으며, 1942년부터 1943년까지 하남성에 주둔하던 일본군도 도적 떼를 이용해 적잖은 고대기물을 도굴했으며 모두 일본으로 가져갔다.[80]

일본인 외에도 소둔촌과 그 주위의 몇몇 촌민들도 계속해 갑골문을 파헤쳤으며, 이 시기 은허에서 얼마나 많은 양의 갑골문이 출토되었는지에 대해서는 지금까지도 아무도 설득력 있게 설명할 수 없게 되고 말았다. 과거의 어떤 통계는 기관과 개인들이 매수한 후 다시 기관에 되팔아 지금 소장하고 있는 숫자에만 근거한 것도 있는데, 이중 많은 갑골이 이전의 저록과 중복 출현하는 것이어서 이 모두가 항일전쟁시기에 출토된 것이 아님을 보여주고 있다. 『갑골문 합집』의 편찬과정에서 『합집』 편찬팀의 구성원은 갑골문 자료를 수집하고자 최대의 노력을 경주했지만, 몇몇 개인 소장에 대해서는 근본적으로 이해할 방법이 없었다. 그것은 개인이 소장하고 있던 이러한 소량의 갑골문을 대부분 가보로 전해지는 귀중품으로 여겨 공개를 꺼려했기 때문이다. 근년에 들여 몇몇 친한 친구들의 소식과 그들의 목격담에 의하면, 북경・상해・산동의 제남・하

80) 吳浩坤・潘悠, 『中國甲骨學史』, 上海人民出版社, 1985, 33면.

북의 한단・산서의 장치시長治市 등지에 개인이 소장하고 있는 갑골문이 존재한다고 한다. 몇몇 도시의 시장에도 갑골문이 나오긴 했으나 부르는 값이 너무 비싸 감히 살 수 있는 사람이 없었다고 한다. 물론 정보를 제공한 사람이 대부분 갑골문 전문가가 아니어서 그 진위를 판단하기가 쉽지 않다. 하지만 은허에서의 도굴 또한 계속해서 멈추어지지 않았음을 보여준다. 그래서 이제는 이렇게 말했다. "안양에서 연구소의 발굴이 지방 정부의 보호 하에 아무런 장애 없이 진행되긴 했지만 이와 동시에 불법적인 보물찾기와 무덤의 도굴 또한 수시로 진행되었다."[81] 그래서 어떤 한 시기의 개인적인 발굴(즉 도굴)에 의해 출토된 은허 갑골문의 정확한 통계는 근본적으로 불가능하며, 기껏해야 그 대략적인 숫자에 불과하며 오차 범위조차도 계산해 낼 방법이 없다.

항일전쟁에서 중국이 승리한 후 호후선胡厚宣은 항일전쟁 시기 도굴에 의해 출토된 갑골문을 곧바로 조사해 그 결과를 세상에 공표하고자 했다. 그래서 전쟁이 끝나자 "곧바로 후방지역에서 북경과 천진으로 가서 조사하고 수집했다. 1946년 가을에는 제로齊魯대학이 복교를 위해 성도成都에서 제남으로 돌아가는 과정에서 상해와 남경 등지를 들렀을 때 여러 곳에서 갑골을 수집할 수 있었다. 고가로 수매한 수천 편의 실물과 몇몇 탁본 외에도 기관이나 개인이 소장하고 있는 것을 빌어서 탁본하거나 탁본을 빌어서 복사하거나 베껴 쓴 것도 있었는데, 이는 전후 갑골문자의 수집과 전수에 공헌했다."[82] 왕우신의 통계에 의하면, 항일전쟁시기 도굴에 의해 출토된 갑골문이 약 3천5백여 편, 전후 시점부터 1949년까지 출토된 것이 2천5백여 편에 이른다.[83] 이 둘을 다 합치면 약 6천 편 정도가 되는 셈이다. 앞서 말했듯이 "은허"라는 이름은 역사서의 기록에 보이지만 그곳이 과연 "원수洹水의 남쪽"에 위치한 은허가 안양의 소둔小

81) 李濟, 『安陽－殷商古都發現・發掘・復原記』, 中國社會科學出版社, 1990, 60면.
82) 吳浩坤・潘悠, 『中國甲骨學史』, 上海人民出版社, 1985, 33～34면.
83) 王宇信, 『甲骨學通論』, 中國社會科學出版社, 1989, 90～91면.

屯일까? 소둔에서 갑골문이 발견된 이후, 소둔촌의 역사적 지리에 대한 학자들의 고증과 함께 은허의 위치 확정이 문제로 등장하게 되었다. 중앙연구원 역사어언연구소에서 소둔을 비롯해 그 주변 지역에 대한 10년간에 걸친 15차례의 고고 발굴(1930년 하남의 지방 세력의 방해로 고고조가 산동에서 발굴하던 용산진龍山鎭의 성자애城子崖로 옮겨갔다) 과정에서 2만여 편의 갑골문이 출토된 이외에도 상 왕조의 궁전과 종묘 건축의 기단과 일반 거주지역의 기단 · 왕릉 · 일반 무덤을 비롯해 각종 저장창고窖穴가 발견되었고 대량의 청동과 도기 · 석기 · 옥기 · 골제품 등도 발견되었다. 이러한 것은 이곳이 바로 역사서에서 말하는 "은허"로, 3천 년 전 상 왕조 후반기의 수도이며 지하 역사 문물의 보물창고라는 유력한 증거였다. 그러한 발굴품은 중국민족의 역사 문화적 유산일 뿐 아니라 세계의 역사 문화 유산이며, 중국인들의 자부심이자 영광이었다. 하지만 이곳에 쌓인 풍부한 역사 문화적 함의를 가진 땅 속의 문화 보물창고는 신 중국 성립 이전 여러 차례 파괴되고 문물이 대량으로 유실되는 등 효과적인 보호를 전혀 받을 수 없었다.

신 중국 성립 이후, 1950년 5월부터 중앙인민정부는 「고대 문화유적 및 고대 묘장 조사발굴 임시 판례법古文化遺址及古墓葬之調查發掘暫行辦法」 등과 같은 일련의 법령을 계속 반포함으로써 중국 역사문물의 국외 반출 방지와 역사 문화유적 · 고대 묘장 및 기타 진귀 문물의 보호를 지속적이고도 강력하게 시행했다. 이것은 갑골문의 지속적인 유출을 방지하고 은허라는 이 지하 역사 문화 보고를 보호하는 데 도움을 주었다. 10년 후의 1961년 3월 4일, 국무원은 또다시 「문물 보호관리의 임시 조례에 관한 통지關于文物保護管理暫行條例的通知」를 발표했다. 그와 동시에 제1차 전국 중점 문물보호단위의 명단을 발표했는데 "은허"도 그 속에 포함되었다. 20년 후의 1982년 11월 19일에는 문물보호의 상위법, 즉 『중화인민공화국 문물보호법中華人民共和國文物保護法』이 정식으로 공표되어 시행되었다. 그리하여 "은허"도 법에 근거해 과학적으로 관리되는 궤도에 오르게 되었다.

1950년에는 은허를 보호하기 위해 소둔촌에 "은허유적 보호관리소殷墟遺址保管所"가 설치되었고, 같은 해 3월, 중국과학원 고고연구소(지금의 중국사회과학원)가 설립되었다. 1958년, 고고연구소는 "안양공작대安陽工作隊"를 설립했다. 1959년 고고연구소는 소둔촌에 작업센터를 설치하고 은허 전시실을 만들었다. 또 이듬해 10월 1일 정식으로 전시를 시작했다.

은허 범위 내의 농민과 기타 거주민들은 선전과 교육을 통해 은허 보호의 의의를 인식하게 되었다. 예컨대 "1972년 12월 하순, 소둔촌 농민이었던 장원오張元五는 마을 남쪽 길 가의 작은 도랑에서 흙을 파다가 황토 속에서 6편의 작은 각사복골을 발견했다. 그는 곧바로 고고연구소의 안양공작대에 이 사실을 보고했다."[84] 이는 그 후 1973년 소둔 남쪽 지역에서의 대규모 갑골 발견에 계기를 마련해 주었다. 이 때문에 "문화대혁명"이라는 10년간의 대혼란 속에서 많은 문화유적 · 묘장 · 고적 · 문물들이 파괴되었지만 은허는 화를 입지 않을 수 있었다. 1970년대 이래로 도굴과 문물의 밀매 등이 날로 창궐했지만 은허는 도굴되었다는 보고도 없었으며 문물 밀매꾼의 거래품 중에 은허에서 출토된 갑골문만은 포함되지 않았다.

13년 동안 중단되었던 은허고고 발굴은 1950년 4월 다시 재개되었으며, 6월에 발굴이 마무리되었다. 이때에는 곽보균郭寶鈞이 발굴을 지휘했는데, 신 중국 성립 이후에 이루어진 첫 번째 은허발굴이었다. 이때의 발굴은 무관촌武官村의 북쪽에서 이루어져 무관촌 대묘大墓를 발굴했고, 사람을 이용한 순장과 제사의 실례를 발견했다. 또 사반마四盤磨의 발굴과정에서 글자가 새겨진 복골 1편이 발견되었는데, 총 3행 16자로 일반적으로 보이는 복사와는 차이를 보였다. 곽보균은 이것이 "아마도 역괘易卦와 같은 문자일 것이다"[85]고 했다. 이 이후의 은허에 대한 발굴은 주로

---

84) 考古研究所安陽工作隊, 「1973年小屯南地發掘報告」, 『考古學集刊』 第9集, 1995.
85) 「1950年春殷墟發掘報告」, 『中國考古學報』 第5冊, 1951.

기본 건설방향을 고려하여 이루어졌다. 즉 "일반 보호구역과 은허 주위의 지역에서 발굴이 이루어졌으며 중점 보호구역 내에서의 발굴은 매우 드물었다."[86] 1955년 8월부터 10월까지 하남성 문물공작대는 소둔촌의 동남쪽에서 글자가 새겨진 복골 1편을 발견했는데 강정康丁시기에 속하는 복사였다.[87] 1957년 8월, 하남성 문물공작대는 설가장薛家莊의 남쪽지역을 발굴하여 글자가 새겨진 복갑 1편을 발견했다. 1958년 소둔의 서쪽 지역에서도 연습용 귀갑 1편이 발견되었다. 1958년 소둔의 서쪽에 위치한 회갱灰坑에서 복갑 1편이 발견되었는데 총 11자가 새겨져 있었다. 1959년 대사공촌大司空村의 발굴에서 구각臼角이 잘려 나가지 않은 복골 2편이 발견되었는데 1편에서는 2글자, 다른 1편에서는 4자가 새겨져 있었으며 모두 무정武丁 때의 연습용 갑골이었다. 같은 해 묘포苗圃 북쪽지역에서 복골 1편이 발견되었는데 아직 7자가 남아있었다. 1961년 겨울 이곳에서 거북등딱지 1편이 발견되었는데 6글자가 있었으며 무정武丁 후기 때의 연습용 갑골이었다. 1962~1964년에 또다시 글자가 새겨진 복골 2편이 발견되었다. 1966년 6월, 중국의 역사문화를 훼손시킨 "대혁명"이 시작되는 바람에 은허발굴은 두 번째로 중단되고 말았다.

1969년 봄, 안양 철강공장의 기초 공사를 위해 은허의 서쪽 지역에 대한 발굴이 이루어지면서 은허의 발굴도 조심스레 시작되었다. 1971년 12월 8일, 소둔 서쪽 지역의 1호 개울에서 21조각의 완전한 복골이 출토되었다. 복골은 지하에 질서정연하게 쌓여 있었으며 기본적으로는 세 조로 나뉘어져 있었다. 곽말약은 이에 대해 "복골이 세 조로 나뉘어 있었는데 서남쪽에 1조 3매, 동남쪽에 1조 6매, 북면에 1조 12매로 되어 있었다. 3·6·12라는 숫자는 모두 3을 공약수로 삼고 있다. (…중략…) 즉 복골이나 복갑은 3매를 한 조로 삼아, 한 번에 3개의 귀갑이나 3개의 복골을 사용했다"[88]고 했다. 이 21개의 복골 중 10개에 각사가 있었는데 자형이

86) 中國社會科學院考古研究所, 「前言」, 『殷墟的發掘與研究』, 科學出版社, 1994, 16면.
87) 中國社會科學院考古研究所, 「前言」, 『殷墟的發掘與研究』, 科學出版社, 1994, 16면.

나 사례辭例로 볼 때 늠신廩辛에서 문정文丁 시기 사이의 유물로 보인다. "1971년, 후강後岡의 M48 은나라 무덤에서 잔골殘骨 1편이 발견되었는데 위에는 두 글자가 새겨져 있었는데, 하나는 '우又'자이고 다른 한 글자는 알아볼 수 없었다." "1972년, 소둔 서쪽 지역을 발굴하면서 각사복골 3편, 복갑 1편을 발굴했다."[89]

1972년 12월 하순, 장원오張元五라는 농민이 소둔촌의 남쪽 도로가에서 흙을 파다가 갑골을 발견하여 고고연구소 안양공작대에 보고했다. 하지만 때가 한겨울이라 발굴하기가 어려워 해당 지점을 우선 보호 조치해 두었다. 이듬해 3월 하순부터 8월 10일까지, 10월 4일부터 12월 4일까지 두 차례에 걸쳐 소둔남쪽 지역의 총 21개 지점을 발굴하였다. 발굴면적은 430제곱미터에 이르렀다. 이 두 차례 발굴에는 대충현戴忠賢・유일만劉一曼・조정운曹定雲・왕금룡王金龍・굴여충屈如忠・손병근孫秉根 등 고고학자들이 참가했다. 상나라 회갱灰坑 120개를 발굴했고 그중 58개에서 갑골이 출토되었다. 어떤 경우는 1갱坑에서 단지 1편만 출토되기도 했지만 어떤 경우에는 1갱에서 천 편이 넘는 갑골이 출토되기도 했다. H24라는 식으로 번호 매김 된 것이 이에 해당하는데, 총 1,315편의 복골이 출토되었다. 이러한 갑골은 물론 의식적으로 저장된 것이었다. 소둔 남쪽 지역에서 출토된 갑골은 만여 편이나 된다. 발굴 후 각사가 있는 것을 정리해 보니 총 4,589편에 이르렀고 짜 맞추기綴合와 묵탁墨拓을 거쳐 『소둔 남지 갑골小屯南地甲骨』이라는 이름으로 1980년 10월 출판되었다. 그 후 다시 단단한 흙층에서 발견된 글자 있는 갑골 294편을 정리해 내었는데 대부분 작은 편들로, 문자가 비교적 많은 것은 겨우 몇 편에 불과했다. 이렇게 해서 이때의 발굴로 지금까지 알려진 소둔 남쪽 지역의 글자가 있는 갑골의 총계는 5,335편에 이른다. 「1973년 소둔 남쪽 지역 발굴보고」에서 이렇게 말했다.

---

88) 「安陽新出土的牛胛骨及其刻辭」, 『考古』, 1972年 第2期.

89) 中國社會科學院考古研究所, 『殷墟的發現與研究』, 科學出版社, 1994, 152・155면.

이번 고고 발굴에서 주로 얻은 것은 글자가 새겨진 갑골 5천3백여 편(짜 맞추기綴合를 한 결과 4천8백여 편이 되었다)이었다. 이들은 신중국 성립 후 출토된 갑골 중에서 가장 많은 수량이다. 소둔 남쪽 지역에서 발견된 갑골은 대부분 믿을 만한 지층 관계를 확보하고 있으며 도기와 함께 보존되어 있었기 때문에 갑골의 시기구분과 은허의 문화적 시기구분에 대단히 귀중한 자료가 된다. 소둔 남쪽 지역에서 발견된 은나라 때의 유적과 문물은 은나라 중기 이후의 것이 위주이며 초기의 것은 비교적 적다. 소둔 남쪽 지역에서 나온 갑골각사의 경우 그 시기가 대부분 강정康丁・무을武乙・문정文丁 시기에 속한다. 해방 후의 발굴 과정에서 마을의 북쪽에서는 주로 제1기와 제5기 때의 복사가, 마을의 가운데와 마을의 남쪽에서는 강정康丁・무을武乙・문정文丁 때의 복사가 주로 출토되었다. 이에 근거해 볼 때 은나라 중기 이후 점복을 행하던 기관이 마을의 북쪽으로부터 남쪽으로 옮겨온 것으로 추정할 수 있다.

고고연구소가 실시한 소둔 남쪽 지역발굴에서 얻은 가장 큰 수확은 5천3백여 편에 이르는 갑골문이었다. 이는 1936년 역사어언연구소가 은허에서 시행한 제13차 발굴 때 소둔촌의 북쪽의 "YH127갱"으로 이름 붙여진 곳에서 갑골문 만7천여 편이 발견된 이후 가장 많은 경우였다. 이 갑골문이 반영하고 있는 내용은 이전에 출토된 갑골문에서의 기존 내용 이외에도 군사와 천상天象 방면의 새로운 자료가 포함되어 있었다. 이때 출토된 갑골문에서 몇몇 주목할 만한 문제가 포함되었다. 예컨대 5천3백여 편의 글자가 새겨진 갑골 중에 복갑이 단지 74편에 불과하며, 소둔촌의 북쪽 "YH127갱"에서 출토된 만7천여 편의 글자가 새겨진 갑골 중 복골은 단지 8편에 불과하다는 것이 그러하다. 이러한 갑골 중 완전하거나 비교적 완전한 글자가 있는 소 어깻죽지 뼈는 백여 판版이며 "YH127갱"에서 출토된 완전하거나 비교적 완전한 거북딱지는 3백여 개에 이른다. 이 갑골문은 주로 늠신廩辛・강정康丁・무을武乙・문정文丁 시기의 유물이지만 "YH127갱"에서 출토된 갑골문은 주로 무정武丁과 무정武丁 후기 때의 유물이다. 이러한 것은 당시의 상 왕조에서 갑골을 사용한 이후 부류를 나누어 매장했는데, 소둔촌의 북쪽 일대는 거북딱지를 매장하던 주요 지점이었고 소둔촌의 남쪽 지역은 소 어깻죽지 뼈를 매장하던 주요 지점이었다는 것을 보여 준다. 또 무정武丁을 비롯해 그 뒤로는 거북딱지를 이용한 점복이 비교적 많았으나 조경祖庚·조갑祖甲 시기에는 소 어깻죽지 뼈를 사용한 점복이 점차 증가되었다. 이는 상 왕조의 사회생산 발전과 관련되어 있다. 현재까지 볼 수 있는 기사 각사로부터 상나라 왕이 점복 때 사용했던 거북딱지와 소 어깻죽지 뼈는 모두 공물에 의한 것이다. 거북이나 거북딱지를 공물로 보낸 기사각사는 무정武丁시기 때에만 보이며, 뼈를 공물로 바쳤다는 기사각사는 무정武丁시기 이외에도 무을武乙·문정文丁시기 때의 "골면 각사骨面刻辭"에도 보인다.[90] 거북은 야생이기 때문에 얻기가 어렵지만 소는 사육하기 때문에 쉽게 얻을 수 있다. 농업과 목축업이 발전함에 따라 소 어깻죽지 뼈를 주요한 점복재료로 사용한 것은 필연적인 결과였다.

1967~1977년, 고고연구소 안양공작대는 소둔촌의 북쪽, 마을 가운데, 마을 남쪽 등지에서 차례로 갑골문 14편을 채집했는데 그중 글자가 있는 복골이 10편, 복갑이 4편이었다. 『소둔 남지 갑골』 상책 제2분책의 「부록」에 13편이 수록되어 있다. 1985년 가을 고고연구소에서는 소둔촌 서북지역(부호묘婦好墓 서쪽)을 발굴하는 과정에서 한 회갱灰坑에서 글자가 있는 복갑 2편을 발굴했다. 1986년 가을, 고고연구소는 소둔촌을 발굴하는 과정에서 글자를 가진 작은 복골 8편을 발견했다. 1989년 고고연구소는 소둔촌에서 글자가 새겨진 갑골 294편을 발견했는데 그중 복골이 293편, 복갑이 1편이었다. 대부분 작은 편으로 글자도 적었으며, 간혹 군사에 관한 중요 자료도 포함되어 있다. 1991년 10월, 고고연구소에서는 화원장花園莊의 동쪽과 "은허박물원"의 남쪽에서 갑골이 매장된 회갱 하나를 발견했

90) 孟世凱, "骨面刻辭"條, 『甲骨學小辭典』, 上海辭書出版社, 1987.

다. 이 갱에서는 다른 유물은 없이 1,583편의 갑골만 출토되었다. 그중 글자가 새겨진 것이 579편이며 배딱지가 557편, 등딱지가 17편, 소 어깻죽지 뼈가 5편이다. "이 갱에서 발견된 갑골 상의 각사는 적은 경우 1~2자, 많은 경우는 2백여 자나 되었으며 일반적으로는 수십 자에 이르렀다. 대다수의 각사는 글자체가 세밀하고 작으며 가지런하고 수려하다. 글자에 붉은 색이나 검은 색을 채워 넣었거나 복조卜兆를 새겨 넣은 현상이 자주 보인다."91) 이러한 특징을 가진 각사는 무정武丁 시기의 유물이다.

1950년부터 은허에 대해 강력한 보호조치가 취해져, 기본건설방향에 부합하여 계획적이고 중점적으로 발굴해 1990년대 초까지 글자가 있는 갑골 총 6,233편을 발굴했다. 특히 소둔 남쪽 지역의 발굴에서는 무더기를 이룬 갑골과 다른 유물이 함께 출토됨으로써 갑골문의 시기구분과 은허문화의 시기구분에 새로운 연구 자료를 제공해 주었다. 이 40년간 은허에서 출토된 갑골문의 간단한 정황에 대해서는 다음의 〈표 2〉를 참조하기 바란다.

은허에서 갑골문이 출토된 것 이외에도 1953년, 하남성 문물공작대는 정주鄭州의 이리강二里崗 유적지에서 글자가 있는 복골 2편을 발견하였는데, 1편은 소 갈비뼈로 여러 글자가 새겨져 있었으며, 다른 1편은 골기의 잔편으로 위에 "유㞢"자가 새겨져 있었다. 이 두 복골은 지층이 불명확하여 그 시기를 확정하기가 어렵다. "1954년 또다시 복골 1편이 출토되었으나 글자를 판독하기 어려웠다." 이밖에도 정주의 전력학교電校의 이리강二里崗 상층 후기 회갱에서 글자가 새겨진 2조각의 갑골이 발견되었다.92) 1996년 4월부터 1997년 5월까지, 산동성 환대현桓臺縣 전장진田莊鎮의 사가史家 유적지를 발굴하는 과정에서 악석 문화岳石文化 후기의 곳집 속에서 획이 새겨진 3조각의 양 어깻죽지 뼈가 발견되었다93)는 사실 등

91) 中國社會科學院考古研究所, 「補記」, 『殷墟的發現與研究』, 科學出版社, 1994.
92) 『鄭州商城考古新發現與研究』, 中州古籍出版社, 1993, 177면.
93) 「桓臺史家遺址發掘獲重大成果」, 『中國文物報』, 1997.5.18.

〈표 2〉 1950~1990년대 초 은허에서 출토된 갑골문 약표

발굴시기	발굴기관	발굴지점	거북딱지	동물 뼈	계(편)
1950년 봄	고고연구소(주비위)	四盤磨		1	1
1955년 8~10월	하남성문물공작대	小屯村 동쪽		1	1
1955년 8월	하남성문물공작대	薛家莊 남쪽	1		1
1958년	고고연구소	小屯村 서쪽	1		1
1959년	고고연구소	大司空村		2	2
1959년	고고연구소	채소밭 북쪽 지역		1	1
1961년 봄	고고연구소	채소밭 북쪽 지역	1		1
1962~1964년	고고연구소	채소밭 북쪽 지역		2	2
1971년 12월	고고연구소	小屯村 서쪽		10	10
1971년	고고연구소	後岡		1	1
1973년 3월	고고연구소	小屯村 남쪽	74	5,251	5,335
1967~1977년	고고연구소	小屯村 북・중・남쪽	4	10	14*
1985년 가을	고고연구소	小屯村 서북쪽	2		2
1986년 봄	고고연구소	小屯村 가운데		8	8
1989년 가을	고고연구소	小屯村 가운데	1	293	294
1991년 10월	고고연구소	花園莊 동쪽	574	5	579
계	1950년~1991년	12개 지점	658	5,585	6,243

* 여기서 제시된 갑골문은 채집품이다.

을 참고로 부언해 둔다.

3) 갑골문 소장 현황

고대 중국의 경우 전래된 유물이든 고고 발굴에 의한 유물이든 모두 문물文物이라 부른다. 문물에는 여러 가지 계량 단위가 있다. 예컨대 청동기는 "점件"으로 헤아리며 단독기물은 그 이름으로 직접 부를 수 있다. 옥玉・돌石・대나무竹・나무木・조개蚌로 만든 기물도 점件을 단위를 삼고, 죽간竹簡은 "매枚"라는 단위를 쓰며, 글씨나 그림은 "폭幅"이라는 단

위를 사용한다. 그 외에도 자연스레 굳어진 갖가지 계량 단위가 있는데, 수천 수백 년 동안 대단히 정확했거나 비교적 정확하게 사용되었다. 은허에서 출토된 갑골의 경우 은허에서 글이 새겨진 갑골이 출토되고 유철운에 의해 갑골학사에서 최초의 저작인 『철운장귀鐵雲藏龜』가 출판되었는데, 그의 「자서」에서 "골편骨片"이나 "귀판龜版"이라 불렀으며 "내가 소장한 것의 총 숫자는 약 5천 편片을 넘는다"고 했다. 이 이후부터 골동상이나 수매자나 저록자들은 모두 "편片"을 갑골을 헤아리는 단위로 사용하고 있다. 갑골학의 형성과정에서 "판版"이라 불린 경우도 있다. 예컨대 『갑골 연표』의 "청나라 광서 25년" 조에서는 "이해 가을, 범范씨라는 상인이 갑골문자 12판版을 왕의영에게 팔았는데 그 가격은 판版 당 은화 2냥이었다"고 했다. 또 "청나라 광서 30년" 조에서는 "북경의 존고재尊古齋 주인인 강하江夏 황준백천黃浚伯川이 갑골문자 6백 판版을 얻었다. 서방오徐枋梧는 북경에서 태어났는데 역시 1천여 판版을 얻었다. 유현濰縣에 머물렀던 버건柏爾根 목사도 70여 판版을 얻었다"고 했다. 민국 17년(1928) 가을부터 중앙연구원 역사어언연구소가 은허에서 고고 발굴을 시작하여 얻은 갑골문도 여전히 판版이라는 단위로 헤아리고 있었다.

고대 중국에서는 제사와 점복에 근거해 길흉을 판단했으며, 주로 거북딱지와 동물 뼈를 사용했다. 일찍이 신석기 시대 후기의 몇몇 유적지에서 점복에 사용된 거북딱지와 동물 뼈 등이 발견되기도 했으나 복사가 기록된 것은 아직 발견되지 않았다. 지금까지 은허에서 출토된 상나라 갑골문이 약 10만 편 쯤 된다고 볼 때, 거북딱지와 동물 뼈가 각각 절반 정도씩 사용되었다. 무정武丁과 무정 후기 때는 거북딱지가 동물 뼈보다 많고, 조경祖庚·조갑祖甲 이후는 소뼈가 거북딱지보다 많다. 거북딱지는 바로 거북의 딱지를 말한다. 점복에 쓰였던 것은 주로 배딱지였고 등딱지는 극히 소수였다. 거북의 배딱지는 얇아 건조한 상태에서 수분이 빠지면 쉽게 부서진다. 소뼈를 점복 재료로 사용할 때에는 주로 소의 어깻죽지 뼈를 사용하는데 속칭 "부채 뼈扇子骨"라 불리는 부분이다. 어깻죽지 뼈는 뼈마디를 제거하면 골구骨臼 외에는 한쪽 부분만 다소 두터울 뿐 나머지 부분은 매우 얇기 때문에 잘 부서진다. 상 왕조에서 점복에 사용했던 갑골은 모두 거북의 완전한 배딱지와 가공을 거쳐 모양을 바꾼 거북 등딱지였으며, 뼈의 경우 모두 완전한 소 어깻죽지 뼈였다. 거북딱지와 소뼈는 점복이 정식으로 거행되기 전 뒷면에 찬鑽과 조鑿를 파게 되고, 점복 때에는 거기를 불로 지지게 된다. 거북딱지의 뒷면을 불로 지지면 그 정면은 갈라진 흔적이 나타나게 되는데, 이것이 "복조卜兆"라는 것이다. 거북딱지와 소뼈가 흙 속에서 3천여 년간 묻혀 있었기 때문에 출토될 때에는 쉽게 부서진다. 특히 개인들이 마구잡이로 발굴할 때에 부서진 것이 더욱 많다. 글자가 있는 것이 고가로 판매되기 때문에 글자가 없는 것은 종종 폐기되었다. 이 때문에 저록들에서 완전한 갑골은 대단히 드물다. 중앙연구원 역사어언연구소의 발굴과정에서 출토된 갑골문이라 하더라도 부서진 것이 완전한 것보다 많을 수밖에 없었다. 1936년 봄 소둔촌의 북쪽에서 발굴된 "YH127갱"은 주로 거북딱지를 매장했던 창고였는데 출토될 때 역시 부서진 것이 많았다. 이는 『은허문자 을편乙編』에 저록되었는데 그때는 아직 짜 맞추기綴合되지 않았을 때였다. 1950년대부터 장병권張秉權이 이를 짜 맞추기 하여 『은허문자 병편丙編』으로 만들었는데, 그중 완전하게 혹은 비교적 완전하게 짜 맞추기 한 거북딱지가 총 349판에 이르렀다. 1982년 12월 완간된 『갑골문 합집』에서는 2천여 판을 짜 맞추기 했다. 어떤 것은 10편 이상의 조각들을 짜 맞추기 했는데, 제14,128호의 경우 『을편』에서의 27조각을, 제795호는 『을편』의 14조각을 앞뒤로 짜 맞추기 한 것이다.

은허 갑골문은 출토된 이후 상품으로 취급되어 시장으로 흘러들어 유통되었다. "용골"로 여겨져 사원 앞에 펼쳐진 난장이나 약재시장에 팔려나갈 때로부터, 골동상이 소둔촌에서 구매하여 북경과 천진 등지로 가져가 높은 가격에 내다 팔 때까지, 모두가 상품의 매매 활동이었다. 이 부분은 당연히 개인의 발굴에 의해 출토된 갑골문이었지만 그 숫자는 공공기관의 발굴에 의해 출토된 것보다 더 많았으며, 현재까지 알려진 은허 출토 갑골문의 60% 정도를 차지하고 있다. 이러한 갑골문은 모두 매매행위를 통해 소장가나 갑골 학자의 손에 들어갔으며, 그중 일부는 몇몇 소장가와 갑골 학자들에 의해 다시 상품으로 되팔려 나가기도 했다. 이러한 정황은 갈수록 줄어들긴 했지만 줄곧 1950~1960년대까지 계속되었다. 신 중국 성립 초에는 많은 역사문물 보호 법령이 반포됨으로써 은허의 개인 도굴은 기본적으로 정지되었다. 갑골문이 상품으로 취급되어 유통되는 과정에서 또 다시 적잖게 파손되었을 것이며 그 숫자도 분명 대단할 것이라 생각된다. 예컨대 1911년 신해혁명이 발생하자 나진옥은 일본으로 건너갔는데 이렇게 말했다. "고생스레 모아놓았던 3천 년 전의 동물 뼈와 거북딱지를 조심스레 여행 상자에다 넣어 몇 번에 걸쳐 운송했는데, 세관원들이 검사할 때쯤은 이미 파손된 것이 열에 대 여섯이었다. 다행히도 잘 남겨진 것은 먹으로 탁본하여 아직 보존해 두고 있다."[94]

어떤 갑골 학자들은 사들인 갑골문을 저록으로 편집하여 출판한 후 실물을 다시 내다 팔기도 했다. 그중 어떤 사람들은 다시 이를 저록하여 출판하기도 했으며 어떤 경우에는 짜 맞추기 과정을 거친 후 저록되기도 했으며, 이런 과정을 거쳐 원래의 숫자에 다시 변화가 생기게 되었다. 현재 국내외의 저록서에서 중복편이 자주 등장하고 있는 원인은 바로 이 때문이며, 이는 비교적 정확한 숫자를 통계내기 어려운 이유이기도 하다. 동작빈은 일찍이 이렇게 말했다.

> 갑골문자의 수량을 말하자면, 1950년대에 출토된 것이 10만 편을 헤아린다. 1편의 경우, 큰 것은 완전한 거북 배딱지나 등딱지나 어깻죽지 뼈에 이르기도 하고, 작은 것은 손톱만 한 조각도 있다. 반 개의 글자도 1편으로 간주되며 몇 단락의 몇 백 자로 된 것도 1편으로 계산된다. 커다란 1편은 부서진 후에는 몇 십

94) 羅振玉,「自序」,『殷虛書契』, 1911.

편으로 변하며, 백여 개의 조각편이라도 하나의 완전한 거북딱지나 소뼈를 만들지 못하는 경우가 종종 있다. 그래서 10만 편이라는 숫자는 단지 "숫자"에 불과할 뿐이지 그 "양"은 도리어 종잡을 수가 없다. 그것은 이것들 중에 완전한 거북딱지나 동물 뼈가 얼마나 존재하는지 상상할 수 없기 때문에 그렇다.[95)]

이상의 서술을 통해 글이 새겨진 갑골을 편片 단위로 계산한다는 것은 하나의 개략적인 숫자에 불과한 것임을 알 수 있다. 왜냐하면 출토 이후 파손율이 비교적 높고 중복 저록과 재차 끼워 맞추고 짜 맞추는 과정에서 숫자에 변화가 일어나기 때문이다. 만약 갑골문을 "편片" 단위로 계산해내는 것의 과학성이 높다면 소장가들이 소장한 숫자에 근거해 현재 출토된 총 수량을 통계 내는 것은 비교적 믿을 만 하겠지만, 그렇지 않다면 그 신빙성은 매우 떨어질 것이다. 역대로 갑골의 숫자라고하면 언제나 글자가 새겨진 갑골을 지칭해 왔으며, 글자가 없는 것까지 포함한 땅 속에서 발견된 모든 갑골을 통계 낸다는 것은 근본적으로 불가능한 일이다. 이것은 "갑골"이라는 이 술어가 상·주 때의 갑골에만 한정되지는 않으며, 신석기 시대 때의 수많은 문화유적에서도 글자가 새겨진 갑골이 발견되었기 때문이다. 게다가 은허에서도 개인의 도굴에 의해 글자가 새겨지지 않은 많은 갑골들이 출토되었지만, 위각에 다시 사용된 소수 외에는 대부분 폐기되었다. 발굴에 의해 출토된 갑골은 글자가 새겨졌든 아니든 그 출토 숫자에 대한 기록이 남아 있어야만 한다. 하지만 중앙연구원 역사어언연구소와 하남성 박물관이 1928년 가을부터 시작한 은허 발굴은 단지 글자가 새겨진 갑골에 대한 통계만 있을 뿐 글이 새겨지지 않은 갑골의 수에 대한 기록은 없다. 1970년대의 소둔촌 남쪽 지역에서 출토된 갑골과 섬서성 주원周原에서 발굴된 갑골에 이르러서야 비로소 글자가 새겨지지 않은 갑골에 대한 대략의 숫자에 대해서도 기록

95) 董作賓,『甲骨學五十年』, 藝文印書館, 1955, 第1章 第3節.

하게 되었다. 그 때문에 갑골학에서 말하는 출토 갑골의 총 수량은 글자가 새겨진 갑골문에 한정되며, 글자가 새겨지지 않은 갑골은 그 숫자 속에 포함되지 않으며, 통계를 낼 필요도 없다.

출토 갑골문의 총수량에 대한 통계는 고고학과 갑골 학자들이 해결해야 하는 과제의 하나이다. 비록 은허에서 출토된 상대 갑골문의 정황이 다소 복잡하고 어렵긴 하지만 이를 조사하고 연구하지 않을 수 없다. 특히 갑골문의 현재 소장 현황에 관한 것은 갑골학 연구에서 빠질 수 없는 과제이며, 국내외 소장가들의 소장 숫자와 상황에 대한 이해를 통해 이미 출토된 갑골문의 대략적인 전체 숫자를 얻을 수 있다.

은허에서 출토된 상대 갑골문은 상품으로 취급되어 문물시장으로 흘러들어간 이후, 초기의 소장가들은 그것의 전체 수량에 대해 주목했다. 예컨대 유악은 『철운장귀』 「자서」에서 "내가 소장하고 있는 총 수량은 대략 5천 편을 넘는다"고 했다. 나진옥은 청나라 선통 3년(1911)에 『국학총간國學叢刊』에 발표한 『은허 서계』 3권(신해혁명의 성공으로 『국학총간』의 발간이 중지됨으로써 다 출간되지 못했다)의 「서언」에서 "이때즉 선통 2년 확인할 수 있는 갑골은 겨우 수천 편, 보자기나 상자 속에 보관되어 있는 것이 겨우 7~8백 편에 불과했다. 갑골을 너무나 좋아하여 스스로 그만 둘 수가 없었다. 다시 친구 축계선祝繼先과 추량신秋良臣을 원수洹水의 남쪽으로 보내 대대적으로 수색하게 하여 2만여 편에 달하는 갑골을 얻을 수 있었으며, 그중 가짜를 빼버리고 특히 훌륭한 3천여 편을 얻을 수 있었다." 이것은 당시에 통계 낸 갑골문의 총 수량은 아니지만 최초의 소장가나 저록자들이 이미 갑골문의 출토 수량에 주목했다는 말이다. 은허고고 발굴이 시작된 지 얼마 되지 않아 갑골학이 고고학의 하위 학과로 정식 성립되면서 은허에서 출토된 상대 갑골문의 소장 현황과 총 수량도 갑골학 연구의 하나가 되었다.

갑골학자들 중 동작빈 · 호후선 · 진몽가 · 엄일평 등이 은허 갑골문의 현황과 총 숫자에 대해 조사하고 연구하였으며 총 수량을 공표했다. 그

중에서 호후선이 가장 많은 공을 들였으며 갑골에 대한 조사도 가장 완전하고 현황에 대한 파악 또한 가장 상세했다. 그는 이러한 방면의 연구에 평생을 바쳤다.

만약 평생에 걸쳐 불굴의 의지로 갖가지 어려움을 극복해 중국 내외의 공공기관과 개인 소장의 갑골문 총수를 조사·연구하고 그 전파과정을 이해한 호후선의 노력이 없었다면, 갑골문과 갑골학의 연구 특히 『갑골문 합집』을 편찬하는 과정에서 더 많은 정력과 재정을 들여야만 했을 것이다. 호후선은 민국 23년(1934) 북경대학을 졸업한 후 바로 중앙연구원 역사어언연구소로 들어갔으며, 1934년 가을과 1935년 봄의 제10차와 제11차 은허 왕릉지구의 묘장 발굴에 참가한 것 이외에도 주로 동작빈을 도와 발굴된 갑골문 자료의 정리에 힘썼다.[96] 호후선은 생전에 『부사년傅斯年 선생 탄신 백주년 기념』 논문집의 한 글에서 다음과 같이 기술했다.

> 졸업 후 역사어언연구소로 들어갔는데, 부사년 선생의 지도하에서 은허의 발굴에 참여했으며 갑골을 정리했다. 내 기억에 갑골문자를 카드로 정리한 묶음이 있었는데, 총 12개의 서랍에 만여 장에 이르렀다. 부사년 소장은 그것을 대단히 중요하게 여겼으며, 각각의 묶음이 한 편의 논문이 될 수도 있으며 대단히 편리한 자료라고 생각했다. 유약劉耀(윤달尹達) 형도 같은 생각이었다. 하지만 안타깝게도 곤명昆明에서 전란통에 그것을 잃어버리고 말았다. 정말 애석한 일이 아닐 수 없다.[97]

호후선이 1961년 초에 필자에게 했던 말에 의하면, 그가 정리했던 만여 장의 카드에는 은허발굴에서 출토된 초기 9차에 걸친 갑골문의 해석문이 대부분을 차지했고, 나머지는 갑골문 소장가와 전수 및 수량에 관

96) 李濟, 『安陽－殷商古都發現·發掘·復原記』, 中國社會科學出版社, 1990, 148면.
97) 胡厚宣, 「大陸現藏之甲骨文字」, 『中央硏究院歷史語言所集刊』 第67本 4分, 1996.

한 것이었다.98) 이는 호후선이 갑골학의 연구에 종사하면서 갑골문의 소장 현황과 수량에 관한 연구에 매진했으며, 대량의 자료를 축적했음을 보여준다. 그가 지속적으로 발표해 온 갑골문의 소장 현황과 수량에 관한 통계는 분명 "하루 이틀에 이루어진 것이 아니었다." 그는 1984년 발표된 「85년 동안의 갑골문 재료에 대한 재통계八十五年來甲骨文材料之再統計」의 시작부분부터 이렇게 기술했다.

> 47년 전에 나는 「갑골문 재료의 통계甲骨文材料之統計」라는 글을 1937년 4월 2일자 천진의 『익세보益世報』 「인문주간人文周刊」 제13기에 발표했으며, 이 글은 개명開明서점에서 출판된 호유지胡愈之 선생 주편의 『월보月報』 제1권 제5기에 다시 실렸다. 그 글은 당시 일반학자들의 주목을 받았다.
>
> 항일 전쟁 시기인 1942년 성도成都에서 편집되고 출판된 『갑골문 상사 논총甲骨學商史論叢』에서 나는 또 「갑골문 발견의 역사와 그 재료에 대한 통계甲骨文發現之歷史及其材料之統計」라는 글을 발표했었다.99)

사회 정황의 변화로 은허 갑골문의 개인에 의한 마구잡이 발굴은 항일 시기를 비롯한 그 이후까지도 계속 되었으며, 출토된 갑골은 상품으로 세상에서 유통되었다. 1949년은 갑골문이 발견된 지 50년 되는 해인데, 동작빈과 호후선이 각각 갑골학의 발전에 관한 책을 출판했다. 동작빈은 『갑골학 50년』100)에서 50년 동안의 은허에서 출토된 갑골문 자료에 대한 전체 통계를 내었으며, 갑골문의 총 수량은 "여전히 10만 편을 넘지 않는다"고 했다. 호후선의 『50년 갑골문 발견의 총결五十年甲骨文發現的總結』101)

98) 어떤 학자들은 자신의 저술에서 "호후선 선생이 『殷虛文字甲編考釋』을 지었다"고 했으나, 이는 호후선이 지었던 『釋文』(『甲編』 「序」에 보임)을 잘못 이해한 것이다. 『考釋』은 屈萬里의 저작이 되어야 옳다.

99) 『史學月刊』, 1984년 제5기에 실림.

100) 1950년 8～10월 대만의 『大陸雜志』 제1권 제3・4・6・9・10기에 연속에서 게재됨.

101) 商務印書館, 1951.

에서도 현재 소장 갑골의 총 수량을 상세히 통계 내었다.

> 이미 저록된 갖가지 자료를 종합해 볼 때 71종 41,087편에 이른다. 아직 저록되지 않은 자료의 경우, 국내 기관에서 채집한 것이 31곳, 2,0971편이며, 개인 소장이 76가家, 93,625편에 이른다. 국외 기관에서 채집한 것이 9곳, 5,381편이며, 개인 소장이 6곳, 825편에 이른다. 이를 합하면 총 193가, 16,189편에 이른다. 50년 동안 출토된 갑골자료는 모두 얼마나 될까? 지금 할 수 있는 대답은 대략 16여 만 편 정도 된다고 할 수 있다.[102]

1952년 1월, 호후선은 『50년 갑골학 논저목五十年甲骨學論著目』을 출판했는데 그 「서언」에서 이렇게 말했다. "총 192가家, 161,989편이다. 짧고 짧은 50년 동안 발견된 자료가 뜻밖에도 16~17만 편이나 된다는 것은 중국 고고의 사료학 학사에서 정말 대단한 일이 아닐 수 없다."[103] 하지만 동작빈은 호후선의 갑골문 현재 소장상황에 대한 조사와 통계 총 수량에 대해 부정적인 견해를 표시했다. 그는 여전히 이렇게 주장했다. "이 때문에 나의 결론은 이렇다. '갑골의 총수는 96,118편으로 10만 편이 못된다. 하지만 여전히 10만 편이라고 해야 할 것이다. 왜냐하면 그래야만 유회지劉晦之·나진옥羅振玉·멘지스明義士 등 세 사람의 잔존 갑골 계산에 몇 천 편 정도를 더할 수 있는 체면은 세워 줄 수 있기 때문이다."[104] 진몽가는 1956년 출판된 『은허복사 종술』의 제20장 부록1의 8에서 출토 갑골이 약 98,389편이라고 했다. 동작빈·호후선·진몽가 세 사람은 모두 갑골학계에 대단한 권위를 가진 전문가인데도 이 세 사람이 말한 은허 갑골문의 출토 수량이 서로 6~7만 편이나 차이를 보이고 있다.

1984년 5월, 호후선은 「85년 이래 갑골문 재료의 재 통계八十五年來甲骨

102) 위의 책, 42~43면을 참조.

103) 中華書局出版.

104) 董作賓, 『甲骨學六十年』, 藝文印書館, 1965, 第6章 第2節.

文材料之再統計」를 발표했는데, 중국내의 38개 도시의 98개 기관에서 총 95,880편을 소장하고 있으며, 14개 도시의 개인 소장가 47명이 총 1,731 편을 소장하고 있다고 했다. 대만에서는 30,204편을, 홍콩에서는 39편을 소장하여, 이들을 모두 합치면 12,794편이 된다고 했다. 국외의 경우 12 개 국가에서 총 26,700 편을 소장하고 있다고 했다. 따라서 국내외의 소장 갑골 총수는 154,600 편이라고 했다. 이로 보건대 85년 동안 은허에서 출토된 갑골문 자료는 모두 약 15만 편정도 된다고 할 수 있다.[105) 1996년 12월, 대만 『중앙연구원 역사어언연구소 집간集刊』에 호후선의 유작인 「대륙 현재 소장 갑골문자大陸現藏之甲骨文字」[106)가 실렸는데, 이는 호후선이 은허에서 출토된 갑골문의 소장과 유전 및 통계에 대해 평생 동안 연구했던 결과를 공표한 마지막 글이다. 여기서 이렇게 말하고 있다.

> 이렇듯 나의 1984년 7월의 조사에 근거하면 대륙에서는 25개 성・시・자치구의 40개 도시 98개 기구와 47명의 개인 소장가들이 약 10만 편의 갑골을 소장하고 있다. 북경 지역 한 곳만 하더라도 7만여 편이 소장되어 있으며 매우 중요한 자료도 아직 적지 않다. 또 결론적으로 말해서 대륙의 공공기관과 개인 소장가들을 합치면 적어도 97,956편정도 되며 아마도 10만 편은 넘을 것이다.[107)

호후선은 1993년부터 1994년까지 국내외의 몇몇 학술토론회 석상에서 그가 파악하고 있는 갑골문의 소장 현황과 갑골문의 출토 총수는 16만여 편이라고 말해 왔으며, 이 숫자는 많은 언론을 통해 보도되었다. 이것은 그가 생전 마지막으로 공표한 현재까지의 갑골문의 총수이다. 그는 평생 끊임없이 은허 갑골문의 소장 현황과 유포 상황에 대해 탐방 조사하여 파악했으며 이에 필생의 힘을 쏟았다. 이러한 연구 정신과 그가 이

105) 『史學月刊』, 1984年 第5期에 실림.
106) 『中央研究院歷史語言研究所集刊』 67本 4分, 1996.
107) 『中央研究院歷史語言研究所集刊』 67本 4分, 1996.

룬 성과는 갑골학의 발전에 훌륭한 공헌을 했을 뿐 아니라 갑골학의 이후 연구에도 훌륭한 참고할 만한 가치를 제공했다.

호후선이 조사한 중국 내외의 은허 갑골문 소장 기구는 비교적 정확한 것으로, 향후 더 추가된다 하더라도 몇 개에 불과할 것이다. 특히 중국내의 갑골문 소장 성과 시와 개별 기구는 대단히 믿을 만하다. 왜냐하면 『갑골문 합집』을 편찬하는 과정에서 호후선과 『갑골문 합집』 편찬팀은 1961년부터 1965년까지, 1974년과 1975년, 각기 분야를 나누어 중국 내 관련 기관에 대해 대대적인 조사를 벌인 바 있기 때문이다. 그 당시 호후선 본인의 조사든 아니면 『합집』 편찬 팀의 조사든 각지로 파견되어 갑골문을 탁본할 때에는 항상 역사연구소의 공문을 갖고 갔으며, 그것이 곽말약이 주편한 『갑골문 합집』의 갑골문 자료를 수집하기 위한 것이라 밝혔었다. 모든 소장 기관에서는 사심 없이 갑골문의 모사본과 탁본을 제공했으며, 어떤 기관에서는 보관창고에 직접 들어가 선택할 수 있도록 배려하기도 했다. 또 어떤 기관과 개인 소장가들은 탁본과 실물을 아무런 대가 없이 『합집』 편찬 팀으로 보내주기도 했다. 이를 통해 『갑골문 합집』은 국가의 중요한 대형 연구과제로 가능한 지원을 아끼지 않아야 한다는 지지를 확인할 수 있었다. 하지만 『갑골문 합집』의 도판의 편집을 마치고 출판한 후, 호후선은 1984년부터 1994년까지의 10년간 공표된 갑골문의 현재 소장 총수는 현재 세상에 전해지는 것이 총 15~16만 편 정도라고 했다. 이 숫자는 1952년 그의 『50년 갑골학 논저목五十年甲骨學論著目』 「서언序言」에서 말한 50년 동안이 갑골은 "뜻밖에도 16~17만여 편이나 된다"고 한 것과 별반 차이가 없다. 이러한 총수에는 1950년부터 1991년까지 은허의 고고 발굴에 의해 출토된 것과 채집된 6,243편이 포함된 숫자이다. 이것은 동작빈과 진몽가 등의 약 10만 편이라는 통계와는 큰 차이를 보인다.

『갑골문 합집』은 80년 동안의 갑골문을 집대성한 저작으로 그 편집 방침은 "가능한 한 완전하게 수집함으로써 큰 누락이 없도록" 하는 데 있었다. 도판을 정식으로 배치하기 전, 편집팀의 전체 구성원은 여러 차례 선편選片 표준을 논의한 끝에 이렇게 결정했다. "인명 · 지명 · 족명族名 등과 같이 완전한 글자이기만 하면 모두 수록하기로 한다." 이 때문에 『갑골문 합집』은 총 41,956번까지 배열되어 있으며 그중 짜 맞추기綴合된 것이 약 2천여 판에 이른다. 예를 들어 『은허문자 을편乙編』에서 원래는 조각편이던 것을 『합집』에서는 『은허문자 병편丙編』의 짜 맞추기 판綴合版을 사용했는데 그 숫자가 총 349판에 이른다. 정면 · 반면 · 골구骨臼가 원 저록에서는 나누어 번호를 매겼으나 『갑골문 합집』에서는 하나의 번호로 통합되었다. 이 둘을 합친다 해도 5만 편을 넘기지 않고, 이는 전체 15~16만 편의 3분의 1이거나 그보다 적은 셈이다. 현재 이미 편집하여 곧 출판하게 될 『갑골문 합집 보편補編』[108]의 편집번호가 총 13,450번까지 매겨졌으니 짜 맞추기綴合한 것 · 정면 · 뒷면 · 골구 부분 중 원래 하나의 번호로 된 것을 계산에 넣는다 하더라도 약 1만3천 편 정도 된다. 그런 즉 『갑골문 합집』과 『보편』의 총수는 약 6만5천 편에 이른다. 그래도 전체 15~16만 편의 절반에 불과하다.

호후선이 『갑골문 합집』의 총 편집장이었다. 국내 각지에서 갑골문 자료를 수집했고, 대부분 직접 참가하였을 터인데 어떻게 해서 통계적으로 이렇게 차이가 난단 말인가? 필자는 1980년 이후 3차례에 걸쳐 호후선 선생을 찾아뵙고 이 문제에 대해 가르침을 구한 적이 있다. 그 주요한 원인은 이렇다. 호후선이 1950년 전에 대해 통계 처리한 "대략 16여만 편"은 동작빈에 의해 "지나치게 과장되었다"[109]고 비판받은 바 있다.

108) (역주) 1999년 彭邦炯 · 謝濟 · 馬季凡 등이 許進雄의 『懷特氏等所藏甲骨文集』(캐나다 Royal Ontario Museum, 1979), 『天理大學附屬天理參考館藏品』 「甲骨文字」(일본 天理道友社, 1987), 雷煥章의 『德瑞荷比所藏一些甲骨錄』(대만 光启出版社, 1997) 등 『갑골문 합집』에서 빠졌던 주요 저록들의 갑골 13,450편을 수록하였는데, 그중 8천여 편이 새로 수록된 것이었다. 총 5시기로 나누고 𠂤組 · 子組 · 午組를 제1기에 첨부하였으며, 시기별로 22부류의 주제로 나누는 등 기본적으로 『합집』과 편찬 방식을 같이 했다. 하지만 『보편』에서는 『합집』에서는 없던 「釋文」과 「甲骨來源表」를 제7책(총 7책)에다 배열하여 편의를 도모하기도 했다.

호후선은 동작빈이 대만으로 건너간 후 대륙에서의 갑골문 소장 현황에 대해 잘 알지 못하기 때문에 동작빈의 비평은 타당하지 않다고 여겼다. 그와 동시에 총 숫자 중에는 "아마도 중복된 것이 있을 것이다"고도 했다. 1992년 필자는 다시 갑골문의 총량에 아마 오류가 있을 것이라는 견해를 밝히고 호후선 선생께서 적당한 시기에 설명해 줄 것을 바랐으나 호후선 선생은 더 이상 별다른 태도를 표명하지 않았다. 이것이 첫째 원인이다. 둘째 원인은, 대륙의 몇몇 소장 기관이 자신의 "숫자"에 대해 정확히 알지 못했다는 점이다. 신 중국 성립초기에 "토지개혁", "3반三反",[110] "5반五反",[111] "반혁명 분자 진압鎮反", "반혁명 분자 숙청肅反", "반우파 투쟁反右" 등 여러 차례의 정치운동을 겪으면서 원래 수장하고 있던 기관의 실물과 인원에 많은 변동이 생겼으며, 원래 수장하고 있던 갑골문도 그다지 주목 받지 못했다. 『갑골문 합집』의 자료 수집 과정에서 어떤 기관은 예전에 수장했다고는 하나 실물을 제시하지 못하는 곳도 있었다. 어떤 곳에서는 그간의 상황을 알고 있는 사람에게 물어보아야 한다고 했으나 어떤 경우는 이미 세상을 떠난 경우도 있었고 어떤 사람은 복역 중이어서 물어보기가 마땅하지 않은 경우도 있었다. 또 어떤 경우에는 단지 대략적인 숫자만 기억하고 있어 실물과 맞지 않는 경우도 있었으며, 어떤 경우에는 갑골을 한 보따리 가져왔는데 그중에는 진짜와 가짜가 뒤섞여 있기도 했으며 이미 부서져 콩알 크기만 한 것도 섞여 있기도 했다. 결론적으로 말해서 이러한 갖가지 정황이 모두 출현했다고 할 수 있으며 이 때문에 수장의 실제 수량을 조사하는 데 대단히 어려움이 있었다. 호후선이 공표한 수장기관과 숫자도 언제나 변동이 있

109) 『甲骨學六十年』, 藝文印書館, 1965, 148면.

110) (역주) 중화인민공화국이 1951년부터 다음 해에 걸쳐 행한 숙청 운동으로, 공무원의 三害라고 하는 汚職·낭비·관료주의에 반대한 운동.

111) (역주) 五毒 즉 뇌물, 탈세, 국가 재산의 도용, 원자재 사취, 국가 경제 기밀의 절취 등 다섯 가지 해독에 대한 반대 운동으로, 1951년 10월 중화인민공화국 人民政協會議 제3회 전국 위원회에서 '三反運動'과 함께 결정되었다.

었다. 예컨대 1984년 공표된 자료에 의하면 하남 신향新鄕 박물관에 "480"편이 있다고 했으나[112] 1996년의 유작에서는 "5백"편이라고 했다.[113]

1995년 10월 신향 박물관에서 소장 갑골에 대한 감정이 이루어졌는데 가짜를 제외하면 글자가 1자만 있는 것을 포함해도 총 "231"편에 지나지 않았다. 현재 신향 박물관의 주기탁朱旗拓에 의해 이미 해석이 이루어졌으며 조만간 발표될 예정이다. 이와 유사한 상황이 한 두 기관에 그치는 것은 아니다. 이 때문에 호후선이 공표한 갑골문의 총수에 차이가 비교적 큰 것은 피할 수 없는 일이다. 현재 다시 조사를 한다는 것도 어려운 실정이어서 『갑골문 합집』 편찬 과정에서 수집된 탁본에만 근거해 초보적인 통계를 내 본다면, 그 총수는 111,545편에 이른다. 만약 현재 이미 공개된 저록에 의해 통계를 낸다면, 1956년 이전의 저록에 포함된 것이 51,638편이며, 1956년부터 현재까지 『갑골문 합집』을 계산에 넣지 않는다면 42,201편으로, 이를 합치면 총 93,839편이 된다.[114] 『갑골문 합집』의 번호가 41,956번까지 이르고, 『갑골문 합집 보편補編』이 13,560번까지 이르고 있으니 이를 합하면 55,516번이 된다. 짜 맞추기綴合된 경우 이를 앞면·뒷면·골구骨臼 등 다시 원래 저록대로 나누어 계산한다면 총 9천여 편이 된다. 이 두 경우를 모두 계산에 넣는다면 전체 숫자는 약 6만5천 편 쯤 된다. 그렇다면 지금까지 저록에서 공개된 9만3천8백여 편의 4분의 3정도가 된다. 이러한 숫자가 백 년 동안 은허에서 출토된 갑골의 총수에 근접하는지는 갑골학계 전문가와 독자들의 검정과 가르침을 기다려야 할 부분이다.

112) 『史學月刊』, 1984年 第5期.

113) 『中央研究院歷史語言研究所集刊』 第67本 4分, 1996.

114) 이 統計는 왕우신의 자료에 근거했으며 통계의 하한 시기는 1998년 8월까지이다.

제3장 갑골학 기초 작업의 지속적인 강화

1. 갑골문의 전면적 정리

진위 감별辨僞·중복 대조校重·짜 맞추기綴合는 갑골문 정리의 세 가지 기본 작업인 동시에 갑골학 연구의 세 가지 기초로 알려져 있다. 갑골에 새겨진 문자의 진위를 감별하지 못하게 되면, 가짜를 진짜로 간주하여 도출해서는 안 될 잘못된 결론이 도출되고 만다. 같은 내용의 탁본과 모사본과 사진 상에 중복 출현하는 갑골문을 대조하지 않는다면 관련 문제를 연구할 때 자료가 뒤섞이고 중복되어 과학성이 떨어지고 만다. 부서진 갑골 편을 끼워 짜 맞추는 것도 빠질 수 없는 기본 공력인데, 짜 맞추기를 한 후 각사의 내용이 더욱 완전해지고 관련 내용에 대한 연구는 더욱 정확해지고 전면적일 수 있다. 백 년 동안의 갑골문 정리는 이 세 가지 측면에서 전면적인 발전을 이루었다.

1) 갑골문의 진위 감별

역사적 유물이 위조되어 가짜 상품으로 시장에 내다 팔리기 시작한 것이 어느 왕조의 어느 때부터였는지 고증할 방법은 없다. 하지만 북송 때 금석학이 흥성한 이후 몇몇 금석 저록서에 종종 위작이 포함되기 시작했다. 은허에서 출토된 상나라 때의 갑골문들이 뜻밖에도 높은 가격에 팔리게 되자 갑골문은 골동상의 부를 축적할 수 있는 물품으로 변했다. 하지만 위조자들이 갑골문을 잘 몰랐고 갑골 각사의 규칙도 잘 알지 못했기 때문에, 최초의 위각은 겨우 소둔촌에서 출토된 글자 없는 갑골들 위에다 제멋대로 획을 새기고 이를 글자가 새겨진 진짜 갑골에 섞어 내다 파는 정도였다. 갑골학사에서 최초의 저록인 『철운장귀鐵雲藏龜』만 해도 8.1, 57.1, 130.1, 254.1, 256.1편 등 5편의 위작이 포함되었다. 유철운과 왕의영은 모두 금석 소장가였고 소학에 정통했었지만, 상나라 때의 갑골문은 그때까지 보지 못했던 새로운 유물이라 갑골문 소장 초기에는 그들도 속지 않을 수 없었던 것이다.

『갑골 연표』의 청나라 광서光緒 26년(1900~1901) 조에서 멘지스의 『갑골 연구 강의甲骨研究講義』를 인용하여 이렇게 말했다. “이때에는 갑골문자가 날로 중시되어 감에 따라 위각이 점차 출현하게 되었다.” 즉 왕의영 등이 높은 가격에 갑골문을 사들였던 이듬해 이미 위각된 갑골이 출현하게 되었던 것이다. 그후 3년이 지난 광서 30년(1904), 쿨링과 찰펀트方法斂는 함께 산동성 유현濰縣에서 갑골문을 사들였는데 그중에는 위각과 위조품이 적잖게 들어 있었다. 이렇게 볼 때 갑골문의 위각은 안양 일대에서만 이루어진 것이 아님을 알 수 있다. 유현의 골동상도 가짜 골동을 만든 역사를 갖고 있었는데, 명·청 때 그들은 이미 고대 청동기와 서화, 인장 및 각종 공예품을 위조할 수 있었다. 안양 소둔촌에서 갑골문을 팔아넘긴 것으로부터 유현에서 모조하거나 위조한 것에 이르기까지 골동품 위조에 전통이 있던 “동쪽지역 상인東估”에 대해 이야기 하자면 끝이 없다. 그래서 찰펀트가 모사하고 브리톤白瑞華(Roswell S. Britton)이 교정한 『쿨링 · 찰펀트 소장 갑골복사庫方二氏所藏甲骨卜辭』(1935)에는 부분적 혹은 전체적으로 위각된 갑골문이 100~120편이나 들어 있다.

캐나다의 멘지스는 갑골문을 일찍부터 사들였던 외국인 중에서 계산이 서 있고 갑골문 구매에 노력을 아끼지 않았던 사람에 속한다. 그는 수만 편의 은허 갑골문을 수집하였을 뿐 아니라 10여 편의 갑골문 연구 논문과 저록 모사본인 『은허복사殷虛卜辭』를 출판하기도 했다. 갑골문의 수집을 위해 멘지스는 창덕彰德 주둔 장로회 목사의 신분을 이용해 여러 차례 소둔촌을 직접 조사하였고, 그 내용을 『은허복사』의 「서문」과 『갑골 연구 강의甲骨研究講義』에 서술하기도 했는데, 동작빈의 『갑골 연표』에서도 여러 차례 이 글들을 인용하였다. 특히 진위 감별에서 그는 적잖은 대가를 치른 후 마침내 갑골문 진위 감별의 전문가로 변신할 수 있었다(제2장 제5절에서 인용한 『갑골 연표』 민국 3년 조 참조). 멘지스는 민국 3년(1914) 이전, 안양에서 소뼈에 "글자"를 새긴 커다란 갑골을 새로 사들이면서 크게 당한 경험이 있었다. 하지만 전심전력해서 연구한 끝에 그의 경험을 총결하면서 이렇게 말했다.

> 시장에 나도는 위조품 중, 은허에서 나온 것이라고 말하는 것이 대단히 많다. 그 중 많은 것이 실제 뼈에 근거하고 다른 갑골편을 모방하여 정교하게 가공하고 문자를 위조한 것들이다. 이러한 것은 이미 창덕彰德에서도 보편화되었으며 은허 부근의 소둔촌에서도 마찬가지였다. 내가 처음에 얻었던 커다란 갑골편도 모두 가짜였다. 이 이후로 작은 조각편이라도 주의하지 않을 수 없음을 알게 되었다.[1)]

이렇게 볼 때, 갑골문을 발견하고 확인한 20여 년 후, 위각과 가짜 물

1) 「序言」, 『殷虛卜辭』, 1917.

건들이 창덕彰德과 소둔촌에서 만연하고 있었음을 알 수 있다.

당시에 이미 갑골문을 위조하는 전문 직업인이 등장했음을 알 수 있다. 동작빈은 그들에 대해 조사를 한 후 이렇게 기술했다.

위각이 많다는 사실은 어디서나 찾아 볼 수 있었으며, 그 수량은 사람을 놀라게 만들 정도였다. 위조품을 만드는 사람이 한 사람에 그치지 않았음을 보여준다. 하지만 가장 뛰어난 자를 들라면 남보광藍葆光일 것이다.

남보광은 하북성 출신으로, 내가 민국 17년 가을 제1차 은허 발굴에 참여했을 때 그를 본 적이 있다. 그때 그는 불과 30여 살에 지나지 않았고 문약한 서생같이 보였다. 그는 영리하고 손재주가 있었지만 애석하게도 어려서부터 아편을 하는 나쁜 습관에 빠져 일정한 직업 없이 창덕부彰德府를 유랑한 지 이미 오래되었다. 그의 말에 의하면, 그가 처음 만든 가짜 골동품은 재미삼아 만들었다고 했다. 글자가 없는 청동기나 갑골, 사슴뿔, 화살촉 등에 갑골문자를 새기곤 했는데, 골동상들이 그를 부추겨 더 많은 위조 골동품을 만들도록 하여 이를 북경·천진·상해의 동업자들에게 속여 팔았다고 한다. 동업자들은 그것을 다시 서양인에게 내다 팔았으며, 그는 자신의 솜씨를 판 돈으로 아편을 즐겨했다고 한다. 그는 어려서부터 "문자가 있는 뼈"를 모방해 새기곤 했는데, 한번은 그의 작품을 나에게 보여주었다. 원래 골동상들은 은허에서 출토된 글자 없는 거북딱지와 소 어깻죽지 뼈(점복에 사용했으나 글자 없는 거북딱지가 글자 있는 것보다 많다)·사슴 뿔·동물 뼈들을 싼 가격에 사와 그에게 글자를 새기게 하였다. 그래서 재료는 옛날 것이되 글자는 새로 새긴 것이었다. 그는 형상이 이상한 갑골들을 만들어 냈고 무늬나 갑골문자를 새겨 넣었기에 대단히 잘 팔렸다. 그래서 골동상들도 그를 대단히 선호했다. 유철운劉鐵雲이 갑골을 찾아 나선 뒤부터 곧바로 가짜 갑골이 유입되었으며, 민국 17년까지도 대량의 물품이 끊임없이 유통되었다. 남보광은 책자를 하나 갖고 있었는데, 거기에는 많은 갑골문자가 베껴져 있었다. 유악과 나진옥이 출판한 여러 책도 그는 베껴두었지만 끝내 한 글자도 익히지 못했다. 그는 부서진 조각 위에도 개별 글자를 새겼는데, 베낄 때 위치를 거꾸로 놓는 바람에 거꾸로 쓰기도 했는가 하면 때로는 전체 편을 거꾸로 쓰기도 했다. 새길 때에는 책을 보면서 베꼈고 베끼는 것이 익숙해 진 후에는 한 글자가 생각나면 한 글자를 새기는 식으로 했고, 새기는 솜씨도 점점 나아졌다. 그리하여 잘 모르는 사람이 보면 조각 조각, 글자 글자 모두가 진짜 갑골문처럼 보였다. 이후에는 더욱 진보하여 완전한 판들만 베꼈고 새긴 기술도 정교해 진품처럼 보이게 만들었다. 이렇게 되자 정말 번각翻版에 다름 아니었다. 그가 한번은 나에게 완전한 거북배딱지를 보내 준 적이 있는데, 뒷면에 남아 있는 불로 지진 흔적은 원래의 것이었고, 정면에다 정교하게 몇 단락의 복사를 새겼는데 출토된 것과 거의 흡사했다. 그때 그가 글자를 새기는 위치와 왼쪽으로 새겨 나가는 것과 오른쪽으로 새겨 나가는 것 등도 맞지 않아 문례文例도 알지 못한다는 사실을 알게 되었다. 하지만 그에게 그러한 사실을 알려줄 수가 없었다. 내가 본 위조품에 의하면, 민국 초기와 광서 연간 말에 만든 것은 대부분 잘 이어지지 않는 문맥, 어지러운 문장의 질서, 가끔 등장하는 중간의 뒤집힌 글자 등을 특징으로 하고 있었다. 이후 어떤 사람들은 문맥이 통할 것 같으면서도 통하지 않는 문장을 만들어 냈지만, 결국에는 전체 문장을 그대로 모방해 파게 되었다.[2)]

동작빈은 여기서 당시 안양에서 위조품을 만들던 대표적 인물인 남보광藍葆光 뿐 아니라 갑골문의 진위 감별에 대한 지식도 소개했는데, 이는 이후 갑골문 진위에 대한 구별에 많은 공헌을 했다.

1980년대 이후에도, 안양・정주・상해・북경 등지에는 갑골문을 모각하는 사람들이 있었다. 그러나 그들은 뒷면에다 기호를 새겨 두거나 어떤 책의 어떤 갑골에서 모방하였다는 기록을 남겼다. 이로써 밖으로 팔리는 위조품들이 의도적으로 진위를 숨길 수는 없게 되었다. 하지만 이익만을 좇는 남보광 같은 자가 이 세상에 다시 나타나지 않으라는 법이

2) 『甲骨學六十年』, 藝文印書館, 1965, 60~61면.

없기 때문에 소장가들은 언제나 경계를 게을리 해서는 안 된다.

그렇다면 갑골문의 진위를 어떻게 감별할 것인가? 이론적으로 말하자면, 맹세개孟世凱가 편찬한 『갑골문 소사전甲骨學小詞典』과 왕우신王宇信의 『갑골학 통론甲骨學通論』 등에서 이미 소개한 바 있으므로 그것들을 참조하면 된다. 전체적으로 말해서, 먼저 갑골학에 대한 기초 지식을 갖고 있어야 한다. 거북딱지와 소뼈를 사용하는 부위, 각사의 위치, 조鑿와 찬鑽과 각사와의 관계, 복조卜兆와 조서兆序, 문례文例, 시기구분 등에 대해서도 전면적인 이해가 있어야만 비교적 숙련되게 분석하고 감별할 수 있다. 감별은 갑골의 실물·탁본·모사본·사진 등의 몇 가지로 나눌 수 있다. 실물의 감별은 작은 편을 제외하면 비교적 쉽게 식별할 수 있다. 탁본·모사본·사진 등은 대부분 이미 저록된 것이므로 감별할 때 일반적으로 문자의 자형·행의 배치行款·사례辭例 등을 분석하는 외에도, 같은 문장의 진짜 사진을 찾아내 비교하는 것이 가장 좋은 방법이다. 모방하여 새긴 경우가 비교적 어려운 경우인데, 특히 탁본이 명확하지 않고 사진도 분명하지 않을 경우에는 대단히 감별하기 어렵다. 모사본인 경우에는 탁본이나 사진과 비교하면 쉽게 감별할 수 있다. 초기의 모방 새김은 특징이 있는데, 당시는 글자 수에 따라 가격이 매겨졌기 때문에 글자가 많은 것을 모방한 경우가 많았고 소뼈에 새긴 것이 많다는 점이다. 필자도 『갑골문 합집』에 쓸 자료를 수집하는 과정이나 1980년대 이후 몇몇 박물관과 고등교육기관 등에서 적잖은 위각품을 접촉할 수 있었는데, 그 중 몇몇은 초기 모방하여 새긴 것들이었다. 실물로 볼 때, 모방 새김은 모두 정면의 각사를 모방했기 때문에 쉽게 식별이 가능하다. 즉 모방하여 새겨진 갑골 중 큰 글자가 많은 진짜 편은 이미 모두 저록되었기 때문에 저록서에서의 진짜 사진을 찾아 비교하기만 하면 곧바로 위조품인지의 여부를 식별할 수 있다.

결론적으로 말해, 갑골문의 진위 감별은 실물을 많이 접하고 탁본을 많이 보아야 하며, 갑골학의 지식과 실천 경험의 누적에 의해 이루어질 수 있다. 각종 저술에서 소개한 방법들은 모두 개인의 경험에 의한 체득 과정과 실제 작업에 참고만 할 수 있기 때문에, 실천과정에서 스스로 끊임없이 인식해 내고 총결지어야만 하는 것이 가장 중요하다.

2) 갑골문의 중복 대조

중복 대조란 저록서에 중복 출현하는 갑골문의 대조는 물론 탁본과 저록서에서의 중복 편을 대조하는 것을 말한다. 저록에 중복 출현하는 대조를 말하는 '중복 대조校重'란 갑골학만의 전문 용어는 아니다. 중국에서 금석학이 흥기하고 발전한 이후부터 저록에서의 고대 기물과 고문자의 중복이라는 문제가 나타났다. 저록되었거나 미저록된 탁본의 비교를 통해 비교적 완전하고 깨끗한 상태의 자료를 선택하는 것은 고대기물과 고대문자를 연구하는 데 반드시 진행되어야 하는 과정이었다. 갑골문은 중복 저록된 경우가 많고, 탁본의 중복, 짜 맞추기 저록, 잔편의 저록 간의 중복도 많았기 때문에 다른 고대기물과 고대문자의 저록에 비해 더 복잡하고 대조의 필요성도 높다. 여기서 말하는 갑골문 저록서의 중복 편은 다음과 같은 두 가지의 의미를 지닌다. 즉 하나는 책이 출판될 당시 이미 다른 책에 저록된 경우로 진정한 의미의 중복 편이라 할 수 있으며, 다른 하나는 책이 출판된 후 다른 책에서 다시 저록한 경우를 말한다. 중복 편이라 하면 진정한 의미에서의 중복 출현만을 계산에 넣는다.

앞에서도 언급했듯, 은허에서 출토된 글자가 새겨진 갑골은 상품으로 취급되어 시장에서 유통되었으며, 몇몇 갑골 학자들도 그 과정에 개입되었다. 글자가 새겨진 일부 갑골들은 저록된 후 다시 여러 사람의 손을 거쳐 팔려나가 저록되기도 했다. 어떤 경우에는 문자를 연구하기 위해 많은 저록들 속에서 최고의 정수들만 뽑아내어 다시 저록하기도 했는데,

고석과정에서만 그것의 내원 자료의 번호를 부기해 두었다. 예컨대 『은계 수편殷契粹編』은 1936년 여름 김조동金祖同이 상해의 유체지劉體智가 자신이 소장한 갑골문을 편집해 『서계 총편書契叢編』이라 이름 붙인 『선재 소장 탁본善齋藏拓』을 일본으로 가져가 유체지의 동의를 얻은 후, 2만8천여 편의 탁본 중에서 1,595편을 뽑아 편집한 책이다. 하지만 유체지가 소장했던 갑골문이 한 곳에서 나온 것이 아니었기에 『은계 수편』에 수록된 59편은 이미 이전에 저록되었던 중복 편이었다.[3] 『은허 서계 전편殷虛書契前編』으로부터 시작된 다른 개인의 저록에도 거의 모두 중복 편이 들어 있다. 나진옥羅振玉의 『은허 서계 속편殷虛書契續編』은 중복 편이 많이 들어 있는 전형적인 저작에 속한다. 소자풍邵子風은 이렇게 말했다.

> 나진옥이 『은허 서계』 전·후편을 비롯해 『은허 서계 청화殷虛書契菁華』 등을 직접 편찬함으로써, 소장 갑골 중 정수라 할 만한 대부분이 세상에 유통되게 되었는데, 갑골 연구자에게 끼친 도움은 이루 말할 수 없었다. 더더욱 당시 사회에서는 그 무엇으로도 비교할 수 없었다. 하지만 나진옥은 그에 만족하지 않고 다시 구매하기 시작하여 10여 년 동안 약 3천여 점의 탁본을 얻을 수 있었다. 계유癸酉년에는 이 3천여 점을 선별해 3분의 2만 남겼으며, 이를 분류하고 배열하여 6권의 책으로 만들었고, 제목을 '속편續編'이라 하였는데, 이는 전편과 후편의 부족함을 보충하겠다는 의미였다. (…중략…) 다만 책 전체의 편찬이 나진옥 혼자의 손에서 이루어진 것만은 아니었기에 수록한 갑골이 다른 저작들과 많이 중복되었다. 손해파孫海波의 교정에 의하면 중복 출현하는 것이 1천 편 이상이나 되었는데, 『전수당戩壽堂』과 『보실簠室』에서 저록된 것들과 중복된 것이 특히 많았다.[4]

『은허 서계 속편』에서 중복 저록된 갑골문에 대해 제일 먼저 대조 작

---

3) 孟世凱, "殷契粹編"條, 『甲骨學小詞典』, 上海辭書出版社, 1987.
4) 邵子風, 『甲骨書錄解題』 卷一, 商務印書館, 1935.12.

업을 한 사람은 손해파孫海波였다. 증의공曾毅公도 민국 28년(1939) 「『은허 서계 속편』 교감기殷虛書契續編校記」를 발표했다.[5] 이듬해 1월, 손해파는 다시 「'은허 서계 속편 교감기'를 평함評『殷虛書契續編』校記」이라는 글을 발표했다.[6] 그들은 모두 『은허 서계 속편』의 중복 편이 이미 1천 편을 넘는다고 했다. 호후선胡厚宣은 민국 30년(1941) 10월 「증의공의 '은허 서계 속편 교감기'를 읽고讀曾毅公君『殷虛書契續編』校記」라는 글을 발표했다. 그는 이렇게 말했다. "『속편』에서 갑골 2,016편을 수록하였는데, 그중 다른 책들과 중복된 것이 1,641편이고 중복되지 않은 것은 375편에 불과하다."[7] 『갑골문 합집』 편집팀이 이를 새롭게 대조해 본 결과 『은허 서계 속편』과 같은 해(1933)에 출판된 『복사 통찬』과 『은계 일존殷契佚存』 등은 계산에 넣지 않더라도 이 책이 출판되기 전의 저록들과 중복 된 것이 1,440편이며, 책 속에서 자체 중복된 것(중복 출현한 것)이 98편 해서, 모두 1,538편이나 되었다.

1954년 호후선이 편집 출판한 『전후 북경 천진에서 새로 얻은 갑골집戰後京津新獲甲骨集』에서는 5,642편의 갑골을 수록하였는데, 이전의 저록과 중복된 것이 1,038편, 책 속에서 자체 중복된 것이 110편 해서, 총 1,148편에 이르렀는데, 전체 수록 분량의 5분의 1을 넘어서고 있다. 1996년 6월 천진고적출판사에서 출판된 호후선의 유작인 『갑골 속존 보편甲骨續存補編』은 탁본 7권으로 되어 있다. 최지원崔志遠은 이 책의 「머리말」에서 이렇게 말했다. "『속보續補』에 수록된 탁본은 대부분이 선생께서 『갑골문 합집』을 편찬하던 시기에 남북 각지에서 갑골을 직접 감정하고 엄선한 동시에 고생스레 방문해 구하거나 다시 탁본한 것이다." 이 책에서 수록한 탁본은 절대 다수가 이미 『갑골문 합집』에 저록되었는데, 『합집』 편찬팀이 자료를 수집할 당시 모든 탁본을 2부씩 만들어 그중 1부를 호

---

5) 齊魯大學國學研究所의 『國學彙編』(1939)에 수록되어 있다.
6) 『中和』 第1卷 第1期(1940)에 수록되어 있다.
7) 『甲骨學商史論叢』 初集 第四冊, 1944.

후선에게 보내 보관하도록 했던 까닭이다. 그렇기 때문에 이 책을 사용할 때에는 『갑골문 합집』과 대조해 선택적으로 사용할 수 있으며, 일일이 하나하나 중복되는지 대조할 필요는 없다.

『갑골문 합집』은 도판을 조판하기 전, 자료의 수집에 적잖은 시간과 노력을 쏟았다. 더구나 중복 대조는 더 번잡하고 따분한 작업이었다. 96종의 저록서와 150종의 간행물에서 저록되었던 갑골문이 총 11만 편이었고 저록되지 않은 탁본이 약 12만 편에 이르렀다. 이 중에서 중복 출현한 갑골 편을 골라내고 이들을 다시 비교하여 걸러내 최종적으로 한 편을 선택하여 『합집』에 수록해야 했는데, 이는 한 사람의 힘에 의해 일시에 이루어 낼 수 있는 일이 결코 아니었다. 『합집』 편집팀 중에서 전체 과정에 참여한 학자의 대부분이 청춘을 여기에다 바쳤다. 『갑골문 합집』의 도판에는 여전히 백여 편에 이르는 자체 중복편이 존재하지만 그것은 전체 도판의 약 450분의 1에 불과한 숫자이다. 전적으로 눈과 기억에 의존해 손으로 베끼던 1960~1970년대의 작업치고 이만한 효과를 거두었다는 것은 이미 대단한 일이다. 중복 편을 대조해 본 경험에 의하면, 갑골문 중복 대조법(만약 컴퓨터를 사용한다면 다른 문제겠지만)은 바로 전통적인 방법, 즉 갑골학의 지식을 갖추어야 하며 시기를 변별하고 각사의 부위를 이해하며 각사의 내용을 숙지하고 갑골편의 형태 변화(정면과 뒷면의 골구正反臼, 탁본의 누락漏拓, 잘못된 모사誤摹, 자르거나 수식한 것의 유무有無剪裁修飾, 축소縮小, 확대放大 등)를 잘 알고 있어야만 하는데 있다. 그 다음으로는 갑골문의 유통과 현재의 소장 상황도 알고 있어야 하며, 이를 실마리로 분류하고 배열하고 교감해야만 한다. 결론적으로 말해서, 갑골문의 중복 대조에 관한 수작업은 여전히 억지로 외우고 경험에 의지해야 한다.[8]

8) 王宇信, 『甲骨學通論』, 中國社會科學出版社, 1989, 第9章 第1節 참조.

3) 갑골문 짜 맞추기綴合

거북딱지甲와 동물 뼈骨를 사용한 점복 재료는 다시 조鑿와 찬鑽 파기, 지지기燒灼, 칼로 새기기刀刻 등의 과정을 거쳐야 한다. 뼈의 넓고 얇은 부분은 부서지기 쉽고, 많은 갑골들이 상품으로 취급되어 시장에서 유통되거나 여러 차례 탁본을 거쳐 저록되었기 때문에 파손율이 대단히 높다. 갑골문의 원래 모습을 복원하거나 비교적 완전한 내용을 얻기 위한 유일한 방법은 끼워 맞추어 짜 맞추기를 하는 것이다. 짜 맞추기에는 두 가지 내용이 포함된다. 하나는 실물의 짜 맞추기인데, 『은허문자 병편殷虛文字丙編』은 바로 갑골 학자 장병권張秉權이 1936년 봄 제13차 은허발굴에서 출토된 '127'호 갱의 실물 갑골을 끼워 맞추어 짜 맞추기 한 저록서이다. 다른 하나는 탁본(모사본摹本, 사진)을 짜 맞추는 것이다. 왕국유가 민국 6년(1917) 「은허복사에 보이는 선공 선왕 고殷卜辭中所見先公先王考」라는 글을 쓰면서 그 속에서 『전수당 소장 갑골문자戩壽堂所藏甲骨文字』에 수록된 1면의 제10편과 『은허 서계 후편殷虛書契後編』의 상편에 수록된 8면의 제14편 등 두 편을 1편으로 짜 맞추기 하여, 상갑上甲부터 시계示癸에 이르는 은나라 선공先公의 순서가 『사기』 「은본기殷本紀」의 세차世次와 맞지 않음을 발견하였으며, 짜 맞추기를 한 후의 갑골에 기록된 세차에 근거해 『사기』 「은본기」의 잘못을 바로잡았다. 이 이후로 짜 맞추기 작업은 갑골학 연구에 대단히 중요한 의의를 지니게 되었으며, 갑골 학자들은 갑골문을 저록할 때 부서진 조각들의 짜 맞추기에 주목하게 되었다. 민국 28년(1939), 증의공曾毅公이 짜 맞추기에 관한 최초의 전문 저작인 『갑골 철존甲骨綴存』을 출판해 총 75판을 짜 맞추기 했다. 그는 또 1950년에 『갑골 철합편甲骨綴合編』을 출판해 총 496판을 짜 맞추기 하였다. 그 후에는 또 곽약우郭若愚와 이학근李學勤의 합작으로 1955년에는 『은허문자 철합殷虛文字綴合』을 출판하여 총 482판을 짜 맞추기 하였다. 1975년 엄일평嚴一萍이 출판한 『은허 철합 신편甲骨綴合新編』에서는 총 705판을 짜 맞추기 하였다. 1978년 출판을 시작한 『갑골문 합집』에서는 총 2천5백여 판을 짜 맞추기 하였다. 이 책은 짜 맞추기에 관한 이전의 여러 성과를 받아들인 이외에도 계경영桂琼英에 의해 1천여 편의 새로운 짜 맞추기가 이루어졌다. 그녀는 『합집』의 갑골 짜 맞추기에 묵묵히 자신의 평생을 바쳤던 인물이며, 『합집』이 출판되기도 전 1977년 2월 11일 피로가 누적되어 세상을 떠나고 말았다. 평생 명성을 원하지도 이익도 구하지 않았던 그녀의 인품과 학문과 경업敬業 정신은 영원히 가슴에 담고 배워야 할 것이다.

갑골문 짜 맞추기는 "영원히 끝이 없는" 일이기도 하다. 『갑골문 합집』이 출판된 17년의 세월 동안 많은 갑골 학자들이 계속해서 적잖은 갑골문을 짜 맞추기 해왔다. 1999년 출판된 『갑골문 합집 보편甲骨文合集補編』은 이전 학자들의 성과 위에서 다시 5백여 판의 갑골을 짜 맞추기 하였다. 갑골을 짜 맞추기 하는 방법은 기본적으로 중복편의 대조에서 갖추어야 하는 지식과 일치한다. 차이점이라면 갑골 부위의 연철聯綴이 있어야 하고, 복사의 내용에 관한 높은 숙지가 요구된다는 점이며, 그래야만 잘못된 짜 맞추기誤綴가 나오지 않는다. 짜 맞추기에 관한 구체적인 방법과 순서에 관해서는 왕우신王宇信의 『갑골학 통론甲骨學通論』과 맹세개孟世凱의 『갑골학 소사전甲骨學小詞典』을 참고하면 되기에 더 이상 서술하지 않는다.

2. 갑골문의 저록과 저록서의 과학화

1) 갑골문을 학계로 끌어낸 초기의 저술

은허 갑골문의 발견과 저록 등은 원자탄처럼 일시에 전 세계인들에게 그 살상력을 알릴 수 있는 그런 무기는 아니다. 청나라 광서 29년(1903) 10월, 『철운장귀鐵雲藏龜』에 갑골문이 저록되어 출판된 이후에도 많은 사람들은 아직 그것이 가짜라고 생각하고 있었다. 예컨대 국학대사로 일컬어졌던 장태염章太炎도 그 대표적 인물의 하나였다. 그는 『국고논형國故論衡』의 「이혹론理惑論」에서 이렇게 말했다.

> 또 근래에 들어 거북딱지를 얻은 자가 있었는데, 글은 마치 조충서鳥蟲書와 같았고 그러면서도 청동기 명문과는 조금 달랐으니, 그 사람들은 아마도 세상을 속여 값을 높여 받으려는 무리임에 틀림없다. 나라도 팔아먹는데 문자라고 못하겠는가? 그리고 한 두 학자도 이것이 진짜라고 믿고 있으니 이는 일반인들의 수준에서 나온 병폐가 아니겠는가. (…중략…) 무릇 땅속으로 들어가 천 년이 되면 썩지 않는 해골이 없고 세월이 흐르면 오래가는 것이 없을진대 모두 진토塵土가 되고 만다. (…중략…) 청동기도 전하는 것이 한 둘이 아니지만 그 위조를 의심받거늘, 하물며 빨리 썩을 수 있는 재질에 쉽게 파묻힐 수 있는 것이라면 어떠하겠는가? 위조도 잠깐이면 가능하고, 그것을 얻은 자도 곧은 믿음을 가진 자가 아닐진대 모든 사람이 그것을 훌륭한 것이라 믿으니 이 어찌 거꾸로 된 일이 아니겠는가?

당시의 장태염이나 황간黃侃 등과 같은 학계의 권위자들은 갑골문을 인정하지 않았으며 갑골문을 연구하는 학자들에 비판적인 태도를 취했다. 하지만 갑골문의 존재는 이미 논쟁의 대상이 아닌 진실이었다. 이에 대한 연구는 여전히 발전규칙을 따라 전진하고 있었고, 결국에는 중앙연구원 역사어언연구소에서 은허를 발굴하여 대량의 갑골문을 발견하고, 하나의 새로운 학문—갑골학이 탄생되었다.

갑골문이 학계로 진입하여 더욱 많은 학자에 의해 인정되고 많은 사람이 그것의 연구에 투신하거나 각사 자료를 이용하게 된 공은 갑골문을 저록한 사람들에게 우선적으로 돌려져야 할 것이다. 만약 그들이 전심전력하여 갑골문을 수집하고 탁본하고 차례를 매겨 출판하지 않았더라면 3천 년 전의 문자자료는 더 많은 사람에게 알려질 수 없었을 것이며, 학술계로 진입하지 못했을 것임은 두 말할 나위도 없다. 갑골학의 발전사에서 갑골을 수집한 왕의영의 공은 지울 수 없는 부분이다. 왕양王襄 등도 잊어서는 안 될 인물이다. 그리고 갑골문을 저록하여 세상에 공표했던 유악劉鶚은 더더욱 갑골학 연구에 으뜸가는 공을 세웠다 할 것이다.9) 이와 동시에 유악은 『철운장귀』의 「서문」에서 "뜻하지도 않게 2천여 년 후에 은나라 사람들의 도필문자를 목도할 수 있게 되었으니 이 어찌 행운이 아니겠는가?"라고 했는데, 이는 갑골각사가 "은나라 사람들의 도필刀筆문자"라는 사실을 처음으로 확정한 지금까지 알려진 최초의 글이다. 다만 안타까운 것은 왕의영과 유악 두 사람이 불행하게도 일찍 세상을 떠났다는 점이다. 그렇지 않았더라면 그들의 고대사에 대한 학식과 고문자에 대한 실력은 갑골학 연구에 더 많은 공헌을 했을 것이다. 유철운劉鐵雲의 손자인 유혜손劉蕙孫은 1992년 2월 출판된 『노잔유기 보편老殘游記補編』에서 갑골문이 상나라 때의 문자임을 처음 밝혀낸 사람은 왕의영이 아니라 자신의 할아버지인 유철운이라고 했다. 그는 이렇게 말했다. "한보가漢黼家로부터 은허 갑골을 사들였다는 이야기는 왕의영이 한약을 먹다가 용골龍骨에서 갑골문자를 발견했다는 근거 없는 풍문을 바로잡아 주었다."10) 이것은 왕양의 후손들이 왕양을 갑골문의 최초 발견

9) 劉鶚의 生平에 관해서는 劉蕙孫이 편집한 『鐵雲先生年譜長編』(齊魯書社, 1982)과 王宇信의 『甲骨學通論』(中國社會科學出版社, 1989), 326면을 참조하면 된다.

자라고 극력 주장하는 것과 마찬가지로 이해할 수 있는 부분이다. 그렇지만 그래도 학자들의 초기 기록에 근거하는 것이 옳다고 생각한다. 왕의영이 갑골을 구매했다는 사실은 유철운의 『철운장귀』의 「서문」에서 이미 언급한 바 있으니, 아마도 "근거 없는 풍문"은 아닐 것이다.

『철운장귀』는 광서 29년(1903)에 출판되었으며, 탁본 1,058편을 수록하였는데, 이는 자신이 직접 사들였거나 왕의영의 후손들에게서 사들인 약 5천 편의 갑골문 중에서 선별한 것들이다. 「서문」에서는 골동상들에게 속혀 여전히 "하남성 탕음현湯陰縣의 옛날 유리성羑里城"에서 갑골문이 출토되었다고 말하고 있다. 그 때문에 이 책이 다시 인쇄되었을 때 「서문」을 빼 버렸고, 그 이후에 보이는 판본으로는 다음의 세 가지가 존재하게 되었다. 즉 「서문」이 들어 있는 판본, 자신의 「서문」과 오창수吳昌綬의 「서문」이 든 판본, 나진옥羅振玉의 「서문」만 포함된 판본 등이다. 이중 셋째 판본이 가장 흔한 판본이며, 원래의 「서문」이 달린 판본은 이미 찾아보기 어렵다. 이 책은 민국 20년(1931), 상해의 담은려蟫隱廬에서 다시 인쇄되었는데, 포정鮑鼎의 해석문이 붙어 있다. 하지만 대부분 대충대충 모사하는 바람에 참모습을 많이 잃고 말았다. 유악은 「서문」에서 갑골문에 보이는 간지干支자와 숫자 등 약 40여 개의 개별자에 대해 논술하였다. 그중 34개의 글자가 틀렸으나 이 정도도 당시로서는 이미 쉽지 않은 부분이었다.

갑골을 고석한 최초의 인물은 손이양孫詒讓(1848~1908)이다. 손이양은 절강성 서안瑞安 사람으로 자가 중용仲容이며 호가 주경籀廎이다. 청나라 동치 연간 때 과거에 급제 했으며, 일찍이 형부주사刑部主事를 맡기도 했으나, 이후 관직을 버리고 집으로 돌아가 경학과 문자학 연구에 전심하였다. 40여 년간 연구에 몰두하여 『주례 정의周禮正義』 등 10여 종의 책을 저술했다. 광서 29년(1903) 유악이 『철운장귀』를 출판하자 이듬해(1904) 손

10) 『老殘游記補編』, 文化藝術出版社, 1992. 인용문은 이 책의 「後記」에 보인다.

이양은 『철운장귀』를 본 후 기뻐하면서 이의 문자를 고석한 『계문 거례契文擧例』를 썼다. 그는 이 책의 「자서」에서 이렇게 말했다.

> 고문古文과 대전大篆을 공부한 지 40년이 되었고, 직접 본 청동기 명문만 해도 2천 점이 넘지만 이들은 모두 주周나라 이후의 것이다. 골동 수집가들이 내놓은 상나라 기물이라는 것도 대부분 억측이어서 믿기가 어려웠다. 매번 상나라 때의 문자를 얻지 못해 안타까워했었는데, 근래에 이 책을 얻게 되었다. 뜻하지도 않게 노년에 기적을 보게 되었으니, 끝없이 만지작거리고 갖고 놀다가 문득 두 달의 시간을 투자해 교감을 해가며 읽었다. 앞뒤로 중복되어 나오는 것들을 서로 자세히 살펴 풀어나갔더니 대충 그 문장을 읽을 수 있었다. 대체로 금문과 비슷하였으며, 전서篆書에 비해서는 더 간략했다. 형形과 성聲이 갖추어진 것이 많지 않았고 형체를 본뜬 글자들도 다 읽어낼 수가 없었다. 또 지금 통독 가능하게 된 것에 대해서 그 대략을 기술함으로써 잃어버렸던 상나라 때의 문자를 보충하고, 창힐과 사주史籒 이전의 문자의 변천을 찾는 데 도움이 되고자 했으며, 모르는 글자에 대해서는 비워 두었다.

『계문 거례』는 갑골문을 분류하여 연구한 최초의 저작이다. 전체 책은 10장에 10가지 부류로 되어 한 장이 하나의 부류로 되어 있다. 즉 일월日月이 제1장, 정복貞卜이 제2장, 복사卜事가 제3장, 귀신鬼神이 제4장, 복인卜人이 제5장, 관씨官氏가 제6장, 방국方國이 제7장, 전례典禮가 제8장, 문자文字가 제9장, 잡례雜例가 제10장이다. 이 책이 출판되기 전에 손이양은 세상을 떠나고 말았다. 민국 5년(1916) 겨울, 왕국유王國維는 상해의 한 책방에서 이 책의 원고를 발견해 나진옥羅振玉에게 보냈다. 나진옥은 그것을 『길석암 총서吉石庵叢書』에 포함시켜 이듬해 출판했다. 민국 16년(1927) 8월, 상해의 담은려蟫隱廬에서 2책의 석인石印본으로 출판했다. 『계문 거례』가 출판된 후 학계의 평가는 서로 달랐다. 초기 갑골 학자들은 대부분 갑골문의 고석에서 일부 잘못이 있으나 고석방법과 그러한 체제를 처음 세운 공에 대해서는 긍정했다. 소자풍邵子風은 『갑골 서록 해제甲骨書錄解題』에서 『계문 거례』를 이렇게 평가했다. "비록 오류가 없는 것은 아니지만 처음 세운 공은 대단히 위대하다. 은계殷契가 출토된 이후 이 책은 중국 근대 학술사에서 새로운 영역을 개척했으며, 은허문자의 학문에 준 도움은 더더욱 헤아릴 수 없다." 갑골학의 발전사를 살펴볼 때, 이 이후의 문자 고석은 대체로 손이양의 방법을 답습하고 있음을 알 수 있다. 당란唐蘭도 『은허 문자기殷墟文字記』 「서序」에서 "나의 고문자학은 민국 8년에 시작되었는데, 손중용孫仲容의 학술에 가장 감동하고 있었다"고 했다. 손이양은 또 『명원名原』 3권을 지었는데, 광서 31년(1905)에 출판되었다.

갑골학을 학계로 진입시킨 가장 큰 공은 나진옥羅振玉과 왕국유王國維에게 있다 해야 할 것이다. 나진옥은 갑골을 수집하고 갑골의 진짜 출토지를 찾는 데 온 힘을 다했다. 그리고 만 편이 넘는 갑골을 수집하여 선별 작업을 거친 후 다른 사람들이 연구할 수 있도록 탁본하여 출판하였다. 광서 27년(1901) 그는 유악劉鶚의 집에서 갑골문의 탁본을 본 이후 "진실로 장창張·두림杜·양웅楊·허신許 같은 한漢나라 이후의 문자학자들도 보지 못했던 자료"라고 감탄해마지 않았다.[11] 그리하여 "철운鐵雲을 종용하여 소장하던 모든 탁본을 모아 『철운장귀』로 출판하도록 했다."[12] 그리고 「서문」을 지었는데, 「서문」에서 옛날의 복서卜筮 제도에 관해 논술했다. 그는 『철운장귀』가 출판된 이후 학계의 반향을 일으키길 학수고대했다. 하지만 의외로 "이를 전후한 몇 년 동안 단지 손중용孫仲容 징군徵君 이양詒讓만이 그에 대한 찰기札記를 지었을 뿐 다른 소식은 듣지 못했다." 겨우 "식사를 물릴 때에서야 문득 탁본과 내가 갖고 있던 갑골을 살펴보고 이전에 의심이 나 급작스레 통하지 않던 부분을 오랫동안 자세히 살피자 그 뜻을 점점 풀어갈 수 있게 되었다. 하지만 성격이 다시

11) 이 해는 『鐵雲藏龜』의 「自序」에 의하면 광서 28년이 되어야 옳다.

12) 羅繼祖, 『羅振玉年譜』, 淸 光緖27年 條.

게을러져 기록을 남기지 못했다."[13] 1911년 겨울, 나진옥은 일본으로 건너가면서 그의 『은허 서계 전편殷虛書契前編』의 탁본도 가져갔는데, "일 년 동안의 시간을 투자해 『전편前編』 8권을 편집하여 정교하게 인쇄했으며, 나머지 탁본하지 못한 것들은 훗날 속편續編으로 만들 것이며 속편도 이러한 차례로 편집할 것이다"[14]고 했다. 『은허 서계 전편』은 1911년 일본에서 『국학총간國學叢刊』의 석인본으로 출간되었으나 매 기期마다 1권씩 단지 3권 밖에 인쇄되지 못했다. 하지만 이듬해 8권 본이 영인되었으며, 제1권의 표지에 "집고유문 제일集古遺文第一"이라는 이름이 붙여졌고 탁본 2,221편이 수록되었다.[15]

『은허 서계 전편』의 뒤를 이어 나진옥은 민국 3년(1914) 11월 『은허 서계 청화殷虛書契菁華』를 출판하였는데, 갑골문 사진 68판版을 실었다. 이듬해 2월, 다시 『철운장귀의 나머지鐵雲藏龜之餘』를 출판하였는데, 유철운이 소장했던 유품 탁본 40편을 수록했다. 「자서」에 의하면, 이 책은 유철운을 기념하기 위해 만들어졌으나 이 책이 만들어졌을 때 유철운은 이미 신강新疆으로 망명하여 죽은 지 몇 년이나 지난 때였다. 이듬 해 4월, 『은허 서계 후편殷虛書契後編』 상・하권이 출판되었으며, 탁본 1,104편이 수록되었다. 같은 해 5월, 『은허 고대기물 도록殷虛古器物圖錄』이 출판되었는데, 그 속에 탁본 4편이 수록되었다. 또 민국 22년(1933) 9월에는 『은허 서계 속편殷虛書契續編』(이에 관해서는 앞 절에서 이미 소개했음)이 출간되었다. 『철운장귀』가 출판된 이후부터 나진옥이 5권의 책을 연속으로 출간하기까지 총 3,437편의 갑골문이 저록되었다. 이들 저록에는 숫자도 숫자지만 질적인 면에서도 훌륭한 것이 많았다. 예컨대 『은허 서계 청화』에 수록된 앞쪽 4판은 무정武丁 시기의 비교적 완전한 커다란 어깻죽지 뼈였다. 새긴 글자 수가 많을뿐더러 내용도 중요해, 지금까지도 여전히 관련

13) 羅振玉, 「自序」, 『殷虛書契前編』, 1911.
14) 羅振玉, 「自序」, 『殷虛書契前編』, 1911.
15) 1973年 3月 『甲骨文合集』팀의 謝濟와 孟世凱가 헤아린 숫자이다.

서적에서 전형적인 도판으로 사용되고 있다.

『계문 거례』의 뒤를 이어 갑골문자의 고석에 가장 노력했던 사람은 나진옥이다. 청나라 선통宣統 원년(1909), 일본의 임태보林泰輔가 「청나라 하남성 탕음에서 발견된 귀갑 수골『淸國河南湯陰發現之龜甲獸骨』을 지어 가르침을 구한다면서 그에게 보내왔다. 2년 전, 그는 이미 골동상의 입에서 갑골이 안양安陽의 소둔촌小屯村에서 출토되었다는 사실을 들었다. 또 "각사刻辭에는 은나라 왕의 이름이 10여 가지 들어 있었기 때문에 이 복사가 은나라 왕실의 실제 유물이며, 문자가 비록 간략하긴 했으나 정사에서 빠진 부분을 보충할 수 있으며, 문자학의 원류를 파헤치고 고대의 복법卜法을 알 수 있다"[16]고 생각했다. 그리하여 3개월의 시간을 쏟아 『은상 정복 문자 고殷商貞卜文字考』 1권을 저술함으로써 임태보에 대한 답을 보냈다. 그리고 이듬해(1910) 9월 이를 석인으로 출판했다. 민국 3년(1914) 12월 왕국유는 나진옥의 저서인 『은허 서계 고석』을 필사하여 석인으로 출판했다. 이 책은 총 8편으로 되었는데, ① 도읍都邑, ② 제왕帝王, ③ 인명人名, ④ 지명地名, ⑤ 문자文字, ⑥ 복사卜辭, ⑦ 예제禮制, ⑧ 복법卜法이었다. 민국 5년(1916) 5월, 나진옥은 『철鐵』, 『여餘』, 『전前』, 『후後』, 『청菁』 등 5부의 저록 중에서 그간 해독하지 못했던 글자들을 정리하여 『은허 서계문자 대문편殷虛書契待問編』 1권으로 석인 출판했다. 여기서는 개별 갑골문자 1천4백여 자(중복 글자 포함)를 수록하여 이후 고석할 수 있도록 했다. 또 민국 16년(1927) 2월에는 『증정 은허 서계 고석增訂殷虛書契考釋』 3권을 출판했는데, 이 책은 1권으로 된 원래 책을 많이 수정했고 원래 책보다 훨씬 더 정교하게 교감하였으며, 왕국유의 「서」와 나복이羅福頤의 교감을 첨부했다. 민국 23년 9월, 소자풍邵子風이 「증정 은허 서계 후기增訂殷虛書契考釋後記」라는 글[17]을 발표하였는데, 원래 책과 비교해 가면서 한 줄 한 줄 대조함으로써 원래 책보다 낫다는 평가를 받았다.

---

16) 羅振玉, 「自序」, 『殷商貞卜文字考』, 1910.
17) 『燕京大學圖書館報』 第67期, 1934.

곽말약郭沫若은 이렇게 말했다.

> 갑골이 출토된 이후, 그것을 수집하고 보존하고 전파한 공으로 말하자면 당연히 나진옥이 최고일 것이며, 문자의 고석 또한 나진옥에게 힘입은 바 크다. 나진옥은 1910년에 『은상 정복 문자 고』 1권을 지었는데, 이 책은 전체 윤곽을 그린 것이 불과했다. 1915년에 나온 『은허 서계 고석』 1권(이후의 증정본에서는 3권으로 고쳤다)은 바로 갑골문자학을 대단한 학문으로 만든 작품이다. 갑골을 논하는 자라면 이 책에 권위를 부여하지 않을 수 없을뿐더러 중국의 고대 학문 연구자도 이에 권위를 부여하지 않을 수 없다.18)

왕국유(1877~1927)는 민국 4년(1915) 4월에 「은허복사에 보이는 지명에 대한 고찰殷墟卜辭中所見地名考」이라는 논문을 썼다. 복사에 나타난 2백여 개의 지명 중, 공龔·우盂·옹雍·박亳·조曹·기杞·령𢦏 등 8개의 지명을 밝혀냈다. 민국 6년(1917) 3월에는 또 「은 복사에 보이는 선공 선왕 고殷卜辭中所見先公先王考」를 발표했다. 여기서는 준夋·상토相土·계季·왕해王亥·왕항王恒·상갑上甲·보을報乙·보병報丙·보정報丁·시임示壬·시계示癸·대을大乙·당唐·양갑羊甲·조모祖某·부모父某·형모兄某 등과 같은 선공先公과 선왕先王에 대해 고증했다. 그리하여 역사서에서의 기록이 대체로 잘못되지 않았음을 증명했으며, 동시에 『사기』 「은본기」에 기록된 미微·보정報丁·보을報乙·보병報丙 등의 잘못을 바로잡았다. 같은 해 4월, 다시 「은 복사에 보이는 선공 선왕 속고殷卜辭中所見先公先王續考」를 발표해 상갑上甲에서 시계示癸까지를 고석한 이외에 또 다후多后·중종조을中宗祖乙·대시大示·이시二示·삼시三示·사시四示 등을 고석했다. 그와 동시에 처음으로 세계世系가 기록된 갑골판을 짜 맞추기 함으로써 갑골문탁본의 짜 맞추기 선례를 만들기도 했다.19) 왕국유가 차례를 매기고 고

---

18) 郭沫若, 『中國古代社會硏究』, 人民出版社, 1954, 213면.

19) 『後』 上 8.14와 『戩』 1.10을 짜 맞추기 했다.

석한 『전수당 소장 갑골문자戩壽堂所藏殷墟文字』를 비롯해 그의 『고석考釋』 또한 같은 해 5월에 출판되었다(이 책의 제목은 "희불타姬佛陀 편저編著"로 되어 있지만 사실은 왕국유의 작품이다). 이 책은 문자의 고석이 대단히 탄탄하고 선공先公 선왕先王에 대한 고증도 정확하여 대부분 바뀔 수 없는 결론들이었다. 또 같은 해 7월에는 유명한 「은주 제도론殷周制度論」을 발표했다.[20] 민국 16년(1927) 12월에는 또 이후 영향력을 발휘한 「은례 징문殷禮徵文」 등을 발표했다.

곽말약은 갑골복사에 근거해 상주 사회사를 연구한 왕국유의 공헌에 대해 이렇게 평가했다.

> 그로부터 복사의 종합적 비교 연구가 시작되었다. 복사의 시대성이 확정될 수 있었고, 은대의 사실성史實性도 확정될 수 있었다. 또 중국의 구학문은 갑골의 출현으로부터 신기원이 개척되었다고 하는데, 나진옥과 왕국유 두 사람의 갑골 고석에서부터 새로운 기원을 찾을 수 있다는 평가는 결코 지나친 말이 아니다.[21]

이는 지금까지도 여전히 정확한 평가이다. 갑골문 연구를 새로운 영역으로 내밀어 중국고대사 연구에 신기원을 연 것은 나진옥과 왕국유의 공이 제일 크다. 과거 역사적 원인으로 인해 갑골문에 관한 몇몇 논술에서 나진옥과 왕국유에 대해 공평하지 않은 평가를 내리기도 했다. 심지어 어떤 권위 있는 저술에서조차 학술을 정치와 결합시켜 특정 정치 관점에 근거해 실제에 부합하지 않는 평가를 내리기도 했으나, 이는 취할 바가 못 된다. 학술과 정치는 분리되어야 하며, 학술은 학술일 뿐이다. 실사구시와 과학적인 태도야말로 학술에 공헌한 인물을 역사적으로 평가할 때 견지하고 지켜져야 할 원칙이다.

---

20) 「先公先王考」과 「續考」는 『觀堂集林』 제9권(中華書局, 1961)에 수록되었다.
21) 郭沫若, 『中國古代社會硏究』, 人民出版社, 1954, 213면.

나진옥과 왕국유의 추동 하에서 많은 학자들이 갑골의 수집과 저록 및 연구 작업에 뛰어 들었다. 예컨대 임의광林義光은『문원文源』12권(1920)을, 왕양王襄은『보실 은계 유찬簠室殷契類纂』14권(1920)을, 상승조商承祚는『은계문자 유편殷虛文字類編』14권(1923,『대문편待問編』13권과 나진옥의『은허 서계 고석殷虛書契考釋』1권을 부록으로 담)을, 섭옥삼葉玉森은『은계 구침殷契鉤沉』2권(1923)과『설계說契』1권과『연계지담揅契枝譚』1권(1924)을, 진방회陳邦懷는『은허 서계 고석 소전殷虛書契考釋小箋』1권(1925)을 지었으며, 섭옥삼의『철운장귀 습유鐵雲藏龜拾遺』1권에서는 갑골문 240편을 저록하였다. 또 왕양王襄의『보실 은계 징문簠室殷契徵文』과『고석考釋』각 12권(1925)도 연속해서 출판되었다. 이상에서 거론한 저술 이외에도 이와 관련된 저술은 민국 16년(1927)까지 복모좌濮茅左의 통계에 의하면 중국 내에서만 총 127편이 발표되었으며, 연구에 참여한 학자만 해도 50여 명에 이른다. 이는 갑골문이 이미 학계의 광범위한 주목을 받았음을 보여 준다.

이와 동시에 갑골문 연구는 세계를 향해 나아가기 시작했다. 갑골문을 소개한 글의 시작은 미국인이었던 찰펀트查爾凡(즉 方法斂)가 처음이었다. 그는 청나라 광서 32년(1906) 9월,「중국 원시 문자에 대한 고찰中國原始文字考」(『미국 카네기 박물관 보고서』제4기)를 발표했다. 둘째는 일본인인 임태보林泰輔인데, 그의「청나라 하남성 탕음현에서 발견된 귀갑 수골淸國河南湯陰縣發現之龜甲獸骨」은 일본의 명치明治 12년(1909) 12월부터『일본 사학잡지日本史學雜志』28권 8, 9, 10기에 발표되었다. 또 일본 대정大正 10년(1921)에는『귀갑 수골 문자龜甲獸骨文字』2권이 출판되어 갑골문 탁본 1천 23편이 수록되었고,『초석抄釋』1편을 부록으로 달았다. 캐나다 사람이었던 멘지스明義士는 민국 6년(1917) 3월, 자신이 모사한『은허복사殷虛卜辭』1책을 출판하였으며, 갑골문 2,369편을 수록하였다. 이 외에도 일본의 부강겸장富岡謙藏・후등조태랑後藤朝太郎・내등호차랑內藤虎次郎 등이 있다. 또 영국의 홉킨스荷晉金(즉 金璋)・쿨링庫壽齡, 프랑스의 샤반沙畹, 독일의 뮐러穆勒(H. Mueller)・베른하르디勃漢第(Anna Bernhardi) 등도 이 시기에 갑골문과 관련한 글을 발표했다.

"갑골문자학은 나진옥과 왕국유 두 대학자大宗師"[22]의 추동 하에 『철운장귀』가 세상에 나온 이후 20여 년간 중국 내외에서 많은 학자가 연구함으로써 중국 학계에서 중요한 학문의 하나가 되었다. 이와 동시에 국제 학계를 향해 발을 내디뎠으며, 많은 우수한 외국의 중국학자들이 갑골학의 연구에 평생을 바쳤다.

2) 갑골문의 분류와 연구의 새로운 국면

나진옥羅振玉과 왕국유王國維라는 두 거장을 필두로 한 국내외 학자들의 추동 하에 은허에서 출토된 갑골문은 끝내 학계의 주목을 받게 되었는데, 이는 갑골학이라는 새로운 학과의 형성에 견실한 기초를 제공해 주었다. 민국 27년(1928) 중앙연구원 역사어언연구소에서 시작한 은허의 조사와 발굴을 비롯해 그 이후 출토된 갑골문과 갑골문의 전면적인 연구는 갑골학이라는 전혀 새로운 학과를 형성하도록 만들어 주었다. 하지만 그 이전부터 갑골문에 대한 정리와 연구는 이미 과학화의 길로 나아가고 있었다. 바로 그 시기에 갑골문의 시기구분에 대한 동작빈董作賓의 방안이 아직 제시되지는 않았지만 몇몇 갑골 학자들은 이미 갑골문의 끊임없는 출토로 갑골이 분명 단시일에 걸친 유물이 아니라는 사실을 인식하고 있었다. 하지만 당시의 갑골은 모두 개인의 도굴에 의해 출토된 것이었다. 그래서 출토를 증명할 갱위坑位도 없었고, 서로 다른 시기의 출토품들이 한데 뒤엉켜 있었기 때문에 서로 다른 시기의 유물을 분명하게 구분해 낸다는 것은 분명 쉬운 일은 아니었다. 그럼에도 왕국유는 「은허복사에 나타난 선공 선왕 고殷卜辭中所見先公先王考」에서 이렇게 말

---

22) 郭沫若, 『中國古代社會硏究』, 人民出版社, 1954, 214면.

했다. "상나라 때의 여러 임금을 살펴보면, 정丁이라는 이름을 가진 왕 중에서 기己와 경庚이라는 이름을 가진 두 아들이 연이어 왕위를 계승한 경우가 없다. 무정武丁에게만 효기孝己가 있고, 조경祖庚과 조갑祖甲이 있기 때문에, 이 복사는 바로 조갑祖甲 때 이루어진 것이다"고 했는데, 이것은 시기구분에서 이미 이후 동작빈이 제시한 10가지 표준의 하나인 '칭위稱謂'의 선구가 되었다. 비록 당시는 아직 체계적인 시기구분을 할 수 없었던 때였지만 상나라 때의 문자자료인 갑골각사를 이용한 상나라 역사 연구가 이미 학계에 등장했던 것이다. 갑골문 자료의 정리라는 측면에서 볼 때, 갑골문의 분류와 저록은 갑골학사의 새로운 페이지를 열게 되었다.

갑골문을 분류하여 저록한 최초의 인물은 왕양王襄이다. 민국 9년(1920) 12월, 왕양은 『보실 은계 유편簠室殷契類纂』 18권을 편집 출판하였다. 거기에는 이전에 출판된 갑골문 저록서와 자신이 소장했던 갑골문 탁본 자료에 근거한 개별 글자 2,867자가 수록되었다. 정편正編을 14권으로 나누어 총 873자를 수록했으며, 합문合文 1권, 존의存疑 1권을 부록으로 달아 총 2,852자를 수록했고, 대고待考 1권에서 142자를 수록했다. 이후 민국 18년(1929) 10월에 다시 증정본增訂本이 출판되었는데,[23] 갑골학 발전사에서 최초의 갑골문 자전이라 할 수 있다.

갑골문을 분류하고 배열하여 저록한 것도 왕양에 의해 시작되었다. 민국 14년(1925) 5월, 그가 편집한 『보실 은계 징문簠室殷契徵文』 12권이 출판되었는데, 탁본 1,125편을 저록하였고, 순서에 따라 분류 번호를 매겼다. 천상天象, 지리적 위치地望, 제계帝系, 인명人名, 세시歲時, 간지干支, 점복貞類, 전례典禮, 정벌征伐, 사냥游田, 잡사雜事, 문자文字 등 12부류로 나누었으며, 『은계 징문 고석殷契徵文考釋』 12권을 부록으로 달았다. 앞서 출판된 『보실 은계 유찬簠室殷契類纂』이 문자를 모사한 것이어서 참모습을 많이 잃어버

23) 孟世凱, 『甲骨學小詞典』 「簠室殷契類纂」 條, 上海辭書出版社, 1987을 참조.

렸던 탓에 왕양은 자신이 소장하고 있던 갑골을 골라 탁본으로 출판하였던 것이다. 그는 분류와 배열의 편의를 위해 탁본을 자르기도 했으며, 가장자리 선이 가지런하지 않은 원래 갑골을 가지런히 정리하기도 했으며, 글자 형체가 모호한 경우에는 수정을 하기도 했다. 1963년 필자는 『보실 은계 징문』과 왕양이 『갑골문 합집』 편집팀에 기증한 왕양 소장의 『보실 은계 탁책簠室殷契拓冊』을 서로 대조한 적이 있다. 원래 탁본은 대단히 완전했으며, 묵탁본도 정교했음을 직접 확인할 수 있었다. 필자가 대조한 결과는 다음과 같다. 원래 탁본 중 한 편이 4편으로 분할된 경우도 있는데, 천상天象의 제57편, 제계帝系의 제85편, 점복貞類의 제5편과 제19편이 바로 이에 해당한다. 또 원래 탁본이 3편으로 분할되어 저록된 경우도 있는데, 정벌征伐의 제43편, 사냥游田의 제14편, 잡사雜事의 제57편 등이 그러하다. 또 원래 탁본이 2편으로 분할되어 저록된 경우도 있는데, 인명人名의 제111편, 전례典禮의 제103편, 지리적 위치地望의 제27편, 잡사雜事의 제51편 등이 그러하다. 어떤 경우에는 원래 탁본에서는 여러 조목으로 되었지만 한 단어만 저록한 경우도 있었다. 이처럼 분류를 위해 자르고 분할하여 저록한 것이 원래 탁본 전체의 약 3분의 2를 차지하고 있다. 그 때문에 이 책이 출판된 이후 학계, 특히 갑골 학자들에 의해 위각이 아닌가 의심받기도 했다. 민국 19년(1930) 겨울, 손해파孫海波가 왕양이 소장하고 있던 원래 탁본의 영인본을 얻어 보고서 『보실 은계 징문』의 탁본이 위작이 아님을 감정했다. 그는 이를 위해 「보실 은계 징문 교록校錄」이라는 글을 써 1937년 6월의 『고고사간考古社刊』 제6기에다 발표했다. 곽말약郭沫若도 한 때 이 책에 저록된 것이 위작이 아닌가 의심했지만 이후 동작빈이 「갑골문 시기구분 연구 예甲骨文斷代硏究例」에서 『보簠』에서 제계帝系에 수록된 151편을 짜 맞추기 한 것을 보고서야 의구심을 버렸으며, 이렇게 말했다. "『징문』은 가짜가 아니며 그 책이 대단히 중요한 연구 자료가 되고 그 속에는 나의 학설을 증명할 수 있는 많은 것이 들어 있음을 알게 되었다."[24] 이 책에 수록된 탁본은 내용이 풍부하고 중요한 자료도 많다. 특히 귀한 것은 왕양 자신이 소장했던 갑골들이 다른 사람에게 넘어갔거나 팔렸던 적이 없는 것이어서 이전의 다른 저록과 중복되지 않는다는 점이다. 『갑골문 합집』에 수록된 것은 『보실 은계 탁책』의 원본 탁본으로, 완전할 뿐 아니라 글자도 선명하다.

왕양이 갑골문을 분류 저록했던 목적은 그것을 통해 '은나라 때의 예의 제도殷禮'를 찾아내고자 한 데 있었다. 그는 「자서」에서 이렇게 말했다.

> 옛날 공자는 고증할 만한 은나라의 문헌이 부족하여 그때의 예의제도에 대해 이야기 할 수 없음을 한탄했다. 3천 년 동안 은나라의 예의제도에 관한 연구는 이미 끊기고 말았다. 애써 그것을 구하고자 해도 겨우 「상서商書」·「상송商頌」·『예기禮記』·『사기史記』 등 네 가지에 실린 것뿐이고, 그것도 대략적인 모습을 살펴볼 수 있을 뿐이었다. 하지만 은계殷契가 출토된 이후 그 문장을 해석하게 되면서 은나라 예의제도에서 보존되던 것이 많고, 사전祀典들보다 훨씬 상세하다는 사실을 알게 되었다.

'은나라의 예의제도殷禮'는 바로 상나라의 각종 제도를 말한다. 수천 편의 갑골각사를 한 곳에 모은 후 다시 분류하고 개별 글자를 나열함으로써 '은나라의 예의제도' 연구는 더욱 편리해졌다.

『보실 은계 징문』과 같은 해 출판된 저록서로는 섭옥삼葉玉森의 『철운장귀 습유鐵雲藏龜拾遺』가 있는데, 유철운이 옛날 소장했던 갑골문 탁본 240점을 수록했다. 그 후 나복성羅福成의 『전고별록 2집傳古別錄二集』(1928.4)에서는 탁본 4점을 수록하였다. 동작빈도 『새로 얻은 복사 사본新獲卜辭寫本』(다음에 설명)을 출판했다. 일본인 중촌부절中村不折의 『서도전집書道全集』 제1권에서 사진 97점을 실었고, 관백일關百益의 『은허문자 존진殷虛文字存眞』(1931.6)에서는 탁본 8백 편을 잘라 붙였다. 일본인 원전숙인原田淑人의

24) 곽말약, 「後記」, 『卜辭通纂』, 1933.

『주한 유보周漢遺寶』(1932)에서는 사진 5점을 실었고, 상승조商承祚의 『복씨 소장 갑골문자福氏所藏甲骨文字』(1933.5)에서는 탁본 37점을, 『은계 일존殷契佚存』(1933.5)에서는 탁본 1천 점을 실었다. 용경容庚의 『은계 복사殷契卜辭』(1933.5)에서는 탁본 874점을 실었다. 이외에도 곽말약郭沫若의 『복사통찬卜辭通纂』(다음에 설명함) 등이 있다. 1939년 찰펀트方法斂의 『홉킨스 소장 갑골복사金璋所藏甲骨卜辭』에서 모사본 477편을 저록하기까지 15년(1925~1939) 동안 출판된 저록서는 총 8종에 이르러 그전 10년 동안 출판되었던 것의 3배나 되었다. 이후 20년 동안에도 23종이 출판되었으나, 『갑甲』·『을乙』편을 제외하고는 중복 저록된 것이 대단히 많았다.[25] 그 때문에 이 15년간은 갑골학 발전사에서 갑골문의 저록 출판의 황금시기였다고 할 수 있다. 이러한 새로운 국면은 갑골문이 학계로 진입함으로써 생겨난 결과였다. 이는 은허의 고고 발굴 및 그 수확에 대단히 큰 추동력을 발휘했으며, 갑골학의 형성과 상나라 역사의 연구에 더욱 새로운 많은 자료를 제공했고, 더욱 많은 학자들이 갑골학 연구의 대열에 들도록 했으며, 새로 출발한 이러한 학문이 전 방위적으로 발전하도록 만들어 주었다.

동작빈은 민국 17년(1928) 12월, 그해 10월 은허의 제1차 발굴에서 출토된 784편을 모사하여 수록한 『새로 얻은 복사 사본新獲卜辭寫本』을 출판했다(『안양발굴보고安陽發掘報告』 제1기에 실림). 비록 순서대로 번호를 매겼지만, 분류하여 번호 매김을 하고자 했던 그의 마음 씀씀이를 엿볼 수 있다. 즉 대체로 제사祭祀·행지行止·전렵田獵·정벌征伐·농사農事·기상氣象·잡복雜卜 등의 부류로 나눌 수 있다. 책의 뒤에 「후기」 1편을 달았는데, ① 지하에 대한 지식, ② 시대의 고증, ③ 문자의 연구와 탐색, ④ 계법契法의 탐색, ⑤ 골료骨料의 발견, ⑥ 도식塗飾의 일례 등으로 되어 있다. 이 책은 각사 속에서 은나라의 예의제도를 찾는 데 한정하지 않고 제1차

25) 1980년대 이전의 갑골문 저록서에 대한 개관은 孟世凱, 『甲骨學小詞典』(上海辭書出版社, 1987)의 부록 7을 참조.

은허 발굴에서 출토된 실제 갑골문에 근거해 이를 전면적으로 탐색한 시발점이 되었다.

곽말약은 1928년 일본에 체류한 지 얼마 되지 않아 갑골문 자료를 이용해 중국 고대사회를 연구하기 시작하였다. 이듬해 8월에 『갑골문자 연구甲骨文字硏究』(1931년 5월, 대동서국大東書局 출판)를, 9월에는 『복사에 나타난 고대사회卜辭中的古代社會』를 출판했다. 1930년 3월에는 상해연합서점上海聯合書店에서 『중국 고대사회 연구中國古代社會硏究』가 출판되었는데, 『복사에 나타난 고대사회卜辭中的古代社會』는 이 책의 제3편으로 실렸다. 그는 이 편의 「서설」 "복사 출토의 역사卜辭出土之歷史"에서 이렇게 말했다.

> 갑골문자를 얻은 후 고대사회의 참모습이 눈앞에 찬란하게 드러났다. 갑골문자를 얻은 후 『시』·『서』·『역』 속의 각종 사회기구와 의식들이 비로소 그들의 원천을 찾게 되었으며, 후인에 의해 꾸며졌거나 거짓 기록된 것들은 구름이 걷히고 맑은 하늘이 나타나듯 모두 밝혀졌다. 나는 고대 기물학의 연구가 우리에게도 필요한 과정이라는 것을 인정하게 되었으며, 그래서 지금은 여러 사람들이 이미 탁본해 놓은 복사에다 새로운 과학적 관점을 더하여 중국 고대사회를 연구하게 되었다.

곽말약은 갑골문과 각사의 내용을 체계적으로 연구했다. 물론 당시에는 "상나라 사회가 아직 원시공산제의 씨족사회에 처해있었으며 적어도 이러한 사회의 말기에는 해당했을 것이다"고 여겼지만,[26] 사회발전 단계라는 측면에서 상나라에 대해 그가 내린 결론은 이후 잘못으로 증명되었다. 그래서 15년 후인 민국 33년(1944) 7월, 그는 「고대연구의 자아비판古代硏究的自我批判」이란 글을 10월 『군중群衆』 제9권 12기(이는 『십서비판十批判書』에 수록되었다)에 발표하면서 이렇게 말했다. "은나라 때에 이미 대

26) 郭沫若, 『中國古代社會硏究』, 人民出版社, 1954, 9면.

규모의 노예를 사용한 농경이 이루어졌다는 결론은 분명한 사실이다. 그 때문에 십 몇 년 전에 은나라가 원시공산제의 말기에 속했다고 한 나의 관점은 당연히 수정되어야만 한다." 곽말약은 자기의 학술적 관점을 수정하는 데 주저하지 않았던 학자이다. 잘못을 수정하고 용감히 자신을 비판한 그의 정신은 갑골문이라는 이러한 새로 생겨난 자료로 중국 고대 사회를 연구하는 데 전범을 제공했다.

1933년 5월, 곽말약은 일본에서 『복사통찬卜辭通纂』을 출판했는데, 이는 정편正編과 별록別錄으로 구분된 저록서였다. 정편에서는 도판 8백 편을 저록해 분류에 의해 배열했으며 모두 간지干支·숫자數字·세계世系·천상天象·식화食貨·정벌征伐·사냥田游·잡찬雜纂 등 8부류로 나누었으며, 별록에서는 총 129편을 수록하였다. 이 책의 정편은 대부분 자신의 저록인 『전前』·『후後』·『청菁』·『귀龜』 등에서 가져왔다. 새로 저록한 갑골은 많지 않았으나 고석이 정교하고 깊이가 있었으며, 원서의 35판을 짜 맞추기 함으로써 나진옥과 왕국유 및 다른 학자의 저록에 비해 많이 발전한 모습을 보여 주었다. 개별 글자에 대한 그의 고석은 결코 단순히 글자 고석에만 그치지 않고 다른 문헌 기록과 결합하여 종합적으로 연구함으로써 상나라의 어떤 제도들을 증명하고자 하였다. 복사의 석독釋讀에서는 행간마다 일일이 주석을 달아 두었으며, 갑골복사의 행간과 문례文例의 연구에 많은 문제를 해결해 주었다. 뿐만 아니라 이 책은 초학자들이 복사를 열독하는 순서를 파악하는 데에도 많은 도움을 주었으며, 그래서 갑골학 저록서 중에서 갑골문을 학습하는 최고의 입문서로 인정받았다.

곽말약은 1933년 12월 또 『고대 명각 휘고 4종古代銘刻彙考四種』을 출판했는데, 거기에는 갑골문 연구서인 『은계 여론殷契餘論』이 수록되었으며 총 9편의 전문 논문이 포함되었다. 이듬해 5월에는 또 『고대 명각 휘고 속편古代銘刻彙考續編』이 출간되었는데, 갑골문을 고석한 「균勻·물勿에 대한 고석釋勻勿」·「칠七과 십十에 대한 고석釋七十」·「골구 각사에 대한 고찰骨臼刻辭之一考察」 등이 포함되었다. 1937년 5월에는 또 일본에서 『은계수편殷契粹編』 도판 3책과 고석 2책이 출판되었으며, 갑골문 탁본 1,595편이 수록되었다. 책 전체는 순서대로 번호가 매겨졌으며, 여전히 『복사 통찬』의 체제를 따라 배열되었다. 비록 분류 명을 따로 밝혀 두지는 않았지만 분류하고자 했던 의도는 충분히 살펴볼 수 있다. 이 책의 「술례 4述例四」에서 "초학자들을 위해 고석을 해 두었다"고 했다. 이 책은 출판되자마자 학술계의 주목을 받았으며, 특히 초학자들의 환영을 받아, 갑골학 저작 중에서 갑골문 학습 입문서의 하나가 되었다. 갑골학 발전사에서 나진옥과 왕국유의 뒤를 이은 곽말약郭沫若・동작빈董作賓・용경容庚・당란唐蘭・상승조商承祚・손해파孫海波 등과 같은 갑골 학자는 1930년대의 저록과 연구 및 논술 등에서 갑골학의 발전을 추동하였을 뿐 아니라, 문자의 고석으로부터 하夏・상商・주周 삼대의 역사를 종합적으로 연구함으로써 갑골문 연구의 새로운 영역을 개척했다.

갑골문 연구의 새로운 영역에서 곽말약이 기수 역할을 했다. 그는 역사유물주의 관점과 과학적인 연구방법으로 갑골문과 금문이라는 이러한 원시문자자료를 기타의 고대문헌과 유기적으로 종합하여 연구함으로써 고대사회연구에 대한 거시적 관점을 열었다. 그는 갑골문을 역사의 사료로 보았지 문자의 유희로 보지 않았다. 그래서 그는 이렇게 말했다.

> 역사의 연구는 다른 학문과 마찬가지로 경솔하게 접근하는 것을 허용하지 않는다. 정확하고 과학적인 역사관점을 장악하는 것이 대단히 중요하며, 이것이 선결 조건이다. 하지만 정확한 역사적 관점을 가졌더라도 풍부하고 정확한 자료가 없고, 자료의 시대성이 분명하지 않다면, 정확한 결론을 얻을 수 없다.[27]

곽말약이 말한 "정확한 자료"란 갑골문의 경우 제일 먼저 문자에 대

27) 郭沫若, 「引言」, 『中國古代社會研究』, 人民出版社, 1954.

한 인식을 말한다. 만약 글자조차 인식해 내지 못한다면 역사적 문제의 연구는 말할 필요조차 없다. 그래서 그는 『복사 통찬』과 『은계 수편』 두 책에서 많은 양의 개별 글자를 고석했으며, 그와 동시에 이전 학자들이 잘못 고석했거나 부정확하게 했던 것을 바로잡았던 것이다. 물론 그 자신도 잘못 고석한 글자들이 있다. 하지만 대부분 이후 재판이 나왔을 때 책 윗부분에 써 넣은 평어 형식으로 오류를 바로잡았다. 갑골문의 개별 글자에 대한 고석은 시종 갑골학 연구의 중요한 과제였다. 손해파孫海波(1901~1968)는 민국 22년(1933) 10월, 『갑골 문편甲骨文編』 18권(정편正編 14권, 합문合文 1권, 부록 1권, 검자檢字·비사備查 각 1권)을 출판하여 갑골문 개별자 2,116자를 수록하였는데 이미 고석한 글자가 1,006자에 이르렀다. 수록 글자들은 이 책이 출판되기 전 세상에 나왔던 모든 저록들 중에서 뽑은 것이었으며, 그 전 해 12월 주방포朱芳圃(1897~1966)가 만든 『갑골학 문자편甲骨學文字編』에서 수록한 925자보다 161자가 늘어났다. 이미 해석된 글자에 대한 취사선택 표준이 각기 달랐고 갑골문자에 대한 인식이 완전히 정확하다고 할 수도 없었지만 갑골문의 저록과 연구의 황금시대를 반영하였으며, 이미 고석해낸 개별 글자가 두 배로 증가하였을 뿐만 아니라 정확도도 비교적 높았다. 주지하다시피 그간 역사적으로 볼 수 없었던 개별 갑골문자를 고석한다는 것은 결코 쉬운 일이 아니다. 대체로 해석해 낼 수 있는 글자들이란 이전 30년 동안 여러 사람들이 이미 고석해 놓은 것들, 예컨대 간지干支·숫자數字(一에서 十까지)·선왕先王·선비先妣·인명人名·족명族名·지명地名·제명祭名·세시歲時·동식물명動植物名·일반적인 동사 등과 같이 대부분 갑골학계나 고문자학자에 의해 공인되었던 것들이다. 그 때문에 시간이 지나고 연구자가 늘어나면서 뒤로 가면 갈수록 어려운 글자만 남았다. 한 글자를 해독하려면 형체形·독음音·의미義 등에서 정확한 해석이 필요했고, 그 글자가 사용된 복사나 기사 각사도 통독 가능해야만 했다. 왜냐하면 상나라 때의 갑골문자는 이미 엄밀한 규칙을 가진 고대문자이며 욕심낸다고 해서 결코 전부를 해독할 수 있는 것도 아니기 때문이다. 이러한 의미에서 이러한 시기에 100~200자를 해독해 낼 수 있었다는 것은 이미 커다란 성과였다. 1940년대부터 지금에 이르기까지 60여 년의 세월 동안 해독해 낸 갑골문 개별글자도 1,200~1,300자에 불과하며, 그중에서도 정확하게 오류가 없고 갑골학계 대다수 학자의 공인을 얻은 것은 3백여 자를 넘지 않는다. 다시 말해 60여 년 동안 오류가 없거나 큰 오차 없이 해석해 낸 개별 글자는 이전 40년 동안 해독했던 양의 4분의 1을 조금 넘는 숫자에 지나지 않는다.

갑골학 발전사에서 이 시기에 출현한 이러한 새로운 국면 속에서 역사・고고・민족사・고문자를 비롯한 유관 학자들이 갑골문 자료를 사용하고 연구하였을 뿐 아니라, 갑골문 개별 글자의 해독 방법 또한 중요한 과제로 등장하게 되었다. 민국 23년(1934) 가을에 당란唐蘭의 갑골문 해독에 관한 전문서인 『은허 문자기殷虛文字記』가 출판되었다. 이 책에서는 총 50여 자의 갑골문자가 해독되었는데, 이는 원래 당란이 북경대학 재직 시절 사용하던 교재였다. "북경대학에서 필사본을 석인하였다. 원래는 2백 부를 인쇄하여 공표할 생각이었으나 노구교盧溝橋 사변으로 실현되지 못했다."[28] 비록 당시에는 공개적으로 발행되지는 못했지만 강의 노트는 그래도 학자들 사이에서 광범위하게 전해졌다. 당란은 이 책의 「서」에서 이렇게 말했다. "내가 고문자학을 시작한 것은 민국 8년이었으며, 손중용孫仲容의 학술에 가장 감흥을 받았었다. 무릇 한 글자를 고석할 때면 반드시 그 편방偏旁을 분석하고 그 역사를 살피며 그 진실을 얻는 데 힘써서 감히 제멋대로 신기한 것을 좋아해 오류에 빠져서는 아니 된다." 그의 또 다른 책인 『고문자학 도론古文字學導論』도 처음에는 강의 노트로 필사본을 인쇄하여 학생들에게 배포한 것이었는데, 이듬해(1935) 내훈각來薰閣 서점에서 증보판으로 발행되었다. 이는 갑골문과 금문을 자료로 삼

28) 中華書局에서 1981年 5月에 重印한 『殷虛文字記』에 수록된 唐夏年의 「附記」에 보인다. 또 1978年 中國社會科學院歷史研究所에서 5백 부를 등사 인쇄했다.

아 고문자의 연구를 체계적으로 강술한 전문 서적이며, 중국 고문자연구 영역에서 이론과 방법에 관한 최초의 저작이기도 하다. 그중에서도 하편에서 기술한 "편방의 분석偏旁的分析"에서는 갑골문의 개별 글자를 예로 들어 갑골문의 인식에 편방분석법을 이용하면 더 많은 글자를 고석할 수 있다고 했다. 그는 이렇게 말했다. "일반 학자들이 말하는 이미 해독해 낸 글자란 천 자 정도에 지나지 않으며, 그것도 잘못 해독한 경우가 많다. 만약 다시 정리할 수 있는 방법만 있다면 적어도 그의 두 배에 해당하는 글자는 해독해 낼 수가 있을 것이다." 이러한 관점과 방법은 이후의 갑골문자 고석에 대단히 큰 영향을 끼쳤으며, 적절한 방법의 운용은 분명 많은 도움이 되었다. 민국 28년(1939) 4월, 당란은 『천양각 갑골문존天壤閣甲骨文存』의 도판 1권과 고석 1권을 출판하였는데, 탁본 108편을 저록하였으며, 그 속에는 뛰어난 고석도 적잖게 들어 있었다.

3) 시기구분의 경과와 발굴 갑골문의 저록

어떤 고고유물이라도 그것에는 구체적인 발생 시간이 존재한다. 하지만 옛사람들이 후세에 남겨준 기물에는 시간의 기록이 없는 경우가 허다하다. 중국에서는 금석학이 발생한 이후 발견 금석 기물의 시대에 대한 고증 문제가 줄곧 존재해 왔다. 문자가 새겨져 있거나 새겨지지 않은 금석 기물의 저록으로 볼 때, 일반적으로 상나라·주나라·진秦나라 기물이라는 식으로 나누거나 기물 상에 기록된 명칭을 이름으로 삼기도 했다. 하지만 근대에 들어 해외 고고학의 과학적 방법이 들어온 이후 고대 기물에 대한 시기 구분은 날로 정밀해졌다. 예컨대 청동기의 연구에서 고고 유형학적 방법을 응용해 시기를 구분하고 그 시대를 확정함으로써, 구체적인 자료를 이용한 고대사 연구의 신빙성을 크게 제고시켰다. 곽말약의 말처럼, 정확한 역사적 관점과 풍부한 자료를 가졌다 해도

"자료의 시대성이 명확하지 않으면 정확한 결론을 얻을 수 없기"29) 때문이다.

은허 갑골문은 청나라 말에 비로소 발견되었는데, 고대 문헌에는 이에 관한 기록이 전혀 없었으며, 청나라 광서 말년 이전의 금석학자도 본적이 없는 것이었다. 갑골문의 시대를 판별하고 그것을 문자의 기록으로 남긴 최초의 인물은 유악劉鶚이다. 그는 『철운장귀』 「자서」에서 갑골문을 "은나라 사람들의 도필刀筆 문자"라고 했는데, 그 근거는 다음과 같았다.

> 상형으로 된 글자가 많기에 그것이 『사주史籒』 이전의 문자임을 알 수 있다. 어떻게 그것이 주나라 초기의 것이 아님을 판별할 수 있는가? '조을께 물었다問之于祖乙', '조신께 물었다問之于祖辛', '을해 날 점을 칩니다. 조정께 소 15마리를 바칠까요?乙亥卜祖丁十五牢', '신축 날 점을 쳐, 염이 물어봅니다. 모경께 축문을 올릴까요?辛丑卜厭問兄于母庚' 등을 보면 알 수 있다. 조을祖乙 · 조신祖辛 · 모경母庚 등은 간지자로 이름을 삼고 있는데, 이는 은나라 사람이라는 확실한 증거가 된다.

유악이 「자서」에서 해석한 글자들에 오류가 많기는 하지만 처음으로 고석했다는 공은 지울 수 없는 부분이다. 나진옥은 유악의 뒤를 이어 『은상 정복 문자 고』의 「자서」에서 "각사에서 10여 가지의 은나라 임금의 이름을 얻었는데, 이 때문에 복사가 은나라 왕실의 유물임을 홀연히 깨닫게 되었다"고 했다. "은나라 사람들의 도필문자"로부터 "은나라 왕실의 유물"이라는 인식으로 변하면서 갑골문의 시대와 범위가 확정되었다. 약 6백 년에 이르는 상나라의 역사(『좌전』 「선공宣公」 3년 조의 "정鼎을 상商나라로 옮긴지 6백 년이 되었다"는 말에 근거함)는 상나라의 탕湯이 나라를 세운 뒤부터 주紂에 이르러 멸망할 때까지 총 31왕이 있었는데, 갑골과

---

29) 郭沫若, 「引言」, 『中國古代社會硏究』, 人民出版社, 1954.

각사는 각 왕들이 재위했던 시기를 구별해 줄 수 있는가? 나진옥은 이미 갑골의 진짜 출토 지점이 하남성 안양의 소둔촌(앞에 설명되었음)임을 밝혀내었다. 그래서 그는 『은허 서계 고석殷虛書契考釋』(1915)의 「자서」에서 "원수洹水의 옛 유허지故墟를 옛날에는 단갑성亶甲城이라 불렀는데, 지금 복사에서 증명해 보면 무을武乙 때 옮겨가 제을帝乙 때 폐쇄되었다"고 했다. 또 고석문의 "도읍都邑"이라는 절에서는 소둔을 무을 때의 옛 유허지라 했다. 이렇게 해서 갑골문의 시간적 범위가 상나라 말의 무을武乙·문정文丁·제을帝乙 세 왕의 시기로 한정되었다. 비록 이후 나진옥의 이러한 판단은 정확하지 않았음이 판명되었지만, 이는 "은나라 왕실의 유물"이라는 5년 전의 판정에 비해 진일보한 것이었다.

민국 14년(1925), 왕국유王國維가 청화연구원淸華硏究院에서 강의한 『고사신증古史新證』30)은 총론總論·우禹·은殷의 선공 선왕先公先王·상商의 제후諸侯 및 도읍都邑 등 총 5장으로 이루어졌는데, 상의 제후 및 도읍(즉 제5장)에 대해 논술하면서 이렇게 말했다.

> 지금 거북딱지와 동물 뼈가 출토된 지점은 바로 업鄴의 서쪽으로, 옛날의 『기년紀年』에서 말한 것과 일치한다. 그리고 "부갑께 수소 한 마리父甲一牡, 부경께 수소 한 마리父庚一牡, 부신께 수소 한 마리父辛一牡"(『후편後編』 상, 35면)라고 기록한 복골은 바로 무정武丁 때 치른 점의 기록이다. 또 복사에서 기록한 제왕들이 무을武乙과 문정文丁에 이른다는 것은 반경盤庚 이후 제을帝乙 이전까지 모두 은허殷墟에다 수도를 정했음을 알 수 있게 해주고, 『기년紀年』의 기록이 대단히 진실된 것임을 알 수 있다.

왕국유는 복사에서 무정武丁 시기의 것이 존재한다는 사실을 발견했음

---

30) (역주) 1994년 12월 淸華大學출판사에서 『古史新證－王國維最後的講義』라는 이름으로 영인 재출판되었다. 이 책에서는 「中國歷代之尺度」 등 28편의 글과 孫敦恒이 제공한 「吳其昌王靜安先生古史新證講授記」 등 왕국유 관련 7편의 글이 첨가되었다.

은 물론 은허가 반경 이후 제을 이전까지의 수도였음을 논증했다. 또 갑골문의 상한 시기를 반경이 은으로 수도를 옮긴 이후의 무정 시기로 확정했으며, 하한 시기를 제을 이전으로 확정했다. 그 후 얼마 되지 않아 왕국유는 「은에 관한 해설說殷」이라는 글에서 이렇게 말했다.

> 은殷이 원수洹水의 남쪽에 위치한 은허殷墟임은 더 이상 말이 필요 없다. 하지만 『사기』 이후로 모두 박亳을 은殷이라고 했는데, 그 오류는 금문今文 『상서尙書』 「서서書序」의 잘못된 글자에서부터 시작되었으며, 태사공太史公도 그대로 따랐다. (또 이렇게 말했다.) 은허의 복사에서 제사를 모셨던 제왕은 강조정康祖丁·무조을武祖乙·문조정文祖丁 등이다. 나참사羅參事는 강조정康祖丁을 강정康丁, 무조을武祖乙을 문정文丁, 문조정文祖丁을 문정文丁이라 했는데, 그 설은 바꿀 수 없는 이론이다(『은허 서계 고석』에 보임). 그런 즉 제을帝乙 때에도 아직 은허殷墟에 도읍을 하고 있었다. 『사기』와 『사기정의正義』에서 인용한 『죽서竹書』는 대단히 진실된 것임을 알 수 있다.[31]

"『죽서』는 대단히 진실된 것임을 알 수 있다"는 왕국유의 말은 바로 "반경盤庚이 은殷으로 천도한 이후부터 주紂의 멸망에 이르기까지 273년간 더 이상 천도하지 않았음"을 가리킨다. 이렇게 해서 은허 갑골문의 시간적 상·하한 시기는 반경이 은으로 천도한 때부터 주의 멸망에 이르기까지 273년으로 확정되었다.

곽말약은 1932년 여름에서 가을 사이, 일본에서 수집한 갑골문 자료를 모아 『복사 통찬』으로 편찬했고, 고석 과정에서 복사에 등장하는 여旅·즉卽·행行·윤尹 등의 인명이 조경祖庚·조갑祖甲 때의 인물임을 발견했다. 이 이전 동작빈은 이미 갑골문의 시기구분에 대해 연구를 하고 있었으며, 1932년 『갑골문 시기구분 연구 예甲骨文斷代研究例』를 발표했다.

---

31) 이 글은 민국 26년(1927) 12월 출판된 『王忠慤公遺書』 初集의 『觀堂集林』 「藝林七」에 수록됨.

곽말약은 1933년 1월 『복사 통찬』 「후기」에서 이렇게 말했다.

> 이 책에서 수록한 것들은 이미 지속적으로 출판된 적이 있다. 동언당董彦堂이 「갑골문 시기구분 연구 예」의 3차 교정본을 나에게 보여주었는데, 반복해 몇 번이고 읽어 보았다. 그의 학문의 깊이를 느낄 수 있었고 그의 높은 탁견에 다시 놀랐다. 이렇게 체계적이고 종합적인 연구는 실로 갑골문이 출토된 이래 없었었다. 글에서는 10가지 항목으로 구분했는데 「전서前序」에서 말했던 것처럼 전체가 거의 독창적인 견해로 가득 차 있었다. 그리고 나를 더욱 기쁘게 만든 것은 우연히 일치하는 것이 많았다는 점이다. 그리고 그럴 거라고 예견은 했으나 실제 증거가 없는 경우도 있었는데 동작빈이 이미 갱위坑位·정인貞人 등으로 그것을 증명했으니, 내가 이 글을 읽으면서 느끼는 쾌감은 정말이지 일반적인 감상을 뛰어넘는 그 이상이었다.

동작빈의 「갑골문 시기구분 연구 예」는 그가 은허발굴에 참여하고 갑골문을 전면적으로 연구한 실천적 성과였다. 민국 17년(1928) 가을 은허의 발굴이 시작되었으며, 지하에서 3천 년 동안이나 침묵하고 있던 이 역사적 보물창고가 모습을 드러냈다. 10만 편이 넘는 갑골문이 출토되었을 뿐 아니라 그곳이 상나라의 반경盤庚이 천도한 이후부터 주紂 때 멸망하기까지의 도성이라는 것도 증명되었다. 갑골과 내용이 새겨진 갑골문의 대량 출토는 바로 고고 발굴에 의해 이루어졌으며, 이는 지층地層과 갱위坑位를 갖고 있는 동시에 다른 기물과도 함께 출토되어 학계의 주목을 받았다. 출토 기물의 연구에 참여한 이에는 고고학과 고대 역사학자 이외에도 지질학과 고생물학과 동물학 등 과학자도 포함되었으며, 그들은 갑골학의 탄생에 적잖은 공헌을 했다. 갑골학은 새롭게 일어난 학문이었기에 갑골문의 시기에 대한 과학적인 확정이 반드시 필요했다. 왕국유가 은허는 은나라의 반경 천도 이후부터 주왕의 멸망까지 273년간의 수도였다는 시한을 논증하긴 했지만, 이 짧지 않은 기간 동안 12명의 상나라 왕이 재위했기에 갑골문을 세분하지 않을 수 없었다. 그렇지 않으면 자료의 구체적 역사 시기를 분명히 할 수 없을뿐더러 그것으로 고대 사회의 여러 문제를 연구하는 데도 정확성이 낮아진다. 동작빈의 시기구분 연구는 갑골학 연구에 과학적이고 견실한 기초를 마련했으며 지금까지도 그의 "5시기五期" 구분법은 여전히 권위를 가지고 있다. 일부 학자들이 그가 정한 표준의 틀을 일부 조정하거나 새로운 방안을 구축하고자 극력 시도했지만 대다수 학자의 인정을 받지 못하고 있다. 『갑골문합집』이나 『영국 소장 갑골집英國所藏甲骨集』 등과 같은 1970~1980년대에 출판된 저록서에서도 여전히 '공식'에 가까운 그의 '5시기' 구분법을 채택하고 있다. 그래서 앞으로도 새로운, 그리고 그의 시기 구분법을 깰 수 있는 또 다른 갑골 자료의 출토가 이루어지지 않는 한 이 "5시기" 구분법은 영원할 것이라 말할 수 있다.

동작빈이 「갑골문 시기구분 연구 예」를 저술했던 데는 다음과 같은 과정이 있었다. 그는 「갑골문 시기구분 연구 예」의 "머리말前言"에서 이렇게 말했다.

> 금본今本 『죽서기년竹書紀年』을 준거로 삼아보면 은나라는 이미 253년의 역사를 갖고 있다. 30~40년간이라면 문물제도의 변화가 그나마 적어서 이를 묶어 대충 연구한다 해도 큰 잘못에 이르지는 않을 것이다. 하지만 2백여 년에 이르는 모든 역사자료가 뒤섞여 있는데, 이를 하나로 놓고 이야기 한다면 연구결과와 사실과의 차이는 엄청날 수밖에 없을 것이다. 갑골문자가 포함하고 있는 시기의 전후 확장은 사실 시기구분 연구의 출발점이며, 시기구분 연구의 필요도 이 때문에 생겨났다.

갑골문 시기구분의 첫째 표준은 복사에 보이는 칭위稱謂인데, 이는 왕국유가 「은 복사에 보이는 선공 선왕 고殷卜辭中所見先公先王考」에서 이미 제시한 바 있다(앞에서 서술했음). 둘째 표준은 복사에 보이는 정인貞人이다.

민국 18년(1929) 12월, 은허의 제3차 발굴 과정에서 비교적 완정한 상태의 거북 배딱지 4판版이 출토되었는데, 동작빈은 이에 근거해 「대귀 4판 고석大龜四版考釋」[32]을 발표했으며, 연구 과정에서 "복卜자와 정貞자 사이에 존재하는 한 글자'가 정인貞人임을 발견했다. 그 뒤로 다른 표준도 점차 확정되었다. 총 10가지 표준이 제시되었는데, 그것은 세계世系, 칭위稱謂, 정인貞人, 갱위坑位, 방국方國, 인물人物, 사류事類, 문법文法, 자형字形, 서체書體 등이다. 또 이러한 10가지 표준에 근거해 갑골문을 다음의 5시기로 구분했다.

제1기 무정武丁 및 그 이전의 반경盤庚·소신小辛·소을小乙의 2대 4왕.

제2기 조경祖庚·조갑祖甲의 1대 2왕.

제3기 늠신廩辛·강정康丁의 1대 2왕.

제4기 무을武乙·문정文丁의 2대 2왕.

제5기 제을帝乙·제신帝辛(주紂)의 2대 2왕.

「갑골문 시기구분 연구 예」는 민국 22년(1933)에 출판되었는데,[33] 이후의 갑골학 발전과 갑골문의 전면적 연구에 추동적 작용을 했다. 1950년대 이후로 고고학자들은 은허문화의 시기구분법에 대해 상당히 창의적인 몇몇 견해를 제시했다. 특히 은허복사 발전의 "두 가지 계통"설 등은 열띤 토론을 이끌어 내어 시기구분 연구의 발전을 이루어 내었다. 이에 관해서는 이 책의 제5장에서 다시 상세하게 기술할 것이기에 여기서는 줄인다. 이외에도 왕우신의 『갑골학 통론甲骨學通論』 제4장을 참조하면 된다.

민국 26년(1937) 7월 7일, 일본이 중국을 침략하고 중국에서 항일 전쟁

---

32) 『安陽發掘報告』 第三期(1931)에 실림.

33) 『中央研究院歷史語言研究所集刊』, 外編 『慶祝蔡元培先生六十五歲論文集』 上冊(1933)에 실림.

이 발발함으로써 은허의 발굴도 중단되고 말았다. "먼저, 정부는 전쟁에 참여할 동원령을 내리는 한편 일정한 운수역량을 동원해 민족의 보물과 과학적 설비를 옮길 조치를 취하였다. 장강과 농해隴海 철도와 각 지역의 국도를 통해 중국의 내지, 주로 서부와 서남부의 사천성·운남성·광서성 등지로 옮겼으며 서북부로 옮긴 것도 있다."[34] 중앙연구원 역사어언연구소의 은허발굴에서 출토된 주요 문물과 도서자료 등은 먼저 호남성의 장사長沙로 옮겨졌고, 다시 광서성의 계림桂林을 거쳐 나중엔 운남성의 곤명昆明으로 옮겨졌다. 민국 29년(1940) 초에는 다시 곤명昆明에서 사천성 남계南溪현의 이장진李莊鎭(지금의 사천성 의빈宜賓시에 속함)으로 옮겨졌다. 역사어언연구소의 구성원들은 1937년 11월 호남성 장사로 피난 갈 때 일부 인원이 떠나가는 바람에 곤명과 사천성의 이장진으로 가지 못한 사람도 있었다. 창졸간에 이루어진 피난이라 환경이 대단히 열악했지만 역사어언연구소의 구성원들은 잠시도 쉬지 않고 갑골문 자료를 정리하고 연구하는 작업을 계속했다. "동작빈은 호후선胡厚宣의 협조 하에 갑골문의 연구를 계속했다. 동료들은 동작빈의 지도하에 H127호 갱에서 출토된 거북딱지들을 탁본했다. 필요한 자료, 특히 탁본에 필요한 화선지의 공급이 중단되어 이러한 작업이 멈추긴 했지만 이러한 어려움은 전시라 피할 수 없는 것이었다. 어쨌든 이러한 어려움은 끝내 모두 극복되었다. 그래서 탁본 작업에서 중단되었던 기간도 그리 길지 않았다. 호후선은 이러한 출토 갑골을 계속해서 등록하고 목록을 만드는 책임을 지고 있었다."[35]

항일전쟁 기간 동안 은허의 발굴에 의해 출토된 갑골문의 저록출판은 줄곧 부사년傅斯年과 동작빈의 노력에 의해 조기에 실현될 수 있었다. 은허의 초기 9차례 발굴에서 출토된 갑골은 선별과정을 거쳐 탁본과 등록과 번호 매김 등이 이루어졌다. 민국 24년(1935) 이미 『은허문자 갑편殷墟

---

34) 李濟, 『安陽－殷商古都發現·發掘·復原記』, 中國社會科學出版社, 1990, 90면.

35) 李濟, 『安陽－殷商古都發現·發掘·復原記』, 中國社會科學出版社, 1990, 90면.

文字甲編』 도판부분의 편집이 완성되었으며, 상해의 상무인서관商務印書館과 출판 계약이 이루어졌다. 이듬 해 7월 중일 전쟁의 발발로 상해가 일본군의 침략을 받는 바람에 호동滬東 인쇄창에 있던 도판이 훼멸되고 말았다. 역사어언연구소가 곤명으로 옮겨간 후 민국 28년(1929)에 다시 상무인서관과 출판 계약이 이루어졌다. 원래 탁본은 총 4부가 있었기에 도판을 상무인서관에 넘겨 홍콩에서 인쇄했다. 인쇄가 이루어지고 배포가 이루어지기 직전인 민국 30년(1941) 12월 일본군이 홍콩을 침략함으로써 또다시 훼멸되고 말았다. 중일 전쟁이 끝나고 역사어언연구소가 사천에서 남경으로 돌아온 후, 『갑편甲編』은 비로소 민국 37년(1948) 4월 역사어언연구소에서 출판되고 상무인서관에서 발행될 수 있었다. 전체 책은 도판의 순서대로 번호가 매겨졌으며 각각의 도판 번호 아래에 발굴 차수, 종류(글자가 새겨진 거북딱지는 0, 글자가 없는 거북딱지는 1, 글자가 새겨진 뼈는 2, 글자가 없는 뼈는 3으로 구분함), 출토 당시의 분류번호 등을 부기해 두었다. 총 3,942번까지 매겨졌으며, 그 중에는 소머리牛頭 각사 1점, 사슴머리鹿頭 각사 2점, 사슴뿔鹿角 각사도 1점 들어 있다. 전체 책의 정면과 뒷면, 짜맞추기 한 후의 갑골은 실제 3,866편이 실렸다. 책의 앞에는 동작빈의 「자서」와 이제李濟의 「언당 자서에 대한 발문跋彥堂自序」이 실렸다.

『은허문자 갑편』은 원래 고석과 함께 출판할 예정이었다. 동작빈의 「자서」에 의하면 고석은 호후선이 맡은 것으로 되어 있었지만, 민국 29년(1940) 겨울 호후선이 역사어언연구소를 떠나면서 해석문만 주고 고석은 하지 않았다. "이후 이효정李孝定과 장병권張秉權 두 사람이 해석문을 한번 교정했다. 지금은 먼저 도판만 출판하고 고석 부분은 이후 출판할 수 있도록 남겨둔다"고 했다. 1949년 역사어언연구소가 대만臺灣 도원桃園현의 양매진楊梅鎭으로 옮겨갔다. 1955년 8월, 이제가 역사어언연구소의 소장을 맡은 이후에서야 굴만리屈萬里가 『은허문자 갑편 고석殷虛文字甲編考釋』을 완성하여 1961년 6월 출판하게 된다.

은허의 마지막 3차례 발굴에서 출토된 갑골문은 굴만리 · 이효정 · 장병권 등이 구체적으로 정리하여 『은허문자 을편乙編』으로 편집되었고 총 3집輯에 걸쳐 출판되었다. 상집은 민국 37년(1948) 10월에, 중집은 이듬해 3월에, 하집은 1953년 12월 대만의 예문인서관藝文印書館에서 출판되었다. 이 책의 편집 체제는 『은허문자 갑편』과 동일하며, 총 9,105번까지 번호가 매겨졌다.

이 책에 수록된 갑골탁본은 제13·14·15차 발굴에서 출토된 18,405편 중에서 선별되었으며, 그 중에서도 주로 제13차 발굴 때 YH127갱坑에서 출토된 17,096편의 갑골문 중에서 선별되었다. 상집에는 동작빈의 「자서」가 실렸는데, 그는 "『갑편』과 마찬가지로 도판 부분을 먼저 발표하였으며, 이후 다시 고석 부분을 출판할 것이다"고 했다. 중국과학원 고고연구소(지금의 중국사회과학원 소속)는 1956년 3월에 『은허문자 을편』의 하집을 번인翻印 출판하였으며, 책의 뒤에 1955년 12월의 「중인 후기重印後記」를 실었다. 『갑편』과 『을편』에 관한 더욱 구체적인 정황에 대해서는 두 책에 실린 동작빈의 「서」와 석장여石璋如의 「은허문자 갑편의 다섯가지 분석殷虛文字甲編五種分析」과 왕우신의 『갑골학 통론』의 관련 부분을 참고하면 된다.

『갑편』과 『을편』 두 책의 짜 맞추기는 1955년 4월에 출판되었는데, 곽약우郭若愚·증의공曾毅公·이학근李學勤이 함께 편집한 『은허문자 짜 맞추기殷墟文字綴合』에서 도판 482편을 실었다. 1975년 출판된 엄일평嚴一萍이 편집한 『갑골 짜 맞추기 신편甲骨綴合新編』에서는 『을편』 이외의 갑골문 705판을 짜 맞추기 하였으며, 인용한 갑골문 저서가 64종에 이르렀다. 또 『보편補編』 1책을 부록으로 달아 정편正編에서의 오류를 바로잡았다. 『을편』의 짜 맞추기는 장병권張秉權이 1954년부터 시작하여 10여 년의 정력을 쏟아 『은허문자 병편丙編』을 완성했는데, 상·중·하 3집輯에 매집마다 3책으로 되어 있다. 1957년 8월부터 1972년까지 총 6차에 걸쳐 완간되었다. 전체 책은 도판이 591면에 이르고 매김 번호는 632번까지 갔으며, 모록과 고석을 첨부하였다. 이에 관해서는 맹세개孟世凱의 『갑골학 소사전』을 참고하면 된다.

『은허문자 갑편』과 『을편』에서 저록한 갑골문은 비록 시기만 나누고 내용 분류는 하지 않았지만 종류 번호와 출토 번호가 매겨져 있어 갑골문과 고고 연구에 전문적으로 종사하는 사람에게는 과학적인 신빙성을 제공해 주었다. 또 고대사에 대한 일반연구자라 하더라도 이 두 책은 모두 고석이 붙어 있어서 갑골문 자료를 이용하는데 대단히 편리하다.

『은허문자 갑편』과 『은허문자 을편』은 갑골의 질료(즉 거북딱지와 동물뼈)와 출토된 순서(즉 발굴차수와 원골原骨의 출토번호)에 근거해 배열했기 때문에 이전에 전해지던 갑골저록의 편찬체제와는 전혀 다른 모습을 하였다. 고고학적인 이러한 방법에 의해 갑골을 저록한 새로운 체제는 갑골학사에서 처음 이루어진 것이었다. 그것은 근대 현장 고고학의 방법이 갑골학 연구 영역으로 들어와 찬란한 성과를 이루었다는 것을 말해주며, 이후의 과학발굴에 의해 얻은 갑골문의 저록에도 범례를 제공했다. 이와 동시에 은허 갑골문의 고고학적 연구를 한 단계 더 깊이 있게 추동시켰으며, 이는 갑골학이 형성시기에서 전면적 발전시기로 계속 나아가는 이정표가 되었다.

4) 시기구분과 분류에 의한 저록 및 저록 편찬 체제의 심화

어떠한 역사문화 자료라도 시대를 판단하는 연구와 분류 정리가 필요하다. 분류는 내용에 대한 연구의 결과로서, 해당 자료의 전체적인 내용을 이해하지 못한다면 과학적인 결과를 도출해 낼 수 없기 때문이다. 갑골문의 분류는 갑골학의 발전을 따라 날로 정밀해지고 구체화 되었다. 주지하다시피 갑골문은 복사卜辭와 기사記事 각사로 구분할 수 있다. 은허 발굴 이전의 갑골 학자들은 아직 복사와 기사 각사를 정확하게 구분하지 못하고 있었다. 은허의 발굴에서 대량의 갑골이 출토되자 그것에 대한 전면적인 연구가 이루어졌다. 동작빈·당란·호후선 등은 연구 과정에서 각사의 부위에 차이가 있으며 어떤 것들은 복사에 관한 내용이 아님을 발견했다.36) 여러 방면의 여러 해에 걸친 연구 끝에 갑골에 글자를 새기는 과정·부위·내용의 분포 등에서도 더 많은 이해가 이루어졌다. 호후선은 기존의 연구를 종합하여 「무정 시기 5가지 기사 각사에 관한 고찰武丁時五種記事刻辭考」37)을 발표 했는데, '5가지 기사 각사'란 갑교甲橋 각사·배갑背甲 각사·갑미甲尾 각사·골구骨臼 각사·골면骨面 각사를 말한다. 당시에는 시기구분의 수준에 한계가 있었기 때문에, 호후선은 무을武乙·문정文丁 시기(즉 제4기)의 골면骨面 각사도 무정武丁 시기(즉 제1기)에 포함시켰다. 기사 각사에는 또 "인두골人頭骨 각사"·"우두골牛頭骨 각사"·"우거골牛距骨 각사"·"녹두골鹿頭骨 각사"·"녹각기鹿角器 각사"·"재봉골宰丰骨 각사"·"호골虎骨 각사" 등이 있으며, 우골牛骨 각사에서는 "간지표干支表" 및 연습 각사가 발견되었다. 호후선이 제시한 "5가지 기사 각사"는 골면骨面 각사에서 오류가 있긴 했지만 갑골학의 연구에 중요한 역할을 했다.

갑골문의 내용 분류는 개별 글자의 인식과 그 글자의 뜻을 알아내는 데서부터 출발한다. 『계문 거례』에서 갑골문의 개별글자를 고석하기 시작하면서 갑골문의 내용 분류에 대한 연구가 이루어졌다. 손이양孫詒讓이 분류한 10가지(앞에 보임)는 오늘날의 관점에서 보면 『철운장귀』에 저록된 자료에만 근거하는 바람에 그다지 완전해 보이지 않는다. 당시에는 개별 글자와 개별 단어에만 근거해 구분했지만, 이러한 간단한 분류가 이후에 제공한 시사점은 비교적 커서 이후의 고석은 대부분 이러한 체제를 따랐다. 나진옥의 『은허 서계 고석』에서 분류한 8가지(앞에 보임)로부터 섭옥삼

36) 董作賓, 「商代卜龜之推測」(『安陽發掘報告』 第1期, 1929), 第10節; 唐蘭, 「關於尾右甲卜辭」(『考古社刊』 第6期, 1936); 胡厚宣, 「論殷代的記事文字」(天津, 「人文周刊」, 『益世報』, 第25~31期, 1937)에 보인다.

37) 『甲骨學商史論叢』 初集 第三冊(1944)에 실렸다.

의 『연계 지담研契枝譚』에서 분류한 방국方國 · 어렵漁獵 · 농림農林 · 고대형벌古刑 · 관제官制 · 정벌 순행征伐循行 · 마정馬政 · 수렵田狩 · 제사명祭名 · 희생의 수用牲之數 · 유사有事 · 제방과 구방帝方求方 · 구년과 수년求年受年 · 무우교노舞雩蛟奴 · 길집吉執 · 창과 도끼를 사용한 제사祭祀用矛斧 · 간지를 사용한 이름名謚用干支 · 구와 국口□ · 후백족侯伯族 · 처첩妻妾 · 머리칼의 형태髮形 · 풍질風疾 · 하夏 · 동冬 · 용龍 · 잠蠶 · [illegible] · 귀歸 · 질의質疑 등 29부류에 이르게 되었다.[38] 비록 어떤 분류는 그다지 정확하지 않았지만 20년간의 갑골문 연구는 개별 글자와 단어의 고석 분류로부터 나진옥과 왕국유의 글자 고석에 의한 역사 증명을 거쳐, 섭옥삼의 글자 고석에서부터 역사 탐구에 이르기까지 세밀한 분류가 전면적으로 이루어지게 되었다. 이는 나진옥과 왕국유가 이루어 놓았던 연구 성과의 기초 위에서 발전한 것이었다. 만약 갑골복사에 대한 이해가 없었고, 더 많은 내용을 읽어 내지 못했더라면, 이렇게 상세한 분류 연구는 이루어질 수 없었을 것이다. 결론적으로 문자의 고석과 분류 연구는 서로 간에 차이는 있지만 그 연구는 날로 전면적이며 심화된 방향으로 발전하고 있었다 하겠다.

갑골문 저록서의 분류에 의한 배열은 문자 고석의 분류 연구보다 더욱 어렵다. 『보실 은계 징문簠室殷契徵文』은 분류에 의한 최초의 저록서이다(이미 앞에서 기술했음). 거기에서 나눈 12부류는 당시에 보이던 복사의 내용을 기본적으로 개괄하고 있다. 이보다 7년 뒤에 출판된 『복사통찬卜辭通纂』은 분류에 의한 두 번째 저록서로, 정편에서 도판을 8부류(이미 앞 절에서 기술했음)로 나누었다. 이 책의 분류 항목은 비록 많지 않으나 이미 저록하였던 각종 서적에서 정선된 것을 다시 저록하였으며 분류와 고석이 정확하고 상나라 사회생활의 각 측면까지 언급하고 있어 이후의 분류저록에 범례를 제공했다.

동작빈은 이렇게 말한 적이 있다. "사실 은허의 발굴은 중국고고학의

38) 『研契枝譚』은 民國 13年(1924) 7月에 『學衡』 第31期에 실렸으며, 民國 18年(1929)에는 단행본으로 출판되었다.

중요한 사건일 뿐 아니라 갑골문자의 연구방법에도 큰 발전을 가져다 주었다. 이러한 새로운 연구방법은 고고발굴로부터 나온 것이라 할 수 있다."[39] 갑골학은 갑골 발견 이후부터 은허 발굴 시작까지 이에 대한 전면적인 연구가 완성된 하나의 신흥 학문이 되었는데, 이는 필연적인 과정이었다. 문자 고석의 분류 연구와 분류 저록은 은허가 발굴되기 전에는 그 명확한 시기를 알 수 없었기에 그것들을 서로 다른 왕의 아래에 다 분류해 둘 수밖에 없었다. 동작빈의 「갑골문 시기구분 연구 예甲骨文斷代硏究例」에서 갑골문의 구체적 시대의 진면목이 밝혀졌지만, 이것이 출판되자마자 모든 학자의 인정을 받고 응용되었던 것은 아니다. 당시의 많은 학자가 갑골문을 수집하고 저록했으며, 갑골문 자료를 상나라 역사나 고대의 관련 문제 연구에 응용해 논지를 발표하기도 했지만, 갑골문에 대한 시기를 구분하지는 않았다. 이것은 당시의 상황에서는 정상적인 것이었다. 하지만 오늘날까지도 여전히 타당하지 않게 사용하고 시대의 위치가 바뀐다면 그것은 있어서는 아니 될 일이다. 예컨대 상나라 말기에 관한 문제에서 인용한 갑골복사가 도리어 무정武丁 시기의 정황인 경우가 어떤 논술에서는 자주 보이기도 한다.

중일 전쟁 시기 중국의 상황은 대단히 어려웠다. 은허의 발굴로 출토된 갑골문을 수록한 『갑편甲編』도 일본과의 전쟁 때문에 제때 출판되지 못했다. 하지만 많은 중국 내외의 학자들은 이러한 갖가지 어려움을 극복했다. 1937~1945년 초까지 8년이라는 시간 동안 총 17종의 저록서가 출판되었는데, 그 중 7종은 국외에서 출판된 것이었다.[40] 이 17종의 책에서 저록한 갑골문의 총계는 7,268편에 이르며, 이미 저록된 중복편 1,077편과 위각僞刻 23편을 제외한다 하더라도 6,168편의 갑골이 새로 늘어났다. 1903년 출판된 최초의 저록서인 『철운장귀』로부터 1936년 크릴顧立雅(Herrlee Glessner Creel)이 저록한 『중국의 탄생中國的誕生(*The Birth of China*)』에 이

39) 董作賓, 『甲骨學六十年』, 藝文印書館, 1965, 63면.
40) 孟世凱, 『甲骨學小詞典』 附錄 9, 上海辭書出版社, 1987.

르기까지 33년 동안 총 28종의 책이 출판되었으며, 저록된 갑골문이 18,157편에 이르렀고, 중복편 2,536편과 위각된 133편을 뺀다 하더라도 실제 저록된 갑골문은 15,483편이 이른다. 이 두 사실을 비교해 보면 갑골학은 탄생 이후 줄곧 대단히 강렬한 생명력을 갖고 있었음을 알 수 있다. 세상이 아무리 변하더라도 환경이 아무리 어렵다 하더라도 갑골 학자들과 이에 뜻을 둔 학자들은 여전히 이 신흥 학문의 발전을 위해 희생해왔다.

중일 전쟁이 끝난 이후 갑골학의 발전은 더욱 빨라졌으며, 자료의 정리와 연구는 더욱 전면적이고 깊이 있게 발전했다. 은허의 발굴로 출토된 갑골문은 1948년 『은허문자 갑편』이 출판된 이후, 계속해서 『을편』과 『병편』으로 출판되었다. 국외 학자들이 개인적으로 출판한 갑골문 저록서도 1940년대 말부터 1950년대 말(1959)까지 총 17종에 이르렀으며, 저록된 갑골문은 19,819편이었고, 중복편 3,193편과 위각 1편을 제하더라도 새로 증가된 갑골문이 16,625편에 이른다.[41] 게다가 『은허문자 갑편』과 『을편』에 저록된 13,047편과 중국과학원 고고연구소와 하남성 문물공작대가 은허에서 발굴한 7편을 더하면 이 시기에 저록된 갑골문의 총수는 29,679편에 이른다. 갑골문의 저록출판은 갑골문과 상나라 역사 및 고대 사회생활을 더욱 전면적이고 깊이 있게 연구하는 데 믿을 만한 대량의 자료를 제공해 주었다.[42]

갑골문 저록의 출판 역사에서 이 시기 가장 힘을 많이 쏟고 가장 많은 저록을 출판한 개인 연구자는 호후선이었으며, 그는 갑골학의 끊임없는 발전에 새로운 공헌을 했다. 중일 전쟁이 끝난 후 호후선은 곧바로 후방의 성도成都에서 북경과 천진으로 가서 일제 침략기 때 출토되었거나 사

41) 저록서 중의 중복편은 『甲骨文合集』을 편찬하는 과정에서 낸 통계에 근거했으며, 1976년 이전까지의 통계이다.

42) 王宇信, 『建國以來甲骨文硏究』(1981)과 濮茅左, 『甲骨學與商史論著目錄』(1991)의 관련 항목을 참조.

회에 흩어져 유통되고 있던 갑골문을 수집했다. 이후 다시 남경과 상해로 가 수집을 계속했다. 그는 그 과정에서 갑골문 탁본과 모사본 등 1만 점 이상을 수집하였고 이를 『전후 남경 상해 지역에서 새로 얻은 갑골집戰後寧滬新獲甲骨集』으로 출판하였으며, 갑골문 모사본 1,143편을 저록했다. 또 『전후 남북 지역에서 본 갑골문 저록戰後南北所見甲骨錄』에서는 갑골문 모사본 3,276편을 수록했다. 이 두 책은 모두 1951년에 출판되었다. 또 『전후 북경 천진 지역에서 새로 얻은 갑골집戰後京津新獲甲骨集』에서는 갑골문 탁본 5,642편을 수록하여 1954년 출판했다. 또 『갑골 속존甲骨續存』에서는 갑골문 탁본(상편)과 모사본(하편) 총 3,753편을 수록하였으며 1955년 출판되었다. 이 4가지 저록에서 수록한 갑골수는 모두 13,814편이며 중복편 2,889편과 위각 1편을 제외하더라도 10,924편이 새로 증가되었다. 이 4가지 저록서는 1만 편 이상의 갑골문 자료를 새로 증가시켰을 뿐 아니라 배열 방법에서도 "먼저 시기 구분을 하고 다시 분류하는" 새로운 방법을 만들어 내었다.

호후선은 『전후 남경 상해 지역에서 새로 얻은 갑골집』의 「체제에 대한 기술述例」의 셋째 조목에서 이렇게 말했다.

> 갑골의 모사본은 시대의 순서대로 배열했는데, 첫째가 반경盤庚·소신小辛·소을小乙·무정武丁 시기의 것이며, 둘째가 조경祖庚·조갑祖甲 시기의 것이고, 셋째가 늠신廩辛·강정康丁·무을武乙·문정文丁 시기의 것이고, 넷째가 제을帝乙·제신帝辛 시기의 것이다.

그리고 다섯째 조목에서 이렇게 말했다.

> 각 시기의 갑골은 다시 분류하여 그 성질에 따라 순서를 잡았으며, 기상氣象·농산農產·제사祭祀·전렵田獵·정벌征伐·행지行止·재화灾禍·잡항雜項 등으로 나누었다.

반 년 정도 후에 출판된 『전후 남북 지역에서 본 갑골문 저록』에서도 여전히 4시기 구분법을 채택했는데, 「체제에 대한 기술述例」의 넷째 조목에서 이렇게 말했다.

> 분류는 그 성질에 따라 순서를 잡았다. 즉 내원來源・기상氣象・농산農産・제사祭祀・신명神明・정벌征伐・수렵田獵・목축과 고기잡이芻魚・행지行止・복점卜占・건축營建・몽환夢幻・질병疾病・사망死亡・길흉吉凶・재해災害・제부諸婦・다자多子・가족家族・신하와 서민臣庶・명령과 소환命喚・성어成語・기수紀數・잡류雜類 등이다.

『전후 남경 상해 지역에서 새로 얻은 갑골집』에서의 8가지 부류가 『전후 남북 지역에서 본 갑골문 저록』에서는 24가지로 세분되었는데, 이는 갑골문 내용에 대한 전면적인 연구의 결과였다. 그 후 출판된 『전후 북경 천진 지역에서 새로 얻은 갑골집』과 『갑골 속존』에서의 배열도 여전히 4시기법과 24분류법을 따랐다. 갑골문 저록서의 분류 배열은 왕양과 곽말약 등의 선례가 있었지만, 먼저 시기를 구분한 후 다시 내용을 분류해 갑골을 저록한 방식은 호후선이 최초였으며, 이러한 방식은 갑골학 연구의 발전에 중요한 공헌을 했다. 호후선이 이러한 범례를 제창할 수 있었던 것은 그가 중앙연구원 역사어언연구소에서 동작빈을 도와 은허의 발굴로 출토된 갑골문 자료를 정리하고 연구했던 경험과 밀접한 관계가 있다. 그는 갑골문의 유통과 수량에 대해 연구를 하였을 뿐 아니라 갑골문의 내용에도 밝았다. 민국 33년(1944) 3월, 그가 출판한 『갑골학상사 논총甲骨學商史論叢』은 바로 "중앙연구원에서 소장했던" 갑골문을 위주로 하여 저술하였으며, 이의 많은 내용이 갑골문의 분류에 대한 논술이다. 그 때문에 이는 갑골학사에서 영향력 있는 논저의 하나가 되었고, 진몽가陳夢家의 1956년 『은허복사 종술殷虛卜辭綜述』이 출판되기 전까지 대표적인 종합적 갑골학 저작의 하나였다.

갑골문을 시기 구분 한 후 다시 내용 분류하여 저록하게 되면 비교적 명확한 시대성을 갖게 되고 자료를 사용하는데도 편리하다. 왜냐하면 갑골문에 반영된 자료를 이용해 상나라 역사와 고대사회의 제반 문제를 연구하는 사람 중에는 갑골문과 상나라 역사 연구의 전문가만 있는 것이 아니라, 그 자료를 직접 사용할 수 없는 사람도 있기에 갑골 학자들이 제공한 연구 성과는 필수적이다. 만약 시기구분과 내용의 분류가 틀리거나 부정확할 경우, 그들에게는 일종의 잘못 된 나침반이 되고 만다(물론 학자들 중에는 개인적으로 근거를 가지고 논의하는 경우에는 정상적인 학술적 관점에 해당하므로 이 경우에 포함되지 않는다.) 따라서 갑골학이 이미 50년이라는 발전사를 가진 시점에서, 먼저 시기를 구분한 후 내용을 분류하여 갑골문을 저록하는 방법이 출현했다는 것은 커다란 진보였다. 그 이후에 출판된 저록들은 수록 편수에 관계없이 "먼저 시기를 구분한 후 다시 내용을 분류"한 배열 방식을 채택했다. 물론 호후선이 나눈 4시기 24부류법을 다른 모든 학자가 받아들인 것은 결코 아니다. 갑골문의 많은 개별글자들이 아직 해독되지 않고 있으며 설사 이미 해독되었다 하더라도 아직 의견이 분분하여 분류 과정에서 "백가쟁명"의 양상이 출현하였기 때문이다. 그리고 분류도 시기구분처럼 동작빈의 "5시기 구분법"이 제시된 후 학자들의 인정을 받은 것도 아니며 통일된 "표준"도 없었고, 단지 자료에 대한 편찬자의 이해에 따라 달라 질 수 있었기 때문이다. 호후선의 "4시기 구분법"과 진몽가陳夢家의 "9시기 구분법"이 있고, 일본의 패총무수貝塚茂樹는 5시기 구분법에다 다시 "왕족王族"과 "다자족多子族"을 첨부한 구분법을 제시하긴 했지만, 아직 동작빈이 제시한 5시기의 틀을 넘어서지 못했으며 대부분 동작빈의 "5시기 구분법'이 받아들여지고 있다.

홍콩의 요종이饒宗頤는 1950년대부터 시작해 『일본에 보이는 갑골록日本所見甲骨錄』(1956), 『파리에 보이는 갑골록巴黎所見甲骨錄』(1956), 『해외 갑골록유海外甲骨錄遺』(1958), 『유럽・미국・아시아에 보이는 갑골록존歐美亞所見甲骨錄存』(1970) 등을 출판했다. 또 『은대 정복인물 통고殷代貞卜人物通考』[43]

를 1959년 11월 홍콩대학에서 출판했다. 이 책은 총 20권으로 되었는데, 제1권은 「전론前論」, 제2권은 「정복인물 기명사식 석례貞卜人物記名辭式釋例」, 제3권부터 제17권까지는 「정복인물 사집貞卜人物事輯」으로 "정인貞人"이 포함된 복사를 분류하여 정리했으며, 제18권은 「비고備考」, 제19권은 「결어結語」, 제20권은 「부록附錄」으로 되어 있다. 이는 갑골문에서 정인貞人이 등장하는 복사를 위주로 시기를 구분하고 연구한 전문서로, 저록서들 중의 중요한 내용이 모두 이 책에 반영되었다. 이 책에서 제시한 "인물분류 연구법分人研究法"은 정인貞人이 시기구분의 주요한 표준의 하나였기에 유효한 방법의 하나가 되었다. 그래서 요종이의 이 책은 갑골학을 발전시키는 데 공헌을 했다.

1959년(일본의 소화昭和 34년) 3월, 일본의 패총무수貝塚茂樹는 흑천행칠黑川幸七과 상야정일上野精一과 함께 자신이 경도京都대학을 위해 모았던 갑골문을 『경도대학 인문과학연구소 소장 갑골문자京都大學人文科學研究所藏甲骨文字』라는 이름으로 출판하였으며, 총 3,246편이 수록되었다. 이 책은 동작빈의 5시기 구분법에다 "왕족王族"과 "다자족多子族"의 복사를 첨부하였다. 각 시기의 분류는 제사祭祀·구년求年·풍우風雨·순석旬夕·전렵田獵·왕래往來·방국方國·정벌征伐·사령使令·질몽疾夢·복점卜占·정인貞人·잡복雜卜 등 11부류였는데, 기본적으로는 이 책에 저록된 갑골문의 내용을 다 포함하였다. 이듬해 2월, 패총무수는 『경도대학 인문과학연구소 소장 갑골문자 본문편京都大學人文科學研究所藏甲骨文字本文編』을 출판했다. 이 책은 논술과 해석문의 두 부분으로 나뉘었다. 논술 부분은 다시 「서론」과 6장의 논술로 되었는데, 제1장은 경도대학 인문과학연구소 소장 갑골문자의 수집, 제2장은 소장 갑골의 정리와 연구의 경과, 제3장은 갑골문의 시대 구분의 기초와 정인貞人의 의의, 제4장은 은허복사의 분류, 제5장은 정인貞人이 없는 복사, 제6장은 갑골문 시기 구분의 표준이다.

---

43) (역주) 한양대학교의 孫叡徹 교수에 의해 1996년 민음사의 "대우학술총서"로 번역 출판되었다.

해석문 부분은 이 책에서 수록한 갑골에 대한 해석문이다. 1968년(소화昭和 43년) 2월에는 또 『본문편本文編』의 부록으로 『본문편 색인本文編索引』이 출판되었다. 이 책은 갑골문을 저록하고 편집한 일본 갑골 학자의 저작 중 가장 많은 양을 수록하고 가장 완전하게 저술한 것으로 평가된다. 또 논술 중의 뒤쪽 4장은 갑골문 시기구분과 분류 체계에 대한 패총무수의 의견이다.44)

패총무수보다 1년 앞서 일본의 도방남島邦男은 『은허복사 연구殷墟卜辭研究』를 출판했다. 이 책은 1953년 발표된 『제사 복사 연구祭祀卜辭研究』를 기초로 하여 만든 것으로, 갑골문의 시기구분과 내용 분류를 종합적으로 연구한 전문서이다. 그는 또 1967년(소화昭和 42년) 11월 『은허복사 종류殷墟卜辭綜類』를 출판했는데, 이는 복사와 각사에 관한 개별글자와 칭위稱謂를 종합적으로 분류한 백과사전식 저작이다. 이는 이미 출판된 63종의 책들에 들어 있는 갑골문 자료에 근거한 것이다. 원래의 모습에 의거하고 "자연 분류"법을 채택하여 164개의 개별 글자를 부수로 삼고 다시 부수에 근거해 3,397자를 배열했으며, 각 분류마다 다시 시기에 의거해 배열했다. 개별 글자는 1965년 대만의 중앙연구원 역사어언연구소에서 출판한 이효정李孝定의 『갑골문자 집석甲骨文字集釋』에 따라 현대 한자로 표기했으며, 현대 한자로 옮기지 못할 경우에는 원래 형체를 그대로 두었다. 이 책은 갑골학사에서의 최초의 백과사전식 저작이며, 비록 석독과 모록에 몇몇 오류가 있기는 하지만 창시적인 저작임은 분명하다.

일본에서는 1951년 "갑골학회甲骨學會"가 탄생되었으며, 같은 해 10월 부정기적인 『갑골학甲骨學』 잡지가 간행되었다. 이 이후 연구자들은 날로 증가하였으며 연구 성과도 다양한 간행물로 발간되었다. 예컨대 이등도치伊藤道治・송환도웅松丸道雄・백천정白川靜・지전말리池田末利・가등상현

44) 貝塚茂樹의 시기구분에 대한 연구는 1953년에 시작된다. 이 해 『東方學報』 3호에 그와 伊藤道治가 발표한 「갑골문 연구의 검토—董씨의 文武丁의 복사를 중심으로」라는 글이 실렸다.

加藤常賢·청목목토재青木木菟哉 등은 모두 갑골학의 발전에 공헌한 학자들이다.

멘지스明義士는 1917년 출판된 『은허복사殷虛卜辭』의 「자서」에서 "책에서 수록한 갑골은 소장하고 있던 5만 편 중에서 골라낸 것이다"고 했다. 이 "5만 편의 갑골" 중 중국을 빠져나간 숫자가 얼마나 될까? 이에 대해서는 알 수 없다. 1957년 초기의 이 외국인 갑골 학자가 세상을 떠난 이후 캐나다에 있던 갑골문은 정리할 사람이 없게 되었다. 1960년대 말, 대만학자인 허진웅許進雄은 왕립 온타리오安大略 박물관의 초청으로 멘지스가 소장 했던 갑골문(약 7천5백 편)을 정리하게 된다. 캐나다의 제도에 의하면 캐나다 국적을 가져야만 이 작업을 할 수 있었기에 허진웅은 캐나다 국적으로 바꾼 후 『온타리오 박물관의 멘지스가 옛날 소장했던 갑골문자安大略博物館明義士舊藏甲骨文字』를 편집하였고, 1972년 이 박물관에서 출판했다. 저록한 갑골이 3,176편인데, 동작빈의 5시기 분류법에 근거해 갑골문을 먼저 시기구분한 후 다시 내용을 분류하여 배열하였다. 내용은 제사祭祀·구년求年·기상氣象·복석卜夕·복순卜旬·전유田游·방국정벌方國征伐·질병疾病 등 8종류로 나누었다. 같은 해에 또 『은허복사 후편殷墟卜辭後編』을 편집하여 대만 예문인서관藝文印書館에서 출판하였는데, 2,805편의 갑골을 수록했다. 여기서도 5시기 구분법과 8분류법에 의거해 배열했으며, 1928년 멘지스가 탁본했던 2,819편 중 위각을 가려내고 짜 맞추기를 한 이후 저록했다. 1979년 허진웅은 다시 『화이트 등이 소장한 갑골문집懷特氏等收藏甲骨文集』을 출판하여 총 1,915편의 갑골을 수록했다. 그 중 일부분은 캐나다 출신 선교사였던 화이트懷履光(William Charles White)가 옛날에 소장했던 것이었다(『갑골학 소사전甲骨學小詞典』과 『갑골학 통론甲骨學通論』 제10장 제3절 참조).

먼저 시기를 구분한 후 다시 내용을 분류하는 방식으로 저록한 지금까지의 최고 집대성작은 1977~1982년 출판된 『갑골문 합집甲骨文合集』(이 장의 제3절에서 상세히 기술할 것이다) 및 1999년에 출판된 『갑골문 합집 보편甲骨文合集補編』일 것이다. 은허에서 더 이상 새로운 갑골 자료가 출토되지 않는다면 이러한 배열 방식은 영원할 것이다. 그렇다면 호후선이 처음 열었던 이러한 방법은 갑골학의 연구를 발전시키는 데 큰 도움을 주었다 하겠다.

5) 새로운 시대의 갑골학을 향해

1899년 은허에서 출토된 이후 상나라의 갑골문은 그것을 의심하던 데서부터 점차 공인된 학계로 진입하게 되었으며, 개인의 도굴로부터 고고발굴로, 단순한 연구로부터 전면적인 연구에 이르기까지 단계화된 각 시기를 경험했다. 갑골학 일백 년의 발전사에서 갑골문 연구의 선구자들은 중국사회와 마찬가지로 갖가지 우여곡절을 겪어야만 했다. 그들 중 대다수는 시종 중국민족의 우수한 역사문화를 발양하고 갑골학 연구를 발전시켜야 한다는 한 가지 신념만으로 여러 차례 그들에게 주어졌던 갖가지 어려움을 극복하였으며, 중단 없이 갑골과 갑골문의 신비를 파헤쳤다. 그들은 과학적인 태도로 고대사에 들어 있던 모든 신격화된 성분들을 가려내고, 갑골문 자료를 이용하여 고대사회의 갖가지 측면을 연구했다. 그들의 연구 성과는 상대사에 관련된 역사서에서의 오류를 바로잡았을 뿐 아니라 고대사회사 연구의 내용도 풍부하게 만들어 주었다. 갑골학 발전사에서 볼 때 은허의 발굴시기와 중일 전쟁에서 승리한 이후 갑골학은 번영하는 모습으로 나타났으나, 그 이후의 상당한 기간 동안은 문화대혁명으로 중국내의 연구는 다소 침체되었다. 하지만 1970년대에 은허에서 다시 대량의 갑골이 출토됨으로써 이 학문은 활력을 되찾게 되었다. 그와 동시에 예상을 벗어나 주원周原 지역에서도 대량의 서주西周 갑골문이 출토되었는데(현재까지 알려진 각사 갑골은 302편에 불과하다), 이로 인해 1970년대 말부터 비교적 침체되었던 갑골학은 다시 세계의 학계라는 큰 무대에 올려져 활기를 되찾게 되었다. 주원 갑골문의 출토는 갑골학 연구의 영역에 새로운 분과, 즉 서주 갑골학을 형성했다. 세계의 변화 기류의 영향으로 중국 대륙에서도 개혁개방의 봄바람을 맞이하게 되었고 이전에 볼 수 없었던 새로운 시대가 도래 했다. 갑골학 연구도 전면적으로 심화되는 번영의 국면을 맞이했다.

1960년대 초에서부터 1970년대 말까지 대륙에서는 『갑골문 합집』의 편찬이 각지의 갑골 소장 기관과 다수 개인의 전적이고도 무조건적인 지지를 받아 이루어졌던 탓에 그들의 소장 갑골은 더 이상 저록 출판되지 않았다. 대만과 홍콩과 국외에서 출판된 저록서 중 백 편 이상을 수록한 것으로는, 일본의 송환도웅松丸道雄의 「일본에 흩어져 있는 갑골문자 모음日本散見甲骨文字收彙」(『갑골학』 7~12호, 1959~1980년에 실림)이 있는데 560편의 갑골을 저록했다. 또 대만 김상항金祥恒의 「국립 중앙도서관 소장 갑골문자國立中央圖書館所藏甲骨文字」(『중국문자』 19~20책, 1966년에 실림)에서는 모록 148편을 수록했다. 일본 동양문고 근대사연구위원회에서 편찬한 『동양문고 소장 갑골문자東洋文庫所藏甲骨文字』(1979)에서는 591편을 저록했다. 이러한 저작들이 총 10가지 출판되었다. 천 편 이상을 저록한 것으로는 허진웅許進雄이 편집한 캐나다 온타리오 박물관의 멘지스 · 화이트懷履光(William Charles White) · 조지 크로프트喬治克羅夫特 등이 이전에 소장했던 갑골 3종(앞 절에 보임)이 있다. 그 외에도 중국 내외의 정기 간행물에 산재되어 선을 보인 것이 있지만 대부분 중복된 저록이고 중복 편을 제외하면 이 시기에 새로이 늘어난 것은 1만 편이 못된다. 1966년부터 시작해서 엄일평嚴一萍은 초기 갑골문 저록서를 정리한 후 대만 예문인서관에서 연속 출판했는데, 『찰펀트 모사 갑골 복사 3종方法斂摹甲骨卜辭三種』(1966.6)은 바로 『쿨링 · 찰펀트 소장 갑골복사庫方二氏藏甲骨卜辭』 · 『갑골복사 7집甲骨卜辭七集』 · 『홉킨스 소장 갑골 복사金璋所藏甲骨卜辭』를 하나로 합쳐 편집한 것이다. 『선재 소장 은계 수편善齋藏契萃編』(1970)의 경우 이름은 "유체지劉體智집輯"으로 되어 있으나 곽말약이 편집했던 『은계 수편殷契粹編』의 이름을 바꾼 것이다. 『갑골 집성甲骨集成』 제1집(1975)에서는 갑골문 탁본(모사본 첨부) 887편을 수록했는데, 엄일평은 「서」에서 이렇게 말했다. "지금 갑골을 정리함으로써 중복이라는 걱정을 덜고자 한다. 이름을 주인에게로 돌려줄 유일한 방법은 바로 일일이 그 최초의 소장가를 찾고 그 원류를 따라 올라가는 것인데, 그렇게 하면 반드시 진상이 밝혀지게 될 것이다. 『갑골 집성甲骨集成』을 편집하여 인쇄하는 것은 바로 이런 뜻에서이다." 그래서 책에서는 나진옥·양천석楊天錫·왕의영 세 사람이 원래 소장했던 갑골편을 수록했다. 『철운장귀 신편鐵雲藏龜新編』(1975.7)에서는 1,043편을 저록했는데, 이는 『철운장귀』에서 위각된 4편과 중복편을 제외하고 다시 짜맞추기를 해 재인쇄한 것이다. 또 『버근씨 옛 소장 갑골문자 고석柏根氏舊藏甲骨文字考釋』(1978.3), 『은허 서계 속편 연구殷虛書契續編研究』(1978.5) 등도 출판되었다. 초기에 출판된 이러한 저록서는 그 시대가 오래되고 사회의 변동이 심했던 탓에 이미 찾아보기가 쉽지 않다. 하지만 엄일평의 정리를 거친 후 다시 출판됨으로써 사용자들에게 편의를 제공하게 되었고 비교 참고할 만한 자료가 하나 더 늘었는데 이는 갑골학 연구에서 그래도 의미가 있는 일이었다. 엄일평은 원래 한 질로 된 『갑골 집성甲骨集成』을 출판할 요량이었으나 1975년 제1집을 출판한 후 『갑골문 합집』이 곧 출판될 것이라는 사실을 알고는 출판 계획을 접었다. 이후 『갑골문 합집』을 기초로 하여 1984년에는 『상주 갑골문 총집商周甲骨文總集』을 출판하였다. 엄일평은 1978년 또 『갑골학甲骨學』이라는 책을 출판하기도 했다. 이 책은 갑골학 발전사에서 갑골학을 논술한 중요한 저서로, 편찬 목적은 "주로 독자들에게 갑골학이란 이렇게 연구하는 것이라는 것을 알려주기 위한 데 있었다"(이 책의 「서」).

새로운 시기인 1980년대에 들어온 이후 학술계에는 다소 자유로운 환경이 주어지기 시작했고, 새로운 생활은 즐거운 리듬으로 바뀌었으며, 갑골학의 발전에도 "윤활유를 더해 주었다." 1980년 10월, 중국사회과학원 고고연구소에서는 1973년 은허의 소둔촌 남쪽 지역에서 출토된 갑골을 『소둔 남지 갑골小屯南地甲骨』이라는 이름으로 출판했다. 이 책은 상하 2책으로 되어 있으며, 상책은 다시 2분책으로 되었는데 도판 부분에 해당한다. 총 4,612편의 갑골을 수록했으며, 그중에는 1971년 겨울 소둔의 서쪽 지역에서 출토된 복골卜骨 10편과 1977년 소둔촌 일대에서 채집된 갑골 13편도 부록으로 넣어 두었다. 책의 앞부분에는 「전언」·「범례」·「목록표」·「귀갑 통계표」·「배문背文 통계표」 등이 실려 있다. 도판의 순서는 일련 번호로 매겼으며, 또 출토 당시의 단위, 즉 회갱灰坑(H)·방기房基(F)·묘장墓葬(M)·탐방探方(T) 등에 근거해 배열했다. "출토 단위에 근거해 갑골을 저록했는데, 이는 갑골학사에서 출토된 지층 및 관련 유물과 서로 연계시킬 수 있는 자료를 제공한 최초의 것으로 갑골문 시기구분 연구의 고고학적 고찰에 큰 진전을 이루게 해 주었다."[45] 1980년 10월에 출판된 하책은 다시 3분책으로 이루어졌는데, 제1분책은 해석문이다. 책의 앞머리에 「범례」와 「인용문헌 목록」이 들어갔다. 제2분책은 색인과 모사본으로, 「범례」, 「부수·검자표檢字表」, 「글자 단어 색인字詞索引」, 「모사본 번호 등기표摹本號登記表」, 「갑골문 모사본甲骨文摹本」 등이 들어 있다. 제3분책은 갑골의 찬조鑽鑿 도판인데, 책의 앞머리에 「소둔 남지 갑골의 찬조 형태小屯南地甲骨鑽鑿形態」라는 글과 「찬조 통계표」, 「골면찬骨面鑽 통계표」, 「찬조 모사본 탁본 목록표」, 「찬조 도판」 등이 실려 있다. 책에 실린 모든 갑골문은 시기를 밝힐 수 있는 한 시기를 밝혀 두었고 시기를 구분할 수 없을 때에는 잠시 보류해 두었다. 「소둔 남지 갑골의 찬조 형태」는 갑골상의 찬조 형태에 근거해 시기구분을 연구한 논문이다. 그래서 갑골 학자들에게 "이는 지금까지 이루어진 국내학자들의 찬조 형태와 시기 구분과의 관계를 비교적 전면적이고 계통적으로 논술했다"[46]는 평가를 받고 있다. 『소둔 남지 갑골』의 도판이 출판된 이후, 80년 동안 은허에서 출토된 갑골문을 한데 모은 『갑골문 합집』이 1982

45) 王宇信, 『甲骨學通論』, 中國社會科學出版社, 1989, 275면.
46) 王宇信, 『甲骨學通論』, 中國社會科學出版社, 1989, 275면.

년 모두 12책으로 완간되었다. 이 책의 편찬과정과 관련 상황에 대해서는 이 장의 다음 절에서 상세히 서술하게 될 것이다.

“과학에는 국경이 없다”고 했다. 갑골학 일백 년 발전사의 실천 또한 이러한 진리를 증명해 주었다. 은허에서 출토된 갑골문이 상나라 때의 유문임이 밝혀진 이후 국내에서는 아직 몇몇 권위자가 그것의 진실성을 의심하고 있을 때 외국인들은 그에 관한 연구 논문을 썼다. 이러한 정황에 대해서는 이 책의 제2장에서 이미 기술한 바 있으며, 동작빈과 호후선이 편찬한 『갑골 연표甲骨年表』를 참조하면 된다. 은허 갑골문이 중국 밖으로 흘러나가게 된 이유는 많다. 하지만 다른 문물(문자가 없는 유물)과 차이를 보이는 것은 국내외의 어떤 소장가라도 그렇겠지만 그것을 골동으로 감상하거나 다른 사람에게 보여주길 꺼림으로써 갑골문으로 하여금 그것이 응당 가져야 할 역사적 가치와 사회적 의의를 잃게 만들었다는 점이다. 하지만 자료의 사회화, 게다가 갑골 학자들의 고생스런 추적과 소장가들의 헌신 정신으로 국내외 각 기관에서 소장하고 있던 갑골은 끊임없이 저록 발표되어 연구 자료로 제공되었다. 앞 절에서도 언급했다시피 캐나다의 멘지스는 중국으로부터 갑골문 실물과 탁본을 수집했으나, 멘지스가 다 저록 출판하지 못한 상태에서 세상을 떠났고 일부가 온타리오 박물관에 소장되었다가 1960년대 말에 허진웅에 의해 정리 출판되었다.

구미 학자들도 갑골학 발전사에서 중요한 공헌을 했다. 초기에는 주로 갑골을 수집하고 저록하는 것이었다. 전반기 50년 동안 구미 학자들이 저록 출판한 9종의 책 중 2종만이 탁본이고 나머지는 모사본이거나 사진이었다. 갑골문의 탁본은 비교적 특수한데, 당시에는 이러한 전문적인 탁본 기술을 잘 알지 못했다. 그리고 당시의 사진 기술 또한 그다지 이상적이지 못해 글자의 흔적 등에 사실감이 없도록 만들었다. 모사본은 글자가 분명하긴 했으나 실수나 오류가 없다는 것을 보장하기는 어려웠다. 예컨대 멘지스의 『은허복사』는 멘지스 자신이 직접 모록하였는데,

원래 갑골은 현재 남경박물원에 소장되어 있다. 『갑골문 합집』 편집팀에서 이미 그 탁본을 『합집』에다 포함시켰다. "탁본과 비교해 볼 때 갑골편의 모습은 물론 글자에 이르기까지 모든 면에서 진실성을 상실했고, 빠트린 글자도 적지 않았으며, 다른 모록의 모사본보다 덜 정확했다."[47] 또 찰펀트의 『쿨링·찰펀트 소장 갑골복사庫方二氏藏甲骨卜辭』는 찰펀트가 모사하고 미국인인 브리톤白瑞華(Roswell S. Britton)이 교열했는데, 모록이 정확하지 않은 것 외에도 많은 위각의 모사본들이 그 속에 포함되었다. 미국에 소장된 갑골문은 이미 이염李棪의 『북미 지역에 보이는 갑골문 정수 선집北美所見甲骨選粹』(1970, 탁본 42편), 요종이饒宗頤의 『유럽·미국·아시아에서 보이는 갑골록존歐美亞所見甲骨錄存』(1970, 모사본 2백 편), 주홍상周鴻翔의 『미국에 보이는 갑골록美國所見甲骨錄』(1976, 탁본 7백 편) 등에서 소개되었다. 캐나다에 소장된 갑골문은 허진웅에 의해 편집 출판되었다.

개혁개방은 새 시대를 몰고 왔고 나라의 문이 열렸으며, 중국내 학자들도 출국이 가능해졌고 외국 학자도 중국으로 들어갈 수 있게 되었다. 쌍방향의 문화교류가 이루어졌고 서로가 참여하는 학술회의가 열렸으며, 갑골 저록을 공동으로 편찬하게 되었다. 1981년 10월 초 이학근李學勤은 영국을 방문하였는데, 영국 학자들과의 토론 과정에서 영국의 기관과 개인이 적잖은 갑골을 소장하고 있다는 것을 알게 되었다. 영국학자들의 협조를 얻어 브리태니커 도서관, 로얄 스코틀랜드 박물관, 캠브리지 대학 도서관, 브리태니커 박물원, 옥스포드 대학 애슈몰린亞士摩蘭 박물관(The Ashmolean Museum of Art and Archaeology), 런던대학교 아시아 아프리카 대학(SOAS) 퍼시벌珀西沃·데이비드大衛 중국예술 기금회(Percival David Foundation of Chinese Art), 빅토리아 박물관과 알버트 박물관 등을 차례로 조사하였다. 쿨링庫壽齡과 찰펀트方法斂가 이전에 소장했던 갑골의 대부분과 홉킨스金璋가 이전에 소장했던 갑골도 모두 영국에 있었다. 그리하여 런던 대학교의 아

47) 孟世凱, "殷墟卜辭"條, 『甲骨學小詞典』, 上海辭書出版社, 1987.

시아—아프리카 대학 극동학과의 사라 알란(Sarah Allan)과 논의한 끝에 중국사회과학원 역사연구소와 영국 런던대학교 아시아—아프리카 대학이 연합으로 『영국 소장 갑골집英國所藏甲骨集』을 편찬하기로 협의하였다. 1982년 10월, 중국사회과학원 역사연구소에서는 제문심齊文心을 영국으로 파견해 알란(Sarah Allan)과 합작으로 갑골을 탁본하게 하였다.

제문심齊文心과 알란(Sarah Allan)은 캠브리지 대학교의 고고와 고대 인류학 박물관을 비롯해 맥콜孟克廉(Kenneth McAll)·코헨柯文(Paul A. Cohen)·코크庫克(Cock) 등도 갑골을 소장하고 있다는 사실을 알게 되었다. 중국과 영국의 두 여사들의 긴밀한 합작으로 탁본 작업을 무사히 완성할 수 있었다. 그리고 이학근·제문심·알란(Sarah Allan)의 공동 이름으로 『영국 소장 갑골집英國所藏甲骨集』이 편집되었다. 이 책은 상·하 두 편으로 나뉘었는데, 상편 2책은 도판이고 하편 2책은 해석문과 부록이다. 중화서국에서 1985년 9월에 상편이, 1992년 6월에 하편이 출판되었다. 상편의 도판은 이전처럼 먼저 시기를 구분한 후 다시 내용 분류를 하여 배열하였으며, 5시기에 12부류로 나누었으며 총 2,647편의 갑골을 저록했다.

『영국 소장 갑골집』의 "상편은 영국의 11개 공공기관과 사립기관에서 소장하던 갑골 2,647편을 수록했는데, 그중에는 그간 공개되지 않았던 새로운 자료도 1,025편이나 들어 있었다. 여기에는 맥콜孟克廉이 이전에 소장했던 20편의 갑골도 포함되어 있다. 하편은 『도판 보정圖版補正』으로 갑골 61편을 보충 공표했다. 그중 43편이 맥콜孟克廉이 소장했던 것인데 이때 처음 공개되었다."[48] 새로 저록된 천여 편의 갑골문 외에도, 이전 『쿨링·찰펀트 소장 갑골복사庫方二氏藏甲骨卜辭』과 『홉킨스 소장 갑골복사金璋所藏甲骨卜辭』 두 저록에 들어 있던 갑골 중 위각을 판별해 내기도 했다. 예컨대 『쿨링·찰펀트 소장 갑골복사』의 제18편의 경우 모사본으로 보았을 때는 여러 사람들이 위각에 포함시키지 않았으나 원래 갑골을 자세

48) 齊文心, 「孟克廉所藏甲骨文的史料價值」, 『書品』, 1992년 제3기.

히 살핀 후 이것이 위각임을 알게 되었다 또 제1,643편의 경우 전체가 다 위각인 것은 아니었다. 또 『홉킨스 소장 갑골복사』의 제123편에는 두 조목의 전렵田獵 복사가 기록되어 있는데, 글자를 빼먹은 채 각사 되어 이를 “위조품이라 여긴 어떤 학자들의 견해도 일리가 있었다. 하지만 원래 갑골을 자세히 살펴본 결과 사실은 진품이었으며 그간의 의심이 사라졌다.”[49] 원래의 각사는 원래 모사본의 오류를 바로잡게 해 준다. 예컨대 『쿨링 · 찰펀트 소장 갑골복사』의 제310편은 많은 사람들이 자주 인용하는 무정武丁 시기의 정벌 복사인데 그 모사본은 다음과 같다. “신사일에 점을 칩니다. 물어봅니다. ‘부호’의 군사 3천 명을 모으고, ‘여’의 군사 만 명을 소집하여, 강족을 정벌하게 할까요? 辛巳卜, 貞 : 登婦好三千, 登旅萬, 呼伐羌.” 하지만 원래 복사를 세심하게 살핀 후 이 복사는 이렇게 되는 것이 옳았다. “신사일에 점을 칩니다. ‘각’이 물어봅니다. ‘부호’의 군사 3천 명을 모으고, ‘여’의 군사 만 명을 소집하여, □나라를 정벌하게 하면, 신의 도움을 받을까요? 辛巳卜殼貞 : 登婦好三千, 登旅萬, 呼伐□方, 受㞢.” 그리하여 이러한 잘못된 해석을 바로잡게 되었고, 1만3천 명이 강족을 정벌했다는 이야기는 더 이상 존재하지 않게 되었다.[50] 『영국 소장 갑골집』에서 새로 저록된 갑골문에는 중요한 내용이 적잖게 포함되어 있으며, 이에 대해서는 이 책의 「전언」과 하편의 「부론附論」에서 설명했다.

구미 국가 중 중국의 갑골문을 소장한 나라로는 이외에도 프랑스 · 구소련 · 독일 · 스위스 · 네덜란드 · 벨기에 등이 있다. 프랑스에서 소장한 갑골문은 요종이의 『파리에 보이는 갑골록巴黎所見甲骨錄』에서 모사본 26편을 싣고 있다. 1985년 러푸웨雷煥章(Jean A. Lefeuwe)는 『프랑스 소장 갑골록法國收藏甲骨錄』을 편집 출판하였는데, 도판을 탁본과 모사본을 서로 대조하도록 만들었으며 인쇄의 질도 대단히 양호하다. 저록 59편을 실었는데, 그중 26편은 『파리에 보이는 갑골록巴黎所見甲骨錄』과 중복된다.

---

49) 李學勤, 「記英國收藏的殷墟甲骨」, 『甲骨文與殷商史』 제3집, 상해고적출판사, 1991.
50) 李學勤, 「記英國收藏的殷墟甲骨」, 『甲骨文與殷商史』 제3집, 상해고적출판사, 1991.

구소련에서 소장한 갑골문은 호후선이 1958년 7월 방문했을 때 파악한 바에 의하면 국립 에르미타쥐愛米塔什(Hermitage) 박물관에 소장된 199편만 진품이고 나머지는 모두 위각품이라 한다. 1988년 3월 호후선이 편집 출판한 『소련 · 독일 · 미국 · 일본에 보이는 갑골집蘇德美日所見甲骨集』은 4권으로 되어 있는데, 제1권은 "소련 국립 에르미타쥐(Hermitage) 박물관 소장 갑골문자 선選"으로 모사본 79편을 선별 수록했는데, 대부분 제2기 때의 갑골들이었다. 제2권은 "독일 서 베를린 민속 박물관 소장 갑골문자"인데 모사본 422편을 수록했다. 제3권은 "미국에 보이는 갑골 보록補錄"인데 모사본 24편을 수록했다. 제4권은 "일본 천리天理 대학 참고관 소장 갑골문자 선選"인데 모사본 51편을 수록했다. 그리하여 전체 책에서는 총 582편의 모사본을 수록하였으며, 일부는 이전에 수록된 적이 있는 것들이었다.

1997년 러푸웨雷煥章(Jean A. Lefeuwe)는 독일 · 스위스 · 네덜란드 · 벨기에 등지에서 수집한 갑골문을 모아 『독일 · 스위스 · 네덜란드 · 벨기에에 보이는 몇몇 갑골록德瑞荷比所見一些甲骨錄』으로 편집했다. 모두 탁본과 모사본을 대조할 수 있도록 하고 정교하게 인쇄되었으며, 4개 국가 16개 기관에서 소장한 갑골문 228편을 수록했는데, 그중의 대부분은 이미 이전에 수록된 것이었다.

1990년대에 출판된 저록서들로는 다음과 같은 것들이 있다. 일본의 황목일여자荒木日呂子가 편집한 『중도옥진의 옛 소장 갑골中島玉振舊藏甲骨』은 1996년(평성成平 8년) 4월 출판되었는데, 탁본과 사진을 함께 실었고 모사본을 뒤에 첨부하여 참고하도록 했으며, 대단히 질 좋게 인쇄되었다. 갑골문 56편이 저록되었는데, 그중 1편은 『통通』 「별2別二」와 중복 출현하고 있다. 중도옥진中島玉振은 호가 호산壕山이며 중도호수中島壕叟라고도 불린다. 그가 소장했던 갑골문은 약 2백 편 정도였는데, 그중 3편은 이미 곽말약의 『통通』 「별2別二」에 저록되었다. 김조동金祖同이 편집한 『은계유주殷契遺珠』에서도 백여 편을 골라 실었다. 이 책은 이 두 책에서 선별

하여 저록한 것으로, 이미 이에 대한 중국 내 학자들의 서평도 있다.[51]

호후선이 생전에 편집했던 『갑골 속존 보편甲骨續存補編』이 1996년 6월 천진고적天津古籍출판사에서 출판되었다. 모두 7권이며, 각 권마다 소장 기관과 개인별로 차례를 매겼고, 따로 순번 없이 총 4천5백 편을 수록하였다. 대부분이 이미 『갑골문 합집』과 다른 저록서에서 저록된 것이었지만 인쇄 상태가 비교적 양호하며, 『합집』과 대조 비교하여 참고할 만한 가치가 있다.

1970년대 말 이후, 『갑골문 합집』·『소둔 남지 갑골』·『영국 소장 갑골집』 등과 같은 저록서의 출판이 갑골문의 연구를 추동시켰고 그 때문에 새로운 연구 열풍이 불어 갑골문과 상대사에 대한 저서와 논문이 크게 증가했다. 갑골학 일백 년의 역사에서 가장 번영한 새로운 단계가 출현했던 것이다. 새로운 단계에서는 서로 다른 새로운 특징(이 장의 제3절 참조)이 등장하게 되는데, 갖가지 다른 유형의 갑골문과 갑골학에 대한 도구서의 출판도 그 특징 중의 하나이다.

1980년대 이후에 들어서는, 먼저 고명高明이 편집한 『고문자 유편古文字類編』(중화서국, 1980), 서중서徐中舒가 주편한 『한어 고문자 자형표漢語古文字字形表』(사천인민출판사, 1980), 맹세개孟世凱가 편집한 『갑골문 소사전甲骨學小詞典』(상해사서출판사, 1987), 조성趙誠이 편집한 『갑골문 간명 사전甲骨文簡明詞典－복사분류 독본卜辭分類讀本』(중화서국, 1988), 서중서徐中舒가 주편한 『갑골문 자전甲骨文字典』(사천사서출판사, 1988), 요효수姚孝遂가 주편한 『은허갑골 각사 유찬殷墟甲骨刻辭類纂』(중화서국, 1989), 최항승崔恒昇이 편집한 『간명 갑골문 사전簡明甲骨文詞典』(안휘교육출판사, 1992), 장옥금張玉金이 편집한 『갑골문 허사 사전甲骨文虛詞詞典』(중화서국, 1994), 우성오于省吾가 주편한 『갑골문자 고림甲骨文字詁林』(중화서국, 1996) 등이 있다. 갑골문과 갑골학에 대한 이러한 도구서는 갑골문과 상주사 연구자들에게 편의를 제공했으며, 국

---

51) 王宇信, 「日本近年新出版的幾部甲骨學著作」, 『殷都學刊』, 1997年 第1期.

내외의 갑골문 애호가에게도 학습의 편의를 제공했다.

이러한 도구서 중, 『갑골학 소사전』과 『갑골문 간명 사전—복사 분류 독본』은 갑골학 발전사에서 처음 시도된 저작이다. 『갑골문 자전』은 사천대학의 고문자 연구 교수들과 당시 대학원생의 합작품이다. 이는 『갑골 문편甲骨文編』과 『속 갑골문편續甲骨文編』(김상항金祥恒 편, 대만대학, 1959.10)에서의 정확한 부분을 수용한 기초 위에서 최신 자료를 보태 만든 것이다. 『은허갑골 각사 유찬』은 길림대학 고문자 연구 교수들과 당시의 대학원생이 함께 만든 저작이다. 근거로 삼았던 것은 『갑골문 합집』·『소둔 남지 갑골』·『영국 소장 갑골집』·『화이트씨 등 소장 갑골집』 등의 자료들이다. 이는 일본의 도방남島邦男의 『은허복사 종류殷墟卜辭綜類』의 뒤를 이어 중국학자가 편찬한 갑골문에 관한 대형 유서類書로, 각사의 원형은 물론 해석문까지 실려 있다. 책에는 몇몇 기술적 문제와 해석문의 오류가 있긴 하지만 여전히 학계의 환영을 받는 갑골문 도구서의 하나이다. 『갑골문자 고림』은 우성오가 주편하고, 중국사회과학원 역사연구소와 길림대학의 여러 교수들이 함께 만들어낸 대형 도구서이다. 1965년 6월 이효정李孝定의 『갑골문자 집석甲骨文字集釋』이 출판된 이후, 30년 동안 갑골문자 연구는 많은 발전을 이루어 새로운 고석이 이루어졌을 뿐 아니라 이전의 해독 오류가 바로잡히기도 했다. 이 책에서 모아 해석한 자료들은 비록 1989년 이전의 것으로 한정되었지만, 기본적으로는 90년 동안, 특히 최근 30년 동안의 주요 연구 성과를 모두 반영했다. 이 책도 몇몇 기술적인 문제와 자료의 누락이라는 실수가 보이지만 그것이 이 도구서의 의의와 사용가치에 영향을 줄 정도는 아니다. 이에 대한 상세한 평가는 이 책의 제10장 제2절 "연구의 심화에 기초를 마련해 준 갑골 각사의 분류 찬집"을 참고하면 된다.

3. 저록의 집대성작-『갑골문 합집』

1) 갑골의 금자탑-대형 국가 프로젝트『갑골문 합집』의 기획

곽말약이 주편하고 호후선이 총 편집을 맡은『갑골문 합집』은 1980년대 이전의 은허 갑골문 연구성과를 한데 모은 집대성 작이다. 그것은 갑골학 발전사에서 이전을 계승하고 다음을 열어준 이정표이자 전 중국의 유관 기관과 개인들이 무조건적으로 국가를 위해 봉헌한 모범 사례였다. 또 이 체계적인 프로젝트에 참여한 20여 명의 학자들의 노동의 성과이자, 학자들의 집체적 지혜를 구체적으로 운용한 결정체였으며, 어떤 어려움도 두려워하지 않고 청춘을 바친 10여 학자들의 금자탑이었다.[52)]

『갑골문 합집』의 도판은 1978년 10월 제2책이 출판된 이후부터 국내외 학술계의 지대한 관심을 끌었다. 1982년 12월 13책이 완간된 후 국내외의 간행물에서 이에 관한 소개를 실었고, 그 후 국내외의 평론에서도 계속 소개되었다. 모든 평론에서 대단히 높은 평가를 받았으며, 이 집대성의 저록서가 중국 민족의 우수한 역사적 문화에 공헌한 것을 인정했다. 그것은 은허 갑골문 자료를 한데 모은 것이 아니라 80년 동안 출토된 갑골문 자료의 연구서이다. 최신 분류와 시기구분은 갑골각사에 대한 전면적인 연구 이후 과학적인 방법에 의해 이루어진 것이었다. 이의 출판은 갑골학을 다양한 각도에서 전 방위적으로 발전하도록 만들었으며, 학술계에 대량의 그리고 정확한 최초의 문자자료를 제공했으며, 상나라 역사와 고대사회의 연구를 촉진시켰다.

『갑골문 합집』은 출판된 이후 곧바로 국가 유관기관과 인사들의 표창

---

52) 1997年 5月 20日, 中國社會科學院 建院 20周年, 孟世凱는『中國社會科學院通訊』에「艱難辛二十年的成果-『甲骨文合集』」이라는 제목의 글을 발표했다. 다음날『人民日報』의 慶祝 특집에서는 제목을「甲骨豐碑鑄, 靑春忽已逝」로 바꾸어 전재했다.

과 격려를 받았다. 1983년 2월, 국무원 고적古籍정리출판 기획팀으로부터 상장과 장려금 5천 위안元을, 1987년 10월에는 "오옥장吳玉章 상"을 수상했으며 처음으로 실시된 8천 위안의 부상과 증서를 받기도 했다. 1990년 10월에는 국가출판국의 도서출판 특별상을 수상했다. 1983년에는 중국사회과학원과 역사연구소의 상장과 부상 3천 위안을 받기도 했다. 1992년에는 중국사회과학원 저작 1등상을 수상하였고 부상으로 1만 위안을 받기도 했다. 이와 같이 책의 출판에만 약 10년이 걸렸던 도서가 국가·사회과학원·역사연구소 등 3개의 각급 기관에서 수차례 수상하였는데, 이는 개혁개방 이래 처음 있는 일이었으며 신 중국 성립 이후 그렇게 많은 상을 받은 최초의 책이 되었다.

『갑골문 합집』이라는 이 대형 갑골문 저록서는 어떻게 편찬하게 되었는가? 그것의 이름짓기에서부터 편찬팀의 조직에 이르기까지 비교적 긴 시간의 탄생 과정을 거쳤다. 『갑골문 합집』의 편찬역사를 어떻게 기술해야만 진실에 부합할 수 있을까? 필자(즉 맹세개 교수)는 이의 전 편찬과정에 참여한 사람 중의 하나이다.[53] 이 책의 편찬과정을 사실대로 기술하는 것이 현재 전해지고 있는 부정확한 소문들을 바로잡을 수 있는 길일 것이다. 이미 작고한 역사연구소의 원로 소장이었던 윤달尹達이 쓴 『갑골문 합집』의 「전언前言」은 이 대형 프로젝트의 편찬역사에 대한 총체적 개괄이라 할 수 있다. 「전언」은 1982년 2월 1일에 쓰였는데, 『합집』 13책이 완간되기까지 10개월간의 시차밖에 나지 않는다. 그는 시작부분에서 이렇게 말했다.

5년 동안 『갑골문 합집』은 계속해서 분책으로 출판되었는데, 지금 이미 책

53) 筆者(즉 孟世凱 教授)는 1959년 『合集』의 편찬 준비 과정에 참여했다. 1961년부터는 "三人小組"의 팀장을 맡았으며, 1975년에는 연구소의 선전부에서 핵심영도소조에 임명되면서 "작업의 필요에 따라 孟世凱 동지는 핵심조의 회의에 참여하게 되며, 관례대로 조직 계획 작업을 책임지게 된다"는 명령을 받았다.

전체의 원고가 인쇄소로 넘겨진 상태이다. 이것은 중국사회과학원 역사연구소가 책임자로 수행한 국가 과학연구 "12년 장기 계획" 중의 대형 프로젝트의 하나이기에, 우리는 이 프로젝트가 진행되어 왔던 과정에 대해 설명을 할 책임이 있다고 생각한다.

윤달은 「전언」에서 『갑골문 합집』이라는 대형 프로젝트에 대해 주로 설명하고 있는데, 이는 원래의 중국과학원 역사연구소의 제1연구소와 제2연구소가 1956년 1월 12년 장기 계획을 제정할 때 제시되었던 것으로 당시에는 『전집』으로 명명되었다. 이후 편집 작업은 시종 곽말약의 제의에 따라 각 방면의 의견 청취를 위한 회의가 개최되었다. 구체적 작업은 당시의 역사연구소 제1 연구소 연구조가 공통으로 맡았으며, 편집 작업은 줄곧 호후선의 지도하에서 진행되었다. 그때 편집에 참여했던 학자들은 대부분 고문자를 전공하지 않은 사람들이었다. 하지만 "작업을 하면서 공부를 해나가는" 식의 배양방법을 채택함으로써 이 대형 프로젝트에 참여한 사람들로 하여금 기초 지식의 초보적 장악에서부터 연구까지라는 전 배양과정을 완전히 숙지할 수 있도록 했다. "이러한 규모의 전면적인 학술자료 작업은 결코 개인이나 소수의 힘으로 될 수 있는 것은 아니다." 오직 사회주의제도 하에서만 전국적인 대 합작이, 완전무결한 자료의 수집이 이루어질 수 있었던 것이다. 그래서 이는 편집 작업에 참여한 전체 동지들의 다년간에 걸친 노력의 필연적 결과였다.

『갑골문 합집』의 도판 부분은 출판된 지 이미 17년이 지났다. 우리는 시대의 획을 그었다는 의의를 가지는 이 대형 저록서의 편찬사에 대해 윤달이 쓴 「전언」에 근거해 더욱 구체적이고 더욱 신빙성 있는 근거를 가지도록 기술해야만 할 것이다.

『갑골문 합집』이라는 명칭은 1959년 3월 곽말약의 건의로 정해졌다. 그 전의 정식 문건에서는 이 이름이 등장한 적이 없다. 사실을 분명하게 하기 위해 필자는 관련 문서자료들을 조사하고 원로 동지들을 방문하기도 했었다.[54] 그들은 모두 1959년에서야 『갑골문 합집』으로 이름이 정해졌다고 했다. 중국사회과학원 역사연구소에 보존된 "중국과학원 역사연구소 제1·2 연구소 학술 문서"에는 「1956~1967년 철학 사회과학 계획 개요(초안)」가 들어 있다.[55] 그중 "4. 역사학, 5. 고고학, 중요 저작" 항에도 아직 『갑골문 합집』이라는 이름은 존재하지 않는다. 단지 역사연구소 제1·2 연구소에서 1956년 1월 17일 입안한 「역사과학의 발전과 역사과학 인재 배양을 위한 12년 장기 계획 개요 초안(초고)」(이하 「계획 개요」로 줄여 부름)의 제4부분 "역사과학 논저의 편집과 출판"의 제2항에 "역사자료의 편찬 출판에 관한 계획"에 다음의 내용이 들어 있다.

> 갑골문자와 청동기 명문은 중국 고대사회를 연구하는 데 극히 중요한 자료이다. 5년 내에 전면적으로 수집하고 정리하고 주석하여 1961년 각기 '전집全集'으로 출판한다. 1961년 이후 이루어지는 새로운 발견 자료는 1967년에 출판한다.

이것이 갑골문 자료의 편집에서 정식 문건에 출현하는 최초의 이름이다. 「계획 개요」의 제3부분 "역사과학 인재의 운용과 배양"의 제2항에는 또 다음과 같은 내용이 들어 있다.

> 역사과학 인재의 조정. 지도력을 갖고 계획적으로 현재 갖고 있는 인재의 잠재 능력을 충분히 발휘할 수 있도록 하기 위해, 전국 고등교육기관의 역사학과 내에서 박사를 지도할 수 있는 10명 내외의 역사학자를 선발하는 동시에 소련 및 기타 국가에서 10명 내외의 역사학자를 초빙하여 과학원의 역사연구소와 북경대학 역사학과를 강화해야만 한다.

---

54) 楊向奎 선생은 1956년 역사연구소 제1·2 연구소로 들어간 이후 학술 비서팀의 팀장을 맡았으며, 黃烈 선생은 1958년 전임 곽말약 원장의 역사 부문 비서를 맡았다.
55) 國務院科學規劃委員會辦公室 印, 1957.11.

1959년 역사연구소의 제1·2 연구소가 역사연구소로 합병되기 전 분당조分黨組에 「보고서 개요」가 제출되었는데, 그 중 "연구소 설립 과정 및 인원 현황"에 "1956년 여름, 두 연구소에서 지속적으로 몇 명의 고급 연구인원을 초빙해 왔으며, 상당한 수의 대학 졸업생들도 배치했다"56) 고 되어 있다. 이는 1956년 중국과학원에서 역사연구소의 제1·2 연구소의 요구에 근거해 국무원에 고급연구인원의 정원을 늘려달라고 요청한 것이며, 고등교육부에서 논의한 것이다. 원래는 북경대학의 장정낭張政烺·산동대학의 양향규楊向奎·복단대학의 호후선胡厚宣·사천대학의 몽문통蒙文通 등 네 교수를 제1 연구소로 영입할 생각이었으나 몽문통은 사정으로 성사되지 못하고, 장정낭·양향규·호후선 등만 영입되었다.

원래는 「계획 개요」에서 이행 가능하다고 확정한 항목 중 갑골문과 청동기 명문의 "전집"은 연구소 외부의 유관 전문가를 초빙하여 공동으로 편찬하려 했으나 정세의 변화로 실현되지 못했다. 1957년 역사연구소 제1 연구소에서는 1월에 「연구 계획」을 제정했고, 2월에는 「작업 계획」을 제정했다. 호후선의 『갑골 속존 보편甲骨續存補編』은 이 두 가지 「계획」에 포함되었다. 「작업 계획」의 첨부 편에는 "『갑골합편甲骨合編』은 이미 저록 출판된 갑골문 중에서 중요한 1만 편 정도를 선별하여 시대와 사류를 합쳐 편집하고 해석문과 색인을 첨부한다. 완성 시기는 올해 안으로 하며, 책임자는 계경영桂瓊英으로 한다"고 했다.57) 하지만 이후 "반우파 투쟁" 때문에 이 작업은 보류되었다. 1958년 전국에서는 "대약진大躍進" 운동의 "정신적 고무 하"에서 연구소의 모든 연구팀은 "대약진 학과 연구 계획躍進科研計劃"을 제정해야만 했다. 제1 연구조(지금의 선진사先秦史 연구실의 전신)에서는 "선진 사료 휘편先秦史資料彙編"과 "갑골문 자료 휘편甲骨文資料彙編" 등의 연구계획을 설정했으며, 갑골문과 관련된 개인 계획으로는 호후선의 『갑골 속존 보편』과 계경영의 『갑골문 짜 맞추기 휘

56) 『歷史研究所一』「二所彙報提綱」, 1958.11.
57) 中國科學院 歷史研究所 學術檔案, 1957에 보임.

편甲骨文綴合彙編』이 있었다. 당시 『선진사 자료 휘편』은 이미 일부 자료를 오려 붙이는 작업이 이루어졌고, 『갑골문 자료 휘편』도 관련 서적의 수집이 시작되었다. 이 해 곽말약이 주편한 『중국 사고中國史稿』 편집팀도 연구소 내외에서 학자들을 조직하여 꾸려졌는데, 이는 당시에 확정되었던 국가의 중점 프로젝트였다. 하지만 제1연구조의 항목은 전국의 다른 항목들과 마찬가지로 "도약하고자 했으나 나가지 못했는데躍而不進", 어떤 대형 프로젝트라 하더라도 1~2년 내에 완성한다는 것은 불가능했기 때문이다.

1959년 3월 초, 곽말약의 건의에 따라 『갑골문 자료 휘편』은 『갑골문 합집』으로 이름이 정해졌으며, 편집 준비 작업이 시작되었다. 호후선은 이렇게 말했다.

> 『갑골문 합집』은 바로 경애하는 주은래 총리께서 위대한 수령 모택동 주석의 지시로 영도 제정한 12년 학과 연구의 장기 계획 중의 대형 항목의 하나이다. 1959년에도 우리 중국과학원 역사연구소에서는 이러한 임무를 부여받은 적이 있다. 당의 영도 하에서 연구소는 먼저 전국의 유관 지도자 동지들을 비롯한 약간의 갑골문 전문가를 초빙하여 곽말약 동지를 위원장으로 하는 편집위원회를 구성했다. 그리고 연구소 내에 『갑골문 합집』 편집 작업팀이 만들어졌고, 지도자들이 나를 부책임자로 지명하였으며, 구체적인 편집 작업을 할 동지들을 조직하였으며, 작업은 1961년 4월에 정식으로 시작되었다.[58]

중국과학원 역사연구소의 제1·2 연구소가 1956년 1월 17일에 제정한 「12년 장기 계획 개요 초안(초고)」에서의 『갑골문 전집甲骨文全集』과 한 글자 밖에 차이가 나지 않는 제목의 『갑골문 합집』은 3년간의 사회 혼란을 거친 후 시작되었던 것이다. 호후선은 당시 합병된 역사연구소 제1조

58) 胡厚宣, 「沉痛悼念尊敬的郭沫若同志」, 『悼念郭老』(三聯書店, 1979.5)에 수록됨.

의 조장(즉 이후의 선진사연구실 주임)을 맡고 있었으며, 그가 『합집』 편집 작업팀의 조장을 겸하고 있었으므로 준비 작업이 매우 순조로웠다. 준비의 구체적 실행 책임을 지고 있었던 사람으로는 나세열羅世烈·구석규裘錫圭·조건趙健 등과 같은 청년학자들이었다. 1959년 4월 17일 "『갑골문 합집』 편집 계획 요점 초안(토론용)"이 마련되었고, 같은 달 25일 다시 "『갑골문 합집』 편집계획 초안"이 마련되었다.[59] 이 "편집 계획초안"의 제2조는 "편집위원회의 조직"에 관한 것인데, "곽말약을 주편으로 하고 우성오于省吾·윤달尹達·왕양王襄·왕헌당王獻唐·이아농李亞農·호후선胡厚宣·용경容庚·당란唐蘭·하내夏鼐·서중서徐中舒·상승조商承祚·장정낭張政烺·증소희曾昭熺·증의공曾毅公 등이 편집위원을 맡는다"고 되어 있다. 두 계획의 초안은 상급기관에 보고되는 한편 각 지방의 편집위원회에도 의견을 구했다. 곽말약의 의견에 따르면, "반드시 여러 사람의 의견을 모아 더 큰 성과를 이루어야 할 것이며, 전국의 고문자학자들과 유관 기관의 지지를 얻어야 할 것이다"고 했다. 원래는 「편집 계획 초안」에서 제시된 시기 구분 즉 동작빈의 5시기 구분에서에서 무정武丁의 시기를 따로 분리하여 총 6시기로 하고, 내용을 "경제발전經濟發展·사회조직社會組織·지역조직地域組織·계급관계階級關係·정치기구統治機構·과학문화科學文化" 등 6가지로 분류하는 것에 대해 한 차례의 편집위원회 토론을 개최할 생각이었다. 하지만 여러 원인으로 회의는 개최되지 못했다. 단지 북경의 편집위원들만 모여 좌담회를 개최했고, 북경 이외 지역의 편집위원들에 대해서는 서신의 방식으로 의견을 구했다.

『갑골문 합집』의 준비 작업이 분주하게 진행되고 있을 때 상황의 변화가 또 일어났다. 당시 연구팀에는 고힐강顧頡剛·호후선胡厚宣·장정낭張政烺 등 전문가 이외에도 청장년 연구원이 총 18명이나 있어 연구소 가운데서 그래도 인원수가 많은 팀이었다. 1959년 상급기관에서 곽말약이

59) 中國科學院 歷史研究所 學術檔案, 1959에 보인다.

주편하고 있는 『중국 사고』의 편찬 속도를 빨리하라는 지시가 내려왔다. 그리고 새로 건립한 중국역사박물관에서 “10주년 경축식” 이전에 진열을 마무리하여 개관을 경축하고자 한다며 역사연구소의 인원을 보내 달라고 했다. 연구소의 책임자들은 연구팀에서 인력을 지원했는데, 『합집』 편집 공작팀의 구석규와 유안민劉安民 및 응영심應永深 등을 그 곳으로 보내 중국 역사박물관의 배치와 진열을 돕도록 하는 바람에 『합집』의 준비 작업은 일시 정지될 수밖에 없었다.

1960년, “중앙국가기관 간부 하방下放 노동 단련 제도”에 의거하여 역사연구소는 2월초 제3차 인원들을 하방下放시켰다. 제1 연구조의 계경영 · 나세열 · 초량경肖良琼 · 류안민 · 맹세개 등이 산동성 곡부曲阜의 농촌으로 하방下放되었다. 그때는 “어려운 시기”였기에 공동 식당에는 밥 지을 쌀이 없었고 사람마다 온 몸이 부어올라 대부분 병에 걸리고 말았다. 계경영이 예정 기간을 앞당겨 북경으로 돌아왔고, 그때 하방되었던 다른 간부들도 11월에는 모두 북경으로 돌아왔다. 얼마 지나지 않아 국가기관의 구조조정으로 간부들이 분산되었다. 구석규 · 나세열 · 류안민 · 조건 등 11명이 계속해서 제1 연구조를 떠났고, 『합집』 편집 공작조는 구성원을 새로 짜지 않을 수 없게 되었다. 1960년 가을 연구소에 제문심齊文心 · 사제謝濟 · 임내예林乃燊(북경대학에서 들어 감)를 비롯해 응영심應永深도 편집팀에 들어가게 되었다. 1961년 3월 다시 조직된 『합집』 편집팀의 구성원은 호후선 · 계경영 · 초량경 · 맹세개 · 제문심 · 사제 · 응영심 · 임내예 등 8명이었고, 편집 작업은 1961년 4월 1일 정식으로 가동되었다. 호후선은 맹세개로 하여금 이전 시기의 중복 편을 대조 교열하여 안배하고 도판을 선택하는 작업을 명했다. 1961년 가을, 왕귀민王貴民이 언어연구소에서 역사연구소로 들어갔다. 그해 겨울, 왕점산王占山은 사학동태조史學動態組가 없어지는 바람에 편집팀으로 들어가게 되었다. 작업이 순조롭게 진행될 수 있도록, 그해 말 선진사연구실의 지도자들은 맹세개(조장) · 초량경 · 응영심이 “3인 소조”를 만들도록 하고 구체적 작업을 책임지도록 하였으며, 편찬실 내의 모든 갑골 실물·도서·자료들은 사제로 하여금 책임지고 조정하도록 했다.

1961년 초부터 시작해서 호후선·계경영·나세열이 외지로 나가 조사를 하고 갑골을 선별해 탁본했다. 나세열이 사천성으로 옮겨간 후 응영심이 그를 대신해 외지 조사를 나갔다. 그들은 차례로 동북 3성·태원太原과 남방의 몇몇 도시로 갔으며, 그들이 갖고 온 탁본들을 오려 붙여 "남북 양로 탁본南北兩路拓本" 2책으로 편집했다. 안에서는 편집을 하고 밖에서는 조사를 하는 일이 1963년 5월까지 진행되었다. 그때 농촌의 "네 가지 청산 운동四淸運動"60)이 시작되었으며, 국가기관의 간부는 반드시 조를 나누어 참가해야 했다. 이 때문에 그때부터는 역사연구소에서도 각 연구실의 인원을 뽑아 시기를 나누어 시골로 보내 "네 가지 청산四淸" 작업에 참여하도록 했다. 연구 작업은 비록 정지되지 않았지만 편집팀에는 어떤 경우에는 호후선·계경영·맹세개와 갑골의 탁본을 위해 초빙해 온 숙련공 상복구商復九만 남아 작업을 하기도 했다. 1964년 9월, 국가기관 간부들은 대거 시골로 내려가 "네 가지 청산" 공작대에 참여하였는데,『합집』편집팀에서도 호후선·계경영과 병원에 수용된 환자를 제외한 나머지는 모두 10월에 산동성의 해양海陽에 있는 농촌으로 가게 되었다. 1965년 7월 3일 산동에서 북경으로 돌아온 후 얼마 되지 않아 왕점산王占山도 자리를 옮기게 되었으며, 임내예林乃燊도 이때 자리를 옮겼다. 그러자 편집팀에는 8명만 남게 되었다. 편집의 속도를 높이기 위해 호후선을 제외한 모든 구성원들이 상복구에게 갑골문 탁본법을 배웠다. 그리하여 7월 말부터는 두 개 조로 나뉘어 한 조는 북경에서 다른 한 조는 외지로 나가 갑골문을 탁본했다. 호후선·맹세개·제문심·사제·왕귀민·상복구 등이 차례로 제남濟南·청도青島·제녕濟寧·곡부曲阜·서주徐

60) (역주) 1963년부터 1966년 5월 사이에 전개했던 정치·사상·조직·경제 등 제 분야에서 전국적 범위로 진행된 정화 운동으로 '社會主義教育運動, 또는 줄여서 '社教'라고도 부른다.

州 등지로 나갔다. 외지에서 탁본 작업이 완성된 후 다시 북경의 고궁故宮과 다른 몇몇 기관에서 탁본을 했다. 그와 동시에 중복편의 대조 교열 작업이 마무리 되었고, 탁본의 정리와 도판의 선정 작업이 시작되었다. 원래의 계획은 1966년 4월부터 오려 붙여 조판을 할 예정이었으나, 1966년 음력 설이 지나고 상황이 점점 변하기 시작했다. 3월부터는 모든 작업이 정지되고, "사론社論"을 학습하고 "해서파관海瑞罷官"의 비판 등에 참여하기 시작하였다. 역사에서 전례를 찾아 볼 수 없는 '문화의 명줄을 바꾸어 놓겠다'는 문화대혁명이 시작되었던 것이다.

1969년 노동을 하러 간부학교幹校로 내려기 전날 밤, 전비戰備에서 중요 도서자료를 옮겼고, 연구소 주둔 선전대는 『합집』에서 편집 정리해 낸 중복 대조·갑골 선별 등에 관련된 표 등을 "장물賬本"이라 하면서 폐지로 폐기 처리하고자 했다. 맹세개와 사제는 이것은 "곽말약의 자료로 전쟁 비축함에 넣어서는 아니 된다. 곽말약에게 보여 드려야 한다"고 하고서야 겨우 그렇게 큰 노동력을 들였던 진귀한 자료를 들고 나와 보존할 수 있었다. 그렇지 않았더라면 "『합집』은 최소한 10년 이상을 더 기다려야만 출판될 수 있었을 것이며, 그 질도 지금의 것보다는 못했을 것이다."[61]

2) 청춘은 이미 흘러가고—『갑골문 합집』에 쏟은 학자들의 헌신

중국과학원 철학사회과학부의 "5·7 간부학교"는 처음에는 하남성 식현息縣의 동악공사東岳公社에 만들어졌으나, 1970년 가을 신양信陽의 명항진明港鎭으로 옮겨졌다. 각 연구소는 군사편제에 의거해 역사연구소는 "3연대"로 편성되었고, 각 연구실의 인원은 분산되어 3개의 "소대"로 배속

61) 孟世凱, 「甲骨豐碑鑄, 青春忽已逝」, 『人民日報』, 1997.5.21.

되었다.『갑골문 합집』 편집팀의 8명은 호후선이 "간부학교"로 내려가지 않은 것을 제외한 나머지 7명이 3개의 "소대"에 배속되었다. "5・7 간부학교"의 주요 임무는 낮에는 노동을 밤에는 비판 회의를 여는 것으로, 업무에 관련된 서적을 보는 것이 금지되었다. 선진사연구실의 장영산張永山・나곤羅琨・왕우신王宇信・양승남楊升南 등은 모두 고고학 전공 출신자들이었기에, "문화대혁명" 과정에서도 유일하게 작업이 진행되었던 고고 발굴에 매우 관심이 많았다. 여러 경로를 통해 1971년 12월 8일, 고고연구소의 안양공작대가 소둔 서쪽 지역에서 완전한 상태의 20편의 갑골을 발굴했다는 소식을 알게 되었다. 이러한 정보는『합집』 편집팀의 구성원들에게는 대단히 고무적인 일이었으며, 속으로『갑골문 합집』의 작업이 조만간 회복될 수 있을 것이라 믿게 되었다. 1971년 "9・13" 사건으로 임표林彪가 자폭한 이후로는 감독이 느슨해졌고 업무에 관련된 일부 책의 열독도 가능해졌다. 1972년『문물文物』 제2기에 곽말약의「안양에서 새로 출토된 소 어깻죽지 뼈와 그 각사安陽新出土的牛胛骨及其刻辭」라는 글이 발표되었다. 얼마 지나지 않아 북경의 "유수처留守處"로부터 소식이 전해졌다. 호후선의 말에 의하면『중국 사고』의 편찬 작업이 이미 다시 시작되었으며『갑골문 합집』도 빠른 시간 내에 다시 시작될 수 있도록 노력하고 있다고 했다. 하지만 1972년 7월 2일 "5・7 전사戰士"들이 모두 북경으로 되돌아 온 이후에도 상급기관의 어떠한 지시도 내려지지 않았다. 당시는 여전히 연구소에 주둔하는 선전대가 지도를 하고 있었으므로 호후선과『합집』 편집팀의 다른 구성원들은 선전대에게 작업을 회복시켜 달라고 했지만 상급기관의 지시를 아직 받지 못했다는 답변뿐이었다. 그래서 당시에는『중국 사고』의 편찬 팀 외의 다른 작업들은 이루어지지 않고 있었다.『합집』 편집팀의 구성원은 전쟁 준비로 옮겼던 자료를 다시 옮겨 온 후 자동적으로 "지하"로 들어가 작업을 개시했다. "십 몇 만 개의 번호를 다시 익숙한 것으로 만들어야만 했다. 모두 젊었던 덕분인지 기억력이 아직 좋았으며 채 두 달도 못돼 본궤도에 오를 수 있었다."[62] 하지만 당시에는 극좌 노선이 여전히 기세를 부리고 있을 때였으므로 편집팀의 작업은 끊임없는 간섭을 받았다. 당시 연구소의 책임자는 이를 지지하지 않았음은 물론 작업실에 쓸 문구나 종이까지도 갖은 방법을 동원해 곤란하게 만들었으며 공급을 제한했다. 심지어는 "역사연구소에서의 합법적인 학과 연구는 『중국 사고』 밖에 없으며, 당신네들의 갑골문은 불법"이라고 하기도 했다. 『합집』 편집팀의 구성원들은 이러한 갖가지 간섭 때문에 물러서지는 않았으며, 모두 합심해서 온갖 어려움을 이겨내고 작업을 계속했다. 비록 학습회나 비판회, 그리고 지식분자와 자산계급들의 세계관을 개조하는 육체노동 등에도 어쩔 수 없이 참여해야 했지만 수 년간 지속되었던 정치운동 탓에 모두들 "관우의 몸은 조조 진영에 있었지만 마음은 유비에게 있었듯" 역경 속에서도 절개를 굽히지 않는 적응 능력에 단련되어 있었다. 우리들에게 중요한 것은 여전히 『합집』의 갑골편 번호였다. 어떤 동지는 연구소에 살기도 했고, 일요일이나 저녁 시간에도 자원해서 잔업을 하기도 했다.

1973년 5월, 곽말약은 작업 진행에 관한 호후선의 편지를 받은 후 28일자의 답신에서 "작업이 이미 진행되고 있다면 그것을 적극 추진하고 원고도 잘 편집해야 할 것이며, 이것이 지금의 가장 중요한 일입니다"라고 했다. 곽말약은 호후선이 보고한 『합집』 편집 작업의 편지에다 자신이 쓴 답신을 첨부하여 국무원國務院 과교조科教組에다 보냈다. 첨부한 서신의 전문은 다음과 같다.

> 유서효劉西堯 동지, 이 문건을 한 번 살펴 주시기 바랍니다. 이전에 장춘교張春橋 동지께서 갑골문 연구의 상황에 대해 물어보신 적이 있습니다. 제 생각에는 『합집』의 작업을 서두르는 것이 필요하다 생각됩니다. 그 때문에 그들은 북경으로 돌아온 후 작업을 진행하였습니다. 하지만 출판은 아직 이루어지지 않고 있

62) 孟世凱, 「甲骨豐碑鑄, 青春忽已逝」, 『人民日報』, 1997.5.21.

습니다. 만약 필요하다면 고려해주시기 바랍니다. 곽말약, 「서언序言」(1973.5.27)은 제가 이미 사양했으며 그들이 함께 쓰도록 하였습니다.

이 서신은 5월 31일 당시의 정치국에서 열람을 거친 후, 지군遲群과 오경동吳慶彤에게 출판 문제를 해결하라는 명령이 떨어졌다. 오경동은 중화서국에서 출판하기를 건의했다. 6월 15일 정식으로 "국무원 전열傳閱 문건(73)737호"가 만들어졌다. 6월 23일 이 문건은 곽말약에게 전달되었고, 다시 중국과학원 철학사회과학부와 역사연구소와 중화서국에 전해졌으며, 『갑골문 합집』은 이때부터 비로소 "국가 중점 연구 프로젝트"에 들 수 있었다. 『합집』 편집팀도 더 이상 "지하에서 비합법적으로 작업"할 필요가 없었다. 모두들 정상적으로 작업을 진행할 수 있게 되었다. 작업에 필요한 조건도 빠른 속도로 개선되었다. 카드와 원고지를 수령하려 더 이상 난리를 치지 않아도 되었다. 질을 보증하기 위해 팀 전체는 또 업무를 나누어 중복 편과 선별된 각종 도판과 탁본을 다시 검사하고 정리했다. 하지만 작업은 여전히 시간과 정력을 집중해 진행 할 수가 없었다. 수시로 작업을 멈추고 "임표의 비판과 정풍운동批林整風"에 참여해야만 했다. 어떤 경우에는 한 달의 대부분의 시간을 이러한 "운동"으로 보내고 작업은 진행할 수 없었다.

1974년 4월과 9월, 왕우신·우계빈牛繼斌·양승남 등은 호후선의 동의로 편집팀에 들어가게 되었으나, 여전히 "배우면서 일을 하는" 방식으로 작업에 투입되었다. 그해 6월 정리 조사 작업이 완료되었을 때, 1961년의 "남북 두 갈래 길南北兩路"에서 탁본했던 갑골이 인쇄하려는 표준과 맞지 않음을 발견하게 되었다. 그 때문에 다시 탁본하기로 결정되었다. 북로北路의 경우 사제·왕귀민·왕우신 등이 동북 각지로 파견되었다. 남로南路의 경우 호후선·맹세개·응영심·양승남 등이 강남의 각지로 파견되었다. 1975년 초, 곽말약은 재차 『합집』 편집의 진척 상황을 물어왔고, 역사연구소에 새로 부임한 책임자가 선진사 연구실에서 다시 장영산張永山・나곤羅琨・팽방형彭邦炯・상옥지常玉芝를 편집팀에 투입해 주었다. 이때에 이르러 편집팀은 15명으로 늘어났다. 원래는 중화서국의 편집 책임자였던 조성趙誠과 상의하여 1975년 가을부터 도판의 배열을 시작하고 한 권의 배열이 끝나면 한 권을 출판하기로 했다. 하지만 수시로 작업을 정지하고 "공자의 학문을 비판하고 법가사상을 배우자批孔學法家"는 운동이나 "정풍 개혁整改" 운동 등에 참여하라는 명령을 받는 바람에 적잖은 시간을 날려 버렸다. 시기구분에 대한 연구에도 많은 시간을 보냈으며, 1975년 하반기와 1976년은 일부 사진(장영산이 책임 촬영)을 보충 선별한 것을 제외하면 거의 대부분의 작업을 시기 구분에 쏟았다. 약 23만 장의 탁본과 사진과 모사본 중에서 약 10만 장(중복 편 포함)의 질이 비교적 양호한 것들을 걸러 냈다. 다시 비교연구를 거친 후 시기 구분 자루에다 넣었다. 각각의 갑골문이 어느 시기에 속하는 가에 대해 집체적인 토론이 이루어졌다. 1959년 4월 17일 만들어졌던 「편집 계획 요점 초안」에서는 6시기로 나누기로 되어 있었다. 하지만 대량의 실물자료와 탁본・사진・모사본을 접한 후에는 누구도 무정武丁 이전을 하나의 시기로 해야 한다는 증거를 제시하지 못했다. 작업을 하는 과정에서 당시 "반경盤庚・소신小辛・소을小乙 시기"의 각사를 구분해 내지 못했던 것은 실사구시적이지 못하였음이 밝혀졌다. 그래서 호후선도 더 이상 "글씨체가 크고, 각사가 적은 갑골은 아마도 이 시기에 속할 것이다"라는 관점을 견지하지 않았다. 정인貞人 "사㠯"・"자子"・"오午"가 포함된 일부 복사의 처리에 관해서는 편집팀 내에서 호후선을 제외하고는 아무도 시기 구분 연구에 전문적으로 종사한 적이 없기 때문에 잠시 "O기期"로 분류해 둘 수밖에 없었다. "O기의 자루" 속에 든 갑골들은 5시기 구분이 다 끝난 뒤에 다시 논의하기로 했다. 모든 도판의 시기구분이 끝난 후 다시 시간을 내 "O기"에 대해 각자의 의견을 개진했으며, 결국에는 진몽가의 시기 구분을 참조하여 이 부분에 선별된 부분적인 복사가 무정 시기의 복사와 더욱 밀접하기에 무정 시기에 첨부하고 "부1기附一期"로 명명하기로 결론지었다. 그리하여 『갑골문 합집』의 시기구분은 동작빈의 5시기 구분에다 "부1기附一期"를 더하는 것으로 최종 결정되었다. 즉 반경盤庚·소신小辛·소을小乙·무정武丁의 2대 4왕을 제1기와 부1기附一期로, 조경祖庚·조갑祖甲의 1대 2왕이 제2기로, 늠신廩辛·강정康丁 1대 2왕을 제3기로, 무을武乙·문정文丁 2대 2왕을 제4기로, 무을帝乙·제신帝辛(주紂)를 제5기로 설정했다.

시기구분 연구 과정에서 곽말약의 지시가 내려왔는데, "제신帝辛 때의 복사가 얼마나 되는지를 찾아보라"는 것이었다. 이를 위해 편집팀에서는 맹세개와 왕귀민으로 하여금 제5기의 갑골문에 대해 연구를 한 후 답변을 하도록 했다. 맹세개와 왕귀민 두 사람은 여러 차례 논의했으나 제신帝辛 때의 복사를 분별해 낼 수가 없었으며, 이 사실을 서면으로 곽말약에게 보고했다.

내용 분류는 원래 호후선에게 부탁할 생각이었다. 하지만 호후선이 다른 작업 때문에 시간을 내지 못했고, 또 중화서국에서도 기술적인 처리 시간이 필요하므로 일정한 계획된 시간 안에 원고를 보내달라고 했다. 그리하여 분류는 맹세개가 안을 제시하고 모두의 논의를 거쳐 여러 번 수정 끝에 결정되었다. 총 4가지 대부류에 22가지의 소부류인데 다음과 같다. (1) 계급과 국가. 여기에는 ① 노예와 평민, ② 노예주 귀족, ③ 관리, ④ 군대·형벌·감옥, ⑤ 전쟁, ⑥ 방역方域, ⑦ 공납 등이 포함된다. (2) 사회생산. 여기에는 ⑧ 농업, ⑨ 어렵·축목, ⑩ 수공업, ⑪ 상업·교통이 포함된다. (3) 사상문화. 여기에는 ⑫ 천문·역법, ⑬ 기상, ⑭ 건축, ⑮ 질병, ⑯ 생육生育, ⑰ 귀신숭배, ⑱ 제사, ⑲ 길흉몽환吉凶夢幻, ⑳ 복법卜法, ㉑ 문자文字가 포함된다. (4) 기타. 시기 구분과 내용분류의 초고는 편집위원회 위원들과 관련 학자들에게 보내져 의견을 구했다. 또 북경에서 두 차례의 좌담회를 열어 의견을 구했다.

1976년에도 "사인방"의 극좌 사조가 여전히 확산 중에 있었으며, 그중 한 차례의 좌담회에서는 상층구조를 차지하고 있던 "삼결합三結合"[63]의 대표를 초대해 참여시키기도 했다. 그 때문에 내용 분류의 제1 대부류의 ①'노예와 평민'과 ②'노예주 귀족'의 소부류가 강제로 뒤바뀌게 되어 원래의 원고와는 다르게 되었다.

1977년 1월 12일 오전, 곽말약은 집에서 『합집』 편집팀 핵심 소조의 작업 보고를 청취하고 있었다. 곽말약은 원래 제3·4기에 속한 일부 갑골문을 제1기에 넣을 생각이었다. 그는 보고를 다 들은 후 "기왕에 여러분들이 연구를 통해 제3·4기라고 한다면 나도 여러분의 의견을 따르겠다"고 했다. 곽말약은 그리고 따뜻한 봄이 와 꽃이 피면 자기 집의 화원으로 편집팀의 동지를 초대해 꽃구경을 시킬 것이며 이로써 "여러분들의 노고를 위로하고자 한다"고도 했다. 하지만 유감스럽게도 그 후 얼마 되지 않아 그는 병으로 세상을 떠나고 말았다. 편집팀의 구성원들은 더 이상 곽말약과 만나고 가르침을 받을 수 없었다. 이때의 보고회 때 곽말약은 자신이 초기에 썼던 글자를 집자해 『갑골문 합집』의 제호로 주었다.

『갑골문 합집』의 짜 맞추기를 위해 수십 년간 고생을 아끼지 않았던 계경영桂琼英 여사도 1976년 7월 지병이 점차 악화되기 시작했으며, 12월 15일 입원 치료하다가 1977년 2월 11일 세상을 떠나고 말았다. 그녀는 평생 묵묵히 봉헌하였으며, 『합집』의 짜 맞추기 작업을 위해 많은 일을 하였으며, 우리가 영원히 기억해야 할 한 분의 스승이 아닐까 싶다.

『갑골문 합집』의 도판은 계속해서 편집 배열이 완성된 이후, 중화서국에서는 상해시 제7인쇄창에서 인쇄하기로 결정했다. 1978년 2월, 편집팀에서는 양승남楊升南과 중화서국의 화창사華昌泗와 홍문도洪文濤 등을 상해로 파견해 연락을 취하도록 했다. 상해시 혁명위원회 출판국의 건의와 시위원회 선전부의 공문에 의해 이미 해체되었던 콜로타이프(collotype) 작업장을 회복시켜 두었다. 양승남과 홍문도 등의 협조 하에 상해시 제7인쇄창에서는 콜로타이프 작업장에 『합집』의 도판을 찍기 위한 독립 공

---

63) (역주) 문화 대혁명 기간 중 혁명 위원회에 있어서의 혁명 대중, 혁명 간부, 혁명 군인 삼자의 결합을 말한다.

간이 빠른 속도로 만들어졌다. 3월에는 맹세개가 상해로 가 제7 인쇄창에 머물면서 『합집』 제2책의 인쇄분을 교정했다. 이때부터 20년을 끌어왔던 『갑골문 합집』이 분책으로 인쇄되어 국내외의 독자들 손에 들어갈 수 있게 되었다. 인쇄의 질을 보증하기 위해 편집팀의 부분 구성원들은 계속해서 제7 인쇄창으로 가 교열하였다. 5월에는 『갑골문 합집』의 제1책의 시험판이 출판되었으며, 주편을 맡았던 곽말약은 병석에서 이 시험판을 받아보았으며 그 후 얼마 되지 않은 6월 13일 우리의 곁을 떠나고 말았다. 편집팀의 전체 구성원들은 하나 같이 비통함을 힘으로 승화시켜 『합집』의 해석문과 부록을 반드시 훌륭하게 만들어내 곽말약을 위로해야 할 것이라고 했다.

1977년 5월 원래의 중국과학원 철학 사회과학부의 기초 위에서 중국사회과학원이 만들어지게 되었는데, 이는 "문화 대혁명" 때의 혼란한 국면이 마감되었으며 업무가 회복되었고 연구도 점차 궤도에 올랐다는 것을 보여주고 있었다. 연구 환경의 개선은 『갑골문 합집』의 편집 출판에 추동적 작용을 했다. 1978년 10월, 『합집』의 도판이 세상에 모습을 드러내기 시작하여 편집팀의 구성원들에게 커다란 격려가 되었다. 비록 이 이후로 각종 연구 프로젝트가 잇달아 가동되기 시작했고, 편집팀의 인원들도 개별적인 변동은 있었지만, 모두들 대단한 자신감으로 고무되어 있었다. 그래서 1979년 곧바로 『합집』의 『석문釋文』과 『부록』에 대한 계획이 정해졌으며 작업 분담도 이루어졌다. 『석문』은 작업을 분담하고 분담자가 책임지는 형식을 취했고, 원칙적으로 도판을 편집하는 사람이 그것의 『석문』도 책임지기로 했다. 원래 계획은 1권의 도판에 1권의 『석문』을 출판하기로 했으나, 선진사연구실에서 또 다른 연구 계획이 있어 『합집』 편집팀의 인력이 분산되기 시작했다. 1982년 12월 『합집』 도판의 마지막 1책(제13책)이 출판된 후, 『석문』의 작업도 시작되었다. 1983년 석문조가 성립되었고, 왕우신이 석문팀의 조장을 맡아 호후선을 도와 각 책의 석문을 처리하는 구체적 작업을 진행하였다. 1985년에는 각 책의 석문 원고가 완성되었고, 그해 9월 호후선은 왕우신과 양승남 두 사람이 『갑골문 합집 석문甲骨文合集釋文』의 총 교열 작업을 책임지도록 했다. 1988년 5월에 완성되기까지 총 2년 8개월의 시간이 소요되었다. 또다시 여러 가지 원인으로 인해 출판이 지연되었다가, 1999년 8월에 지금의 중국사회과학출판사에서 출판되었으며, 홍콩 중문中文대학의 중국문화연구소와 합작으로 『합집 석문』은 이미 전산화되어 검색 자료집에 입력되었다.

『갑골문 합집 보편甲骨文合集補編』은 『합집』 완간 후 곧바로 편집 계획이 마련되었으나 1996년 말에 들어서야 왕우신과 양승남이 주도하는 사회과학원 중점 연구 프로젝트인 "갑골학 일백 년" 과제 팀에 의해 구체적인 일정이 잡히게 되었다. 과제의 책임자는 팽방형彭邦炯·사제謝濟·마계범馬季凡 등 세 사람에게 위탁되어 1999년 2월 도판의 배열과 해석문이 완성되었다. 『보편』의 배열 편집 원칙은 『합집』과 동일하며, 전체 갑골은 총 13,450번까지 매겨졌고, 약 5백여 판이 짜 맞추기 되었다. 왕우신과 양승남이 전체 13,450편의 갑골문 해석문의 총 교열을 맡았다. 『갑골문 합집 보편』은 어문語文출판사에서 1999년 8월 출판되었다.

『갑골문 합집』의 「부록」은 원래대로라면 몇 가지 「표」가 마련될 계획이었다. 하지만 여러 원인으로 지금은 「자료 내원표」만이 초량경肖良琼·사제謝濟·우계빈牛繼斌·고조顧潮 등 4명에 의해 마련되었다. 그 정확도를 높이기 위해 모든 대조 번호는 고조顧潮의 책임 하에 컴퓨터에 저장된 후 배열되었다. 이 역시 1999년 8월 『갑골문 합집 석문釋文』과 함께 중국사회과학출판사에서 출판되었다.

> 『갑골문 합집』의 총 편집과 작업 팀의 조장이었던 호후선은 편집이 완료된 후 이렇게 말했다. 결론적으로 말해 『갑골문 합집』은 당의 영도와 전국 각지의 열정적인 협조 하에서 탄생한 것이다. 이는 전국의 각 기관과 각 전문가들이 지지해준 결과물이며, 우리 편집팀 전체 동지들의 오랜 기간에 걸친 노동의 결정체이다.[64]

호후선이 내린 총결은 대단히 정확했다. 하지만 곽말약의 관심과 지지가 없었더라면, 또 곽말약의 커다란 영향이 없었더라면, 각 지방과 각 기관의 그렇게 순조로운 협조는 얻을 수 없었을 것이다. 『합집』은 분명 "우리 편집팀 전체 동지들의 오랜 기간에 걸친 노동의 결정체"이다. 『합집』 편집팀의 십 수 명의 구성원들이 명예나 이익에 연연하지 않고 묵묵히 봉사한 20여 년간의 헌신이 없었더라면 이러한 결과는 있을 수 없었다. 하지만 『합집』이 출판된 후, 이를 편집했던 학자들은 이미 중·노년에 접어들었다. "이 체계적 프로젝트의 완성으로 비교적 완전한 갑골문 자료를 구비하게 되었고, 어디 내 놓아도 손색이 없는 전국의 갑골학 상나라 역사 연구센터가 될 수 있었으며, 갑골학·은상사 연구에서 발언권을 가진 인재도 배출되었다. 그들은 1980년대 이후 중국 내외의 각종 간행물에다 수백 편에 이르는 논문을 발표했으며, 갑골문과 은상사에 관한 전문적 저작과 갑골학 사전 등을 출간함으로써 국내외 학술계의 호평과 주목을 받기도 했다. 청년시대부터 『합집』의 작업에 들였던 우리의 힘든 고행과 한 걸음 한 걸음 걸어온 그 흔적은 온갖 감회를 다 느끼게 만든다."[65]

지금까지 알려진 바로는 『갑골문 합집』의 편집팀 구성원 중 호후선을 제외하고도 1980년대 이후 국내외에서 발표한 갑골문과 은상사에 관련된 글만 약 2백 편이 넘는다(그중 어떤 논문은 학술토론회에 발표된 후 그 토론회의 "논문집"에 수록되기도 했는데, 이러한 "논문집"은 발행량이 대단히 제한된 경우도 있으며, 어떤 경우는 공개적으로 발행되지 않은 경우도 있어 알려진 것이 많지 않다.) 중요 저작을 출판 순서별로 나열해 보면 다음과 같다. 1980년 맹세개孟世凱의 『은허 갑골문 간술殷墟甲骨文簡述』(1984년 일본어판, 1994년 한국어판),[66] 1981년 왕우신王宇信의 『건국 이래 갑골문 연구建國以來甲骨文研究』, 1982년의 『서주 사화西周史話』(1992년 대만에서 재판), 1983년의 『서주갑골

---

64) 胡厚宣, 「『從殷墟卜辭』到『甲骨文合集』」, 『書品』, 1987年 第1期.

65) 孟世凱, 「甲骨豐碑鑄, 青春忽已逝」, 『人民日報』, 1997.5.21.

66) (역주) 한국에서 출판되었다는 어떤 증거도 찾을 수 없다. 아마도 오기로 보인다.

탐론西周甲骨探論』(1985년 대만 출판), 1986년 맹세개孟世凱의 『하상 사화夏商史話』(1990년 대만 재판), 1987년의 『갑골학 소사전甲骨學小辭典』(1991년 재판), 상옥지 常玉芝의 『상대 주제 제도商代周祭制度』, 1988년의 팽방형彭邦炯의 『상사 탐미商史探微』, 1989년 왕우신의 『갑골학 통론甲骨學通論』, 1990년 왕우신·양승남楊升南 등의 『갑골문 정수 선독甲骨文精萃選讀』, 1992년 양승남楊升南의 『상대 경제사商代經濟史』, 1996년 맹세개孟世凱의 『중국 문자 발전사中國文字發展史』(대만 출판), 왕우신王宇信·양승남楊升南의 『중국 정치제도 통사中國政治制度通史』(선진先秦권), 1997년 팽방형彭邦炯의 『갑골문 농업자료 고변과 연구甲骨文農業資料考辨與硏究』, 1998년 상옥지常玉芝의 『은상 역법 연구殷商曆法硏究』, 1999년 맹세개孟世凱의 『갑골학 사전甲骨學辭典』 등이 있다. 어떤 것은 국가중점 대형 프로젝트의 지원을 받기도 했는데, 『중국 역사 대사전中國歷史大辭典』의 『선진사권先秦史卷』의 본문 수정에 초양경肖良琼·맹세개孟世凱·응영심應永深·왕귀민王貴民·우계빈牛繼斌·왕우신王宇信·양승남楊升南·팽방형彭邦炯·상옥지常玉芝 등이 참여했다. 제문심齊文心·사제謝濟·왕우신王宇信·양승남楊升南·팽방형彭邦炯 등은 다른 프로젝트에 참여하였으며, 또 다른 학자들과 합작 프로젝트에도 참여하기도 했다. 어떤 것은 이미 앞에서 소개했으며, 나머지는 송진호宋鎭豪가 주편한 『백년 갑골학 논저목록百年甲骨學論著目』을 참조하면 된다.

〈표 3〉 『갑골문 합집』 각 책의 해석문 저자표

책수	출판시기	해석자	책수	출판시기	해석자
1	1982년 10월	나곤	8	1981년 1월	제문심
2	1978년 10월	맹세개	9	1981년 6월	장영산
3	1978년 12월	양승남	10	1981년 12월	왕우신
4	1979년 8월	왕귀민	11	1982년 1월	뱅방형
5	1979년 10월	사제	12	1982년 6월	상옥지
6	1979년 12월	우계빈	13	1982년 12월	나곤·맹세개
7	1980년 8월	초양경			

『갑골문 합집』은 20여 명의 학자들이 준비와 자료의 수집·정리·편집 작업에 참여해 이 획기적인 저작에 공헌했다. 모두들 이 책을 위해 지대한 공헌을 했던 총 편집장 호후선을 그리워하고 있다. 갑골학의 발전을 위해 평생을 바쳤던 그는 1959년 봄 역사연구소에서 『갑골문 합집』 편집의 임무를 부여 받은 후, 그는 편집 작업팀의 조장을 맡았을 때 자신이 편집하고 있던 『갑골 속존 보편甲骨續存補編』을 의연히 그만두고 온 힘을 쏟아 『갑골문 합집』 팀의 청년 구성원들과 합심하여 이 책을 완성했다. 20년 동안 그의 지도하에 편집팀은 갖은 어려움을 극복했으며, 도판의 편집과 출판을 훌륭하게 수행했다. 그 자신도 『합집』의 도판 이후의 계획에 체계적인 작업 계획을 제시했으며, 진일보한 갑골학의 연구가 더욱 발전할 수 있도록 추동했다. 또 1987년 9월 성립된 "중국 은상문화학회中國殷商文化學會"의 회장을 맡았으며, 수차례에 걸쳐 학술토론회를 개최함으로써 갑골문과 은상사 연구의 발전을 위해 불철주야 노력하였다. 국내외 전문가의 높은 평가를 받았으며 그의 사회 활동도 날로 늘어났다. 1990년대에 들어 그는 이미 80의 고령이었지만 여전히 국내외 각지에서 담당하기 힘들 정도의 갑골학의 발전을 위해 노력했다. 애석하게도 갑골학의 기초를 마련했던 우리의 경애하는 편집장께서는 1995년 4월 16일 의료진의 치료도 소용없이 세상을 떠나고 말았다. 이것은 갑골학계의 커다란 손실이었으며 사람들이 『갑골문 합집』을 이야기 할 때마다 그의 커다란 공헌을 떠올리는 이유이기도 하다.

제4장 갑골문의 고석과 이론화

1. 『계문거례契文擧例』에서 『은허서계 고석殷虛書契考釋』까지

"예로부터 새로운 학문은 대부분 새로운 발견에 의해 일어났다."1) 이 말은 저명한 국학대사 왕국유王國維가 1920년 대 청화국학연구원淸華國學研究院에서 행한 첫 연설에서 중국 학술변천의 대세를 종합하면서 첫머리에서 밝힌 요지이다. 이러한 결론은 19세기 말 20세기 초부터 시작해 중국에서 새로운 발견으로 새로운 자료가 연속해서 출토되었고, 이와 맞물려 학술연구도 새로운 활력을 얻어 새로운 분위기가 출현한 데 배경을 두고 있다. "새로운 발견"이란 바로 왕국유가 같은 강연에서 언급했던 것처럼, "은허의 갑골문자, 돈황 변경 및 서역 각지의 한진漢晉 목간木簡, 돈황 천불동千佛洞의 육조 및 당나라 때의 사본서권寫本書卷, 내각대고

1) 王國維, 「最近二三十年中中國新發見之學問」, 『學衡』 第45期, 1925.

內閣大庫의 원·명 이후 서적당책書籍檔冊" 등을 말한다. 새로 출토된 이 네 가지 자료는 왕국유 자신이 『고사 신증古史新證』 강의본의 첫머리에서 말한 "종이 위의 자료가 아닌 지하에서 얻은 자료들"[2)]이었다.

은허 갑골문의 새로운 발견은 그 영향이 지대해 이 네 가지 중에서도 으뜸을 차지했다. 최근 백 년 동안 갑골문의 대량 출토와 이의 유통과 저록은 줄곧 세인의 주목을 받아왔다. 뿐만 아니라 공교롭게도 근대 서양 학술사상의 동점과 중국고고학의 탄생이 서로 맞물려 전혀 새로운 시각의 과학적 탐색이 이루어졌고, 이로부터 새로운 학술의 세계가 개척되어 중국 근·현대 학술사에서 가장 새롭고 가장 발달되고 가장 오랫동안 쇠퇴하지 않는 학문을 형성하게 되었다. 중국문자학으로만 이야기하더라도 은허 갑골문은 상나라 후기 왕조의 점복을 기록한 문자이기 때문에 그 속에는 점복과 관련된 기록은 물론 다른 기사記事 문자가 일부 들어 있기에 3천여 년 전 은나라 사람들의 손에서 나온 이러한 초기 문자자료를 도외시한 과학적인 중국문자학 연구는 절대 불가능한 일이다.

은허 갑골문의 새로운 발견은 전통적인 중국문자학에 엄청난 충격을 안겨 주었다. 그전까지 줄곧 유가 문자학의 경전, 즉 동한 때의 허신許愼의 『설문해자說文解字』를 최고의 기반으로 삼아 왔던 전통이 붕괴되기에 이르렀는데, 중국의 저명한 갑골 학자였던 호후선胡厚宣이 1950년대에 지적했던 바와 같다.

> 오늘날, 중국의 문자를 연구하면서 우리는 더 이상 동한 허신이 지은 『설문해자』를 신성불가침의 경전으로 보지 않는다. 갑골문자가 있었고 그것의 시대는 『설문해자』보다 1400~1500년이나 앞서기 때문이다.
>
> 갑골문의 발견은 소위 "육서六書"라는 것이 그 옛날에는 아동들에게 글자를

2) 王國維, 『古史新證』(淸華硏究院講義本, 1925), 『國學月報』 第2卷 第8·9·10號 合刊 『王靜安先生專號』(1927), 北京來薰閣書店影印本(1937), 『王觀堂先生全集』 卷六(臺北文華出版公司, 1968), 2,077면 등에 보인다.

막 익히게 할 때의 간지표干支表, 즉 여섯 줄의 글씨六行書에 불과하다는 사실을 알게 해 주었다. 한나라 때 사람들은 그것이 "상형象形 · 지사指事 · 회의會意 · 형성形聲 · 전주轉注 · 가차假借"이며, "글자창제의 근본"으로서 여섯 가지 글자 창제의 방법이라고 억지 해석했다.[3] 1,800여 년 동안 문자학자들은 시종 이러한 울타리 속에서 배회해왔다. 육서의 학문은 수를 헤아릴 수도 없이 많으며, 각각의 해설이 서로 다르고 시비가 엇갈리면서 영원히 해결할 수 없는 문제가 되었다. 하지만 지금에 이르러 우리의 관점은 대단히 큰 차이를 보이게 되었다.

갑골문의 발견은 "복희伏羲가 팔괘八卦를 그렸다"거나 "창힐倉頡이 글자를 만들었다"는 전설이 전혀 근거가 없으며, 소위 고문古文 · 주문籀文 · 대전大篆 · 소전小篆도 전국戰國 시대 때의 문자에 지나지 않음을 알려 주었다.

갑골문의 발견과 연구는 『설문해자』라는 책이 적어도 10분의 2~3은 수정되어야 함을 알게 해 주었다.

(…중략…)

오늘날 과학적인 중국문자학 연구에서 갑골문은 가장 기본이며 중요한 자료임에는 전혀 문제가 없다.[4]

1970년대에 일본의 갑골 금문학자인 백천정白川靜도 분명히 지적했다.

수십 년 동안 많은 갑골 자료가 출토되고 이에 대한 해독과 금문을 저록하고 고석한 책이 간행됨으로써 건가 이래의 설문학 연구 양상에 변화가 생기게 되었다. 오랫동안 문자학의 성스러운 경전으로 인식되어 왔던 『설문해자』는 이전의 권위를 더 이상 유지하기가 힘들어졌다. 2세기 후한 때의 허신보다 훨씬 오래 전인 문자 창제 당시의 자료들이 대량으로 출토되자, 설문학을 기본으로 하던 정자正字의 학문은 크게 흔들리게 되었다. 최고의 자료로서 B.C. 14세기 이후의 갑골문과, 그것을 이은 은나라 말과 양주兩周 시기의 금문 자료는 고대문자

---

3) 張政烺, 「六書古義」, 『中央研究院歷史語言研究所集刊』 제10본 1分(1948) 참조.
4) 胡厚宣, 『五十年甲骨文發現的總結』, 商務印書館, 1951, 1~2면.

전개의 잔흔을 보여 주었다. 『설문해자』에서 근거로 삼았던 자료에 시대적 한계가 있었음이 오늘날 밝혀진 것이다. 『설문해자』의 정자正字, 그리고 그 해설은 크게 바뀔 수밖에 없다. 새로운 문자학의 시대가 온 것이다.[5)]

근 백 년간 이루어진 『설문해자』보다 훨씬 앞서는 고문자자료인 은허 갑골문의 대량 발견과 정확한 해독, 이에 이은 상주 금문 등 초기 문자 자료의 이해 등은 이미 전통 "설문학"이 더 이상 권위를 지키기 힘들도록 만들었다. 그리고 그 구속의 틀을 깨트림으로써 중국 고문자학의 실제 내용에 새로운 변화와 새로운 고문자학 시대가 시작되었음을 알리는 표지가 되었음은 주지의 사실이다.

갑골문자의 해독은 갑골학과 은상사 연구에서 가장 중요한 작업임은 두말 할 나위도 없다. 하지만 갑골문은 그와 동시에 중국문자학의 연구에도 이전에 볼 수 없던 활기를 불어넣어 주었다. 백 년간 몇 대에 걸친 갑골 학자들의 고심어린 탐색 끝에 문자의 해독, 문장의 끊어 읽기, 문례文例의 해석, 시기의 고찰, 사류事類의 분류, 상나라 역사의 탐구 등에서 괄목할 만한 성과를 거두었다. 갑골문자 고석 백 년의 역사를 개관해 볼 때, 대체로 초창기·발전기·향상기·집대성기의 단계를 거쳤다. 거칠게 말하자면, 갑골문의 발견부터 1914년까지가 갑골문자 고석의 초창기 단계에 속한다. 이 시기 갑골문자의 해독에 가장 영향력을 미쳤던 학자는 손이양孫詒讓과 나진옥羅振玉 등 몇몇 청나라 때의 석학들이었으며, 대표적인 저작으로는 손이양의 『계문거례契文擧例』와 나진옥의 『은허서계고석殷虛書契考釋』 등이 있다.

---

5) 白川靜, 『說文新義』 卷十五, 日本白鶴美術館, 1973, 244면.

1) 손이양의 『계문거례』

손이양孫詒讓(1848~1908)은 자가 중용仲容인데 달리 중송仲頌으로 쓰기도 한다. 호는 주경籀廎, 혹은 주경籀扃이며, 다른 이름은 징군徵君, 만년의 호는 월동일민越東逸民이다. 절강성 서안瑞安 사람으로, 청나라 말의 저명한 경학자이자 고문자학자이다. 동치同治 무진戊辰년에 거인擧人이 되었으며, 일찍이 형부주사刑部主事가 되었다. 예부시禮部試에 연속해서 5번이나 응시했으나 낙방하고 병을 얻어 귀향했다. 그 이후로는 벼슬길에 마음을 두지 않고 부친 손의언孫依言을 따라 강녕江寧의 포정사布政使 임지에 머물렀다. 경서 연구에 약 40년의 세월을 바쳤으며, 만년에는 온주溫州 사범학당을 주관했고 절강성 교육회장을 겸임했다. 광서 34년 무신戊申년(1908) 여름 겨우 60세의 나이로 죽었다. 하지만 평생 동안 풍부한 저술을 남겨, 『주례정의周禮正義』·『상서 변기尙書駢枝』·『대대예기 짐보大戴禮記斠補』·『묵자한고墨子閒詁』·『고주 습유古籀拾遺』·『고주 여론古籀餘論』·『주경술림籀廎述林』·『계문거례契文擧例』·『명원名原』 등이 있다.6)

손이양의 이 『계문거례』의 원고는 광서 30년 갑진년 11월, 즉 1904년 초 겨울에 원고가 완성되었는데, 이는 1903년 포잔수결재抱殘守缺齋에서 석인으로 출판했던 첫 번째 출판물이자 당시의 유일한 갑골문 저록서이기도 했던 유악劉鶚의 『철운장귀鐵雲藏龜』를 근거로 삼아 쓴 책이다. 유악은 실제 갑골문자를 인식했던 최초의 인물인데, 「서문」에서 이미 40여 글자를 고석해 내었고, 그중 34개는 옳은 해독이었다. 그중 19자는 간지자이고 2자는 숫자였다. 하지만 전체적으로 말해서 갑골문자의 해독은 여전히 하나의 수수께끼로 남아있었다. 손이양의 이 책은 미지의 길을 개척한 선구적 저서로 갑골문 해독의 체제를 만들었다. 『철운장귀』가 세상에 나온 그 이듬해 이 책의 원고가 만들어졌고, 갑골학사에서 갑골문

6) 『清史稿』「儒林傳」에 보인다. 또 錢南揚, 「孫詒讓傳」(『浙江學刊』 第1卷 1期, 1947)에도 보임.

자를 해독한 최초의 저술이라는 개척적인 의미를 가졌다. 이 책은 약 5만 자 분량의 상하 두 권의 10편으로 되었다. 상권은 일월日月·정복貞卜·복사卜事·귀신鬼神·복인卜人·관씨官氏·방국方國·전례典禮 등 8편, 하권은 문자文字·잡례雜例 등 2편으로 되어 있다. 책에서는 『철운장귀』의 갑골문 개별 글자를 해독하는 데 주요 관점을 집중하였으며, 상관된 다른 동용례同用例를 결합함으로써 갑골복사의 내용에 대해 고찰하고자 하였다.

손이양은 고거考據를 중시하던 건가乾嘉 시기 박학樸學의 전통을 계승한 대단히 탄탄한 기초를 가진 고문자학자였다. 스스로도 "고문古文과 대전大篆을 공부한지 40년이 되었으며, 그간 본 청동기 명문만 해도 2천 종이 넘는다"고 했을 정도였다. 그런 그가 만년에 『철운장귀』를 보게 되자 너무나도 기뻤고 그 때문에 곧바로 역사학자의 탁견으로 그 「서문」에서 이렇게 쓸 수 있었다. "근년에 하남성 탕음湯陰의 옛 유리성羑里城(지금 볼 때 안양安陽의 은허殷墟가 되어야 옳음)에서 흙을 뒤지다가 옛날의 거북딱지를 많이 얻었는데, 모두 문자가 새겨져 있었다. 단도丹徒의 유철운劉鐵雲이 5천 판을 수집했다. 그중 분명한 천 판을 골라내어 서구식으로 탁본 인쇄하여 처음으로 세상에 내 놓게 되었는데, 유철운은 이것을 은나라 때 도필서刀筆書라고 여겼다." 그는 이렇게 말했다. 이러한 "오래 오래 전의 계각契刻 유문遺文이 밭갈이 하는 과정에서 발견되었는데, 썩어빠진 뼛조각들이 밭뙈기에 흩어져 있으면서도 무려 3~4천 년이라는 세월에도 마멸되지 않았으니 보물이 되기에 족하도다. 지금까지 통독한 부분에만 근거해 대략의 사건을 기술한다 해도 상나라 때의 잃어버렸던 책을 보충하는 데 도움이 될 것이며 창힐 이후 사주 이전까지의 문자의 흔적을 찾아 나서는 데도 도움이 될 것이다." "나이가 들어서 이러한 기적을 목도하게 되어 한없이 아끼고 좋아하였다. 짧은 2개월간의 노력으로 교감을 해가며 읽었으며 앞뒤로 중복되어 나오는 것을 서로 참조해 살펴 풀었더니 대략 통독할 수 있었는데 대체로 금문과 비슷했다."[7] 이렇게 그는 단지 짧디 짧은 2개월 만에 갑골학사에서 최초의 갑골문 연구서를 저술했던 것이다. 그 중에서도 정확하게 해석했던 정貞・승乘・사射・강羌・거去・성省・약若・긍亘・조兆・금禽・주周・무毋・혜叀・각㱿・복復・역易 등은 난이도가 매우 높은 글자들이었다.

이듬해인 광서 을사년(1905) 11월, 손이양은 또 다른 책인 『명원名原』의 「서」에서 "금문金文・귀갑문龜甲文・석고문石鼓文・귀주貴州의 홍암고각紅岩古刻과 『설문』의 고주古籒를 서로 비교하여 이들 간의 차이를 밝혀냄으로써 형체 변화의 원류를 밝히고, 이들 중 최고를 비교하고 나열함으로써 고문과 대전과 소전의 변화를 찾아가는 큰 법칙"[8]이라는 고문자의 자형비교와 편방偏旁분석법을 개괄해 내었다. 하지만 애석하게도 1908년 세상을 떠남으로써 더 이상 갑골문을 보지 못했다. 그러지만 않았더라면 갑골학에 대한 그의 공헌이 결코 이 정도에 머물지는 않았을 것이다.

손이양의 『계문거례』의 판본은 손이양의 원고가 완성되었을 당시 이미 몇 가지 초본抄本이 존재했다. 나진옥은 "죽은 친구 손중용孫仲容 징군徵君 이양詒讓도 문자를 고석하여 수고본 형태로 나에게 보내왔다"[9]고 한 적이 있다. 진몽가陳夢家의 고증에 의하면 그 당시 손이양은 "수고본을 나(진옥)씨에게 보낸 외에도 유철운劉鐵雲과 단방端方에게도 보냈으며", "1928년 나진옥이 소장했던 일부 서적이 연경燕京대학(지금의 북경대학)에 팔렸는데, 손이양의 원고도 그 속에 포함되어 있었다." 이외에도 1916년 말에서 1917년 초 겨울 사이에 왕국유王國維가 또 다른 판본을 구했다. 즉 "『계문거례』의 원고를 상해의 서점에서 구해 나진옥에게 보냈고, 이는 길석암吉石庵의 총서에 포함되었다."[10] 1917년에 이 원고가 공개적으로 간행되었는데, 손이양이 죽은 지 9년, 원고가 완성된 지 13년 뒤의 일

7) 「敍」, 『契文擧例』, 吉石盦叢書 第三集一冊, 石印本, 1917 참조. 또 上海 蟫隱廬 石印翻印本 二冊, 1927 참조.

8) 孫詒讓, 「敍」, 『名原』, 齊魯書社, 1986.

9) 羅振玉, 「序」, 『殷商貞卜文字考』, 玉簡齋 石印本, 1910.

10) 陳夢家, 『殷虛卜辭綜述』, 科學出版社, 1956, 55면 참조.

이었다. 1927년 상해의 담은려蟫隱廬에서 석인으로 다시 인쇄되었고, 이 판본은 1963년 대만 예문藝文 인서관의 『손주경집孫籒廎集』과 1968년 대만 문화文華출판공사의 『나설당 전집 초편羅雪堂全集初編』에 다시 포함되었다. 1930년대, 증소병曾昭炳의 「계문거례를 읽고讀『契文擧例』」라는 글이 1936년 금릉金陵대학 문학원 국학연구반의 『소학 연구 특집호小學研究專號』에 실렸는데, 이 판본을 교정한 논문이다. 1960~1970년대에 들어서 대만의 백옥쟁白玉崢도 이 판본을 대상으로 한 「계문거례 교독契文擧例校讀」을 『중국문자中國文字』에 연재하였다.11) 손이양 자신도 당시 깨끗하게 등사된 저본을 갖고 있었는데, 지금은 항주杭州대학 도서관에 소장되어 있으며, 1993년 제로서사齊魯書社에서 누학예樓學禮가 푯점을 찍고 교정하여 출판했다. 누학예는 책의 앞머리 「교점기校點記」에서 이렇게 말했다. 이 저본은 "큰 폭으로 수정되었지만 적어도 다음의 두 가지 분명한 증거는 들 수 있다. 첫째, 편목의 명칭을 다시 고쳤는데, 제10편인 「잡례」만 그대로 두고 나머지 각 편은 모두 '석釋'자를 덧붙여 원래의 「정복편貞卜篇」을 「석정편釋貞篇」으로, 「복인편卜人篇」을 「석인편釋人篇」으로, 「관씨편官氏篇」을 「석관편釋官篇」으로, 「방국편方國篇」을 「석지편釋地篇」으로, 「전례편典禮篇」을 「석례편釋禮篇」 등으로 고쳤다. 둘째, 저본에 있던 대량의 묵필墨筆과 주필朱筆 부분을 증보하고 고쳤는데, 그중 많은 부분이 앞서 들었던 원고에는 없던 내용이다." 여기서도 손이양의 빈틈없고 진취적 학풍을 볼 수 있으며, 편제의 변동에서는 더더욱 실제 상황에 부합하도록 고쳐졌음도 볼 수 있다. 이로 볼 때 손이양의 『계문거례』는 원고 완성 후 적어도 5가지의 초본이 존재했다. 하지만 지금은 북경대학과 항주대학 도서관 소장의 두 가지만 확인할 수 있을 뿐, 나머지 손이양이 나진옥과 유철운 및 단방에게 보냈던 세 가지는 행방을 찾을 수 없으며, 지금 통용되는 판본은 대부분 왕국유가 상해의 책방에서 얻었던 북경대

11) 白玉崢, 「契文擧例校讀」 1~22, 『中國文字』 제29~37·39~49·51·52책, 1968~1974. 또 단행본은 예문인서관에서 1990년 출판되었다.

학 소장본이다.

갑골학사에서 가지는 『계문거례』의 지위에 대해 나진옥과 왕국유의 평가는 높지 않았다. 나진옥은 "심오한 부분을 깊이 있게 파헤치지 못했고",[12] "넓은 뜻을 제대로 밝히지도 못했다"[13]고 했다. 왕국유도 "그 책은 실로 취할 것이 없으며", "상권에서 은나라 사람들의 제도에 관해 논의했으나 전혀 조리도 없고, 게다가 잘못 고석한 글자들의 기초 위에서 이론을 세웠기 때문에 옳은 곳이 전혀 없으며",[14] "열에 여덟아홉은 오류"라고 했지만, "남이 가지 않은 길을 연 개척의 공은 인정하지 않을 수 없음"[15]을 받아들이기도 했다.

1930년대에 들어 곽말약도 이렇게 평가했다. "이 책은 『철운장귀』에 근거해 말을 늘인 것에 불과하며, 제시한 자료도 한계가 있다. 그래서 새로이 밝힌 것도 자연히 드물다. 상용 문자를 제외하면 쓸만한 것이 백에 하나 정도에 불과하다. 하지만 고석이라는 작업은 이로부터 시작되었다."[16] 그러나 당란唐蘭은 손이양이 "『계문거례』와 『명원』 두 책을 지었는데, 갑골 자료가 당시에는 그다지 많이 출토되지 않아 잘못된 해석이 많긴 했지만 그가 내걸었던 '상주 문자 변화 발전의 흔적을 서계에까지 끌어올리고자 했던' 목적은 부분적으로 달성했다"고 했다. 또 "고문자의 연구는 손이양에 이르러 비로소 정식 궤도에 오르게 되었으며, 그의 치밀한 편방 분석과 과학적인 방법은 이미 대단히 근접해 있었다."[17] 소자풍邵子風도 "(『계문거례』에서) 처음 만들어진 조례와 은나라 문자의 상세한 해석은 은계에 관한 저작 중에서 처음으로 시도된 개척의 공을 갖고 있

12) 羅振玉,「序」,『殷商貞卜文字考』, 1910.

13) 羅振玉,「自序」,『殷虛書契』, 影印本, 1913.

14) 1916年 12月 20日과 28日, 王國維는 羅振玉에게 두 통의 편지를 썼다.「書信」,『王國維全集』(中華書局, 1984), 164~167면에 보인다.

15) 陳夢家,『殷虛卜辭綜述』과 趙萬里,『王靜安先生年譜』(『國學論叢』 第1卷 3號, 1927)에 보인다.

16) 郭沫若,「述例」,『卜辭通纂』, 日本 東京 文求堂, 1933, 3면.

17) 唐蘭,『古文字學導論』, 齊魯書社, 1981, 65・183면.

으며, 이와 관련된 이후 학자들의 저작은 모두 여기서 나온 것이다"[18]라고 평가했다. 1950년대의 진몽가도 긍정적으로 평가해 이렇게 말했다.

> 손이양은 서로 다른 시대의 명문에 편방 분석법을 동원했으며, 이러한 수단에 근거해 문자가 변화와 발전 과정에 있다는 변화 발전의 커다란 체계—서계의 첫 궤적, 생략과 변화의 근원 혹은 변천의 흔적—를 파헤쳤다. 그가 고문자학에 끼친 가장 큰 공헌도 바로 여기에 있다. 『계문거례』에 대한 나진옥과 왕국유의 평가는 가혹하기는 했지만 대체로 틀리지 않았다. 그가 보았던 복사는 인쇄가 모호하고 복사의 문장이 잔결된 『철운장귀』에 한정되었고, 게다가 실물 탁본을 접해본 적도 없었기에 그의 오류는 양해할 만하다. 그가 옳게 해독했던 글자들 중 나진옥의 수준과 동등하다 할 185자는 대부분 나진옥의 『은허서계고석』에 보인다. 이들 대부분이 초기 금문과의 비교 과정에서 얻은 것이긴 하지만 이러한 개별 글자들은 가장 기본적인 상용자였다. 그 때문에 갑골문자의 고석에서 손이양은 그래도 개척의 공을 갖고 있으며, 그는 초보적이었지만 체계적으로 갑골문자를 인식한 최초의 인물이라고 생각한다.[19]

1980년대에 이르러 왕우신은 한걸음 더 나아가 이렇게 평가했다. "『철운장귀』가 출판된 지 겨우 1년 만에 손이양이 갑골의 내용을 이렇게 과학적으로 분류할 수 있었던 것은 당시로서는 대단히 어렵고 힘든 일이었다. 이 책에서 고석한 글자의 수가 많지 않고 틀린 것도 많기는 하지만 갑골학사에서 갖은 고생을 다해 이루어 낸 개척의 공은 지울 수 없는 부분이다."[20] 제문심齊文心도 손이양의 『계문거례』의 학술적 공헌을 이렇게 평가했다. "금문과의 비교라는 방법을 동원해 180여 자를 고

---

18) 邵子風, 『甲骨書錄解題』(商務印書館, 1935)에 보인다. 이는 또 『甲骨學論著提要目錄三種』(永和華世出版社, 1975)에도 수록되었다.

19) 陳夢家, 『殷虛卜辭綜述』, 科學出版社, 1956, 56면.

20) 王宇信, 『建國以來甲骨文硏究』, 中國社會科學出版社, 1981, 14면.

석했으며, 그것도 가장 기본적인 상용자라는 점에서 갑골복사의 해독에 초보적인 기초를 쌓았다. 그리고 『철운장귀』에서 저록한 사료를 사류事類에 따라 10장, 즉 일월日月 제1, 정복貞卜 제2, 복사卜事 제3, 귀신鬼神 제4, 복인卜人 제5, 관씨官氏 제6, 방국方國 제7, 전례典禮 제8, 문자文字 제9, 잡례雜例 제10 등으로 분류했는데, 이는 갑골문의 분류연구의 기본틀이 되었다." 그와 동시에 "손이양의 『계문거례』가 저술될 당시는 갑골문의 초창기로서 볼 수 있었던 자료에도 한계가 있었고 복사도 통독할 수 없어 복사의 문장으로부터 글자의 의미를 찾을 수 없던 시절이었기에 그가 도출해낸 몇몇 결론은 성립되기 어렵다 (…중략…) 하지만 그럼에도 손이양이 처음으로 만들었다는 그 공만은 분명 긍정해야만 할 것이다"[21]고 했다.

구석규裘錫圭도 이렇게 평가했다. 『계문거례』는 "글자 고석이라는 측면에서의 공헌은 상당히 크다고 해야만 할 것이며", "이 책은 갑골문 연구에서 중요한 가치를 지니는 창시적인 저작이다. 이 책에 대한 평가 중 '사실 전혀 취할 것이 없다'거나 '전혀 옳은 곳이 없다'는 왕국유의 평가는 사실에 맞지도 않을뿐더러 '얻을 만한 것이 열에 하나요 잃은 것이 열에 아홉이다'고 한 나진옥의 평가도 공정하지 않다. 손이양이 책을 썼던 당시가 자료적인 측면에서 제한을 받았을 때였음을 고려한다면 그가 도출해낸 그러한 공헌은 후인들의 더 높은 평가를 받을 만한 가치가 있다. 고문자와 고문헌의 측면에서의 손이양의 실력은 결코 나진옥과 왕국유에 뒤지지 않는다."[22] 최근 요효수姚孝遂가 주편한 『중국 문자학사中國文字學史』에서도 손이양이 "제시한 고문자 연구의 갈피는 지금도 여전히 보편적으로 응용되고 있는 과학적인 길"이라고 평가했다.[23]

결론적으로 말해서, 손이양의 『계문거례』가 갑골문자의 해독과 갑골

---

21) 齊文心, 「殷商史史料」, 『中國古代史史料學』(北京出版社, 1983), 10면에 수록됨.

22) 裘錫圭, 「談談孫詒讓的『契文擧例』」, 『古文字論集』, 中華書局, 1992, 336~342면.

23) 姚孝遂 主編, 『中國文字學史』, 吉林教育出版社, 1995, 325면.

학사에서 가지는 창시적인 지위는 충분히 긍정되어야만 할 것이다.

2) 나진옥羅振玉의 『은허서계 고석殷虛書契考釋』

손이양보다 조금 늦은 시기에 이루어졌던 나진옥의 갑골문자 고석은 천지개벽이라는 말에 비견될 수 있으며, 깊이 은폐되어 있던 사실을 파헤쳐 냄으로써 이후에 끼친 영향도 지대했다. 나진옥은 "갑골 4당甲骨四堂'의 한 사람으로 절강성 상우上虞 영풍향永豐鄕이 원적이고, 청나라 동치同治 5년(1866) 강소성 회안淮安에서 태어났으며, 1940년에 죽었다. 자는 숙온叔蘊, 또 다른 자는 숙언叔言이며, 호는 설당雪堂, 스스로 영풍향인永豐鄕人이나 구정노민仇亭老民이라 불렀으며 만년에는 정송노인貞松老人이라 했다.[24]

나진옥이 갑골문을 처음 접한 것은 1901년 이후 유철운의 집에서였다. 그는 『은상 정복 문자 고』의 「서」에서 이렇게 말했다.

> 광서 기해년(1899), 하남의 탕음에서 고대의 귀갑수골이 발견되었는데 글자가 새겨져 있었으며 복산福山 왕문민공王文敏公이 구매했다는 소식을 들었으나 곧바로 볼 수 없음을 안타까워하고 있었다. 이듬해(1900) 경사에서 권비拳匪(이는 당시 의화단義和團을 멸시해 부르던 말)가 일어나고 문민공이 국난으로 순국하자, 소장하고 있던 갑골이 모두 단도丹徒 유씨劉氏에게로 들어갔다. 그 이듬해(1901) 강남 지역에서 처음으로 전해지기 시작했다. 내가 한 번 보니 놀랍게도 기이한 보물이었다. 급히 탁본해야 한다고 유군劉君을 졸라 1천 장을 선별하여 영인하게 되었고, 이제 그 서문을 쓴다.

1906년부터 나진옥은 갑골문을 소장하기 시작했다. 그는 이러한 "보

24) 甘孺, 『永豐鄕人行年錄』, 江蘇人民出版社, 1980 참조.

물이 다행히 보존된 것이라 하더라도 한계가 있고, 또 골갑이라는 것이 오래되어 부서지기 쉽고 글자도 마멸되기 쉽다"는 사실을 인식하고 있었다. 그래서 "급히 수집하지 않으면 출토되는 날이 바로 소멸되는 날이 될 수 있다. 하물며 본 것이 많지도 않은데 고석에 어찌 자신할 수 있을까? 이로 보건대 수집하는 것이 고석하는 것보다 더 급하지 않겠는가?"[25] 이 때문에 그는 일찍부터 갑골문의 수집에 전력했으며, 글자의 해독은 1910년 그의 나이 45세에 이르러서야 비로소 시작되었다. 그는 선통 2년(1910) 6월에 쓴 『은상 정복 문자 고』의 「발문跋文」에서 "내가 정복 문자를 고증한 것은 올 2월에 시작되었다"고 했다. 하지만 나진옥이 갑골문의 고석에서 진정한 성과를 거둔 시기는 신해辛亥혁명으로 온 가족이 일본으로 건너갔던 1911년 10월 이후부터 1919년 5월까지 9년 동안이었다.

나진옥이 일본으로 망명하면서 "도서 중 쓸만한 1백여 상자"[26]를 갖고 갔는데, 그 속에는 책 30만 권을 비롯해 "갖은 고생을 다해 모았던 3천 년 전의 갑골",[27] 청동기彝器·부장품明器·고대 거울古鏡·고옥古玉·고인古印·금석 탁본金石拓本·고사본古寫本 등이 들어 있었으며, "그 수량은 정말 놀랄 만할 정도였다."[28] 그는 한 차례 "쓸 만한 물건들을 내다 팔아 생계를 꾸렸는데",[29] 그 속에는 송나라 때 탁본한 「17첩十七帖」 등과 같은 명품도 들어 있었다. 그는 일본인 친구 등전풍팔藤田豊八의 명의를 빌어 경도의 백만편百萬遍의 북쪽에 대지 4백 평을 사들여 건물을 짓고 "영모원永慕園"(지금의 경도 백천통白川通 정토사淨土寺 동전정東田町 1번지 일본 연초烟草 산업 전매회사 소속의 "벽광원碧光園"에 있다)이라 이름 하였다. 이

25) 羅振王, 「序」, 『殷虛書契』, 1911.
26) 羅振王, 「序」, 『夢郼草堂吉金圖』.
27) 羅振王, 「序」, 『殷虛書契』, 1911.
28) 杉村邦彦, 「羅振玉在日本的研究生活及其交友關係」, 『第三屆中國書法史論國際研討會論文集』, 文物出版社, 1998, 241면.
29) 王國維, 「序」, 『雪堂校刊群書叙錄』.

이름은 북조 안지추顔之推의 「관아생부觀我生賦」의 "신비스런 세발솥과 함께 모두 몰락했으니, 신선이 사는 궁전을 영원히 흠모함과 맞아 떨어지누나與神鼎而偕沒, 切仙宮之永慕"라는 싯구에서 가져온 것이었다. 저택의 건축물에는 "몽의초당夢郼草堂"·"운창雲窓"·"운봉정사雲峰精舍"·"길석암吉石庵"·"사시가지헌四時嘉至軒"·"은례재사당殷禮在斯堂" 등과 같은 이름을 걸기도 했다. 그의 소장 자료 중에 북조 때 필사한 『대운무상경大雲無想經』이 들어 있었기 때문에 서고 이름을 "대운서고大雲書庫"라 했으며, 그 중에서도 성신한聖宸翰의 소장품을 전문적으로 진열했던 한 층을 따로 "신한루宸翰樓"라 했다. 집이 낙성되었을 때, 그는 중국정부로부터 청사관淸史館의 찬수纂修직을 맡아달라는 초빙을 받았으나 초청장을 곧바로 불태워버렸으며, 집에 있는 작은 연못을 "세이지洗耳池"라 이름 지어 이 소식을 들은 것을 치욕으로 여겼다. 1912년 일본으로 건너가 경도의 길전정吉田町 신락강神樂岡에 거처를 정했던 왕국유도 서로 이웃이 되어 조석으로 따라 다니며 학문을 절차탁마했고, 저술 활동으로 세월을 보냈다. 일본 갑골학의 선구자인 임태보林泰輔(1854~1922)를 비롯해 경도대학의 부강겸장富岡謙藏·소천탁치小川琢治·매원말치梅原末治·신전희일랑神田喜一郎 등 저명한 학자들과도 자주 교류했다.[30]

진몽가의 고증에 의하면 일본에 머문 9년 동안 편찬된 나진옥의 갑골문자에 대한 연구서로는 다음의 몇 가지가 있다.

『은상 정복 문자 고殷商貞卜文字考』, 수비산정手批刪訂 미간행본, 1912~1913.

『은상 정복 문자殷商貞卜文字』 상권, 미간행 수고본, 1913.

『은허서계 고석殷虛書契考釋』 초인본, 왕국유 필사 영인, 1914.12.

---

30) 羅振玉, 「集蓼編」(『貞松老人遺稿甲集』, 1941)을 참조. 또 1997年 宋鎭豪가 日本 京都의 碧光園을 방문했을 때 수집한 관련 자료 참조. 杉村邦彦, 「羅振玉の日本における研究生活とその交友」, 또 중국어 번역본 「羅振玉在日本的研究生活及其交友關係」(『第三屆中國書法史論國際硏討會論文集』, 文物出版社, 1998) 참조.

『은허서계 대문편殷虛書契待問編』, 의고총편意古叢編 석인본, 1916.6.

앞의 두 저작은 출국 1년 전에 출판된 『은상 정복 문자 고』의 수정본인 동시에 대량의 갑골 자료를 새로 보탠 기초 위에서 이미 해독된 글자들을 분류하여 배열한 것이었다. 『은상 정복 문자 고』에서는 고사考史·정명正名·복법卜法·여설餘說 등 4장으로 분류되었으며, 갑골문자 2~3백 자를 시험적으로 해독했다. 수비본手批本이란 책의 윗부분書眉에다 수정하고자 하는 의견을 기록해 둔 것을 말한다. 예컨대 어떤 개별 글자에는 책의 윗부분에다 새로이 고정한 글자를 기록해 두기도 하였고, 어떤 곳에는 "감히 억지로 판단할 수가 없다. 제현들이 함께 논의하고 탐색하기를 기대한다"라고 써 놓기도 했다. 그리고 수고본手稿本 『은상 정복 문자』 상권은 명편名篇·물편物篇·사편事篇의 세 부분으로 분류하여 갑골문자를 배열했으며, 「명편」에서의 인명과 지명 이외에 앞의 책에서 잘못 인식했던 몇몇 글자를 빼고도 총 473자를 고석했는데, 글자 수와 내용적으로도 상당히 크게 발전했다. 하지만 수고본에서는 고석문을 볼 수는 없는데, 이는 "사실 『은허서계 고석』의 대강이자 초고"였다.[31]

나진옥은 『은허서계 고석』 초인본의 「자서」에서 이렇게 말했다. "선통 임자년(1912) 겨울, 나는 이미 『은허서계』의 편찬과 인쇄를 마쳤으며, 이를 이어 고석을 하고자 했다 (…중략…) 세월이 흘러 두 돌이 되어 갈 즈음 (…중략…) 발분하여 문을 걸어 잠근 지 40여 일, 드디어 6만여 자 분량의 고석문이 완성되었다." 여기서 "세월이 흘러 두 돌이 되어 갈 즈음"이라고 한 것으로 보아 1914년 연말에 완성되었음을 알 수 있다. 책은 권을 나누지 않은 채 8장으로만 분류했는데, ① 도읍都邑, ② 제왕帝王, ③ 인명人名, ④ 지명地名, ⑤ 문자文字, ⑥ 복사卜辭, ⑦ 예제禮制, ⑧ 복법卜法 등이었다. ①과 ⑧은 산정본에 근거했고, ②~⑤는 수고본에서 가져왔으

31) 陳夢家, 『殷虛卜辭綜述』, 科學出版社, 1956, 58면 참조.

며, ⑥과 ⑦은 새로 보탠 것이었다. "제왕"장에서는 선왕先王 선비先妣 45명을, "인명"장에서는 78개의 인명을, "지명"장에서는 193개의 지명을 열거했으며, "복사"장에서는 갑골복사 655개를 8부류로 나누어 통석했다. "문자"장에서 해독한 글자 중 형체·독음·의미를 모두 알 수 있는 것이 485자, 형체와 의미만 알 수 있는 것이 56자, 형체와 독음과 의미를 알 수 없지만 고대 청동기 명문과 같은 것이 25자였다. 그중 알 수 있는 것이 485자인데, 이에는 수고본에서 해독했던 473자 중 신중히 골라낸 49자와 새로 보충한 76자가 포함되었다.

나진옥의 「자서」에 의하면 그는 갑골문자를 고석하면서 "허신의 책에 근거해 금문으로 거슬러 올라가고, 금문으로부터 다시 서계를 살펴, 그 변화를 자세히 모두 관찰했더니 점차 돌아갈 곳을 알게 되었다"고 했다. 그는 이러한 역 추적법과 이미 해독한 글자를 갑골 사례에 되돌려 "다시 전장제도를 고구하고 옛날 들었던 것을 증명"하였으며, 나아가 제계帝系·경읍京邑·사례祀禮·복법卜法·관제官制 등의 여러 측면으로부터 상나라 역사와 문화를 풀어내고자 했던 목적을 달성했다. 이러한 갑골문자 고석 방법은 앞서 기술했던 손이양의 "금문金文·귀갑문龜甲文·석고문石鼓文·귀주貴州의 홍암 고각紅岩古刻과 『설문』의 고주古籒를 서로 비교하여 이들 간의 차이를 밝혀냄으로써 형체 변화의 원류를 밝히고 이들 중 최고를 비교하고 나열함으로써 고문과 대전과 소전의 변화를 찾아가는 큰 법칙"이라는 고문자의 자형비교와 편방 분석법보다 다소 간단명료했다. 하지만 나진옥은 이미 얻은 성취에 결코 만족하지 않았다. 예컨대 「50일 몽흔록五十日夢痕錄」에서 그는 1915년 2월 25일 일본에서 고향으로 돌아가 성묘를 했다고 기록하고 있는데, "돌아가는 배 속에서 『은허서계 고석·복사편卜辭篇』을 교열하고 보충했다"고 했다. 1916년 나진옥은 『은허서계 후편』을 편집한 후, 5월에는 형체·독음·의미를 모르는 글자들을 다시 정리하여 『은허서계 대문편』을 만들었다. 그 「서」에서 "선통 갑인년(1914) 은허문자를 고석했는데, 알 수 있는 글자가 5백을 넘지 않았다. 올해 여름 다시 교정하고 보완하였더니 540여 자까지 늘었고, 중복된 글자가 1,800자가 좀 넘었고, 해석하지 못한 글자 1천여 자와 중복 글자를 합쳤더니 총 1,400자가 넘었다"고 했다. 이렇게 볼 때 나진옥은 『은허서계 대문편』에서 집록한 갑골문 중 형체·독음·의미를 "지금 해석할 수 없는 글자" 1,003자 이외에도 새롭게 고증한 문자가 있었음을 알 수 있다.

갑골문자 고석에 대한 나진옥의 저작들은 일본에 망명했던 9년 동안 주로 이루어졌다. 『은허서계 고석』의 초판본은 왕국유가 필사하여 영인 출판했으며, 세상에 나온 지 12년 후인 1927년 2월 나진옥은 이 책의 종합 증정본을 발간했다.[32] 이는 초인본에 대한 증보일 뿐 아니라 "갑골학에 있어서의 나진옥의 최후 총집"[33]이었다. 증정본 『은허서계 고석』은 3권 2책으로 되었는데, 나곤羅琨과 장영산張永山의 최근 통계에 의하면, "제왕과 인명 부분이 증가 되었으며, 지명에서는 17류 230개로 늘었고, 형체와 독음과 의미를 알 수 있는 글자가 560자, 지금의 해서체로 옮겨 통독할 수 있는 복사가 1,196조條에 이르러, 초인본에 비해 40퍼센트 이상 늘어났다 (…중략…) 그리고 갑골문 연구에 있어서의 왕국유의 성과들도 가능한 수용하였다."[34]

갑골학사에서 가지는 『은허서계 고석』의 학술적 지위에 관해서 왕국유는 초판본의 「발문跋文」에서 이렇게 말했다.

> 내가 상유商遺를 위해 『은허서계 고석』의 필사를 끝내고 감탄하여 이렇게 말했다. 삼대 이후 고문자를 연구한 책 중 이러한 것은 전에 보지 못했다. 서계문자의 연구에서 수집하고 유포시킨 선생의 공은 아마도 문자를 고석한 공에 뒤

32) 羅振玉, 『殷虛書契考釋』(增訂本), 東方學會 石印本, 1927.2. 또 藝文印書館의 翻印本은 1968年 발간되었다.
33) 陳夢家, 『殷虛卜辭綜述』, 科學出版社, 1956, 59면.
34) 羅琨·張永山, 『羅振玉評傳』, 百花洲文藝出版社, 1996, 127면.

지지 않을 것이다. 즉 고석을 가지고 말한다면 경학과 역사학자들에게 끼친 그 의 공은 아마도 소학보다 적지 않을 것이다. 소학으로 말하자면 전서에 끼친 영향 또한 고문에 뒤지지 않을 것이다.[35)]

왕국유는 또 「최근 20~30년간 중국에서 새로 발견된 학문最近二三十年中中國新發見之學問」이라는 글에서 "문자를 자세히 고석한 것은 나진옥이 처음이다"고 했다. 나진옥의 은계 연구 방법과 『은허서계 고석』에 대해 지극히 존중하고 있음을 볼 수 있다. 나진옥이 갑골학에 끼친 공헌에 대한 곽말약의 평가도 왕국유와 일치한다. 그는 이렇게 말했다.

갑골이 출토된 이후, 그것을 수집하고 보존하고 유포시킨 공은 당연히 나진옥이 최고이며, 고석의 공 또한 나진옥에 크게 기대야만 한다. 나진옥은 1910년에 『은상 정복 문자 고』 1권을 출판했는데 이는 단지 대강에 지나지 않았다. 1915년 『은허서계 고석』 1권(이후의 증정본에서는 3권으로 바뀜)이 나왔는데 이는 갑골문자학을 거대한 영역으로 만들어 주었다. 갑골을 논하는 자라면 이에 권위를 부여하지 않을 수 없으며, 중국 고대 학문을 논하는 자라도 이에 권위를 부여하지 않을 수 없을 것이다.[36)]

물론 나진옥은 어쩔 수 없이 초창기의 갑골 학자였던 터라 진몽가의 지적대로 "나진옥은 『은허서계 고석』 이전의 여러 저작들은 문자의 해독이라는 측면에서 보면 모두 그다지 성숙하지 못했다. 그래서 『은허서계 고석』을 완성하고서부터 비로소 한 글자 한 글자씩 정밀하게 모든 글자를 해독하기 시작"할 수밖에 없었었다. "나진옥에 의해 형체·독음·의

35) 이 문장은 『殷虛書契考釋』의 增訂本에서 조금 바뀌었다. 예컨대 "삼대 이후 고문자를 말한 자"를 "이는 3백 년 이래 소학의 결정체이다"는 식으로 바꾸었다.

36) 郭沫若, 『卜辭中之古代社會』(『中國古代社會硏究』에 수록), 上海群益出版社, 1950年版, 35면.

미가 모두 해독된 것이라고 열거된 것들은 지금 보면 그 의미부와 소리부를 편방 분석에 의거해 그가 정한대로 현재의 통용 글자로 바꾼 것에 지나지 않으며, 상형이나 의미부와 소리부의 구조에 근거해 그것의 최초의 의미를 추정한 것(즉 의미의 역 추정)에 불과했으며, 그 글자들의 은나라 때의 의미에 대해서도 실례가 없었기 때문에 추정할 수가 없었다." 그 때문에 『은허서계 고석』에서의 "많은 글자는 아무래도 '대문待問'의 범주로 물려놓아야 할 것으로 보이며, 이렇게 되면 나진옥이 진짜 정확하게 인식해 낸 글자의 수는 훨씬 줄어들고 만다." 하지만 진몽가는 다음과 같은 점을 지적하기도 했다. 즉 나진옥은 "진심으로 가능한 한 소박하게 자형 비교법과 편방 분석법을 이용해 해석해 낸 글자들이 복사속에서 가지는 위치와 기능을 대조해서 해독 가능한 글자를 나열해 보려고 진심으로 생각했었다. 이러한 기초가 마련되어야만 아무런 질서 없이 막 뒤섞인 것처럼 보이던 수많은 복사를 통독할 수 있게 된다. 복사가 통독되어야만 복사속에서 유용한 역사 자료들을 뽑아 낼 수 있게 되고, 역사 자료를 뽑아내는 과정에서 그가 해석해 낸 글자가 정확한지 아닌지를 발견할 수 있게 된다. 그리하여 다시 고치고 보충하기도 하며 어떤 경우에는 버릴 수 있게 된다."[37] 진위담陳煒湛과 증헌통曾憲通은 이렇게 평가했다. 나진옥은 "이미 『설문』을 참조하여 갑골문자를 해석하면서도 『설문』에 속박되지 않았기에 『설문』의 자형과 다른 갑골문을 고석해 내었다. 이것으로 다시 『설문』의 오류를 바로잡았는데, 이는 이전 사람들에 비해 크게 진보한 것이며", "『설문』을 중심으로 하던 '소학'이 종결되었으며, 지하에서 출토된 고문자자료를 연구의 중심으로 삼는 새로운 학문이 막 일어나고 있음을 보여주는 표지가 되었다."[38]

결론적으로 말해서, 『은허서계 고석』의 초판본 및 증정본의 출현은

37) 陳夢家, 『殷虛卜辭綜述』, 科學出版社, 1956, 59면 참조.

38) 陳煒湛・曾憲通, 「論羅振玉和王國維在古文字學領域內的地位和影響」, 『古文字研究』 第4輯, 중화서국, 1980, 100・106면.

갑골학이 초창기에서 전면적인 문자 해독의 시기로 진입하는 표지였으며, 백 년 갑골문자 고석의 발전 중에서 이전을 계승하고 이후를 열어 준 시대의 획을 긋는 의미를 가진다.

2. 갑골문자 연구의 심화

손이양과 나진옥 등이 처음 시작한 갑골문자의 고석은 갑골문의 지속적인 출토와 유포와 저록을 통해 자료가 날로 충실해지면서 연구 이론과 고석 방법도 전통적인 "설문학"을 발전시키는 유용한 부분으로 발전했다. 또 문자학을 "경학"의 부용으로 보았던 전통적인 관념에 무한한 활력을 불어 넣어 주었으며, 문자의 해독과 믿을 수 있는 역사가 함께 유기적으로 결합되고 고문자학 이론이 발전함으로써 더욱 새로워졌다.

1) 갑골문자의 해독과 성과의 회고

대체로 말해서, 갑골문의 발견부터 1914년 나진옥의 『은허서계 고석』의 출간까지를 중국 갑골문자 고석의 초창기라 할 수 있다. 이 책이 나온 이후 갑골문자 연구는 끊임없는 발전과 날로 수준이 높아져 해독시기에 접어들었으며, 오늘날까지도 계속해서 성장하고 있다.

서술의 편의를 위해, 1914년 이후부터 1928년 시작된 은허의 과학적 발굴 이전까지의 10여 년 동안을 갑골문 해독시기의 제1단계로, 그 이후부터 1930~1940년대까지를 제2단계로, 1950년대 이후를 제3단계로, 1970년대 이후를 갑골문자 연구의 집대성기로 구분하고자 한다.

먼저, 다음의 몇 가지는 우선 지적해 둘 필요가 있을 것이다. 갑골문이 발견된 이후 얼마 되지 않아 곧바로 "중국인이 아닌 일부 서양인들은 그들이 받았던 차별화된 교육과 넓은 견문에 기초해, 갑골을 열심히 구매하는 한편 여러 논저도 발표했다." "그 저작은 대부분 세계의 저명 학술지에 발표되었으며, 그 때문에 은허에서 새로 출토된 갑골문은 그들의 선전을 통해 곧바로 국제 학술계를 놀라게 할 만한 새로운 지식으로 발전했다. 그들은 최근의 새로운 발견 소식을 알리는 이외에도 문자의 구조와 왕실의 계보에 대해 연구하였으며, 점차 역사·문화·사회·경제·종교 등의 방면으로 연구를 확장해 나갔다."[39] 예컨대 미국의 찰펀트方法斂(Frank H. Chalfant)는 1906년에 『카내기 박물원 보고』의 제4권(*Memoirs of the Carnegie Museum Vol.IV, Pittsburg*)에 「중국의 원시문자(Early Chinese Writing)」를, 프랑스의 샤반沙畹(Edward Chavannes)은 1911년 『고대기물 잡지』의 제10권 17호(*Journal Antique Serie, X, Tome XVII*)에 「고대 중국의 갑골복사(La Divination par lecaille de tortue dans la haute Antiquite Chinoise)를, 영국의 홉킨스金璋(L. C. Hopkins)는 1911년 『영국 황실 아시아 학회 잡지英國皇家亞洲學會雜誌』 10월호(*Journal of the Royal Asiatic Society of Great Britain and Ireland, October*)에 「최근에 발견된 중국 주나라 때의 문자(Chinese Writing in the Chou Dynasty in the Light of Recent Discoveries)를, 또 다른 영국의 선교사 쿨링庫壽齡(Samuel Couling)은 1914년 『영국 황실 아시아 학회 북중국 분회 잡지英國皇家亞洲學會分會雜誌』의 제45기(*Journal of the North-China Branch of the Royal Asiatic Society, XLV*)에 「하남에서 출토된 복골(The Oracle Bones from Honan)」을, 독일의 베른하르디勃漢第(Anna Bernhardi)는 1913년 『브레슬러 문헌 잡지布萊斯勒文獻雜誌』의 제4권 제1기(*Bressler Archiv, Band IV, Heft I*)에 「고대 중국의 복골(Frühgeschichtlieke Orakelknochen aus China)」를, 뮐러穆勒(H. Mueller)도 같은 해 『인류학 잡지人類學雜誌』의 제6기(*Zeitschrift für Ethnologie, Heft 6*)에 「중국 고대의 복골을 논함(Mitteilunggen zur Kritik der frügeschtlichen

39) 張秉權, 『甲骨文與甲骨學』, 國立編譯館, 1988, 73·76면.

Chinesischen Orakelknochen)」을 발표했고, 캐나다의 멘지스明義士(James Mellon Menzies)는 1917년 출판된 『은허복사殷虛卜辭』의 서문에서 갑골문 발견의 경과를 소개했다.

이상은 모두 외국인으로 갑골문 관련 저작을 썼던 최초의 인물들이다. 예컨대 영국의 홉킨스나 캐나다의 멘지스 등은 수십 종의 저서와 논문을 연속해 발표함으로써 풍부한 저작을 가진 국제적 갑골 학자가 되었다. 프랑스 파리대학 문학과의 중국 출신 장봉張鳳(1887~1966) 박사의 학위 논문인 「하남 갑골의 연구河南甲骨之硏究」는 1911년 『아시아 잡지亞洲雜誌』 제18기(*Journant Asiatique, XⅧ*)에 발표되었는데, 서양의 학문 풍토 속에서 나온 중국인 최초의 연구저작으로 보이며, 그 시기는 갑골문 연구의 가장 초창기 때의 나진옥과 맞먹는다. 장봉은 그 외에도 『갑골각자 고이보석甲骨刻字考異補釋』을 찬술하여 1925년 훈자당訓字堂 총서본으로 출간했지만 대단히 제한적으로 유포되었다. 지금 남경대학 도서관 소장본은 당시 장봉이 호광위胡光煒에게 보냈던 것으로[40] 대단히 귀한 것이다.

최근 런던대학의 왕도汪濤가 『구미에서의 갑골학甲骨學在歐美－1900년부터 1950년까지』라는 책을 출판하여, 유럽과 북미 지역의 갑골학 연구 현황을 비교적 충실하게 회고하고 총결했는데, 이렇게 말했다. "구미의 갑골연구는 결코 시간적으로도 늦지 않았으며, 처음 20년간은 주로 중국에 장기 거주했던 외국의 선교사와 외교관들에 의해 이루어졌다." "서양 학자의 특징은 그들의 종교와 과학적 배경 때문에 갑골문에서의 제사를 비롯한 동물에 많은 관심을 가지고 있으며, 사회학 이론과 과학적 수단을 이용하여 갑골을 연구하여 탁월한 성과를 보이고 있다는 점이다. 이후 일군의 전문 중국학 연구자들이 출현하여 갑골학 연구를 심화시키는

40) 이 책의 날개 뒷면에 張鳳이 1925년 2월 25일 胡小石에게 보낸다는 붓글씨가 쓰여 있으며, 이렇게 말했다. "저에게 '不吾蕃'라고 적힌 갑골편 14매가 소장되어 있습니다(그중 두세 편은 『臧龜』에 있는 것입니다)." 여기서 말하는 『臧龜』는 유악의 『鐵雲藏龜』를 말한다.

데 영향을 끼쳤으며, 그들은 고고자료를 중시하는 한편 한자의 성질에 대해서도 깊이 있게 탐구하였다. 더욱이 어떤 사람들은 현대의 과학적 수단을 보조로 삼아 새로운 다른 길을 개척하기도 하였다. 하지만 시기 구분 등과 같은 갑골문의 몇몇 중요한 측면에 대해서는 줄곧 별다른 진전이 없었다." "문자의 고석에서도 대부분 글자의 자형에만 근거해 추측함으로써 억지 해석을 보이고 있다."[41]

그 다음은 일본이었다. 갑골문 해독 시기의 제1단계에서는 다음에 소개할 일본의 갑골학 선구자인 임태보林泰輔 외에도 부강겸장富岡謙藏은 1910년 경도의 『사학연구회 강연집史學研究會演講集』 제3책에 「옛 유리성에서 출토된 거북딱지에 대한 설명古羑里城出土龜甲之說明」을 발표하였고, 후등조태랑後藤朝太郎은 1914년부터 『고고학 잡지考古學雜誌』·『사학 잡지史學雜誌』·『동양 학보東洋學報』 등에 「귀갑 수골 문자의 연구龜甲獸骨文字之研究」 등과 같은 일련의 논문을 발표하였고, 석빈순태랑石濱純太郎과 석빈순경차랑石濱純敬次郎 형제는 1915년 『동아 연구東亞研究』에 「하남에서 출토된 귀갑 수골河南出土之龜甲獸骨」이라는 두 편의 글을 발표했으며, 내등호차랑內藤虎次郎은 1916·1917·1921년 『예문藝文』에다 왕해王亥를 고찰한 네 편의 논문을 연속해 발표했는데, 이들은 모두 비교적 초기에 속하는 연구들이다. 1920년대의 중·후반기에는 서가서徐嘉瑞가 「일본에서의 갑골의 수집 소장과 연구日本甲骨之收藏與研究」[42]에서 갑골문에 대한 일본의 초기 연구 정황에 대해 소개한 바 있다.

러시아의 경우, 갑골 연구의 시작은 앞서 말한 나라들에 비해 훨씬 늦어 1933년에서야 보우나코프布那科夫(George W. Bounacoff)가 『통보通報』 제32권 5기(T'oung Bao XXXII, 5)에 「갑골학의 새로운 공헌(New Contributions to the Study of Oracle Bones)」을 발표하였으며, 갑골학에 관한 그의 첫 저술인 『하

41) 『甲骨文發現一百周年學術研討會論文集』, 臺灣師範大學國文系·中央研究院歷史語言研究所編輯, 1998.

42) 『國學月報』 第2卷 1期, 1927.

남에서 온 갑골문(*The Oracle Bones from Honan*)』은 소련 연구원 마르 박사 언어 사상 연구소의 시리즈 제3권(*Marr Institute of Language and Mentality Academy of U.R.S.S, Vol.3*)으로 1935년 소련연구원 출판사에서 출판되었다. 그때라면 중국의 갑골학은 이미 갑골문자 해독 시기의 제2단계에 진입한 때에 해당한다.

다음으로 중국의 상황을 살펴보자. 1914년부터 1928년까지의 갑골문자 해독 시기의 제1단계에서 개별 논문 중 갑골의 개별 글자 연구는 많지 않았다. 갑골문자 고석 성과를 담아내는 방식은 보통 갑골복사 용례와 결합하여 한 글자 한 글자 씩 통석하던 손이양과 나진옥의 예를 원용하였으며, 주로 관련 출판된 갑골문 저록의 전체 갑골 사료의 해독, 즉 간행본의 체제에 해석문을 첨부함으로써 사례辭例를 소통시키는 방식으로 나타났다. 예컨대 1917년 상해의 창성명지倉聖明智대학에서 간행된 『전수당 소장 은허문자戩壽堂所藏殷虛文字』에서는 갑골문 653편을 수록하고, 부록으로 왕국유의 고석을 달았다. 또 1925년 천진 박물원에서 석인으로 간행된 『보실 은계 징문簠室殷契徵文』은 갑골문 1,125편을 저록하고, 왕양의 편집과 고석을 첨부했다. 1925년 오봉석재五鳳硯齋 석인본 『철운장귀 습유鐵雲藏龜拾遺』는 갑골문 240편을 저록하고, 섭옥삼의 편집과 고석문을 합쳐 1책으로 만든 것 등이 그러하다.

여기서 든 해녕海寧 왕국유王國維는 갑골 "사당四堂"의 한 사람인데, 그는 "평소에 갑골을 연구하는 과정에서 얻은 체득을 『전戩』의 고석에서 표현해냈다."[43] 천진의 왕양은 갑골문을 가장 먼저 발견했던 사람의 하나이다. 그가 1920년 출판한 『보실 은계 유찬簠室殷契類纂』은 갑골의 글자를 휘집한 책인데, 손이양·나진옥·왕국유 등의 글자 해석을 널리 모은 외에도 자신이 소장하고 있던 갑골자료에 근거함으로써 새로운 내용이 많았다. 『보실 은계 징문 고석簠室殷契徵文考釋』은 갑골문자의 해독에서 얻었던 것의 구체적 운용이었다. 단도丹徒 섭옥삼葉玉森은 나진옥과 왕국유의 뒤

43) 陳夢家, 『殷虛卜辭綜述』, 科學出版社, 1956, 67면.

를 이어 갑골문자 고석에 비교적 많은 힘을 쏟았던 학자이다. 그는 『은계구침殷契鉤沈』,[44] 『설계說契·연계지담孼契枝譚』,[45] 『은허서계 전편 집석殷虛書契前編集釋』[46] 등을 발표했는데, 마지막 저작은 나진옥의 갑골 저록서에 대한 통석으로, 원서의 저록 순서를 따라 한 편 한 편씩 해석하였고, 여러 학자의 해석을 발표 연대의 선후에 따라 나열했다. 「범례」에 의하면 "이전의 학설을 그대로 답습한 견해는 일괄 삭제하고 확장 해석한 것들만 절록하여 남겨 두었으며, 간혹 의문을 제기함으로써 토론의 자료로 삼고자 했다"고 했다. 이 또한 『철운장귀 습유 고석鐵雲藏龜拾遺考釋』을 이은 또 다른 유사 저작이었으며, 이 두 저작에서 고석에 관한 그의 체득을 비교적 집중적으로 살필 수 있다. 곽말약은 섭옥삼의 갑골문자학을 "단지 물결을 따라 흘러 간 것처럼 커다란 창견은 없었다"[47]고 평가했다. 진몽가도 "복제식의 글자해석"이며 "견강부회가 많은 해석"[48]이라고 했다. 하지만 꼭 그렇지만은 않다고 생각되며, 섭옥삼은 갑골문자에 대한 종합적인 연구를 처음으로 시작한 몇 안 되는 학자의 하나라고 해야만 할 것이다. 그는 『연계지담孼契枝譚』에서 방국方國·어렵漁獵·농림農林·고대 형벌古刑·관제官制·정벌征伐·순행循行·마정馬政·사냥田狩·제사이름祭名·희생의 사용用牲·체방禘方·수확受年·무우舞雩·교노烄奴·후백侯伯·족族 등과 같은 23가지의 측면에서 갑골문에 반영된 은상의 제도를 고찰했다. 그의 해석 중, '측昃'자는 사람의 그림자가 기울어진 모습이며, 일측日昃은 사람의 그림자가 기울어지는 것이라는 설, 갑골문에서 '여余'자의 원래 뜻은 응당 나我이며, 위쪽이 입口을 거꾸로 한 모습에 아래쪽은 손手의 모양인데, 이는 손手으로 입口을 가리키는 것이 바로 나余이며 이는 코鼻를

44) 『學衡』 第24期(1923), 北京富晉書店影印本(1929), 上海中華書局影印本(1929) 등에 보임.
45) 『學衡』 第31期(1924), 北京富晉書店影印本(1929), 香港 翻印本(1972) 등에 보임.
46) 葉王森, 『殷墟書契前編集釋』 八卷(大東書局, 1933), 臺北藝文印書館 翻印本(1968)이 있다.
47) 郭沫若, 「卜辭中之古代社會」, 『中國古代社會硏究』, 上海群益出版社, 1950, 37면.
48) 陳夢家, 『殷虛卜辭綜述』, 科學出版社, 1956, 66~67면.

가리켜 자신自이 된 것과 같다는 설, 또 '처妻'자는 여자의 머리를 틀어 올리고 손으로 갈무리를 하며 비녀를 꽂는 모습이라고 한 설, 복사에서의 '동冬'자는 종終자로 가차되어 쓰였으며, 복사에서의 '사司'와 '후后'는 모양이 같기 때문에 『요전堯典』의 "후직后稷"이 틀리지 않았으며, 선대 학자들이 말했던 '후后'가 '거居'의 잘못된 자형이라는 해석 등은 그간의 논란을 얼음이 녹듯 풀리게 해 주었다. 또 "고집告執"은 후대의 포로를 바치는 의식에 해당하며, '집執'자는 한 사람이 꿇어 앉아 두 손에 수갑을 찬 모습을 그렸다고 했으며, '어圉'는 죄인이 감옥에 들어 있는 모습으로, 은나라 때의 옥에 관한 제도를 엿볼 수 있다고 하였다. 이러한 것들은 모두 탁견이다. 갑골학 "사당"의 한 사람이었던 동작빈은 섭옥삼이 "글자 창제 당시의 근원을 파헤치는 데 참신한 견해가 많아 훌륭했으며", "문자를 고석하고 전장 제도를 파헤치는 데서 독특한 견해를 많이 보여주었고, 그는 능히 '나진옥과 왕국유의 테두리를 벗어날 수 있다"고 평가된다고 했다. 그리고 『연계지담』은 "자료를 모으고 경전과 역사서를 고증함으로써 이후의 갑골학 연구가 새로운 길을 가도록 해 주었다"[49]고 평가했는데, 이는 상당히 공정한 평가로 보인다.

갑골의 간행본에 "고석"을 덧붙이는 형식은 일본의 초기 갑골학에서도 볼 수 있는 상당히 특징적인 문자고석 체제이다. 일본 갑골학의 선구자인 임태보林泰輔는 1909년 8~10월까지 연속해서 「청나라 하남성 탕음현에서 발견된 귀갑 수골에 대하여清國河南省湯陰縣發見の龜甲獸骨に就きて」 1·2·3에서 귀갑 수골의 사용 연대·문자 및 문장·복법의 동이점 등 세 가지 방향에서 논의했는데,[50] 이는 일본학자가 쓴 최초의 갑골문 연구 논문이다. 대략 1908년 쯤해서 경도東京 본향本鄉의 문구당文求堂(주인인 전중경태랑田中慶太郎)이 제일 먼저 갑골편을 계속해 일본으로 가져갔는데 이것이 바로

49) 董作賓, 『甲骨學六十年』, 54면. 또 『中國現代學術經典』 「董作賓卷」(河北教育出版社, 1996), 192면에 수록되었다.

50) 『史學雜誌』 第20編 第3·9·10號, 1909.8~10. 또 『支那上代の研究』에 수록됨.

임태보가 갑골문을 소장했던 시작이다.[51] 1917년 임태보는 자신이 소장하고 있던 갑골 1,025편을 선별 탁본하여 『귀갑 수골 문자龜甲獸骨文字』 1권 1책을 만들었고, 이듬해 9월 일본의 서동서방西東書房에서 영인 출판했다. 이후 다시 2권 2책으로 증보하여 1921년 일본의 상주유문회商周遺文會에서 영인 출판하였으며, 책의 뒤에 "초석抄釋" 2권을 부록으로 달았다. 그는 「서문」에서 이렇게 말했다.

> 이전에 유철운이 『철운장귀』를 지었고, 손중용은 이에 근거해 『계문거례』와 『명원』을 지었는데 이는 아직 시작에 불과했다. 오직 나숙언이 『은상 정복 문자 고』를 지었고 『은허서계』 전・후편을 비롯해 『서계 청화書契菁華』와 『철운장귀의 나머지藏龜之餘』를 지었으며, 또 『서계고석書契考釋』 및 『대문편待問編』을 지었는데 모두 대단히 근실한 저작이다. 하지만 은허에서 출토된 귀갑 수골은 그것이 몇 만 편이나 되며 다른 형체와 빠진 글자들이 얼마나 되는지도 알 수 없으며, 나진옥이 수록하지 못한 것도 적지 않다. 우리 길금문회吉金文會에서는 이러한 점에 안타까움을 느끼고 있었던터라, 여러 사람들이 소장하고 있던 실물을 탁본하여 『귀갑 수골 문자』를 편찬하였다. 여기에다 글자 중 분명하고 오류가 없는 것들을 초석抄釋하여 권미에다 부록으로 달아 동호인들에게 제공하니, 학술연구의 한 측면을 도우기에는 충분하리라 생각한다.

분명 "초석抄釋"도 나진옥의 『은허서계 고석』의 "복사卜辭"장에서 『은허서계 전편』의 갑골복사를 분류하고 해석문을 붙였던 형식의 영향을 받았다. 하지만 "초석"은 "글씨체가 명백하고 오류가 없는" 글자만 수록하였기 때문에 진정한 의미의 해독이라고는 할 수는 없으며, 동일시기 중국의 갑골 간행본에 첨부되었던 "고석考釋"과는 일정한 거리가 있다.

갑골문자의 고석에서, 갑골 간행본을 성과를 담아내는 매체로 이용하는

51) 林泰輔, 「殷虛の遺物研究に就いて 1」, 『東亞之光』 第14卷 第5號, 1919.5.

방식은 대체로 이후 사람들에 의해서도 계속 계승되어 백 년간 갑골학계를 지배하게 되었다. 예컨대 포정鮑鼎의 『철운장귀 석문鐵雲藏龜釋文』(1931), 곽말약의 『복사통찬 고석卜辭通纂考釋』(1933)·『은계수편 고석殷契粹編考釋』(1937), 허경참許敬參의 『은허문자 진위 고석殷虛文字存眞考釋』(1933), 상승조商承祚의 『복씨 소장 갑골문자 고석福氏所藏甲骨文字考釋』(1933)·『은계일존 고석殷契佚存考釋』(1933), 용경容庚의 『은계복사 석문殷契卜辭釋文』(1933), 오세창吳世昌의 「은허서계 해고殷虛書契解詁」(1934, 『무한대학 문철 계간武漢大學文哲季刊』에 연재, 또 1960년 대만 예문인서관의 합정본이 있음), 캐나다 멘지스明義士의 『버건씨 옛 소장 갑골문자 고석柏根氏舊藏甲骨文字考釋』(1935), 손해파孫海波의 『갑골문록 석문甲骨文錄釋文』(1938)·『성재 은허문자 고석誠齋殷墟文字考釋』(1940), 당란唐蘭의 『북경대학 소장 갑골각사 고석北京大學藏甲骨刻辭考釋』(1934)·『천양각 갑골문존 고석天壤閣甲骨文存考釋』(1939), 이아농李亞農의 『은계척일 고석殷契摭佚考釋』(1941), 호후선胡厚宣의 『하문대학 소장 갑골문자 석문厦門大學所藏甲骨文字釋文』(1944)·『갑골육록 석문甲骨六錄釋文』(1945) 등이 있다. 이들은 모두 갑골문자 해석審釋 시기 제2단계의 주요 저작들이다.

진몽가는 이러한 고석을 다음의 네 가지 부류로 나눈 적이 있다. 첫째, "해석문"만을 위주로 한 것으로 상승조·호후선 등의 것이 그러하다. 둘째, "집석集釋"한 것으로 섭옥삼·오세창의 해석이 그러하다. 하지만 오세창은 다른 사람의 해석을 끌어다 쓰면서 지나치게 지리하게 늘어놓았다. 셋째, "창견을 많이 발휘"한 것으로 당란의 고석이 그러한데, 증거가 충분하고 인용이 광범위하며, 큰 문제들을 고증하였다. 넷째, "체계적인 전석詮釋"으로, 곽말약처럼 분류하여 배열하고 다시 종합적으로 연구함으로써 복사를 조직적으로 고증했다.[52]

필자의 생각에, 첫째 부류는 "간단한 해석簡釋"에 지나지 않아 깊이 있는 수준을 가질 수가 없었는데 다음의 것들이 이에 속한다. 임태보의 "초

---

52) 陳夢家, 『殷虛卜辭綜述』, 科學出版社, 1956, 67면.

석"을 비롯해 1950년대 이후의 일본의 송환도웅松丸道雄의 『갑골문자』 「석문釋文」(동경 규성회奎星會 출판부, 1959), 도변겸용渡邊兼庸의 『동양문고 소장 갑골문자 석문東洋文庫所藏甲骨文字釋文』(동양문고, 1979), 이등도치伊藤道治의 『천리대학 부속 천리 참고관 갑골문자 석문天理大學附屬天理參考館甲骨文字釋文』(내량奈良 천리교도우사天理教道友社, 1987), 미국 샤흐네시夏含夷(Edward L. Shaughnessy)의 「시카고 대학 소장 상대 갑골芝加哥大學所藏商代甲骨」(『중국도서문사 논집中國圖書文史論集』, 북경 현대現代출판사, 1992), 일본 황목일궁자荒木日呂子의 『중도옥진의 옛 소장 갑골편에 대해서中島玉振舊藏の甲骨片について』(동경 창영創榮출판사, 1996), 심지유沈之瑜·곽약우郭若愚의 「『전수당 소장 갑골문자戩壽堂所藏殷墟文字』 보정補正」(『상해박물관집간』 제1기, 1981), 유경정劉敬亭의 『산동성 박물관 진장 갑골 묵탁 집석문山東省博物館珍藏甲骨墨拓集釋文』(제로서사, 1998) 등이 그러하다.

하지만 어떤 것은 갑골의 내원, 중복 대조, 짜 맞추기 등까지 함께 고려함으로써 학술가치를 크게 높이기도 했다. 예컨대 대만 엄일평嚴一萍의 『은허서계 속편 연구殷虛書契續編研究』(대만 예문인서관, 1978), 『은허 제1차 발굴에서 얻은 갑골의 고석殷虛第一次發掘所得甲骨考釋』(예문인서관, 1980), 백옥쟁白玉崢의 『은허 제15차 발굴에서 얻은 갑골 교석殷虛第十五次發掘所得甲骨校釋』(예문인서관, 1990) 등이 이에 속한다. 최근 요효수姚孝遂가 주편한 『은허 갑골각사 모석 총집殷墟甲骨刻辭摹釋總集』(중화서국, 1988)도 대체로 이러한 부류에 속한다. 둘째와 셋째 부류는 성질이 비슷하다. 예컨대 "소해疏解"나 "주소注疏" 등은 주로 "석문釋文"의 아래에 첨부되어 있는데, 고증이 상세하며 제가의 학설을 주의해 채택하여 그 차이점을 분석하고 득실을 변별하였으며, 각종 사례를 상세히 대조한 후 자신의 견해를 밝혔다. 그렇게 함으로써 독자들에게 학술의 원류에 대한 이해, 정보의 파악, 연구 동태의 제시, 상대방에 대한 이해, 전체적인 비교, 앞뒤 문장의 관통, 광범위한 접촉 등을 가능하게 해 주고 있다. 1950년대 이후 홍콩의 요종이饒宗頤의 『파리에 보이는 갑골록 고석巴黎所見甲骨錄考釋』(선당選堂총서, 1956), 일본의 패총무수貝塚茂樹의 『경도대학 인문과학연구소 소장 갑골문자 본문편京都大學人文科學研究所藏甲骨文字本文篇』(1961), 지전말리池田末利의 『은허서계 후편 석문고殷虛書契後編釋文稿』(광도廣島 대학 문학부 중국철학 연구실, 1964), 이등도치伊藤道治의 『일본에 보이는 갑골록日本所見甲骨錄』(『복사통찬卜辭通纂』 첨부, 경도 붕우朋友서점, 1977), 홍콩의 이염李棪의 『북미에 보이는 갑골 정수품의 선별 고석北美所見甲骨選粹考釋』(홍콩 중문대학 『중국문화연구소 학보』 제3권 제2기, 1970), 중국의 심지유沈之瑜・복모좌濮茅左의 『성투 대골 제1판 고석套卜大骨一版考釋』(『상해박물관집간』 제2기, 1983), 호후선胡厚宣・송진호宋鎮豪의 『소련 국립 에르미타쥐(Hermitage) 박물관 소장 갑골문자 고석蘇聯國立愛米塔什博物館所藏甲骨文字考釋』(『출토 문헌연구 속집』, 1989), 대만의 러푸웨雷煥章(Jean A. Lefeuwe)의 『독일・스위스・네덜란드・벨기에 소장 몇몇 갑골록 석문德瑞荷比所藏一些甲骨錄釋文』(광계光啓출판사, 1997), 조금염曹錦炎의 『절강성 박물관에서 새로 소장한 갑골문자浙江省博物館新藏甲骨文字』(『문물』 제5기, 1990), 등이 이에 속할 것이다. 넷째 부류인 "전석詮釋"은 간단명료한 요점, 개괄적 의미의 서술, 학설의 수립 등에 중점을 두었지만 광범위한 인용에는 약하다. 1950년대 이후로 대만 동작빈董作賓의 「서울대학 소장 대견갑골 각사 고석漢城大學所藏大胛骨刻辭考釋」(『중앙연구원 역사어언연구소 집간』 제28본 하책, 1957), 장병권張秉權의 『은허문자 병편 고석殷虛文字丙編考釋』(1957~1972), 굴만리屈萬里의 『은허문자 갑편 고석殷虛文字甲編考釋』(중앙연구원 역사어언연구소, 1961), 캐나다 허진웅許進雄의 『멘지스 소장 갑골 석문편明義士收藏甲骨釋文篇』(1977), 중국사회과학원 고고연구소의 『소둔 남지 갑골 석문小屯南地甲骨釋文』(1983), 이학근 李學勤・제문심齊文心・알란艾蘭(Sarah Allan)의 『영국 소장 갑골집 석문英國所藏甲骨集釋文』(1992) 등이 이에 속할 것이다.

갑골문자의 고석審釋 부분에서 앞서 기술한 갑골 저작들을 성과 발표의 매개체로 이용한 것 이외에도, 1920년대 이후의 제1단계 후기와 제2단계에서는 갑골문자 연구에 관한 많은 단독 저서와 산발적인 논문이 발표되었다. 단독 저서로는 임의광林義光의 『문원文源』(북경 중국대학 석인본,

1920), 가창제柯昌濟의 『은허서계 보석殷虛書契補釋』(자비출판 석인본, 1921)과 『갑골문자 해고甲骨文字解詁』(자비출판 석인본, 1935), 장봉張鳳의 『갑골각자 고이 보석甲骨刻字考異補釋』(훈자당訓字堂 총간, 1925), 오광위胡光煒의 『설문고 문고說文古文考』(금릉金陵대학 강의노트, 1927), 용경容庚의 『중국문자학中國文字學』(연경燕京대학 강의노트, 1927)·『중국문자학 형의편中國文字學形義篇』(연경대학 국학연구소 석인본 2책, 1931·1932)·『복사 연구卜辭研究』(북경대학 문학원 강의노트, 1942), 상승조商承祚의 『은허문자殷虛文字』(중산中山대학 강의노트, 1927)·『갑골 및 종정문자 연구甲骨及鍾鼎文字研究』(북경대학 강의노트, 1930)·『갑골문자 연구甲骨文字研究』(북경사범대학 강의노트, 1932), 진방회陳邦懷의 『은허서계 고석 소전殷虛書契考釋小箋』(자비출판 석인본, 1925)·『은계 습유殷契拾遺』(1927), 진방복陳邦福의 『은허 매계 고殷虛薶契考』(자비출판 석인본, 1928)·『은계 변의殷契辨疑』(1929)·『은계 설존殷契說存』(1929)·『은계 쇄언殷契瑣言』(1934), 진방직陳邦直의 『은계 승의殷契賸義』(자비출판 석인본, 1930), 곽말약郭沫若의 「복사 속의 고대사회卜辭中之古代社會」(『중국고대사회연구中國古代社會研究』에 수록, 상해 연합서점, 1930)·『갑골문자 연구甲骨文字研究』(대동大東서국, 1931)·『은계 여론殷契餘論』(『고대명각 휘고古代銘刻彙考』에 수록, 동경 문구당文求堂, 1933), 서중서徐中舒의 『은주 사료 고정 대강殷周史料考訂大綱』(북경대학 강의노트, 1933), 진정陳鼎의 『귀갑문자 개론龜甲文字概論』(중화서국, 1933), 주방포朱芳圃의 『갑골학 문자편甲骨學文字編』(상해 상무인서관, 1933)·『갑골학 상사편甲骨學商史編』(중화서국, 1935), 주전유周傳儒의 『갑골문자와 은상제도甲骨文字與殷商制度』(개명서점, 1934), 당란唐蘭의 『은허문자기殷虛文字記』(북경대학 강의노트, 1934)·『고문자학 도론古文字學導論』(북경대학 강의노트, 1935)·『중국문자학中國文字學』(상해 개명서점, 1949), 김조동金祖同의 『은허복사 강화殷墟卜辭講話』(상해 중국서점, 1935), 유반수劉盼遂의 『문자음운학 논총文字音韻學論叢』(북평 인문서점, 1935), 손해파孫海波의 『고문성계古文聲繫』(북경 내훈각來薰閣, 1935)·『중국문자학中國文字學』(일본 동경 문구당文求堂, 1941), 우성오于省吾의 『쌍검치 은계 변지雙劍誃殷契駢枝』 초편·속편·삼편(1940~1944), 강량부姜

亮夫의 『문자박식文字樸識』(운남대학 문법학원 석인본, 1946) 등은 모두 이 시기의 비교적 주요한 저작이다. 개별 논문은 수백 편에 이르고 성과도 다양해 일일이 소개하기 힘들다.

우성오는 갑골문 연구 초창기 이후의 갑골문자 고석의 제1·2단계의 중요한 성과를 개괄한 후 이렇게 말했다. "이상의 여러 저술을 간단히 평가하자면 이렇다. 손이양은 시초를 열었다는 데 공이 있으나 가시덤불을 제거하지는 못했다. 나진옥은 글자를 논의하고 옛 것을 전하여 큰 업적을 빛나게 하였다. 왕국유는 지리를 살피고 역사를 고증하여 세상을 구하고 걱정거리를 끊어주었다. 섭옥삼은 마음 깊이 연구하였고 왕양은 체제를 구별하고 분류하는 데 독창적인 성과가 있었다. 상승조와 손해파는 부수를 나누어 글을 찬술하여 조리가 정연했다. 곽말약은 깊이 있게 연구하되 두루 참조했고, 언제나 독창적인 견해를 갖고 있었다. 동작빈은 연대의 구분에, 당란은 점과 획 하나하나까지 깊이 살폈다. 나머지 정산丁山의 「'질'을 해석함釋疾」·「'침'을 해석함釋寢」·「'무우'를 해설함說亡尤」, 오광위胡光煒의 문례文例에 대한 변별, 오기창吳其昌의 "인제人祭에 대한 고찰"이나 "옹기雍己에 대한 고증", 호후선의 「'자용'과 '자어'에 대한 해석釋茲用茲御」 등은 모두 명문이요, 은계 연구의 공신들이다."[53]

1950년대 이후로 갑골문자 연구는 전면적 고석의 제3단계에 접어들게 되었다. 거칠게 말하자면 1950~1960년대의 갑골문자 고석 논저의 수량에서는 대만이 많았고, 1970년대 후기 이후로는 본토가 크게 증가하여 어떤 해에는 2백 편(종) 이상이나 되기도 했는데, 여전히 이러한 경향은 지금도 유지되고 있다. 구체적인 논술은 생략하며 이미 출간된 『백 년 갑골학 논저목百年甲骨學論著目』을 참고하면 될 것이다.

53) 于省吾, 「序」, 『雙劍誃殷契駢枝初編』 石印本, 1940. 또 藝文印書館 翻印本, 1956.

2) 문자의 고석과 믿을 만한 역사의 증거로부터 역사의 종합적 논의로

1914년 이후의 갑골문자 고석 제1·2단계에 들어서면, 갑골문 연구는 이미 믿을 만한 은상 사료의 증거라는 부분과 밀접하게 결합하게 된다. 하지만 중국문자의 기원·형체 구성·변천 및 성질 등과 같은 고문자학의 과제에 대한 논의도 지속적으로 이루어졌다. 그 중에서 갑골문자 고석의 이론이라는 측면에서 가장 훌륭한 성과를 낸 학자로는 초기의 손이양과 나진옥 이외에 왕국유·곽말약·당란·우성오 등을 들어야 할 것이며, 여기서는 왕국유와 곽말약이 갑골문자학 이론 및 고석방법에서 세운 성과에 대해 논의하기로 한다.

왕국유王國維(1877~1927)가 갑골문자를 연구하기 시작한 것은 선통 갑인년(1914) 일본에서 나진옥을 대신해 『은허서계 고석殷虛書契考釋』을 베껴 쓸 때쯤이었다. 그는 「발문」에서 이렇게 말했다. "나는 오랫동안 그를 따라 노닐면서 수시로 갑골에 관한 이론을 얻어 듣고 이 책을 베끼게 되었고, 게다가 이를 필사할 수 있는 사람이 모자랐던 탓에 그 대체를 모두 들여다 볼 수 있게 되었다." 또 "나는 일본으로 건너 온 후 수시로 참사參事께 고문자학에 대해 여쭈었다."[54] 갑골문자를 고석하는 방법에 대한 왕국유의 견해는 그가 『은허서계 고석』의 「서」에서 밝혔던 것처럼 다음과 같다.

> 은허서계는 은 왕실에서 거북으로 점을 쳤던 내용이며, 태복太卜이 경전처럼 지키던 것이다 (…중략…) 편방의 글자文를 한데 모으고, 파생된 글자字를 해부하고, 서로 참조하여 그 변화를 끝까지 파헤치고, 비교 대조함으로써 그 대강을 밝혔다.

---

54) 王國維, 「自序」, 『國朝金文著錄表』, 雪堂叢刻本, 1915. 『觀堂集林』 卷六(中華書局, 1984), 297면에 수록되었다.

그는 「모공정 고석 서毛公鼎考釋序」에서 고문자 고석의 방법을 이렇게 말했다.

> 역사적 사실과 문물제도를 고증해야만 그 시대의 모습을 알 수 있다. 『시』·『서』에 근거해 그 글자의 의미를 파헤치고, 고대음을 고찰하여 그 의미의 가차 관계에 통하도록 하며, 청동기 명문을 참조하여 그 문자의 변화를 검증한다. 이렇게 이것으로부터 저것으로 나아가고, 갑으로써 을을 추론하게 된 즉 해석할 수 없었던 글자나 통독할 수 없었던 의미 간에도 반드시 얻는 바가 있게 되었다.[55]

이상의 두 언급으로 볼 때, 왕국유는 단순히 갑골 문자의 고증에 그친 것이 아니라 "정황", "의례義例", "가차", "변화"를 강조하고, 이들을 "참조하여 그 변화를 끝까지 파헤치고, 비교 대조함으로써 그 대강을 밝혔음"을 알 수 있다. 여기서의 "변화變"는 파생과 가차를 말하며, "대강凡"은 의례義例를 말한다. 역사언어라는 구체적 배경 속에서 갑골문자가 어떻게 응용되는 지는 자형·자음·자의의 분화와 변천 과정을 자세히 살피고 모든 사례辭例들과 결부시켜 풀어야지 "시대의 정황"과 "문자의 변화"를 벗어나서는 아니 된다는 말이다. 진몽가陳夢家의 평가처럼, 왕국유는 문자에 대한 순수한 고석은 적었으며, "복사 문장을 통독하고 분류하는 데서 한걸음 더 나아가 복사를 역사지리와 전장제도와 결합시켰는데, 이것이 바로 역사의 고증이라는 것이다." 그는 "정명正名과 고사考史를 연계함으로써 종이 위의 사료와 복사를 서로 증명한", 소위 "이중증거법二重證據法"의 운용에 뛰어났다. "그는 문헌에 보이는 상나라 왕의 도읍 소재지를 연구한 후 복사속의 상商·박亳·고雇의 소재지를 고증했다. 그는 문헌상의 왕해王亥와 왕항王恒에 관한 기록을 수집한 후에 복사에 등장하

55) 王國維, 『觀堂集林』 卷六, 294면.

는 왕해王亥와 왕항王恒이 상나라의 선공先公임을 고증했다. 그는 금문과 문헌에서의 은나라 제사나 '의'제사衣祀[56]를 기술한 후 복사속의 '의衣' 제사가 합제合祭임을 밝혔다." 진몽가는 또 이렇게 말했다. 손이양과 나진옥이 해석해낸 글자는 비교적 쉬운 것들로 『설문』과 금문에 대한 일반적인 소양만 있으면 해석할 수 있는 것이었다. 하지만 왕국유가 해석해 낸 글자는 겨우 10여 자에 불과했지만, "왕王"자는 복사 전체를 파악하는 데 대단히 중요한 글자이며, "순旬", "욱昱" 등과 같은 글자는 복사의 많은 부분을 차지하는 복순 복사卜旬卜辭를 해결해 주었으며, "토土"자가 "사社"자로 가차되어 쓰였을 것이라는 가설은 고대의 예속 연구에 새로운 자료를 제공했다. 이는 그가 문자학에서 대단히 깊은 수준을 가졌다는 것을 증명해 주는 부분이기도 하다.[57] 최근 유쇠劉釗도 이렇게 말했다. "왕국유가 주장한 이중증거법은 문헌과 고문자와의 관계를 명확하게 인식한 것이다. 지하에서 출토된 실물자료와 전통적인 문헌을 서로 증거 삼아야 함을 강조함으로써, 그의 문자고증은 역사적 사실과 전장제도를 밀접하게 연계시킬 수 있었다. 전래 문헌과 청동기 명문을 서로 참조하며, 훈고학의 수단을 운용하고, 여기에다 종합적인 분석과 논증을 더했다."[58] 이는 사실에 부합하는 적절한 평가라 하겠다.

나진옥이나 왕국유와 마찬가지로, 곽말약郭沫若(1892~1978)의 갑골문과 금문 연구도 일본에서 시작되었다. 그가 갑골학 "사당四堂"의 하나가 되었을 때도 1928년부터 1937년까지 10년 동안 일본에 체류할 때의 일이었으며, 고문자에 대한 일련의 연구 성과가 일본에서 간행될 수 있도록 도왔던 사람도 일본 동경도 본향本鄕의 문구당文求堂 서점 주인이었던 전중경태랑田中慶太郎이었다.[59] 앞의 언급처럼 곽말약의 「복사 중의 고대사회

56) (역주) 상나라 때 지냈던 제사의 일종인데, 왕국유는 「殷禮徵文」에서 이를 合祭로 보았으나, 島邦南은 『殷虛卜辭研究』에서 독립된 제사로 보았다.

57) 陳夢家, 『殷虛卜辭綜述』, 科學出版社, 1956, 60~61면.

58) 姚孝遂 主編, 『中國文字學史』, 吉林教育出版社, 1995, 343면.

59) 田中壯吉, 『日中友好的先驅者'文求堂'主人田中慶太郎－從書簡看與中國著名人士交流

卜辭中之古代社會』(1930)·『갑골문자 연구甲骨文字硏究』(1931)·『은계 여론殷契餘論』(1933)·『복사통찬卜辭通纂』(1933)·『은계 수편殷契粹編』(1937) 등 다섯 가지 논저도 모두 이 시기에 이루어진 갑골문 연구의 주요성과이다.

곽말약은 갑골문자 연구의 목적을 『갑골문자 연구』 초판본 「자서」에서 이렇게 밝혔다.

> 나의 복사 연구는 중국사회의 기원을 탐구하고자 하는 데 있었지, 본디부터 문자학과 역사지리학에 한정하고자 했던 것은 아니다. 하지만 글자의 해독은 모든 탐구의 첫걸음이기에 이에 대해서도 주의하지 않을 수 없었다. 게다가 문자는 사회 문화의 중요한 증거이고, 사회의 생산 상황과 조직의 관계에서도 약간의 소득이 있기 때문에, 문화의 대강을 밝히려 한다면 이를 포기하고서는 불가능하다.[60]

그의 다른 저서인 『중국 고대사회 연구』의 「자서」 및 「해제」에서도 한 걸음 더 나아가 이렇게 말했다. "세계문화사에서 중국에 관한 기록은 백지와도 같다. 엥겔스의 『가족, 사유제와 국가의 기원』에서도 중국사회에 관한 언급은 한 마디도 없다." 그래서 "반드시 우리 스스로 일어나 이 세계의 절반을 차지하고 있는 문화사의 공백을 채워나가야만 한다." 또 책의 첫 편인 「복사 속의 고대사회卜辭中之古代社會」에서는 "여기서 인용한 문자 중에는 이전의 다른 학자들이 해석하지 못한 것도 들어 있는데, 이는 모두 『갑골문자 연구』에 보인다"고 했다. 이를 바탕으로 제문심齊文心은 "곽말약을 마르크스주의의 관점으로 중국고대사회를 연구한 개척자"[61]라고 평가했다. 또 왕우신王宇信도 "곽말약은 역사유물주의를

的足迹』, 日本東京汎極東物產株式會社, 1987. 馬良春·尹藤虎凡 編, 『郭沫若致文求堂書簡』, 文物出版社, 1997.

60) 이 「서문」은 1931년 上海 大東書局의 初版本에 보이며, 1952년 人民出版社의 修訂版에서는 이미 삭제되었다.

61) 齊文心, 『殷商史史料』. 『中國古代史史料學』(北京出版社, 1983), 23면에 수록.

연구의 지도사상으로 삼았으며, 중국에서 역사유물주의의 입장과 관점에서 고문자와 고대사를 연구한 최초의 학자이다"[62]라고 했다.

이로 볼 때, 곽말약의 『갑골문자 연구』와 「복사 중의 고대사회」는 서로 표리 관계에 있다. 그는 기본적으로는 나진옥・왕국유・섭옥삼 등이 제창했던 문자의 고석으로부터 사료를 고증했고 거기서 나아가 종합적으로 역사를 논증하는 길을 걸었다. 하지만 "목표는 오히려 다소 차이를 보였으니", "그것은 여러 사람들이 이미 탁본하여 출판한 복사를 대상으로 새로 일어난 과학적 관점으로써 중국사회의 옛 역사를 연구했다는 점이다."[63] 그는 "여러 사람들이 이미 탁본하여 인쇄해 놓은 복사에 만족하지 않고", 다시 온 힘을 쏟아 이미 저록된 갑골문을 분류하고 배열하였으며 종합적으로 고석하는 한편 온갖 방법을 동원해 일본 각지에 소장되어 있는 갑골을 수집하고 정리하며 고석하고 저록했다.

곽말약은 『갑골문자 연구』의 「서록序錄」에서 자신이 "은주 고문자를 연구하는 방법에 있어서 왕국유를 가장 모범으로 삼았다"고 했다. 그는 "왕국유의 학문은 갑골의 문자 연구를 그 주요한 근간으로 삼고 있으며", "복사를 종합적으로 비교하고 연구하였는데", 이는 왕국유 자신의 말처럼 "진실로 역사적 사실과 문물제도에 고증을 구해야만 그 시대의 모습을 알 수 있다. 『시』・『서』에 근거해 그 글자의 의미를 파헤치고, 고대음을 고찰하여 그 의미의 가차 관계에 통하도록 하며, 청동기 명문을 참조하여 그 문자의 변화를 검증한다. 이렇게 이것으로부터 저것으로 나아가고, 갑으로써 을을 추론하게 되면 해석할 수 없었던 글자나 통독할 수 없었던 의미 간에도 반드시 간혹 얻는 바가 있게 된다." 이렇게 하면 복사의 시대성과 역사적 사실을 확정할 수 있으며, 이로부터 은나라의 역사 연구를 계통적이고 과학적으로 할 수 있고,[64] 또 "몇몇 미 해독

62) 王宇信, 『甲骨學通論』, 中國社會科學出版社, 1989, 344면.

63) 郭沫若, 「卜辭中之古代社會」, 『中國古代社會硏究』(上海 群益出版社, 1950), 37~38면에 보인다.

갑골문자의 해석을 통해 은나라의 생산방식·생산관계·의식형태 등을 이해할 수 있다."[65]

『갑골문자 연구』에 포함된 10여 편의 논문 중, 「'조祖'와 '비妣'의 해석釋祖妣」은 은나라의 결혼제도와 사회형태를 논한 것으로, "조祖와 비妣는 모牡와 빈牝의 처음글자"로, 생식신에 대한 숭배로부터 나온 글자라 했다. 「'신臣'과 '재宰'의 해석釋臣宰」에서는 노예제에 대해 논의했는데, 신臣은 "눈目을 세로로 세워 놓은 모습으로, 사람이 머리를 숙이고 있으면 눈이 세워진 모습이 되기 때문에 굴복하는 모습을 그렸으며", 재宰는 "한 사람이 집 안에서 일을 집행하는 모습인데, 그는 죄인임에 틀림없다"고 했다. 「'적耤'의 해석釋耤」에서는 농경의 방식을 살폈는데, 적耤은 "사람이 쟁기와 보습을 부리는 모습이다"고 했다. 「'화龢'와 '언言'의 해석釋龢言」에서는 예악禮樂에 대해 논의했는데, 화龢는 "관을 여럿 엮은編管 모습이며", 언言은 "연음燕飮이라고 할 때의 '음飮'으로 가차되었다"고 했다. 「'붕朋'의 해석釋朋」에서는 은주의 화폐제도를 논의했는데, "패貝와 붕朋은 목걸이 장식에서 화폐로 변화한 것으로, 은나라와 주나라 사이에 그렇게 되었다"고 했다. 「'오五'와 '십十'의 해석釋五十」에서는 숫자에 대해 논의했고, 「'세歲'의 해석釋歲」과 「간지에 대한 해석釋支干」에서는 천문과 역법에 대해 고찰했다. 이러한 것들은 모두 문자의 고석으로부터 사료를 고증하고 거기서 나아가 종합적으로 역사를 논증했던 모범적인 글이다. 곽말약은 『복사통찬』 「서」에서 "전래 복사의 정수만 가려 뽑아 내가 품고 있던 체계에 근거해", 간지干支·숫자數字·세계世系·천상天象·식화食貨·정벌征伐·전유畋游·잡찬雜纂 등 8부류로 나누었으며, "일일이 고석을 보탰다"고 했다. 그가 "품고 있던 체계"라는 것은 바로 「술례述例」에서의 해설과 같다. 즉 "복사는 점을 칠 때마다 일진을 기록했으며, 간지표가 판독의 관건이 되기에 처음에다 배치했고", 숫자는 "마찬가지로 복

64) 郭沫若, 『中國古代社會硏究』, 36～37면.
65) 郭沫若, 『甲骨文字硏究』 修訂本, 「重印弁言」, 人民出版社, 1952, 2면.

사를 판독하는 기초지식이 되기에 이를 간지의 다음에 놓았다." "세계는 복사의 연대와 그것이 갖는 역사성을 확정해 주며", "이를 차례로 배열하면 문정文丁부터 기夔에 이르게 되고, 거꾸로 거슬러 올라가 신지神祇의 영역에 이르게 된다." "천상을 세계의 다음에 놓았으며", "천시天時의 비바람과 회명晦冥은 목축이나 파종과 관계되므로 그 다음에 '식화'를 놓았다." "은나라 때에는 이미 노예를 생산 활동에 종사시켰고 노예는 전쟁의 포로로 충당되었으므로 정벌을 그 다음에다 놓았다." "정벌과 수렵은 언제나 연계되어 있고, 특히 복사에서는 대부분 구분이 없다. 그래서 수렵을 그 다음에다 놓았다." "그리고 '잡찬'을 끝에다 놓았는데, 이에는 추상적인 내용이 많이 들어 있다." 그는 한편으로는 나진옥과 왕국유 등의 성과를 수용하면서 다른 한편으로는 평소의 전문적인 연구로부터 얻은 결론을 고석에다 적용하였고 각각의 부류 뒤에는 항상 '짧은 결론'을 달았는데, 이는 복사에 근거해 얻은 은나라 사회의 어떤 측면에 대한 결론이었다. 예컨대 "숫자"류의 '짧은 결론'에서는 "은나라 사람들의 숫자 기록 법에는 통일된 원칙이 있는데, 1십·1백·1천의 배수는 합쳐서 기록合書하며, 1십·1백·1천에 모자라는 자투리 수는 분리해 기록析書하거나 '우㕛'자를 첨가해 연계시켰다"고 했다. 또 "세계" 류에서는 "은나라의 역대 왕을 비롯한 선세先世들은 종래의 문헌과 대체로 일치 한다"고 했다. 또 "천상" 류에서는 바람風·흙비霾·구름雲·무지개霓 및 월식 같은 것을 해석했는데, 짧은 결론에서 은나라 사람들은 "대부분 이를 재앙으로 보았다"고 했다. 또 '식화' 류에서는 은나라 때에는 "꼴芻과 보리麥를 대상으로 예제를 올리고 풍년을 기원하면서 쟁기질을 살펴보는 일 등이 있었으며 (…중략…) 바다조개海貝를 화폐와 재산으로 삼았다는 사실이 이미 발견되었다"고 했다. 이러한 것들은 모두 앞서 말한 곽말약의 논문에 자세히 논술되어있다.

갑골학계에서는 다음과 같은 당란의 유명한 4구로 된 평어가 전해지고 있다.

설당(나진옥)이 먼저 길을 열었고, 雪堂(羅振玉)導夫先路,
관당(왕국유)은 이어서 역사를 고찰했네. 觀堂(王國維)繼以考史.
언당(동작빈)은 시기를 구분했고, 彥堂(董作賓)區其時代,
정당(곽말약)이 갑골의 사례를 밝혔네.[66] 鼎堂(郭沫若)發其辭例.

여기서 말한 "정당鼎堂이 갑골의 사례를 밝혔네"는 아마도 곽말약이 편찬한『복사 통찬』과『은계 수편』이 갑골복사의 정수만을 모아 분류하고 배열함으로써 최초의 체계적인 전석을 이루었다는 말로 보인다. 사실, 곽말약은 문자의 고석으로부터 사료를 고증하고 나아가 종합적으로 역사를 논증한 길을 걸었으며, 새로 일어난 과학적인 관점으로써 은나라의 사회를 연구했다는 것이 그의 가장 큰 특색이며 그가 갑골학에 끼친 진정한 공헌이기도 하다.

진몽가는 곽말약의 갑골문자 고석을 평가하면서, 그의 장점은 "한 글자 한 단어의 새로운 해석에 있는 것이 아니라", 다음의 다섯 가지에 있다고 했다. 즉 "기존의 형식에 빠져 구속되지 않았기에 많은 새로운 것을 얻을 수 있었으며, 고증이 간명하여 맞고 틀림이 일목요연했으며, 고대사회의 총체적 인식하에서 복사를 해석함으로써 글자의 해석이 다 옳지는 않다 하더라도 대체로 정확할 수 있었으며, 나진옥과 왕국유의 성과에 대해 옥석을 가려가면서 보충과 수정을 했으며, 복사의 문법구조에 비교적 주의하여 개별 글자를 고립적으로 다루지 않았다."[67] 왕우신도 곽말약은 "한학의 전통을 비판적으로 계승하였으며, 고대의 문헌과 각종 고문자에 정통했다. 그래서 역사유물주의를 중심사상으로 하여 진행된 그의 고문자 연구는 여유 있게 풀어나가면서도 새로운 학설을 자주 제시했으며 많은 부분에서 이전 사람들의 수준을 뛰어넘을 수 있었다"고 평가했다.[68]

---

66) 唐蘭,「自序」,『天壤閣甲骨文存』北京輔仁大學, 1939.
67) 陳夢家,『殷虛卜辭綜述』, 科學出版社, 1956, 68~69면.

다만 하나 지적해야 할 것은, 곽말약 자신은 갑골문자의 성질에 대해 다음처럼 인식한 적이 있다는 점이다.

> 은허시대의 중국문자는 아직 창조의 과정 중에 있었다. 문자는 대부분 순수한 그림으로, "부류에 근거해 형체를 그린 것을 문文이라 하고, 의미와 소리가 서로 더해진 것을 자字라고 한다"는 허신의 말에 근거하면, 갑골문자의 절반 이상이 문文에 해당하지 자字는 아니다. 이미 자字가 된 것이라 하더라도 번간繁簡, 순역順逆, 반정反正, 굴신屈伸, 석합析合, 상하上下, 좌우左右 등이 전혀 고정되지 않았다.[69]

그는 또 이렇게 말했다.

> 당시의 문자는 대체로 아직 원시 단계를 벗어나지 못했다. 첫째, 상형문자가 80퍼센트 이상 된다. 둘째, 개별 글자의 구조가 확정되지 않았으며, 한 글자에 40가지 이상의 필사법이 존재하는 경우도 있다. 셋째, 합쳐서 기록合書한 글자들이 많은데, 인명·지명·달 이름·숫자 등이 그러하다. 넷째, 분리해 기록析書한 예도 있다. (…중략…) 이로 미루어 볼 때 은나라 문자는 아직 창조의 과정 중에 있었다는 결론을 얻을 수 있다.[70]

이것은 이미 중국문자의 기원·형체 구조·변천 특징 등과 같은 고문자학의 이론적 문제와 연계되어 있다. 하지만 갑골문자의 절반 이상이 상형이며, "대부분이 순수한 그림"이라고 한 말은 오늘날의 관점에서 볼 때 옳은 것은 아니다. 하물며 당시 곽말약이 연구했던 길이 "갑골문자의 연구를 근간으로 삼아", 문자의 고석으로부터 사료를 고증하고 거기서

68) 王宇信, 『甲骨學通論』, 中國社會科學出版社, 1989, 343면.
69) 郭沫若, 「卜辭中之古代社會」, 『中國古代社會研究』, 上海群益出版社, 1950, 36면에 수록.
70) 郭沫若, 「卜辭中之古代社會」「附白一」, 『中國古代社會研究』, 上海群益出版社, 1950, 96면.

나아가 종합적으로 역사를 논증하여 "중국사회의 기원을 논의"한 것이기 때문에, 이러한 인식은 필연적으로 그의 고대사회사에 대한 결론에 영향을 주었다. 그는 한 때 갑골문자가 "아직 원시의 단계를 벗어나지 못했다"는 편견에 빠져 있었기 때문에, "은나라는 아직 선세인 순임금 때의 혈족 군혼제도의 여습이 보존되어 있으며, 그 때문에 복사 중에는 모권중심의 흔적이 많이 남아있고",[71] "모권과 부권의 교체는 은나라와 주나라 사이에 이르러서야 이루어졌으며",[72] 은나라를 "금석 병용시대"와 "씨족사회 말기"로 보았던 것이다.

이러한 명백한 오류는 곽말약 스스로 얼마 지나지 않아 바로잡았다.[73] 1944년에 그는「고대 연구의 자아비판古代研究的自我批判」이라는 글에서 이렇게 반성했다. "복사 연구는 새로 일어난 학문으로, 그것은 언제나 변화 과정 중에 있다. 이전에는 인식하지 못했던 것을 이후에는 인식하게 되고, 이전에는 잘못 인식했던 것이 이후에는 바로잡힌다. 복사를 사회사 연구의 자료로 삼아야 하며, 응당 '노력해 선두를 따라잡는' 방법을 취해야 할 것이며, 복사를 최전선에다 놓고 출발점으로 삼아 다시 출발해야 할 것이다."[74] 1952년『갑골문자 연구』를 다시 출판하면서, 곽말약은 초판본에서 원래는 17편이던 문자고석을 단번에 9편이나 삭제해 버렸다. 게다가「재판 서문」에서 솔직하게 이렇게 선언했다. "나는 이십 몇 년 전에 대단히 잘못된 관점을 갖고 있었는데, 그것은 바로 은나라를 금석병용의 시대와 원시씨족사회의 말기로 보았던 사실이다. 소수의 몇몇 친구는 아직도 나의 이러한 관점의 영향을 받고 있는데, 나 자신부터 솔직하게 이의 잘못을 인정해야만 할 것이다." 여기서 곽말약은 실사구시적이며 끊임없이 나아가는 진취적인 학문 태도를 잘 보여 주고 있다.

71) 郭沫若,「卜辭中之古代社會」,『中國古代社會研究』, 上海群益出版社, 1950, 78면.
72) 郭沫若,「釋祖妣」,『甲骨文字研究』, 15면.
73) 謝保成,『郭沫若評傳』, 百花洲文藝出版社, 1995, 35~41면 참조.
74) 郭沫若,『十批判書』, 科學出版社, 1956, 5면.

곽말약의 갑골문자 연구는 갑골문자 고석 제2단계에서 발생한, 은상 때의 믿을 만한 자료의 증거로부터 종합적으로 역사를 논의한 전범이 되었다. 그는 용감하게 자신을 비판하는 학문 태도를 보였는데, 그러한 태도 자체가 그의 가치를 곱씹어 보게 할 만한 학술사적 의의를 가진다. 진몽가의 지적처럼 "곽말약의 연구 경험을 거울삼아, 연구과정에는 부단히 발전하고 끊임없이 고쳐나갈 때만이 정확한 결론의 필요조건을 얻을 수 있으며, 문자의 인식은 반드시 사회 역사문화의 전체 모습과 결합시켜 서로 교정해야 한다는 것을 말해 주고 있다. (…중략…) 복사 연구의 진보는 우리의 점진적인 발견과 새로운 지식에 근거하고, 새로운 지식을 추구하는 과정에서는 합리적인 가설이 필요할 수밖에 없다. 이러한 가설은 부분적으로나 전체적으로 틀릴 수도 있기에, 비판하고 고치고 보충할 필요가 있다. 잘못된 가설은 비판 과정 속에서 정확한 방향을 지적해 낼 수 있다."[75]

3. 갑골문자 고석의 이론화

앞의 기술처럼 갑골학사에서 이전 50년간의 문자해독은 다음의 과정을 거쳤다. 손이양은 "금문金文·귀갑문龜甲文·석고문石鼓文·귀주貴州의 홍암고각紅岩古刻과 『설문』의 고주古籀를 서로 비교하여 이들 간의 차이를 밝혀내어 형체 변천의 원류를 밝히고 이들 중 최고를 비교하고 나열함으로써 고문과 대전과 소전의 변화를 찾아가는 큰 법칙"의 고문자 자형 비교와 편방분석의 방법을 창시했다. 나진옥은 "허신의 책으로부터

75) 陳夢家, 『殷虛卜辭綜述』, 科學出版社, 1956, 69면.

금문으로 거슬러 올라가며, 금문으로부터 서계를 살피고, 그 갖가지 변화를 끝까지 파헤쳐 점차 돌아갈 바를 얻게 되었다." 또 『설문』으로부터 역추적 해 갑골 사례의 법칙에 이르는 갑골문자의 연구 방법을 열었으며, "질서정연하게 전장제도를 고구하고, 옛날 들었던 것을 살펴 증명했고", 나아가 상나라 역사와 문화를 풀어헤쳤다. 왕국유는 "편방의 독체자를 합치고, 파생된 합체자를 해부하고, 서로 참조하여 그 변화를 끝까지 파헤쳐, 비교함으로써 대강을 만들었다." 그리하여 구체적인 언어 역사적 배경 속에서의 갑골문자의 응용을 중시하고, 자형 · 자음 · 자의의 분화와 변화의 과정을 자세히 관찰하여 모든 복사 예를 종합하여 해석하고 해독했다. 곽말약에 이르러서는 "문자의 인식은 반드시 사회 역사 문화의 전체적인 인식과 결합되어야만 비로소 서로 교정될 수 있다"는 명제를 심도 있게 파헤쳤다.

1) 의혹에서 출발한 장태염章太炎의 고문자학의 이론적 명제

갑골문의 고석이 이미 중국의 구시대 학문에 신기원을 열었음에도 전통의 "설문학說文學"의 속박에서 벗어나고 문자학을 "경학經學"의 부속적 지위로 보았던 전통적 관념을 탈피하기까지는 쉽지 않은 과정을 겪어야만 했다. 그 당시 '국수國粹'학파의 거두였던 장태염章太炎(1868~1936)은 근대중국의 민주 혁명가이자 문자학자였는데, 어려서부터 유가경전을 익히고 만년에는 소주蘇州에 살면서 국학강습회國學講習會를 설립했다. "그는 원래부터 고증학자 출신인데다가 절강 사람이어서, 절동浙東학파였던 황리주黃梨洲(종희宗羲)와 전사산全謝山(조망祖望) 등의 영향을 매우 깊이 받았다. 그래서 오로지 민족의 혁명만 주창하였으며, 동시에 고증학을 새로운 방향으로 이끌고자 생각했다."[76] 그는 "가법家法으로 내려오던 관습을 매우 신봉하였고",[77] 소학의 기초가 단단했으며, 『설문』을 금과옥

조로 여겼다. 또 만주족의 청나라를 반대했으며, 청나라의 유민임을 자처했던 나진옥을 멸시하여 그는 "지조를 가진 믿을 만한 사람이 못된다"고 했다. 그런 그가 나진옥의 "선구적인" 갑골문 연구를 믿지도 않았고, 갑골문과 금문으로 『설문』의 오류를 바로잡는 것도 반대했던 것은 당연한 일이었다. 민국 초기, 그는 자신의 「이혹론理惑論」에서 이렇게 말했다.

근년에 거북딱지를 얻었는데, 글자는 조충서鳥蟲書와 같았으며, 청동기 명문과도 다소 달랐다. 그것을 믿는 사람들은 아마도 값을 부풀려 파는 장사 나부랭이들일 것이다. 나라도 내다 팔 수 있는데 문자라고 불가능할까? 한 두 순진한 학자들이 이를 진짜라고 믿는데, 이는 보통 사람들의 일반적인 병폐이기도 하다. 『주례』를 살펴보면 거북에 피를 발라 제사를 지냈다는 것은 있어도 거기에 명문을 새긴다는 말은 듣지 못했다. 그리고 「귀책열전龜策列傳」에서 백치白雉의 관灌, 주포酒脯의 예禮, 양란粱卵의 발祓, 황견黃絹의 과裹는 있었으나 획을 새긴 서계는 전해지는 것이 없다. 설사 거북을 불로 지져 점을 쳐, 무늬결과 흔적이 서로 섞이고 갈라진 모습이 절로 드러난 것을 문자로 잘못 여겼다 하더라도 이는 2천 년 전의 옛 것은 아니다. 무릇 해골이 흙 속에 들어가면 천 년 안에 썩지 않는 것이 없고 조금의 세월만 지나도 재나 먼지가 되고 마는 법이다. 거북딱지는 조개껍질과 같은 성질의 것이다. 옛날 수후隨侯의 구슬, 조승照乘의 보물, 여필瑊玏의 삭削, 여지餘蚳의 조개 중 오늘날 전해지는 것은 하나도 없다. 이는 백악기 지질의 백토라도 멀리 가지 않아 변함을 증명해 주는데, 거북딱지는 어떻게 영험하여 이렇게 장구할 수 있단 말인가? 청동기가 한 둘이 전해지는 것이 아니지만 그것도 위조로 의심되는데, 하물며 썩기 쉽고 먼지로 변하기 쉬운 기물이야 어떠하겠는가? 짧디 짧은 잠시 동안의 편의를 위해 가짜를 만들고 이를 사들이는 자 또한 지조 없는 믿지 못할 자들일진대, 사람들은 이를 모두

76) 梁啓超, 「淸代學術變遷與政治的影響 下」, 『中國近三百年學術史』, 北京 東方出版社, 1996, 37면 참조.

77) 梁啓超, 『淸代學術槪論』, 『飮冰室合集』 專集之三十四 참조.

보물이라 여기니 그 어찌 본말이 전도된 것이 아니겠는가![78]

이 글에서는 갑골문이 위작이며, 이를 가짜로 만든 사람들은 "세상을 속이고 값을 올려 받으려는 무리"들이고, 이를 수집하고 유통시킨 자 또한 "지조 없는 믿지 못할 사람임"을 강력하게 주장하고 있다. 게다가 갑골의 경우 예서禮書 중에 "획을 새긴 서계는 전해지는 것이 없으며", 또 "썩기 쉬운 재질"로 어떻게 그렇게 오랫동안 보존될 수 있단 말인가라고 했다. 여기서 말한 "지조 없는 믿지 못한 사람"은 바로 나진옥을 가리킨다.

1935년, 즉 장태염이 세상을 떠나기 1년 전, 김조동金祖同이 그에게 갑골문에 대해 물은 적이 있다. 그는 여전히 『설문』을 학문이 걸어야 할 "정상적인 궤도"로 신봉한 반면 갑골문은 "진위를 구분할 수 없는 물건"으로 보았다. 그는 이렇게 말했다.

문자를 연마하는 학문에서 『설문』은 총체적 귀감이 된다. 이로부터 깊이 들어가면 창힐이 문자를 만들었던 근원까지 거슬러 올라갈 수 있다. 지금 이를 버려둔 채 다른 데서 구하며, 진위도 구분할 수 없는 물건을 믿는다. 이는 근본을 잡지 않은 채 지엽만 다스리는 것이니 어찌 잘못된 것이 아니겠는가?[79]

같은 해 김조동에게 보낸 서신에서 나진옥을 이렇게 경멸했다.

문자의 원류를 『설문』 외의 다른 곳에서 함부로 구해서는 안 된다. 갑골문의 진위는 잠시 제쳐두자 (…중략…) 그 문자들은 이미 『설문』의 비판碑版이나 경전·역사서·자서들과 증명이 되지도 않는데, 나진옥은 어찌하여 혼자 그것을 해독할 수 있었단 말인가 (…중략…) 갑골이라는 물건이 그 진위를 아직 알 수 없는 것일진대 그 해석문이란 논해 무엇 하겠는가?[80]

---

78) 『國故論衡』 卷上, 浙江圖書館, 1919.

79) 金祖同, 「跋」, 『甲骨文辯證』 上卷, 1941年 影印本.

분명 장태염은 "지하의 자료"에 대해 지나치게 보수적으로 인식했던 탓에 사람들을 설득할 수 없었고, "믿지 못할 지조 없는" 나진옥이라 경멸했듯 그에 대한 깊디깊은 선입견을 가지고 있었다는 혐의를 면할 수 없다. 하지만 이글에는 이미 갑골문이 "가짜"라는 장태염의 결연한 부정으로부터 "진위를 아직 알 수 없다"는 의심으로 변한 미묘한 심리가 반영되어 있다.

동작빈은 장태염의 견해를 이렇게 비판한 적이 있다. "나진옥은 복사 문자를 연구하면서 순전히 『설문』에 근거해 역으로 추정해 나갔기 때문에 고석의 정확성은 그 누구도 부정할 수 없었다. 장태염은 나진옥의 책을 보지도 않은 채 제멋대로 비난했는데, 이는 옥관이 죄상을 자세히 살피지도 않고 판단한 것과 같아서 설령 죄인에게 죄명을 씌우더라도 사람들이 설복하지 않은 것은 자연스런 일이었다."[81] 곽말약은 더욱 전문적으로 비판했다. "그 사람 때문에 없애서는 아니 될 것도 있다. 갑골과 청동기 연구에서 나진옥의 학문은 실로 덮을 수 없는 공을 갖고 있다." 그리고 갑골문은 "바로 중국 문화의 연원이다. 역사가들이 춘추春秋 진한秦漢 이후의 것만 보고 은殷나라 때의 것을 보지 않는다는 것은, 황하의 근원을 찾고자 하면서도 성숙해星宿海에 대해 물어보지 않는 것에 다름 아니다." "(장태염의) 병폐는 오로지 옛날 책만 믿어서, 경전·역사서·자서에 증거만 있으면 무엇이든지 믿고, 그와 반대면 전혀 믿지 않았다는 데 있다." 곽말약은 또 이렇게 말했다. "장태염은 소학의 전문가로, 성음聲音과 훈고訓詁학의 업적은 건가乾嘉 학파를 집대성했다고 해도 될 것이다. 그 공력을 고대 기물의 탐구에 쏟았더라면 나(진옥)·왕(국유)보다 뛰어나고, 오(대징)·손(이양)을 앞질렀을 것에 분명하지만, 대단히 안타깝게

---

80) 章炳麟, 「與金祖同論甲骨文書」, 日本『書苑』 第1卷 第1號, 1937. 또 『甲文辯證』 上卷(1941)에 수록됨.

81) 董作賓, 『甲骨學六十年』, 『中國現代學術經典』 「董作賓卷」, 河北教育出版社, 1996, 196면에 수록.

도 의심이 지나쳐 벽으로 둘러친 채 그것을 끊어버렸다는 단점은 면할 수 없다." 이로부터 곽말약에 의해 『설문』이 "문자학의 원류이긴 하지만 결코 문자의 원류는 아니다"는 고문자학의 이론적 명제가 제시되었다.[82]

갑골에 대한 의혹이라는 장태염의 삽입곡이 이끌어 낸 문자학에서 가지는 『설문』의 지위를 비롯한 그와 관련된 갑골문자 연구의 이론화라는 문제는, 전통적인 문자학의 틀은 이미 지켜지기 어렵고, 소위 "문자의 원류는 『설문』 이외에 아무 데서나 구해서는 아니 된다"는 규칙은 이미 시대에 뒤지는, 후회막급한 소리가 되어버렸다는 것을 의미했다. 하지만 낙엽은 떨어지고 썩는 법, 갑골문자를 고석할 과학적 이론의 확립이 이미 그렇게 절실해졌다는 것의 반증이기도 했다. 이러한 측면에서 앞서 말한 『설문』"은 문자학의 원류이긴 하지만 결코 문자의 원류는 아니다"는 곽말약의 명제는 전통적인 "설문학"의 병폐를 적극적으로 바로잡았으며, 이후의 논의를 이끌어 냈다. 『설문』은 더 이상 신성불가침의 경전이 아니라 갑골문자의 연구를 통해 중국문자의 기원을 추적하고 문자의 변천규칙과 구성원리를 파헤치며, 중국문자 발전의 궤적을 파헤치는 데 도움을 주는 책으로 변했다. 그리고 이로부터 전통적인 "설문학"의 기초 위에서 완전히 새로운 고문자학이 건립될 수 있었다.

2) 갑골문자 고석이론의 체계화

갑골문자 고석의 이론화는 엄격히 말해서 당란唐蘭과 우성오于省吾에 이르러서야 비로소 비교적 체계적으로 이루어졌으며, 방법론도 점차 성

82) 郭末若, 「章太炎先生の金祖同に與へて甲骨文論し書老評す』, 日本 『書苑』 第1卷 第5號, 1937. 중국어판 「甲骨文辯證序－爲章太炎致金祖同論甲骨文書」, 『說文月刊』 第2卷 第6・7期合, 1940. 이 글은 『甲骨文辯證』 上卷(1941)에 영인 수록되었고 『考古論集』(科學出版社, 1992)에 수록되었다.

숙해 졌다.

당란唐蘭(1900~1979)은 강소성 무석無錫의 국학전수관에서 수학하였고, 이후 독학으로 고문자학의 대가가 되었다. 당시 왕국유에 의해 상승조商承祚·용경容庚·가창조柯昌濟와 함께 "오늘날 약관의 나이에 고문자학을 하는 사람으로 이 네 사람이 있을 뿐이다"[83]라는 칭찬을 받았다. 갑골문·금문·청동기에 대해 깊이 연구했다. 1947년 북경대학 교수로 초빙되었으며, 1952년 이후에는 고궁박물원의 부원장을 역임했다.[84] 당란의 갑골문 연구에 대한 중요 논저로는 「흰 무소를 잡았다는 것에 대한 고찰獲白兕考」(1932),[85] 「오른쪽 꼬리 복사에 대하여關于尾右甲卜辭」(1936),[86] 「복사 시대의 문학과 복사 문학卜辭時代的文學和卜辭文學」(1936),[87] 『은허 문자기殷虛文字記』(1934), 『은허문자 이기殷虛文字二記』(1979),[88] 『북경대학 소장 갑골각사 고석北京大學藏甲骨刻辭考釋』(1934),[89] 『천양각 갑골문존天壤閣甲骨文存』(1939), 『고문자학 도론古文字學導論』(1935), 『중국 문자학中國文字學』(1949) 등이 있다.

당란은 갑골학사에서 갑골문자의 해독을 고문자학의 영역으로 넣어 체계적으로 연구하고 이를 이론화시켜 수준을 높이고 고도로 규범화하여 연구한 최초의 학자이다. 그는 고문자학을 진정한 학문 분과의 하나로 보았으며, 장기간 동안 끊임없이 탐구해 약 백여 개의 갑골문자를 해독했을 뿐 아니라 갑골문자를 해석하는 일련의 이론적 방법을 총결해 내었다. 그는 『천양각 갑골 문존 고석天壤閣甲骨文存考釋』의 「서」에서 "나는 복사 문자에 가장 많은 공력을 쏟았으며, 고석해 낸 글자는 이전 학자들의 배가 넘는다"면서 대단히 자긍심을 느끼고 있었다. 같은 글에서

---

83) 『殷虛文字類編』, 王序, 決定不移軒 刻本, 1923.
84) 曾禮, 『唐蘭傳略』, 『中國当代社會科學家』 第三輯, 北京書目文獻出版社, 1983 참조.
85) 『燕京大學史學年報』, 1932年 第4期.
86) 『考古社刊』, 1936年 第6期.
87) 『清華學報』 第11卷 第2期, 1936.
88) 『古文字研究』 第1輯, 中華書局, 1979.
89) 『考古社刊』, 1934年 第1期.

자신의 고문자 연구법에 대해 이렇게 기술하고 있다.

> 무릇 문자학이란 그 스스로 하나의 학문 분과를 이룬다. (…중략…) 내가 처음 소학을 공부했을 때는 허신의 책을 추종했다. 하지만 이후 청동기 명문을 계속 연구하면서 점차 의문을 갖게 되었다. 서른이 넘어서는 분류를 깨닫게 되었고, 갑골 및 상나라 때의 청동기 명문으로부터 문자가 그림圖畫에서 발생했다고 추정하게 되었다. 그리하여 원시를 찾아 올라갔고 그 구조를 밝혔으며 그 역사를 찾아모으고 변화를 통찰하여 드디어 고문자학 『도론』을 지어 대강의 조리라도 만들 수 있게 되었다.

그는 『은허 문자기』의 「서」에서도 이렇게 말했다.

> 내가 고문자학을 시작한 것은 민국 8년(1919)이었는데, 손중용孫仲容의 학문에 가장 심취해 있을 때였으며, 한 글자를 해석할 때마다 반드시 그 편방을 분석하고 그 역사를 살펴 참된 모습을 찾으려 했다. (…중략…) 수년이 지나자 대략이마나 그 관통할 수 있는 조례를 알게 되었다.

당란이 말한 "대강의 조리라도 만들게 되었다"나 "그 관통할 수 있는 조례를 알게 되었다"는 것은 사실 그가 강조했던 고문자 형체 연구의 방법이다. 그가 세우고자 했던 "독립된 분과專門"로서의 "문자학"은 바로 『고문자학 도론』에서 강조했던 것처럼, "문자의 형체 연구는 독립된 학문이 되어야만 하며", "자형을 분명하게 인식하는 것이야말로 학자들이 가장 주의해야 할 부분이다. 예컨대 형체의 필획을 정확하게 알지 못하면 모든 연구는 시작할 방법이 없다. 자형을 분명하게 인식하는 방법은 먼저 문자의 변화가 비록 복잡하긴 하지만 찾을 수 있는 규칙이 있다는 것을 알아야만 한다." 그리고 "갑골 · 청동기 · 토기 · 도장 문자 등의 대량 발견으로 (…중략…) 비교적 오래된 자료로부터 문자의 기원을 추정할 수 있게 되었고, 문자의 구성에 대해서도 새롭고 완전한 이론을 구축할 수 있었으며, 이로써 진부한 육서六書설을 대체할 수 있게 되었다"[90] 고 했다. 이는 앞에서 기술했던 『설문』은 "문자학의 근원이기는 하나 결코 문자의 근원이 아니다"는 곽말약의 말과 의미적으로 일치한다. 하지만 고문자학 이론을 세우고 연구 과정에서 새로운 진전을 이루었다는 점에는 의심의 여지가 없다.

"문자의 형체 연구는 독립된 학문이 되어야만 한다"는 인식에 기초하여 당란은 『고문자학 도론』에서 재차 이렇게 강조했다. "일반 학자들이 이미 해석했다고 하는 갑골문자는 1천 자 정도를 넘지 않고 게다가 잘못 해독된 것도 많다. 만약 알맞은 방법을 갖고 다시 정리한다면 적어도 읽을 수 있는 글자는 배 이상 늘어날 것이며", "내 개인적인 방법에 의해 해독해 낸 글자들도 거의 배 이상은 늘어났다."[91] 그는 고문자 형체를 분석해 낼 수 있는 방법을 다음의 네 가지로 정리했다.[92]

첫째, 대조법 혹은 비교법이다. 당란은 이렇게 말했다. "중국문자는 대단히 오랜 고대로부터 지금에 이르기까지 그대로 쓰이는 것"이기 때문에 고문자의 연구는 그들 간의 차이를 대조하고 그 변화의 흔적을 비교해야 하는데 "『설문해자』는 바로 이들 사이를 연결해 주는 고리가 된다." 이를 확대해 나가면 소전小篆과 육국六國의 고문古文에만 한정되는 것이 아니어서 대조의 범위는 갑골과 금문 등 각종 고문자 자료를 포함하게 된다. 하지만 "서로 다른 글자를 하나로 끌어들이지 않도록 하는 데 대단히 주의해야 할 것이다."

둘째, 추감법推勘法이다. 당란은 이렇게 말했다. "수많은 글자가 아직 해독되지 않았다. 하지만 글자의 의미를 곱씹어 따져 본다면 해독해 낼 수 있다." 즉 옛사람들의 상투적인 말과 사례에 근거해 글자의 의미를 추정함으로써 고문자

90) 唐蘭, 『古文字學導論』, 齊魯書社, 1981, 135～137・161면.

91) 唐蘭, 『古文字學導論』, 齊魯書社, 1981, 192면; 「自叙」, 4～5면.

92) 唐蘭, 『古文字學導論』, 齊魯書社, 1981, 163～202・241면.

를 고석하는 방법이다. 하지만 이는 "다른 방법의 보조적인 것으로 써야 하며", "연구 과정에서 절대로 글자의 형체를 포기해서는 아니 된다."

셋째, 편방 분석법이다. 이는 "이미 해독해 낸 고문자를 몇 개의 개별 형체—즉 편방偏旁으로 분석하고, 다시 개별 형체의 각종 다른 형식을 한데 모아 그것들의 변화를 살핀다. 그리고 사람들이 모르는 글자라도 그것을 약간의 개별 형체로 분리하여 분석하기만 하면 된다. 이 개별 형체를 모두 해독하고 다시 합치면 그것이 무슨 글자인지를 알 수 있게 된다." 하지만 이러한 방법을 쓸 때에는 "첫째, 편방을 정확하게 해독해야 한다. 둘째, 약간의 편방들로 조합된 개별 글자들에 대해 그것들의 사료에 주의해야 한다. 만약 그 글자의 사료가 결핍되었다 하더라도 같은 부류의 문자의 관례와 명문 속에서의 용법 등에 의거해 여러 측면에서 추측해야 하지만, 추측할 방법이 없다면 의심나는 것으로 두는 수밖에 없다." 당란은 또 "의미가 비슷한 글자들은 편방 속에서 서로 이동이 가능하다"는 점에 유의했다. 예컨대 '대大'와 '인人'과 '여女', '행行'과 '척彳', '건巾'과 '의衣', '토土'와 '부阜' 등이 그러하다.

넷째, 역사 고증법이다. "문자의 형식은 어떨 때에는 장기간 고정되어 있기도 하지만 어떤 경우에는 끊임없이 움직인다. 편방분석은 고정된 형식에 유리하지만 유동적인 형식에는 불리하기에 역사를 고증하지 않으면 아니 된다." 그래서 문자의 발생과 변화를 연구해야만 하며, "문자의 역사에 주의해야만 하며", 억측스런 기술이 되지 않으려면 "자료를 수집하고 증거를 구하여 많은 공식을 귀납해내야만 한다." 당란에 의하면, "편방 분석법은 횡적인 부분을 연구한다면 역사 고증법은 종적인 부분을 연구하는 것이라 하겠으며, 이 두 가지 방법은 고문자연구에서 가장 중요한 부분이며, 그중에서도 역사 고증법이 더 중요하다."

당란은 또 전통적인 "설문학"에서 말하는 "육서설"에 대해서도 도전장을 내던졌다. "육서설의 단점은 상형象形 · 지사指事 · 회의會意 · 전주轉注 · 가차假借 · 형성形聲이 종종 분명하게 분석이 되지 않는 데 있다"는 점을 제기했다. 이로부터 그는 "육서설"을 대신할 수 있는 새로운 문자학의 조례를 다음처럼 제시했다. "① 문자에는 단지 형부形符나 의부意符와 음부音符만 갖고 있는 것이 있는데, 상형象形·상의象意·형성形聲이 그것이다. ② 상형은 단지 실물의 형체를 본뜬 것이며, 형체 이외에 다른 의미를 표시한다면 이는 상형자가 아니다. ③ 상의象意문자는 모든 사물의 동태나 정태를 그려낸 것으로, 상의자라면 모두 한 폭의 간단한 그림 같아서 그것을 보면 그 뜻을 알 수 있다. 그래서 도형은 가능한 한 간략하게 그리고자 했지만 의미가 왜곡되어서는 아니 된다. 만약 이러한 원칙에 위배되었다면 이는 상의자가 아니다. ④ 상의자가 형성자로 변화한 것으로, 성화聲化 형성자이다. ⑤ 두 개 이상의 편방으로 조합되어 그중 하나가 독음을 표시한다면 이는 형성자이다."[93] 이것이 바로 당란이 이후 『중국문자학』의 처음에서부터 요지를 밝혔던 "삼서설三書說"이다.

> 나는 『고문자학 도론』에서 새로운 체계인 '삼서설'을 세웠는데, 첫째 상형문자, 둘째 상의문자, 셋째 형성문자이다. 상형과 상의는 상고시기의 그림圖畫문자이며, 형성문자는 근고시기의 성부聲符문자인데, 이 세 가지에 모든 중국문자가 포함될 수 있다.
>
> 상형문자 : ① 반드시 독체자獨體字여야 하며, ② 반드시 명사여야 하며, ③ 반드시 본래의 이름 외에는 다른 의미를 가지지 않아야만 한다.[94]
>
> 상형象形·상의象意·형성形聲을 삼서三書라 하며, 이는 모든 중국문자를 다 포괄할 수 있다. 형체形에 귀속되지 않으면 반드시 의미意에 귀속되며, 의미意에 귀속되지 않으면 반드시 소리聲에 귀속된다.[95]

당란의 "삼서설"은 "옛 학설을 타파하여 고문자학에 새로운 중국문자의 구조를 세우고자 했던 손이양 이후 최초의 시도였다."[96] 그의 삼서설

93) 唐蘭, 『古文字學導論』, 齊魯書社, 1981, 262~263면.
94) 唐蘭, 『中國文字學』, 上海古籍出版社, 1979, 75~76면.
95) 唐蘭, 『古文字學導論』, 齊魯書社, 1981, 78면.

은 비록 완비되지는 않았지만 전통적인 "육서설"에 과감히 도전한 창의적인 시도였으며, "육서설"이 한나라 때의 문자학 이론이며 유가 문자학의 경전인 『설문해자』의 이론적 중심이기는 하지만 갑골문과 금문의 구조 체계를 반영하기에는 부족하다는 점을 지적했다. 당란은 심사숙고를 거듭한 끝에 천 년 동안의 속박을 벗어 던지고 "설문학"의 병폐를 극력 주창했는데, 당시로서는 대단히 귀한 것이었다.

특히 당란이 갑골문자의 연구를 고문자학에 포함시켜 이론적이며 체계적인 조리에 주의했다는 것은 백 년 갑골학사에서 대서특필할 만한 일이다. 고문자 형체를 변별하고 밝히기 위한 그의 대조법·추감법·편방 분석법·역사 고증법은 갑골문의 어려운 글자 해독에 대단히 큰 공헌을 했다. 주지하다시피 이러한 네 가지 방법 중 어떤 것은 송나라 때에 이미 사용되었고, 편방 분석법은 당란 자신도 "손중용의 학술에 가장 감동 받았다"고 했지만, 이론적이고 체계적인 정리와 편방 분석을 통해 갑골문자를 그룹화 해 고석한 것은 당란이 처음이었다. 주덕희朱德熙의 평가처럼 "하나의 고문자는 종종 동일 시기의 다른 문자들과 형체적으로 연계되어 있는데 이러한 연계성을 연구하는 것이 바로 편방 분석법이다. 그리고 다른 측면에서, 고문자의 형체는 반드시 그보다 조금 이르거나 조금 늦은 시기의 필사법과 연계되어 있는데, 이러한 연계를 고찰하는 것이 바로 역사의 고증이다. 이러한 두 가지 방법은 고문자를 구체적으로 고석하는 과정에서 이미 적용된 적이 있기는 하지만 의식적으로 방법론적인 원칙으로 제시했다는 것은 대단히 의미 있는 일이다."[97]

갑골문자 고석의 이론화 및 방법론의 정립에 커다란 공헌을 한 사람으로는 당란 이외에도 우성오于省吾가 있다. 갑골문자 연구에 관한 우성오(1896~1984)의 저작 중 공개적으로 간행된 것으로는 『쌍검치 은계변지 초편雙劍誃殷契駢枝初編』(1940), 『쌍검치 은계변지 이편雙劍誃殷契駢枝二編』(1941),

---

96) 陳夢家, 『殷虛卜辭綜述』, 科學出版社, 1956, 75면.

97) 朱德熙, 「紀念唐立厂」, 『古文字研究』 第2輯, 中華書局, 1981.

『쌍검치 은계변지 삼편雙劍誃殷契騈枝三編』(1944), 『갑골문자 석림甲骨文字釋林』(1979) 등이 있다.

갑골문자 해독에 대한 우성오의 성과는 대단하다. 이전 사람들이 해독하지 못했거나 잘못 해독했거나 이미 해독했지만 글자 창제 당시의 원래의미를 잘 알지 못했던 것을 새로 해독해 낸 것이 약 3백여 자에 이르렀는데 이는 같은 시기를 살았던 다른 학자들보다 훨씬 뛰어난 성과였다. 이는 그가 이전 학자들의 학설을 충분히 받아들여 총결해 낸 일련의 고문자학 고석 이론 및 방법과 관련 있다.

진몽가에 의하면, 우성오는 "청대의 문자학과 훈고학자들 중 단옥재段玉裁와 왕념손王念孫을 존숭하는 한편 왕국유의 이중증거법二重證據法을 발전시켜 이로써 경전을 풀이하고 해석했다." "참조하여 고증하는 방법"으로써 갑골문자를 해석하고, "글자 해독을 가장 중요한 임무로 여겼고", "이로써 형체와 의미를 밝히는 것을 목표로 삼았으며", "편방의 분석으로써 형체를 확정하고, 성운聲韻의 통가通假로써 독음을 확정하고, 문헌을 끌어와 형체와 독음을 관통시키고 풀이했다."[98] 우성오는 자신의 『쌍검치 은계변지 초편』의 「서」에서 이렇게 말했다.

> 계학의 연구는 다양하지만 글자의 인식이 가장 중요한데, 점획과 편방을 분석하는 방법을 끌어다 쓰며, 나아가 성운과 통가通假를 보조하는 방법으로 삼는다.

『이편』의 「서」에서는 한 걸음 더 나아가 이렇게 말했다.

> 문자를 살피고 글자를 인식하는 것은 먼저 형체의 확정으로부터 이루어져야 한다. 형체가 확정되면 독음이 통하게 되고, 형체와 독음이 이미 공고해졌을 때 그 의미로 나아간 즉 여섯 가지가 통하고 네 가지가 허물어진다六通四辟.[99] 이

98) 陳夢家, 『殷虛卜辭綜述』, 科學出版社, 1956, 71면.

99) "六通四辟"이라는 말은 『莊子』 「天道」에 보이는데, "제왕의 덕에 두루 통하는 자는

를 문리文理와 사례辭例와 대조하게 되면 자연히 아무런 틈새도 생기지 않는다. 형체의 확정은 편방의 분석에서 이루어지고, 편방의 분석은 점획을 잃어버리지 않는 데 있다. 그것을 잃어버리게 되면 모양만 비슷한 억측이 생겨나게 된다. 점획에 머물러서도 아니 되는데, 점획에만 머물면 얽매이고 고집스런 선입견이 생기게 된다.

『삼편』의 「서」에서는 이렇게 말했다.

상주商周 때의 고문에 의거하여 형체와 의미의 돌아갈 곳을 파헤치는 것이 고문古文과 전서篆書 연구의 근본이다.

『갑골문자 석림』의 「서」에서는 이렇게 말했다.

고문자를 연구할 때에는 반드시 개별 글자 그 자체의 형체와 독음과 의미라는 세 가지 측면의 상호 연계에 주의를 해야 한다. 뿐만 아니라 각각의 글자와 동시대의 다른 글자 간의 횡적인 관계 및 그들이 다른 시기에 어떻게 생겨나고 발전하며 변화했는가 하는 종적인 관계에도 주의해야만 한다.

우성오는 "갑골문과 금문에는 해독할 수 있는 형체와 읽을 수 있는 독음과 찾을 수 있는 의미가 객관적으로 존재하며", "그 형체와 독음과 의미는 서로 연계되어 있음"을 재차 강조했다. 또 고문자를 고석할 때 엄격히 자형의 고석으로부터 출발하였으며, "자형을 고치고 바꾸어 뜻의 풀이를 옮기는" 등의 고문자 고석법에 대해 대단히 반감을 갖고 있었다.[100] 게다가 "형체와 의미의 귀결"에 대단히 유의했으며, 고문자의 변

스스로 그렇게 하기 때문이다六通四辟于帝王之德者, 其自爲也"라고 했다. 옛날 주석에서는 六通은 陰·陽·風·雨·晦·明의 六氣라 했고, 四辟은 春·夏·秋·冬이라 했다. 여기서는 四方과 上下·前後·左右를 말한다.

화 규칙을 찾는 데 전력했다. 이는 "문자의 형체 연구는 독립된 학문으로 분리되어야만 한다"는 당란의 주장과 취지는 일치하지만, 우성오는 갑골문자의 고석 방법론에 있어서 "문리와 사례辭例에 부합하는" "글자의 해석과 해독", "이를 성운과 통가通假의 방편으로 삼는" 것을 대단히 중시하였다. 이는 우성오의 뛰어난 장점인 동시에 그가 갑골문자의 해독에서 난이도나 심도는 물론 범위에서도 동년배 학자들보다 우위에 설 수 있었던 원인의 하나이기도 하다. 그는 "편방분석에서 점획 하나라도 실수가 있어서는 아니 되며", "점획에 머물러서도 아니 된다"는 점을 깊이 깨닫고 있었기 때문에 평생의 집대성작 격인 『갑골문자 석림』에서 고문자의 형방形旁 호용互用에서부터 몇몇 어법현상의 귀납에 이르는 많은 원칙을 제시할 수 있었던 것이다.

고문 초기의 '인人'의 형체에 '지止(즉 趾)'가 있고 없고는 원래부터 구분이 없었다.

고문에서 '지止'나 '척彳'이나 '착辵'으로 구성된 글자는 모두 행동과 관련된 의미를 지니며, 언제나 서로 바꾸어 쓸 수 있다.

고문자에서 '지止'나 '척彳'이나 '착辵'으로 구성된 글자는 모두 바꾸어 쓸 수 있다.

고문자에서 '조爪'로 구성된 글자와 '우又'로 구성된 글자는 바꾸어 쓸 수 있다.

고문자에서 '극丮'과 '우又'로 구성된 글자는 어떤 경우에는 통용된다.

'멱冖'과 '면宀'으로 구성된 글자는 원래 구분이 있었으나, 어떤 경우에는 혼용되어 구분이 없기도 한다.

고문자에서 필획이 단수이거나 복수인 것에 구별이 없다.

초기의 고문자 편방에서 '초艸'와 '목木'은 서로 구분이 없으며, 단수나 복수도 구분이 없다.

---

100) 于省吾, 「關于古文字硏究的若干問題」, 『文物』, 1973年 第2期; 于省吾, 「序」, 『甲骨文字釋林』 中華書局, 1979, 3~4면.

초기 고문자의 편방에서 '망茻'과 '초艸'는 구별이 없다.

고문자에서 '요幺'로 구성된 글자는 '멱糸'으로 쓰기도 한다.

'주舟'·'범凡'·'명皿' 세 글자는 초기 고문자에서 바꾸어 쓸 수 있다.

'범凡'으로 구성된 글자와 '절卩'로 구성된 글자는 종종 통용된다.

'승升'과 '두斗'는 고문자의 편방에서 종종 바꾸어 쓰이고 구별이 없다.

'구䀠'와 '구䀠'로 구성된 글자에는 대부분 놀람과 두려움의 의미가 들어 있다.

고문의 편방에서 '익弋'과 '과戈'는 간혹 바꾸어 쓰기도 한다.

『설문』에 수록된 글자의 편방에서 종종 '구口'로 구성된 글자는 잘못하여 '왈曰'로 된 것도 있다.

갑골문 편방의 위치는 안에 놓이는 것과 바깥에 놓이는 것에 종종 구별이 없다.

점의 속을 채운 것과 윤곽만 그린 것은 의미가 같다.

갑골문의 동사는 명사로 쓰이는 경우가 자주 보인다.

갑골문의 '기其'는 문장 처음에서 발어사로 쓰인 경우를 제외하면 나머지는 모두 조동사 '해該(~해야 한다)'의 용법으로 쓰였다.

고대음에서 '기其'나 '해亥'로 구성된 글자는 쌍성雙聲이기 때문에 종종 통용된다.

이 같은 것은 모두 갑골문자의 고석에서 극히 이론적인 의미를 가진다. 특별히 지적하고 싶은 것은, 우성오가 전통적인 "육서설"에서의 형성자의 원류에 대해 창조적인 견해를 제시했다는 점이다. 즉 그는 "갑골문에서의 부분적인 표음表音을 가진 독체 상형자 및 그것이 어떻게 형성자로 변화 했는가"에 대한 글자창제造字 유형을 제시해 "어떤 독체 상형자가 이미 부분적인 표음을 가진 독체 상형자에 도달한 후 점차 형부形符와 성부聲符가 서로 결합된 형성자로 분화한 것이 형성자의 기원이다"고 했다. 예컨대, 『설문』에서의 "인人과 양羊이 의미부이고, 양羊이 소리부도 겸하는" 강羌의 경우, 갑골문에서는 독체 상형자로 "위가 사람人이 양羊의 뿔을 머리에 쓴 모양인 동시에 양羊의 생략된 모습을 소리부로 삼아 독음으로 삼았으며", 미眉는 눈썹의 모양을 본떴을 뿐 아니라 그것이 독음을 나타내기도 한다고 했다. 또 갑골문의 '미麋'·'수須'·'무舞'·'천天'과 같은 글자는 모두 "부분적인 표음을 가진 독체 상형자로 상형과 형성의 두 가지 사이에 놓인 것으로 '독체 형성獨體形聲이라 할 수 있으며", "이것이 형성자의 맹아"이며, "그 후에 비로소 점차 형부와 성부가 서로 결합된 형성자"로 발전한 것으로 인식했다."[101] 이외에도 우성오는 갑골문과 금문에는 "부획인성 지사자附劃因聲指事字"라는 유형이 존재하는데, '이 유형에 속하는 지사자는 성부가 있지만 하나의 형부에 하나의 소리부로 구성되어, 두 개의 완전한 편방으로 결합된 일반적인 형성자와는 완전히 다른 모습이다"라고 했다. 예컨대 '사史'—'리吏'·'속束'—'동東'·'월月'—'석夕'·'백白'—'백百'·'인人'—'천千'·'우又'—'우尤'·'궁弓'—'홍弘'·'실矢'—'인寅'·'용用'—'용甬'·'구口'—'감甘'·'모母'—'매每'·'모母'—'무毋'·'소小'—'소少'·'종从'—'병并'·'고高'—'교喬'·'대大'—'태太'·'언言'—'음音' 등이 그러한데, "이러한 유형의 지사자의 특징은 어떤 독체자에다 극히 간단한 점획을 더함으로써 해당 글자에 새로운 의미를 부여했다는 것이다. 하지만 원래의 독체자를 소리부로 삼기 때문에 그 독음은 또 조금 변화 된다."[102] 우성오는 만년에 또 「속서가 매번 고문에 부합된다는 것에 대한 논의論俗書每合于古文」라는 뛰어난 논문[103]을 발표했는데, 이는 갑골문 학계에서 정체正體와 속체俗體에 대한 토론(다음 절에서 상세히 기술함)의 선구가 되었다.

이상과 같이 우성오가 "독체 형성"이라 불리는 "독체 상형자"를 비롯해 "부획인성 지사자附劃因聲指事字"라 불리는 원시 지사자와 같이 갑골문자의 고석 과정에서 제시했던 두 가지 유형의 고문자학 형체 구성원리를 발견한 것은 당란의 뒤를 이은 전통적 『설문』의 "육서학"에 대한 또

101) 『甲骨文字詁林』, 中華書局, 1979, 435~443면.
102) 『甲骨文字詁林』, 中華書局, 1979, 445~463면.
103) 『中國語文研究』 第5期, 香港 中文大學 中國文化研究所 吳多泰中國語文研究中心, 1984.

다른 돌파였다. 이는 앞서 말한 고문자에서는 단지 형부·의부, 음부, 즉 상형·상의·형성만이 존재한다는 당란의 "삼서설"에 충실하면서도 이를 보충하고 바로잡음으로써 더욱 정교하게 만들었고, 고문자학의 이론을 발전시켰을 뿐 아니라 이후의 갑골문자고석 작업에도 분명한 영향을 끼쳤다.

3) 문자학사에서의 갑골문자의 지위

1950년대 이후, 갑골문자의 고석은 제3단계에 진입했으며, 연구 성과는 주로 『고고考古』, 『고고학보考古學報』, 『문물文物』, 『중국사 연구中國史研究』, 『고고와 문물考古與文物』, 『중원 문물中原文物』, 『화하 고고華夏考古』, 대만의 『중앙연구원 역사어언연구소 집간中央研究院歷史語言研究所集刊』 및 『대륙 잡지大陸雜誌』 등과 같은 저명 간행물에 발표되었다. 이외에도 다음과 같은 몇몇 전문적인 중요 간행물이나 논문집이 있다. 예컨대 대만 예문藝文인서관에서는 1960년부터 연속적으로 『중국 문자中國文字』를 간행해 1974년까지 총 52책을 발간했으며, 1980년부터는 다시 『중국 문자』 신1기를 복간하여 현재까지 신24기까지 발간했다. 대륙에서는 1978년부터 중화서국에서 부정기적으로 『고문자 연구古文字研究』를 발간하여 총 19집까지 발간했으며,[104] 중국사회과학원 역사연구소 선진사先秦史연구실에서는 1982년부터 『갑골 탐사록甲骨探史錄』을 편찬하여 삼련三聯서점에서 출판하였다. 이후 『갑골문과 은상사甲骨文與殷商史』라는 이름으로 바꾸어 1983년부터 상해고적上海古籍출판사에서 출판하였고 지금까지 총 3집이 나왔다. 중국문물 연구소(이전의 국가문물국 고문헌 연구실)에서는 『출토문헌 연구出土文獻研究』를 편찬하여 1985년부터 중화서국과 과학출판사에서 출

104) (역주) 2005년 현재까지 총 25집이 발간되었다.

판하였으며, 지금까지 총 5집이 출판되었다. 또 사천대학 역사학과에서는 『고문자 연구 논문집古文字硏究論文集』(1982)과 『서중서 탄신 90주년 기념 논문집徐中舒九十壽辰紀念文集』(1990)을, 길림대학 고적연구소에서는 1996년에 『우성오 교수 탄신 백주년 기년 문집于省吾敎授誕辰100周年紀念文集』을 출간했다. 안양安陽사범전문대학에서 발간되던 『은도학간殷都學刊』은 1984년부터 "은상 문화연구殷商文化硏究"라는 독점란을 할애했으며 지금까지 총 60여 차례 발간되었다. 안양의 은허 박물원殷墟博物苑은 1987년 창건 후 『은허 박물원 원간殷墟博物苑苑刊』 창간호(1989)를, 낙양시 제2문물공작대에서는 『하상 문명 연구夏商文明硏究』(중주고적中州古籍출판사, 1995)를 발간했다. 또 1979년 상해의 청년고문자학사靑年古文字學社에서는 유인물의 형식으로 『고문자古文字』를 총 5기까지 발간하기도 했다. 1986년 안양 갑골학회가 성립된 후 2기의 『갑골학 연구甲骨學硏究』가 발간되었다. 홍콩 중문中文대학에서는 1983년 이후부터 총 세 차례의 국제 중국 고문자학 토론회를 개최하여 총 4권의 대형 논문집을 발간했다. 대만의 갑골문학회에서도 1993년 이후 『갑골문 논문집甲骨文論文集』을 총 2기까지 발간했다. 대만의 중앙연구원 역사어언연구소와 대만 사범대학 국문과에서는 1998년 5월 연합으로 "갑골문 발견 백주년 기념 학술 토론회"를 개최하고 『갑골문 발견 백주년 기념 학술 토론회 논문집甲骨文發現一百周年學術硏討會論文集』을 출간했다. 일본 갑골학회에서는 1951년부터 유인물 형식의 『갑골학甲骨學』을 발간하여 1980년까지 총 12호를 발간했다. 미국의 중국학계에서는 1975년부터 연속해 『고대중국(*Early China*)』을 발간하여 약 20여 권을 발간했으며, 수시로 갑골문자 방면의 글들을 소개하거나 연구하고 있다. 한국의 중국 고문자학회에서도 1995년 『고문자 논집古文字論集』의 제1집으로 "갑골학 특집甲骨學特輯"을 발간했다.

갑골문 연구의 개인 저작으로는, 대륙의 양수달楊樹達의 『적미거 갑문설積微居甲文說』「복사쇄기卜辭瑣記」(중국과학원, 1954)·『내림경 갑문설耐林廎甲文說』「복사구의卜辭求義」(상해 군련群聯서점, 1954), 주방포朱芳圃의 『은주문자 석총殷周文字釋叢』(중화서국, 1962), 여호당余鎬堂의 『은주 직해殷籀直解』(남경대학 소장본 2책, 1962), 요효수姚孝遂와 초정肖丁의 공저인 『소둔 남지 갑골 고석小屯南地甲骨考釋』(중화서국, 1985), 구석규裘錫圭의 『고문자 논집古文字論集』(중화서국, 1992)·『고대 문사연구 신탐古代文史研究新探』(강소 고적출판사, 1992)·『구석규 자선집裘錫圭自選集』(하남교육출판사, 1994), 『문사 총고文史叢稿—상고 사상·민속과 고문자 논집上古思想·民俗與古文字學論集』(상해 원동遠東출판사, 1996), 유항劉桓의 『은계 신석殷契新釋』(하북교육출판사, 1989)·『은계 존고殷契存稿』(흑룡강 교육출판사, 1992), 왕신행王愼行의 『고문자와 은주 문명古文字與殷周文明』(섬서인민교육출판사, 1992), 채운장蔡運章의 『갑골문과 고대사 연구甲骨文與古史研究』(중주中州고적출판사, 1993)·『갑골·금문과 고대사 신탐甲骨金文與古史新探』(중국사회과학출판사, 1996), 왕온지王蘊智의 『은주 고문 동원 분화현상 탐색殷周古文同源分化現象探索』(길림인민출판사, 1996), 정혜생鄭慧生의 『갑골복사 연구甲骨卜辭研究』(하남대학출판사, 1998) 등이 있다. 또 대만의 전천군田倩君의 『중국문자 총석中國文字叢釋』(대북 상무인서관, 1967), 마미질馬薇質의 『미경 갑골문원薇頎甲骨文原』(수고 영인본, 1971), 엄일평嚴一萍의 『갑골 고문자 연구甲骨古文字研究』 제1·2·3집(대북 예문인서관, 1976·1989·1990), 대북 예문인서관에서 편집한 『김상항 전집金祥恒全集』(1990), 주기상朱歧祥의 『은허 갑골문자 통석 고殷墟甲骨文字通釋稿』(대북 문사철출판사, 1989) 등이 있다. 또 일본 백천정白川靜의 『갑골 금문학 논집甲骨金文學論集』(붕우朋友서점 합본, 1973)·『설문 신의說文新義』(오전五典서원, 1973)·『자통字統』(평범사平凡社, 1984)·『자통字通』(평범사平凡社, 1997), 총전청책冢田清策의 『갑골문자의 한 연구—'제'를 중심으로 하여甲骨文字の一研究—帝を中心として』(동경동성東京東城서점, 1964), 캐나다 허진웅許進雄의 『중국 고대사회中國古代社會—문자와 인류학의 투시文字與人類學的透視』(대북 상무인서관, 1988; Ancient Chinese Society(영문판), 대북 예문인서관, 1984)·『고문 해성 자근古文諧聲字根』(대만상무인서관, 1995) 등이 있다.

또 갑골문 및 고문자학 통론에 관한 것으로, 진몽가陳夢家의 『은허복사 종술殷虛卜辭綜述』(과학출판사, 1956), 양동한梁東漢의 『한자의 구조와 그 변천漢字的結構及其流變』(상해교육출판사, 1959), 왕양王襄의 『고문 유변 억설古文流變臆說』(용문龍門연합서점, 1961), 맹세개孟世凱의 『은허 갑골문 간술殷墟甲骨文簡述』(문물출판사, 1980), 소애蕭艾의 『갑골문 사화甲骨文史話』(문물출판사, 1980), 왕우신王宇信의 『건국 이래 갑골문 연구建國以來甲骨文研究』(중국사회과학출판사, 1981), 상승조商承祚의 『설문 속의 고문에 대한 고찰說文中之古文考』(상해고적출판사, 1983), 요효수姚孝遂의 『허신과 설문해자許愼與說文解字』(중화서국, 1983), 강량부姜亮夫의 『고문자학古文字學』(절강 인민출판사, 1984), 등산목鄧散木의 『설문해자 부수 교석說文解字部首校釋』(상해서점, 1984), 좌민안左民安의 『한자 예화漢字例話』(중국청년출판사, 1984), 이학근李學勤의 『고문자학 첫걸음古文字學初階』(중화서국, 1985), 오호곤吳浩坤·반유潘悠의 『중국 갑골학사中國甲骨學史』(상해인민출판사, 1985), 범육주范毓周의 『갑골문甲骨文』(인민출판사, 1986), 왕명각王明閣의 『갑골학 초론甲骨學初論』(흑룡강인민출판사, 1986), 임운林澐의 『고문자연구 간론古文字研究簡論』(길림대학출판사, 1986), 진위담陳煒湛의 『갑골문 간론甲骨文簡論』(상해고적출판사, 1987), 고명高明의 『중국 고문자학 통론中國古文字學通論』(문물출판사, 1987), 구석규裘錫圭의 『문자학개요文字學概要』(상무인서관, 1988), 진위담陳煒湛·당옥명唐鈺明의 『고문자학 강요古文字學綱要』(중산中山대학출판사, 1988), 진세휘陳世輝·탕여혜湯餘惠의 『고문자학 개요古文字學概要』(길림대학출판사, 1988), 조성趙誠의 『고대문자 음운 논문집古代文字音韻論文集』(중화서국, 1991)·『갑골문자학 강요甲骨文字學綱要』(상무인서관, 1993), 첨은흠詹鄞鑫의 『한자 약설漢字說略』(요녕교육출판사, 1995), 이포李圃의 『갑골문 문자학甲骨文文字學』(상해 학림學林출판사, 1995), 진송화陳頌華의 『갑골문 개설甲骨文概說』(강소고적출판사, 1996), 맹세개孟世凱의 『중국문자 발전사中國文字發展史』(대북 문진文津출판사, 1996), 정혜생鄭慧生의 『중국문자의 발전中國文字的發展』(하남인민출판사, 1996) 등이 있다. 대만에서는 노실선魯實先의 『고문자학 강의古文字學講義』(대북 신흥新興서국, 1963)·『은계 유선殷契類選』(홍콩, 1963), 이효정李孝定의 『한자의 기원과 변천 논총漢字的起源與演變論叢』(대북 연경聯經출판사업공사, 1986) · 『독설문기讀說文記』(중앙연구원 역사어언연구소 전간 제92종, 1992), 장병권張秉權의 『갑골문과 갑골학甲骨文與甲骨學』(대북 국립편역관, 1988), 왕우신王宇信의 『갑골학 통론甲骨學通論』(중국사회과학출판사, 1989), 주기상朱歧祥의 『갑골학 논총甲骨學論叢』(대만 학생서국, 1992), 마여삼馬如森의 『은허 갑골문 인론殷墟甲骨文引論』(동북사범대학출판사, 1993; 대북 여문麗文출판주식회사, 1997) 등이 있다. 또 일본 등당명보藤堂明保의 『한자의 어원 연구漢字の語源研究』(동경 학등사學燈社, 1963), 가등상현加藤常賢의 『한자의 기원漢字之起源』(동경 각천角川서점, 1970) · 『한자의 발굴漢字之發掘』(동경 각천서점, 1971), 아십철차阿辻哲次의 『한자의 자원漢字の字源』(강담사講談社, 1994), 성남산인城南山人의 『고대문자 동물원古代文字動物園』(동경 일모日貿출판사, 1997) 등이 있고, 미국 키틀리(吉德煒, David N. Keightley)의 『상대 사료商代史料 ― 중국 청동기 시대의 갑골복사中國青銅時代的甲骨卜辭』(*Sources of Shang History ― The Oracle Bone Inscriptions of Bronze Age China*, University of California Press, 1978) 등이 있다.

고문자학의 영역에서 대단한 활력을 가지면서 중국 문자학사에서 가지는 지위를 충분히 드러나게 된 이후 50년간의 갑골문자 연구는 대체로 다음과 같은 몇 가지 특색을 가진다.

첫째, 갑골문을 위주로 하는 고문자 구조원리 및 유관 이론의 탐구와 지속적인 심화.

1930년대 당란은 전통적인 "설문학"의 "육서설" 체계를 파괴하고, 한자의 구조에는 형부 · 의부 · 음부, 즉 상형 · 상의 · 형성의 "삼서설"만 존재하며, 이는 "모든 중국문자를 충분히 포함할 수 있다"고 했다. 이에 대해 진몽가는 『은허복사 종술』의 「문자文字」장에서 이렇게 말했다. "일事과 물체物는 모두 형체를 본뜨는 대상이며", "사물에는 정태적인 것도 있고 동태적인 것도 있기 때문에, 상형자가 명사가 되기도 하고 동사도 될 수 있는 것은 당연하다." 그래서 "상형과 상의象意는 상형문자라 할 수 있으며", 그것을 구분하는 것은 의미가 크지 않다. 또 "한자는 한 글자에 하나의 독음이 맞추어져 있고, 같은 글자라면 어떤 품사로도 쓰일 수 있으며, 한 글자가 문장 속에서는 하나의 단순한 의미만을 대표하며, 한어漢語가 한자를 결정하고 한어의 어법도 결정한다." 그래서 "가차자는 반드시 문자의 기본 유형의 하나가 되어야 하며, 가차자는 문자와 말을 연계시켜 주는 중요한 고리가 된다." 그는 더 나아가 이렇게 말했다. 새로운 "삼서설", 즉 "상형 · 가차 · 형성은 상형을 구조원칙으로 하여 점진적으로 발전한 세 가지의 기본 유형으로 이들이 한자의 기본 유형이다." "상형은 형체形로부터 의미義를 획득하며, 형성은 형체形와 독음音으로부터 의미義를 획득하며, 가차는 독음音으로부터 의미義를 획득한다." "이러한 세 가지의 기본 유형은 은나라 때에 완성되었는데", 갑골문자의 변화라는 측면에서 이야기하자면 "무정武丁 당시 형성은 아직 그렇게 발달하지는 않아 상형자를 소리부로 사용하는 가차 유형이 아직 우세를 점하고 있었으며, 무정 이후부터 제을帝乙 · 제신帝辛에 이르기까지는 주로 형성자가 점점 많아지는 쪽으로 발전했다." 당란이 말했던 "상형과 상의는 상고시기의 그림圖畵문자이고, 형성은 근고시기의 소리부聲符문자"인데, 당란의 분류법은 허구에서 나온 것으로 논의할 필요가 없다.105)

구석규裘錫圭는 진몽가의 "삼서설"에 찬동하면서 이렇게 말했다. 당란이 '삼서'를 문자의 형체 · 독음 · 의미 등 세 가지 측면에다 갖다 붙임으로써 그림圖畵 문자 유형의 표의자에 대해서는 설 자리를 주지 않았고, 게다가 가차자를 한자의 기본 유형에서 배제하였는데, 이는 모두 문제가 되는 부분이다. 또 그가 나눈 상형과 상의의 구분은 별 의미가 없기 때문에, "진몽가의 삼서설이 더욱 합리적이다. 다만 상형은 표의表意로 바뀌어져야 할 것이다"라고 했다. 그리하여 구석규는 새로 수정된 "삼서설"을 제시하였는데, "한자를 표의자表意字 · 가차자假借字 · 형성자形聲字의 세 가지로 분류하였다. 표의자는 의미부意符를 사용한 경우로, 의부자意符字라고 부를 수 있다. 가차자는 소리부音符를 사용한 경우로, 표음자表音字 혹

105) 陳夢家, 『殷虛卜辭綜述』, 科學出版社, 1956, 76~80면.

은 음부자音符字라 부를 수 있다. 형성자는 의미부意符와 소리부音符를 동시에 사용한 경우로, 반半표의 반半표음자 혹은 의부–음부자意符音符字라 부를 수 있다." 하지만 구석규는 "삼서가 결코 모든 한자를 포괄할 수 있는 것은 아니며", 한자발전 과정에서 형체 변화 등으로 인해 생겨난 몇몇 기호자記號字·반기호자半記號字·변체표음자變體表音字(어떤 글자의 자형을 약간 바꾸었으나 원래 글자의 독음과 비슷한 글자)·합음자合音字(편방으로 쓰인 두 글자의 반절反切에 의해 독음이 만들어진 글자)·양성자兩聲字(소리부로 쓰인 두 개의 편방으로 구성된 글자) 등은 "삼서설"에 귀납시킬 수 없다고 했다.[106]

고명高明의 이론은 당란의 "삼서설"에 비교적 근접하고 있다. 하지만 일부는 수정되었는데, 그는 이렇게 생각했다. "한자의 형체구조를 전체적으로 살펴 볼 때, 상형·회의·형성의 세 가지 방법은 이미 모든 한자를 충분히 포괄할 만하다. 육서에서 지사는 상형에서 뻗어 나오지 않은 것이 없으므로 모두 같은 근원에서 나와 조금 변화된 것이므로 따로 분류할 필요가 없다. 전주와 가차는 모두 글자의 운용방법이다." "상형자는 독체獨體이고 회의자와 형성자는 복체復體이다." 좀 더 자세하게 말하자면, "상형자는 물체에 근거해 그려낸 도형으로, 처음 창조된 한자형체의 구조이며, 이후 도형이 점점 상징성을 가진 부호로 변했다. 그것은 원래 완전한 도형이었기에 필연적으로 전체가 형체와 독음과 의미가 한데 갖추어진 하나의 부호일 수밖에 없었으며, '상형 겸 회의'나 '상형 겸 형성'이라는 것은 근본적으로 존재하지 않는다." "회의자는 상형자의 보다 발전된 모습이다. (…중략…) 이는 두 개 이상의 상형부호로 구성된 것으로", 그 조합 형식은 기본적으로 다음의 두 가지로 귀납된다. "한 가지는 완전히 상형을 기초로 한 것으로, 도형의 조합으로써 어떤 단어의 의미의 구체적 특징을 반영해 내는 것이며", "다른 하나는 두 개 혹은 두 개 이상의 상형부호로 구성되기는 했지만, 두 가지 도형의 조합으로 언어에

106) 裘錫圭, 『文字學概要』, 商務印書館, 1988, 104~109면.

서의 단어 의미를 반영해 내는 것이 아니라 두 가지 부호의 의미의 조합으로써 단어의 의미를 구성해 내는 것을 말한다." "형성자의 출현은 한자가 이미 표의로부터 표음으로 가는 중요한 발전이며", "형성자는 복체자復體字로 모두가 하나의 소리부에 하나의 의미부一聲一形를 가진 것이지 소위 말하는 여러 의미부에 여러 소리부復形複聲로 된 형태는 존재하지 않는다."107)

진위담陳煒湛의 이론은 이상의 여러 학설과는 다른데, 그는 이렇게 여겼다. 한대 학자들이 소전에 근거해 분석 귀납해 낸 "육서의 이론은 기본적으로 갑골문에도 적용 가능하며", "자형의 구조를 분석해 볼 때 갑골문자도 대체로 상형 · 지사 · 회의 · 형성의 이 네 가지 방식을 벗어나지 않는다." 갑골문에서의 상형자"는 "간략한 선조線條로 이루어져 객관적 사물의 주요하고 세세한 특징을 형상적으로 그려내거나, 그 전체를 그려내거나, 아니면 부분만으로 그 전체를 대표한 것이다." 지사자는 "상형의 기초 위에서 일정한 부호를 더함으로써 비교적 추상적인 개념을 표현한 것으로, 형상할 형체가 없는 복잡한 사물을 반영했다." "회의자는 갑골문에서 가장 많은 비중을 차지하는 구조인데", "두 개 혹은 두 개 이상의 독체 상형자(를 비롯해 지사자)로 구성된 글자는 대부분 회의자이다." "한 개의 의미부形旁와 한 개의 소리부聲旁가 함께 결합한 것이 형성자이다. 원래 있던 형성자를 의미부나 소리부로 삼고, 다시 소리부나 의미부를 더함으로써 새로운 형성자를 만들어 낸다." 하지만 갑골문에서의 형성자가 차지하는 비율은 상형자나 회의자보다는 훨씬 적다. 이와 동시에 갑골문에서의 회의자가 소전에 이르면 종종 형성자로 변하는 경우도 있는데, '침沉' · '매埋' · '문聞' · '적耤' · '획獲' 등이 그러하며, 적지 않은 글자들은 "육서로는 근본적으로 분석할 수 없는 것들이다."108)

임운林澐은 한자가 말을 기록할 수 있는 방법에 대해 가능한 한 전면

107) 高明, 『中國古文字學通論』, 文物出版社, 1987, 50~65면.
108) 陳煒湛, 『甲骨文簡論』, 上海古籍出版社, 1987, 59~62면.

적이고 과학적인 총결을 내렸다. 그는 역사적으로 존재했던 "육서"설을 충분히 중시해야 하는 동시에 "육서"의 논의과정에서 나왔던 여러 학자들의 정수를 받아들여야 하겠지만, "육서"라는 틀에 속박되어서는 아니 되며, 오늘날 볼 수 있는 고문자 현상에 대해 더욱 실제에 부합하는 구체인 분석이 이루어져야만 한다고 했다. 그는 이렇게 말했다. "문자부호와 그것에 의해 기록되는 단어의 관계는 다음의 세 가지로 나눌 수 있다. 즉 첫째는 형체로 의미를 표현하는 경우이며, 둘째는 형체로 독음을 기록하는 경우이며, 셋째는 독음과 의미를 함께 겸하는 경우이다. 한자가 문자체계로 형성될 당시, 이러한 세 가지 방법을 동시에 사용해 단어를 기록했다." "육서"에서의 상형·지사·회의는 첫째 부류에, 가차는 둘째 부류에, 형성은 셋째 부류에 속한다.[109]

대만의 이효정李孝定은 1960년대 말, 전통적인 "육서설"에서 출발하여 갑골문에서의 육서의 속성을 종합적으로 관찰한 결과 이렇게 말했다. 갑골문에서의 육서는 상형·지사·회의·가차·형성 등 다섯 가지이고, 전주자는 발견할 수 없었으며, 편방의 분석으로도 그 귀속을 알기 힘든 또 하나의 부류가 존재했다. 갑골문에서 가차자의 비율이 상당히 높았으며, 차용된 것은 대부분 상형·지사나 회의자였고, 형성자는 아직 초기 단계에 처해 있었다.[110]

이렇게 볼 때, 갑골문을 위주로 하는 고문자 구조원리 및 그 방법론의 논의는 전통적인 "육서학"의 이론적 기초 위에서 일어난 것으로, 후반 50년 시기 고문자학 영역의 중요 분야로 자리 잡았다. 1930년대 당란의 상형·상의·형성의 "삼서설"을 이어, 수정된 대표적인 학설로는 진몽가의 상형·가차·형성, 구석규의 표의·가차·형성의 "삼서설", 고명의 상형·회의·형성의 "삼서설", 임운의 형체에 의한 의미 표현以形表義·형체를 빌린 독음 표기借形記音·독음과 의미를 겸한 것兼及音義 등의 세

109) 林澐, 『古文字研究簡論』, 吉林大學出版社, 1986, 11~35면.
110) 李孝定, 「從六書的觀點看甲骨文字」, 新加坡 『南洋大學學報』, 1968年 第2期.

가지 부류, 진위담의 상형·지사·회의·형성의 "사서설" 등이 나왔다. "육서"의 이해에서 여러 해석이 달리 존재하는 것이 사실이며, 현재까지도 비교적 일치된 의견은 도출되지 않았다. 하지만 오히려 분명한 공통점을 가지는데, 그것은 바로 전통적인 "육서" 이론이 고문자 연구에서 결코 시대에 뒤떨어진 것이 아니라 현대의 이론과 마찬가지로 생명력을 갖고 있다는 점이다. 하지만 앞으로의 연구는 다음과 같은 점에 유의해야 할 것이다. 즉 "육서"라는 틀의 기초 위에서 새롭게 "명칭을 살피고 글자를 해석하는考名識字" 내재적 의미를 부여해야 할 것이며, 그에 가장 우선되어야 할 것은 고문자 자료의 구체적 분석이다. 그리고 이론적인 면에서의 전면적인 귀납과 충실한 보충과 교정을 통해 고문자 구조원리의 방법을 귀납함에, 단지 전형적인 문자에 대한 예에 근거해 만들어서는 아니 될 것이다. 엄격히 말하자면 "일반적이고 일상적인 예에서 일반적인 법칙을 만들어야지", 일부의 예로서 전체로 간주하거나 부분적인 것으로 전부를 대표시키고 특수한 예로서 일반적인 예로 간주하는 것 등은 이후의 연구에서 주의해야 할 부분이다.

둘째, 갑골문자 형체구조의 특징 분석과 고문자 형체학의 건립.

1930년대 곽말약은 갑골문자 형체구조의 특징에 대해 이렇게 말한 적이 있다. 즉 문자의 대부분이 순수한 그림이며 번간繁簡·순역順逆·반정反正·굴신屈伸·석합析合·상하上下·좌우左右 등이 전혀 고정되어 있지 않고, 문자가 아직 원시 상태를 벗어나지 못했다. 상형문자가 80퍼센트 이상을 차지하고, 개별 글자의 구조에 결정된 것이 없으며, 인명·지명·달의 명칭·숫자 등과 같은 많은 글자들이 합문合書으로 되어 있고 분리해 쓰기析書 한 예도 나타나고 있어, 문자가 아직 창조과정 중에 있었다. 이러한 견해가 이전 50년간의 갑골학계의 대표적인 인식이었다.

하지만 이후 50년간, 이러한 측면에의 분석이 날로 정교해져 많은 새로운 인식이 이루어졌다. 예컨대 갑골문 속의 중복 글자重文·합문合文 등에 대해 구석규는 갑골문에서 "="와 같은 중복 글자를 뜻하는 부호가 사용되기도 했지만 어떤 부호도 첨가하지 않은 채 중복 글자를 생략한 비교적 원시적인 방법도 사용되었음을 지적했다. 예컨대 "을해날 점을 칩니다. '유'제사에 소 10마리와 목을 벤 포로 10명을 대갑과 갑신께 바칠까요? 乙亥卜, 又十牢十伐大甲申"(『今粹』 477편)에서의 "대갑신大甲申"은 "대갑 갑신大甲甲申"의 중복된 글자의 생략형이다. 또 합문合文의 생략에서 공유된 필획 및 중복 편방을 생략한 것도 있는데, "빈모牝牡"의 합문을 "牝土"로 적음으로써 중요한 의미부인 '우牛'를 생략했다. 그는 또 갑골문에서의 한 글자를 분리해 쓰거나析書 거꾸로 쓰거나倒書 비스듬하게 쓰는側寫 형식 및 글자의 일부를 단선으로 그리거나 윤곽을 그려 넣은 형식으로 표시한 글자들을 이전에는 종종 새로운 글자로 잘못 해독하기도 했다는 점도 지적했다.111) 또 앞에서의 "육서학"에 대한 논의에서, 갑골문자의 경우 꼭 "순수한 그림이 많다"고 할 것은 아니며, "문자가 아직 원시상태를 벗어나지 못했다"는 관점도 수정했다. 대만의 주기상朱歧祥은 최근 갑골문자의 전·후기의 변화, 습관적으로 보이는 것習見과 아주 드물게 보이는 것罕見, 일상적인 상태常態와 특이한 형체異形 등의 현상을 서로 비교하여, 갑골문의 각종 자형구조의 특징을 귀납했다. 예컨대 바로쓰기正書와 비스듬히 쓰기側書에는 구별이 없으며, 가로쓰기橫書와 세로쓰기竪書에도 구별이 없고, 왼쪽으로 향한左向 것이나 오른쪽으로 향한右向 것에도 구별이 없으며, 결합구조의 조합에서 상하·좌우·내외간에도 구분이 없고, 상하식·좌우식·좌우식·내외식간에도 구분이 없으며, 서로를 향하거나相向 서로를 등진相背 경우도 구분이 없으며, 합체合體와 분체分體간에도 구별이 없으며, 단필單筆이나 복필複筆간에도 구분이 없다고 했다. 또 편방을 통용한 예偏旁通用例, 의미부를 첨가한 예意符增添例, 중첩형체를 첨가한 예增添疊體例, 소리부를 첨가한 예增添聲符例, 소리부를 바꾼 예更易聲符例, 의미부를 생략하거나 줄인 예省減意符例, 중첩 형체를 생

111) 裘錫圭, 「甲骨文中重文和合文重複偏旁的省略」·「再談甲骨文中重文的省略」·「甲骨文特殊書寫習慣對甲骨文考釋的影響擧例」 참조. 모두 『古文字論集』에 수록되어 있다.

략하거나 줄인 예省減疊體例, 같은 글자의 이체同字異形例, 다른 글자의 같은 형異字同形例, 형체의 유사로 인한 오류形近訛誤例, 그림이 선으로 변한 예圖形變線條例, 거꾸로 새긴 예倒刻例, 새김이 빠진 예缺刻例 등을 비롯해 갑골문 합문合文 위치의 운용과 조합에 관한 규칙 등을 귀납해 내었다. 그리하여 갑골문자는 고도로 발전하고 활발하게 응용된 성숙된 문자임을 밝혔다.[112] 이포李圃는 『갑골문 문자학甲骨文文字學』에서 이렇게 인식했다. 갑골문자는 네모꼴塊體 문자에 속하며, 그것의 기본적인 구성성분은 형체形와 독음音과 의미義가 서로 통일된 자소字素이다. 자소의 조합 서열은 여러 가지 방향성을 지니며, 복합 자소로 된 글자複素字의 내부 구조는 입체적이고 다층적이며 다변적이자 다원적인 관계이다. 갑골문자의 구조유형은 7조組 14류類, 즉 좌우 분할 배치左右分置와 상하 중첩 배치上下疊置, 가로식 삽입竪式插入과 세로식 삽입橫式插入, 왼쪽 아래 채워 넣기左下塡入와 오른쪽 아래 채워 넣기右下塡入, 왼쪽 위 채워 넣기左上塡入와 오른쪽 위 채워 넣기右上塡入, 위쪽 씌워 넣기上部嵌入와 아래쪽 씌워 넣기下部嵌入, 왼쪽 씌워 넣기左部嵌入와 오른쪽 씌워 넣기右部嵌入, 중간 씌워 넣기中間嵌入와 중간 관통결합中間穿合 등으로 나눌 수 있다고 했다.[113] 주기상과 이포가 내린 갑골문자에 대한 종합적 논의는 대단히 세밀하며 참신한 이론으로 총체적인 면에서 갑골문자의 구성요소 및 형체구조의 특징에 대한 진일보된 논의에 큰 도움을 준다.

갑골문자의 형체특징에 관해, 고문자학계에서는 주로 상주 때의 금문과 비교를 시도하였는데, 이 또한 고문자 형체학 연구를 깊이 있게 만들었다. 이에 관한 대표적인 학설로는 다음의 몇 가지가 있다.

진몽가는 서주 금문에는 갑골문과 다른 다음의 여섯 가지 특징이 있다고 했다. 첫째, 상형자의 발생이 이미 정지된 상태이다. 하지만 생략과 변화는 계속되고 있으며, 때로는 도리어 번화가 이루어지기도 했다. 둘

112) 朱歧祥, 『甲骨學論叢』, 臺灣 學生書局, 1992, 24~51면.

113) 李圃, 『甲骨文文字學』, 上海 學林出版社, 1995, 118・217~218면.

째, 의미부形符가 점점 정형화 되고 있다. 예컨대 갑골문의 '구遘'나 '역逆'의 경우 '척彳'과 '지止'와 '착辵'으로 구성된 세 가지 형식이 있으나 서주금문에서는 '착辵'으로 구성된 한 종류만 존재한다. 셋째, 어떤 의미부形符의 증가이다. 예컨대 '주走'·'언言'·'심心'·'혈穴'·'금金'·'엄广'·'엄厂' 부수에 귀속된 글자들은 갑골문에서 그 수가 대단히 적거나 거의 찾아볼 수 없다. 넷째, 해당 글자가 있는데도 가차한 "통가자通假字"가 존재한다. 다섯째, 허사虛詞가 점차 증가하고 있다. 여섯째, 의미부形符와 소리부聲符의 교환이 갑골문보다 많다.[114]

진위담陳煒湛은 이렇게 말했다. 갑골문은 칼로 새긴 문자여서 각진 필획이 많고 둥근 필획이 적어 금문처럼 속을 채운 두터운 필획이 존재하지는 않는다. 하지만 형체구조에는 두 가지 유형이 존재하는데, 하나다수는 같은 시기의 금문과 차이가 비교적 크다는 것이고, 다른 하나소수는 녹두鹿頭각사·호골虎骨각사 등과 같이 스타일이나 필획의 굵기가 같은 시기의 금문과 다르지 않다는 것이다. 총체적으로 말해서, 갑골문자의 형체특징은 "구조가 고정되지 않았다는 데 있고, 독체자의 형식이라도 변화가 많으며, 합체자를 구성하는 각 성분간의 결합도 엄밀하지 않고, 구체적인 서사에 있어서는 또 상당히 자의적이어서 분리하거나 합치거나 바로 쓰거나 반대로 써도 상관이 없다." 또 합문合文이 보편적으로 존재하며, 같은 글자의 다른 필사법同字異形 때문에 번간繁簡이 공존하며, 편방의 위치도 고정되지 않았고, 이자동형異字同形 등의 형식도 존재한다. 갑골문자는 바로 발전 변화 과정 중의 문자체계로, 초기와 후기의 자형구조 간에도 차이가 존재하며, 개별 글자의 경우 간단한 모습에서 복잡한 모습으로 변하고 있으며, 복잡한 구조에서 간단한 구조로 변한 것은 아니다.[115] 이는 "때로는 거꾸로 증가하거나 복잡해지기도 한다"고 한 진몽가 말과 비슷한 내용이다.

---

114) 陳夢家, 『殷虛卜辭綜述』, 科學出版社, 1956, 80면.
115) 陳煒湛, 『甲骨文簡論』, 62~77면.

구석규裘錫圭는 지하에서 출토된 상나라 때의 청동기문자, 토기・석기・옥기・골기・뿔 등에 새겨진 문자를 갑골문자와 함께 '상나라 문자'라고 불렀다. 그는 붓이 상나라 때의 주요한 서사도구라고 생각했다. 금문의 경우 기본적으로 붓으로 쓴 모습을 유지하고 있지만 갑골문은 다르다. 각수들은 일의 효율을 높이기 위해 붓으로 쓰던 필법을 바꾸지 않을 수 없었는데 대체로 원형을 방형으로, 속을 채우던 것을 윤곽만 그리는 것으로, 두툼한 필획을 세밀한 필획으로 바꾸었으며, 어떤 경우에는 다소 간단해진 자형도 출현했다. 그는 이렇게 말했다. "갑골문이 당시의 다소 특수한 속체자俗體字라고 한다면 금문은 당시의 정체자正體字로 볼 수 있을 것이다. 정체라는 것은 비교적 정중한 상황에서 사용되는 규정적인 글씨체이며, 속체라는 것은 일상에서 사용하는 비교적 간편한 글자체를 말한다." 이외에도 "초기와 후기의 자형구조에 차이가 있으며, 개별 글자의 경우 간단한 구조에서 복잡한 구조로 변했다"는 진위담의 견해와는 달리, 상나라 문자는 점차 간단해져 가는 과정에 있었으며, 초기의 갑골문은 일반적으로 후기에 비해 더욱 상형에 가깝고, 후기 갑골문에 나타나는 그런 복잡한 형체들은 주로 "정체"를 채택한 데서 발생한 것이며, 또 상나라 후기의 어떤 "정체"들은 분명 이미 초기의 "속체"의 필사법을 흡수했다고 했다.116)

북경대학의 고명高明 교수는 또 다른 학설을 제기하면서 이렇게 말했다. 상나라의 청동기에 나타나는 도형에 가까운 그림 문자들은 약 620여 개가 있는데, 갑골문에서도 2백여 개를 찾을 수 있다. 하지만 "문자의 형체로 보면 도리어 갑골문이 더 오래되고 원시적이며", 어떤 것은 상형에 어떤 것은 회의에 속하기도 하며, 어떤 것은 명사이고 어떤 것은 동사이기도 하여, 이전에 말했듯 그림圖畵도 아니요 씨족 표지族徽도 아니다. 씨족 표지는 어떤 종족의 기치旗幟나 어떤 표지標識를 말하지만, 그런 글자

116) 裘錫圭, 『文字學概要』, 40~45면. 또 松丸道雄, 「甲骨文における書體とは何か」(『書道研究』 第88卷 12號, 1988)에 보인다.

들은 한자의 "진정한 고대 형체이며", "씨족의 이름일 수도 나라의 이름일 수도 있다." "갑골문에서의 문자는 단지 서사의 형체만 다를 뿐 글자의 독음이나 의미는 같아, 실제로는 같은 글자의 다른 필사법에 불과하다."117) 하지만 장광원張光遠은 이에 대해 회의적으로 생각하면서 이렇게 말했다. 상나라의 금문과 갑골문 간에는 전후 계승의 관계가 비교적 적고, 단지 공시적인 면에서만 서로 영향 관계를 가질 뿐 고금 한자의 차이는 존재하지 않는다. 다만 차이라고 한다면 금문은 당시 붓으로 쓴 "정체자"를 정통으로 여긴데 반해 갑골문은 궁정의 태사太史 및 각공들이 칼로 새긴 "간체자簡體字"일 뿐이라는 점이다.118) 이러한 견해는 속체와 간체라는 명칭만 다를 뿐, 대체로 구석규의 관점에 오히려 근접하고 있다.

이상의 여러 학설 중에서 구석규의 "정체"와 "속체"설이나 장광원의 "정체자"와 "간체자"설, 그리고 고명의 상나라 청동기 도형문자는 한자의 고대 형체라는 설 등은 사실 "넓은 의미의 초서草書는 넓은 의미의 정서正書보다 그 시기가 앞선다"는 1970년대 초 제시된 곽말약의 설119)을 비롯해 "속서는 언제나 고문과 부합한다俗書每合于古文"는 1980년대 제시된 우성오의 설120)의 심화된 모습이며, 갑골문의 형체적 특징을 논의한 대단히 흥미로운 학설로서, 상나라 문자의 형체구조와 서예적 특징 및 자체 변화 규칙을 전면적으로 인식하는 데 시사하는 바가 대단히 크다.

필자는 이렇게 생각한다. 상나라의 금문과 갑골문 간의 차이는 상나

---

117) 高明, 「"圖形文字"卽漢字古體說」, 『第二屆國際中國古文字學硏討會論文集』, 香港中文大學, 1993.

118) 張光遠, 「商代金文爲正體字, 甲骨文爲簡體字說」, 『甲骨文論文集』第二集, 臺灣甲骨文學會, 1998; 臺灣『故宮文物月刊』第141期, 1994; 『先秦史與巴文化論集』, 天津歷史教學社, 1995.10, 44~47면에 실림.

119) 郭沫若, 「古代文字之辯證的發展」, 『考古學報』, 1972年 第1期. 또 『考古論集』 考古學專刊甲種第十三號(科學出版社, 1992)에 수록됨.

120) 于省吾, 「論俗書每合于古文」, 『中國語文硏究』第5期, 香港中文大學中國文化硏究所 吳多泰中國語文硏究中心, 1984.

라 문자의 모든 필사 재료와 서사 도구는 물론 당시의 문화적 배경과 사회적 요소까지도 고려해야만 할 것이다. 금문이 붓으로 쓴 스타일을 보존함으로써 대부분 두툼한 모습을 띠긴 하지만, 갑골문에도 꼭 같이 두툼한 필획으로 된 것도 있다. 예를 들어 『화이트懷特』 1,915편의 호골虎骨 각사 "신유날 왕께서 계록鷄錄에서 사냥을 했는데, 큰 호랑이를 잡았다. 10월이었고, 왕의 재위 3년 '협'제사를 드리던 날이었다 辛酉王田于鷄錄, 獲大霥虎,[121] 在十月, 隹王三祀劦日"와 『일존佚存』 518편의 뼈로 만든 숟가락骨柶에 새겨진 "임오일에 왕께서 '맥록'에 사냥을 나갔다가 '상'에서 적황색의 무소를 잡았다. 왕께서 '재봉'[122]의 침소에 보관되어 있던 작은 괭觥의 술을 하사했다. 5월이었다. 왕의 재위 6년 '융'제사를 지내던 날이었다 壬午, 王田麥錄, 獲商戠兕, 王賜宰丰寢小𩰫貺, 在五月, 隹王六祀肜日" 등은 공적을 기록한 것으로, 금문과 거의 차이를 보이지 않는다. 하물며 궁실의 태사의 갑골 점복은 신과의 교접을 시도한 것으로 장중한 상황이 아닐 수 없었을 터인데, 어떻게 "속俗된" 모습을 할 수 있었겠는가? 게다가 갑골문에는 한 글자에 번간繁簡의 다른 모습이 함께 존재하는데, 갑골문을 "속체"나 "당시의 한자체"나 "간체자"라고 한다면 제멋대로 써 내려간 상나라 때의 도문陶文은 또 어디에다 넣어야 할 것인가? 바꾸어 말해, 청동 예기의 금문은 장중하고 엄숙함에 생명이 있고, 기물에 기록되어 대대로 전해지는 것이므로, 그 형체는 정숙하고 규격을 따지며 보수적 모습이 강하게 나타나기 마련이다. 갑골문자는 상류 계층의 관료사회에서 간단하게 익혀 쓰고 규범화로 나아간 실용적인 문자라고 할 수 있다면, 상나라의 도문陶文과 같은 것들은 보통사회 즉 소위 세속에서 자유롭게 쓰였던 서체에 귀속시킬 수는 있을 것이다.

규칙성이 비교적 명확하고 보편성을 띤 문자 형체의 변화라는 측면에

121) (역주) 『갑골문자고림』(중화서국, 1996), 1,169면에서는 특수한 품종의 호랑이를 말한다고 했다.

122) (역주) 宰는 관직 이름이고, 丰은 그의 개인 이름이다.

서 본 갑골문자의 형체적 특징 이외에도, 단지 형체 변천의 비정상적인 현상이라는 측면에서 논의를 한 경우도 있다. 예컨대 갑골과 금문 등은 고문자에서 자형 변이가 일어난 일종의 특수현상, 즉 자형이 원래 갖고 있던 구조와 편방의 구성을 정확하게 이해하지 못하여 원래의 구조나 편방을 잘못 파괴하거나 그 글자의 의미와 전혀 상관없는 다른 구성성분으로 잘못 바꾼 현상이 있는데, 이는 "와변訛變"현상이라 부를 수 있다고 했다.[123] 예를 들어, '경卿'—'기旣', '호好'—'육毓', '벌伐'—'수戍' 등이 그러하다. 그 결과 어떤 경우에는 정체와 같이 쓰이는 "와변"된 이체자가 되기도 했고, 어떤 경우에는 아예 원래 글자를 대신해 사용됨으로써 글자 창제의 원래 의미를 불분명하게 만들기도 한다. 이러한 연구는 방법론적인 측면에서 보자면, 고문자 고석의 역사적 고증에 속하며, 고문자 형체 변천의 특징과 규칙을 이해하는 데 더욱 전면적인 도움을 주는 것은 물론이다.

갑골문자의 형체구조 특징을 논의한 것 중, 이외에도 의미부形旁의 구체인 분석으로부터 착수하여 편방의 자원字源을 고찰한 연구도 있다. 고명高明은 『설문』의 540개 부수가 번잡하고 방대하다는 사실에 통탄하면서, 적지 않은 부수가 결코 한자형체의 기본 의미부가 아니기 때문에 소위 "자원"과는 같은 개념일 수 없다고 했다. 그는 갑골과 금문에 근거해 총 111개의 의미부를 추출해 내었으며, 다음의 6부류로 나누었다. 첫째, 사람과 사람의 인체기관과 관련된 것으로, 인人·인儿·대大·여女·비匕·입立·자子·이耳·목目·자自·구口·언言·우又·공𠬞·조爪·심心·신身·노老·극丮·지止 등이다. 둘째, 동물과 관련된 것으로, 우牛·양羊·마馬·견犬·시豕·록鹿·조鳥·어魚·충虫·각角 등이다. 셋째, 식물과 관련된 것으로, 초艸·목木·화禾·미米 등이다. 넷째, 생활 용품과 도구 및 무기와 관련된 것으로, 문門·호戶·산山·고高·주舟·거車·의

123) 張桂光, 「古文字中的形體訛變」, 『古文字研究』 第15輯, 中華書局, 1986. 또 林澐, 『古文字研究簡論』, 103~106면 참조.

衣・건巾・부缶・명皿・정鼎・두豆・유酉・도刀・근斤・뢰耒・망网・궁弓・실矢・과戈 등이다. 다섯째, 자연물과 관련된 것으로, 일日・월月・산山・부阜・전田・읍邑・석石・수水・화火 등이다. 여섯째, 정신 의식과 관련된 것으로, 무巫・복卜・시示・귀鬼 등이다. 그는 이러한 편방의 자원은 대부분 "물상을 본뜬 것에 기초한象物之本" "독체자인 문文"에 해당하며, 자형이 수없는 변화를 거치긴 했지만 여전히 이러한 편방을 자원으로 삼아 구성된 것이라 생각했다.124) 그의 이러한 연구는 체계적이라는 특징을 보여주며, 현재까지도 동일 성격의 연구 중에서 선구적인 지위를 가짐은 분명하다.

고명은 이외에도 갑골문과 금문의 의미부形旁의 호용互用 관계를 정리했다. 앞 절에서도 언급했다시피 당란은 1930년대에 "의미가 비슷한 글자는 편방에서 서로 바꾸어 쓸 수 있다"는 이론을 제시한 바 있으며, 이후 우성오도 갑골문 형방의 호용이나 "독음 때문에 획을 더한 지사자附劃因聲指事字"의 현상을 제시했다. 양수달楊樹達도 "의미가 비슷한 의미부의 통용義近形旁任作", "독음이 비슷한 소리부의 통용音近聲旁任作", "고문에서 소리부를 더한 상형 회의자古文象形會意字加聲旁" 등에 관해 밝혔다.125) 고명은 앞서 말한 갑골과 금문 편방의 자원 체계 분석의 기초 위에서, "의미가 비슷하여 의미부를 통용한 예義近形旁通用例" 30여 조組를 귀납해냈는데, 대大와 인人, 인人과 여女, 인儿과 여女, 수首와 혈頁, 목目과 견見, 구口와 언言, 심心과 언言, 음音과 언言, 육肉과 골骨, 신身과 골骨, 지止와 족足, 지止와 착辵, 착辵과 척彳, 주走와 착辵, 지支와 과戈, 조鳥와 추隹, 우羽와 비飛, 충虫과 민黽, 초艸와 망茻, 화禾와 미米, 미米와 식食, 의衣와 건巾, 의衣와 멱糸, 멱糸과 색索과 소素, 사糸와 난𤔔, 면宀과 엄广, 토土와 전田, 토土와 부阜, 곡谷과 부阜, 산山과 부阜, 수水와 우雨, 목木과 편片, 아牙와 치齒, 일日과 월月, 화火와 광光, 우牛와 양羊과 시豕와 마馬와 록鹿과 견犬 등 동물을 나

124) 高明, 『中國古文字學通論』, 文物出版社, 1987, 65~145면.
125) 楊樹達, 『積微居金文說』, 科學出版社, 1959, 1~16면 참조.

타내는 여러 편방의 통용 예가 그것이다. 그는 만약 두 가지 형방의 의의가 비슷하면 서로 바꾸어 쓸 수 있으며, 형방이 교체되더라도 원래 글자의 의미에 전혀 변화가 일어나지 않음도 지적했다.126) 1980년대 이후에는, 왕신행王愼行이 더 나아가 "고문자의 의미가 비슷한 의미부의 통용 예古文字義近偏旁通用例" 22조組를 제시했는데, 천天－대大－인人, 인人－절卩, 여女－절卩, 여女－모母, 우又－공廾－극丮, 우又－촌寸, 우又－수手－지支, 지支－예殳, 공廾－구臼, 행行－척彳, 지止－척彳, 구口－흠欠, 구口－감甘, 언言－흠欠, 급皀－식食, 우水－수雨, 철屮－목木, 위韋－혁革, 요幺－멱糸, 면宀－혈穴, 충虫－곤䖵－충蟲, 초艸－죽竹과 같은 편방들 간의 통용 예가 그것이다. 이후 그는 다시 인人－도刀, 대大－실矢, 패貝－정鼎, 목目－패貝, 충虫－죽竹, 명皿－혈血, 지止－중中, 산山－화火, 구口－일日, 구口－감凵, 육肉－구口, 육肉－석夕, 육肉－월月, 월月－석夕, 주舟－월月, 주舟－범凡, 목木－화禾, 䇂－신辛－丵 등 "자형이 비슷한 고문자 편방의 혼용 예古文字形近偏旁混用例" 18조組를 제시했다. 왕신행은 의미가 비슷한 편방의 통용과 형체가 비슷한 편방의 혼용에는 차이가 있으며, 전자가 의미에 중점이 놓여 본래 의미가 서로 비슷하여 통용된 것으로 한 글자에 대한 이체의 관계라고 한다면, 후자는 형체에 중점이 놓여 형체의 근사로 인해 잘못하여 통용된 것으로 잘못 쓴 글자라 할 수 있다고 했다.127) 이러한 방면에 대한 제가의 여러 분석은 고문자 형체학의 연구에 시야를 열어주고 연구 영역을 확대했다는 의의를 지니며, 갑골문과 금문의 형방의 호용 관계에 대한 논의에서 커다란 발전을 이루었다 할 것이다.

셋째, 고석 방법의 총결과 어려운 글자의 해독 및 기 해석자의 재논의.

이전 50년간의 갑골문자 고석법을 보면, 손이양이 처음으로 고문자 자형 비교법과 편방 분석법을 제창했으며, 나진옥은 『설문』으로 갑골문을 역추적하는 방법을 제시했다. 또 왕국유는 "편방의 문文을 한데 모으

---

126) 高明, 『中國古文字學通論』, 文物出版社, 1987, 146~179면.

127) 王愼行, 『古文字與殷周文明』, 陝西人民教育出版社, 1992, 1~66면.

고, 파생된 자字를 분석하고, 서로 참조함으로써 그 변화의 끝을 파헤치며, 비교함으로써 그 대강을 발견했다." 당란은 처음으로 비교법·추감법推勘法·편방 분석법·역사 고증법 등과 같은 고문자 형체를 분석하는 4가지 방법을 귀납했으며, 우성오는 갑골문자를 고석하면서 "점획과 편방을 분석하는 방법에다 성운과 통가를 보조 도구로 삼았다." 이는 이미 앞에서 이야기했다. 이후 50년간에는 이러한 측면에서의 총결이나 상세한 설명이 계속해서 이루어졌다. 예컨대 진위담은 과거의 갑골문 연구에는 실제 다음의 두 가지 경로가 존재했다고 생각했다. 즉 하나는 역사고고학적인 경로로 역사학의 범주에 속하는 것이고, 다른 하나는 언어문자학적인 경로로 언어학의 범주에 속하는 것인데, 전자의 성과가 뛰어난 반면 후자는 훨씬 뒤진다.128) 이학근李學勤의 『고문자학 첫걸음古文字學初階』(1985)에서는 고문자학의 각 분과를 소개했는데, 그 속에는 갑골문의 기초지식 및 입문 필독서를 소개한 부분이 들어 있다. 왕우신은 「은허갑골문 기초 7강殷墟甲骨文基礎七講」을 『은도학간殷都學刊』 1985년 제1기부터 제4기에 연재했다.

언어문자학적인 각도에서 고석방법을 전문적으로 총결한 것은, 이후 50년의 연구사에서 대단히 훌륭한 성과를 이룰 수 있었다. 양수달은 『적미거 갑문설積微居甲文說』의 「자서」에서 이렇게 말했다.

> 갑골문은 은상 때의 문자이다. 그 글자를 해독하고자 한다면 반드시 『설문』의 전서·주문·청동기 명문을 경로로 삼아야 할 것이며, 그렇게 하지 않는 것은 옳지 않다. 갑골문에는 이미 동음가차同音通假의 방법이 성행하고 있었기 때문에, 그 글자를 안다고 해서 꼭 그 의미에 통할 수 있는 것은 아니다. 그런즉 통독通讀이 절대적으로 필요한데 그러기 위해서는 고대 음운학의 지식이 중요하며, 이는 갑골학을 하는 사람이라면 반드시 갖추어야 할 기초이다. 갑골문

---

128) 陳煒湛, 『甲骨文簡論』, 上海古籍出版社, 1987, 225~226면.

에 기록된 것은 은상 때의 역사적 사실이다. 그 사건을 알고자 한다면 반드시 고서와 전래 기록에 보이는 은주 때의 역사적 사실로써 그 같고 다름을 합쳐 보아야 할 것이다. 그래야만 비로소 새로운 발견이 있게 되며, 그렇게 하지 않는 것 또한 옳지 않다. 갑골학이란 갑골 편을 널리 살피고 갑골문을 많이 외어 그 조리를 획득하는 것 이외에 이상의 두 가지 방법을 방기한다면 별다른 성과를 이룰 수 없을 것이다. 형체에 근거해 그 글자를 해독하고, 독음을 살펴 그 읽기에 통달한 후에 경전과 합치되는지를 살펴 역사적 사실을 규명한다면, 거의 다 되었다고 할 수 있을 것이다.[129)]

양수달은 갑골문자를 해독하는 데 『설문』의 전서·주문·청동기 명문에 근거해 "형체에 의거해 그 글자를 해독하고, 독음을 살펴 그 읽기에 통달하는" 것 이외에도 갑문을 통독하여 그 조리를 얻고 문헌사료에 익숙해 그 사건을 밝혀야 할 것이라 주장했다. 간단하게 말하자면, 그가 『복사 쇄기卜辭瑣記』의 시작 부분에서 말했듯 "내가 갑골문의 글자를 해독할 때에는 반드시 전서와 주문에 근거하고, 사건을 고증할 때에는 고서에 근거했다"는 말이다. 구체적으로 말해서, 그의 갑골문자 고석방법은 그가 『적미거 금문설』 「자서」에서 금문을 고석하는 방법을 총결하면서 말한 것처럼, "기물을 해석할 때마다 먼저 자형에서 어긋남이 없는지를 살폈고 최종적으로는 문맥이 통하기를 바랬다. 처음에는 글자에 근거해 의미를 구했지만, 다시 그 의미에 근거해 글자를 확정했다. 의미에서 합치되지 않으면 그 자형을 활용하고 문법에서 도움을 받고 성운에서 힘을 빌려 그것을 통독했다"는 말이다. 이는 갑골문을 비롯한 고문자 연구에서 형체와 의미와 독음 삼자 간의 관계와 "문장의 의미에 무리가 없도록" 사례와의 검증을 중시해야 함을 강조한 것이다. 이 책의 첫 권에 들어 있는 「새로운 글자 해독의 유래新識字之由來」에서 "『설문』에 근거해

129) 楊樹達, "自序", 「卜辭瑣記」, 『積微居甲文說』, 中國科學院, 1954. 또 上海古籍出版社 重排本(1986)이 있음.

글자를 해석하고", "갑골문에 근거해 편방을 확정하고 글자를 이해하며", "형체에 근거해 글자를 해석하고", "문장의 의미에 근거해 글자를 해석하며", "옛날의 예제와 풍속에 근거해 글자를 해석하는" 방법 등을 제시했다.[130]

이학근은 이렇게 말했다. 고문자 고석의 첫걸음은 글자의 형체와 분석한 글자의 구조를 정확하게 구별하고 인식하며, 『설문』에서의 알려진 글자 및 이미 해독된 고문자들과의 대비를 통해 문자의 고금의 형체 변화 맥락과 글자의 변화를 밝히며, 형체구조에만 한정되지 말고 이를 독음과 의미의 변화까지 확대해 나가는 것이다. 그 다음에는 해석된 글자를 다시 원래의 원문 속으로 가져가 상하 문맥이 통하는지의 여부를 살펴야 할 것이며, 단지 『갑골 문편甲骨文編』이나 『금문편金文編』 등과 같은 책을 뒤지거나 비교적 특수한 한 두 형체만을 가지고 고립적으로 해석해서는 아니 될 것이다. 그 외에도 고문자학은 주변 학문이기 때문에 고문자 연구는 언어문자학의 방법을 운용하는 외에도 응용 문헌학과 고고학 등의 방법에도 주의를 기울여야만 한다.[131]

임운도 이렇게 말했다. 고문자를 고석할 때에는 반드시 정확한 방법과 구체적으로 운용할 때의 변통이 있어야만 한다. 글자의 의미 탐구에 "의훈義訓"(고문헌에 근거해 글자의 의미를 찾는 것)・"음훈音訓"(동음자를 통해 글자의 의미를 찾는 것)・"형훈形訓"(문자의 형체를 통해 글자의 의미를 추정하는 것)의 세 가지 방법이 있는데, 사례를 통한 검증이 이루어져야 할 것이며 상하 문맥을 이용해 글자의 의미를 판단해야만 한다. 하지만 한 가지 사례에만 근거해서는 아니 되며, 같은 부류의 사례에 대해 전면적인 수집과 배열과 분석이 이루어져야 하고, 또 선진 시대 문헌에서의 어휘와 문법에도 익숙해야 하고 고문자 자료 속의 언어수사에 대해서도 잘 알고 있어야 하며, 글자 뜻의 실제 변천에도 주의해야만 한다.[132]

130) 楊樹達, 『積微居金文說』, 科學出版社, 1959, 1~16면.
131) 李學勤, 『古文字學初階』, 中華書局, 1985, 67~71면.

구석규는 자형에 근거한 단어의 의미 연구에서 주의해야 할 문제에 대해 다시 이렇게 말했다. 먼저 반드시 시대가 이르고 와변되지 않은 자형을 근거로 삼아야 하며, 동시에 문자와 언어의 관계에 대해서도 정확한 인식이 있어야만 한다. 문자라는 것이 언어를 기록한 부호임을 잘 기억하고 있어야 할 뿐 아니라 문자도 언어에 대해 일정 정도의 독립성을 갖고 있다는 것도 알아야만 한다. 글자의 본래 의미와 단어의 본래 의미는 같은 개념이 아니며, 자형이 표시하는 의미와 글자의 본래 의미 간에 마음대로 등식 부호를 그어서도 아니 될 것이다. 단어 의미의 발전변화를 연구할 때에도 본래 의미를 가차된 의미와 파생된 의미의 글자로 끌어들여 샛길로 빠지지 않도록 해야만 할 것이며, 또 의미를 나타내는 동일한 자형의 두 가지 단어가 결코 반드시 친속관계를 갖고 있는 것은 아니기에, 자형원류를 어원과 혼동해 논의해서도 안 된다.[133] 그는 또 고문자 학습 때에는 다음에 주의해야 한다고 했다. 첫째 고문자 발전의 전체 과정을 이해할 것, 둘째 학습의 중점을『갑골 문편』이나『금문편』등을 읽는 데 둘 것이 아니라 원시 자료를 읽어 내는 데 둘 것, 셋째 고문자자료의 성질과 시대 등에 관한 문제에서 비교적 깊이 있는 이해를 할 것, 넷째 이 학문의 새로운 지식을 바로 바로 흡수할 것 등이다.[134]

고명과 장병권도 갑골문자의 고석 방법에 대해 체계적인 총결을 내렸는데, 고명은 다음과 같은 네 가지의 고문자 고석법을 제시했다.[135]

① 계승 비교법因襲比較法. 즉 고체와 금체를 비교하여 고문자를 고석하는 방법으로, 당란이 말했던 "대조법이나 비교법"에 해당한다. 각 시대의 자체 계승

132) 林澐,『古文字研究簡論』, 吉林大學出版社, 1986, 124~160면. (역주) 계명대학 중국학과의 尹彰浚 교수에 의해『중국 고문자 연구 방법론』(학고방, 2004)으로 번역되었다.
133) 裘錫圭,『文字學概要』, 商務印書館, 1988, 145~150면.
134) 裘錫圭,「談談學習古文字的方法」,『語文導報』, 1985年 第10期;『古文字論集』, 中華書局, 1992, 652~660면에 수록.
135) 高明,『中國古文字學通論』, 文物出版社, 1987, 191~195면.

관계 속에서 종합적으로 비교하며, 그 속에서 공동의 자원과 특징을 찾아냄으로써 고문자를 변별하고 인식하고자 하는 목적에 도달한다. 하지만 한자의 각종 특징과 형방의 역사적 변화, 의미가 비슷한 형방의 호용 관계, 한자의 와변 등에 대해서도 잘 알고 있어야 한다.

② 사례 추감법辭例推勘法. 사례의 추감을 통해 고문자를 고석하는 방법으로, 문헌 속의 성어에 근거해 추감하거나 원래의 문사 자체의 내용에 근거해 추감하는 두 가지 방법을 말한다.

③ 편방 분석법偏旁分析法. 자체 중의 편방을 분석하여 고문자를 해석하는 방법이다.

④ 예속 제도에 근거한 글자 해석법據禮俗制度釋字. 이는 이전에 양수달이 제시했던 '고대의 예제와 풍속에 근거한 글자 해석법'과 유사하다. 역사 속의 풍속·예악·법률 제도 등에 근거해 고대문자를 고석하는 방법이다.

장병권은 자신의 경험을 정리하여 총 여섯 가지의 갑골문자 해독 방법을 제시했는데 다음과 같다.136)

① 직접 인지법直接指認法. 즉 별다른 방법 없이 완전히 개인적인 직감과 금석 고문 방면의 기초와 수양에 근거해, 어떠한 이유도 들지 않고 어떤 글자는 어떤 글자라고 직접 인지하는 방법이다. 예컨대 유악劉鶚이 『철운장귀』 「서」에서 인식해 낸 20여 개의 간지자가 이에 해당한다.

② 편방 분석법偏旁分析法. 즉 앞서 말했다시피 손이양에서부터 시작된 자체 중의 편방을 분석해 갑골문자를 해석하는 방법이다.

③ 비교 대조법比較對照法. 예서·전서·고문·금석문자 등을 사용해 비교 대조한 자료로 갑골문자를 인식하는 방법이다. 즉 전술했던 나진옥의 "허신의 책으로부터 금문으로 거슬러 올라가고, 금문으로부터 다시 서계를 살펴, 그 상세

136) 張秉權, 『甲骨文與甲骨學』, 臺北國立編譯館, 1988, 135~146면; 張秉權, 「甲骨文字類比研究例」, 『中央研究院歷史語言研究所集刊』 第20本 下冊, 1949 참조.

한 변화를 살펴서 점점 돌아갈 곳을 얻는" 역 추적법이며, 또 당란이 말했던 "대조법이나 비교법"이기도 하다.

④ 심역 추감법尋繹推勘法. 한 단어나 한 문장 혹은 한 단락의 복사의 문맥에 따라 한 글자나 한 문장의 뜻을 구하는 방법을 말한다. 이는 양수달이 강조했던 "문맥이 잘 통하는지" 구체적인 사례 검증을 통해 고문자를 해독하는 방법을 비롯해 이학근이 주장했던 해석해 낸 문자를 원래의 문장 속으로 다시 갖다 놓고 아래 위 문장이 통하는지를 살펴보는 방법과 같다.

⑤ 역사 고증법歷史考證法. 문자의 인식으로부터 시작하여 역사의 고증으로 나아가는 방법을 말한다. 이는 왕국유가 주창했던 "복사의 문장 통독과 분류로부터 한 걸음 더 나아가 복사를 역사적 지리史地와 예제禮制와 결합하는 것으로, 역사의 고증을 말하며", "오로지 역사적 사실과 제도문물과 고증함으로써 그 시대의 정황을 안다"고 한 것을 말한다.

⑥ 배열 연구법類比硏究法. 갑골문 자체 속에서 한 글자, 한 단어, 한 문장의 의미를 찾는 방법을 말하며, 적어도 한 글자가 갖는 모든 복사 기록 속에서의 모든 상황을 이해할 수 있게 된다. "배열 연구법"은 그 문법구조, 단어의 구성, 동류 복사의 문장의 변화 궤적, 품사 등을 포함한 모든 사례를 배열 정리하는 데 중점이 놓여 있기 때문에, 한 단어나 한 문장 혹은 한 단락의 복사의 의미로부터 한 글자나 한 문장의 뜻을 찾아 나서는 "심역 추감법"과는 다르다. 이는 앞서 임운이 단지 한 문장의 사례만 보아서는 아니 되며 동류 복사를 전체적으로 수집하고 배열하여 분석해야 한다고 했던 것과 같다.

장병권이 제시한 6가지의 갑골문자 해독법 중 '직접 인지법直接指認法'을 제외하면, ②는 고명의 ③과, ③은 고명의 ①과, ④와 ⑥은 고명의 ②와 같고, ⑤는 고명의 ④에 근접하고 있다.

이상 제가들의 과거 고석방법에 대한 총결과 정교화는 상호 보충적이며, 말은 간명하지만 구체적으로 운용하자면 사실 쉬운 일이 아니다. 게다가 각종 방법 간에 서로 융합되고 관통될 수 있도록 해야지 각각 서로 나누어지도록 해서는 아니 된다. 아마도 이러한 방법은 기본적으로 현재 고문자학계에서 일상적으로 사용되는 방법이라고 해도 될 것이며, 이러한 귀납은 갑골문자 고석 수준의 과학성과 정확성을 제고시키는 데 도움이 될 것이다. "고문자학의 공력은 고문자에 있는 것이 아니다"[137]는 당란의 명언처럼, 고문자의 고석은 원시자료의 전면적인 파악과 이 학문에 대한 체계적인 신·구 지식을 두루 갖추어야 하는 것 이외에도, 고대한어에 숙련되어야 하고 문헌학과 고고학 등 기타 학문의 방법 및 관련 성과들을 흡수함에 유의해야만 한다. 그렇지 않으면 성과를 내기가 힘들다.

어려운 글자의 해독과 이미 해석해 놓은 글자에 대한 재논의는 이후 50년 동안 저명학자들이 더욱 많이 배출되어 논저가 숲을 이루듯 하기에 더 이상 서술하지는 않는다.

넷째, 중국문자의 기원에 대한 논의를 불러옴.

1930년대에 당란은 갑골문으로부터 출발하여 "하夏나라 문자가 염제炎帝와 황제黃帝 때" 시작되었다고 추론한 적이 있다. "문자의 시작은 본래 그림에서부터 시작되었다. 물상의 모습을 그려내는 상형象形, 한 가지 형체나 다른 형태에 근거하거나 여러 가지 형체를 모아 하나의 일을 그려낸 상의象意, 이 두 가지는 모두 그림을 사용한 방법이다. 하지만 말로는 존재하지만 그림으로 그리기는 힘든 것도 있기 때문에 문자는 반드시 그림을 빌려 소리를 본뜨는 것으로象聲 진화하기 마련이다. 그림에 의해 그리는 방법은 역대로 면면히 전해져 왔고, 거기에다 가차의 방법까지 마련되면서 문자가 크게 갖추어지게 되었다." "염제와 황제 때 문자가 처음 갖추어지게 되었으며, 사물의 모습을 그림으로 그려 씨족의 휘장으로 쓰게 되었는데, 오늘날의 토템圖騰과 같은 것이다." 또 감숙성에서 발견된 인수조人獸鳥가 그려진 채색 도기 편은 "신점辛店시기의 도기문자로 그것은 오제五帝 때의 것이다"[138]고 했다. 당란은 얼마 후 이에 근거해

137) 李學勤, 「談自學古文字」, 『文史知識』, 1981年 第6期에서 재인용.
138) 商承祚, 「唐蘭序」, 『殷契佚存』, 金陵大學中國文化硏究所, 1933.

"원시문자"설을 제시해 "중국문자의 기원은 6~7천 년 전에 시작되었다"139)고 했다. 이 학설은 손해파孫海波의 『고문성계古文聲繫』에서 받아들여져 「자서」에서 "갑골문과 금문에 의거하고 『설문』을 참조하여", "분류와 예를 심의한" 결과, 그림圖繪·상형象形(상사象事)·상의象意·가차假借·전주轉注·형성形聲의 네 종류가 있다고 하면서, 이렇게 말했다.

> 처음 인류가 생겨났을 당시, 말을 전하고자 할 때는 언제나 그림圖繪이 필요했다. 점차 생략하고 필요 없는 부분을 없애 원시적인 상형象形이 되었고 더 복잡하게 변화하여 상사象事와 상의象意가 되었는데, 이는 진보였다. 그러나 그윽하고 숨은 뜻은 상형으로는 전달할 수가 없었다. 그러자 점차 빌려 쓰는 방법을 사용하게 되었고, 주석을 달아 이를 밝히게 되었다. 형성形聲에 이르러 방법이 대체로 다 갖추어지게 되었으니, 또 다른 진보가 이루어졌다. 상형은 형체를 파생시킨 것이지만 사실 소리가 형체에서 기탁된 것이며, 가차와 전주는 독음을 같도록 맞춘 것이지만 사실은 형체가 소리에 기탁된 것이고, 형성은 형체와 소리가 서로 더해져 점차 파생되어 불어난 것이다. 이것이 문자 발전의 대체적인 모습이다.

손해파도 신점辛店의 도기에 새겨진 채색 그림은 "점차 원시 상형문자로 발전하게 되었다"고 했다. "그림으로 나타내고자 하는 의미를 형체로 다 나타내지 못하면 소리聲가 간혹 정해진 규칙을 넘게 되고", "그림은 그림의 틀을 벗어나지 못하기에 사물을 표상하지 말을 표상하는 것이 아니며, 문자는 단순한 형상으로부터 그 독음을 표시한다. 그래서 원시 인류가 그린 새나 짐승이나 벌레나 물고기 등은 때로는 그것을 잡았다는 뜻으로, 때로는 기물의 장식으로, 때로는 해당 민족의 토템을 뜻하기도 하다가 이후 글자로 발전했다."140) 오늘날의 입장에서 볼 때, 감숙성

139) 唐蘭, 『古文字學導論』, 齊魯書社, 1981, 394~401·404~406면.

140) 孫海波, 「自序」, 『古文聲系』, 北京 來薰閣 石印本, 1935. 또 臺北古亭書屋 翻印本,

신점의 채색 도기가 대표하는 절대 연대는 대단히 늦어 "염제나 황제 때"의 흔적은 전혀 찾아볼 수 없고, 잘해야 겨우 은주 시기 서북지역의 청동문화의 유물 정도에 해당한다. 그것이 "원시문자"나 "원시 상형문자"라는 학설은 허구이므로 논의하지 않아도 된다. 하지만 현장에서 출토된 도기 각획 부호를 중국문자 기원 논의의 실마리로 삼았다는 것은 도리어 문자기원 연구에 새로운 길을 열어주었으며, 문지 기원 논의에 대한 힘겨운 추적이 지속되도록 만들어 주었다.

1960년대 서안西安의 반파半坡에서 발견된 1백여 개의 앙소仰韶문화 도기 각획 부호가 발표되자,[141] 중국문자의 기원에 대한 새로운 논의는 빠른 속도로 진전되었다. 대만의 이효정은 반파 도기의 사람 얼굴·물고기·사슴 등의 채색 그림 및 성자애城子崖·이리두二里頭·은허殷墟 등의 시기가 다른 다양한 도기 각획 부호에 근거해 「선사 시기와 역사 시기 초기의 몇 가지 도기문자의 관찰로 중국문자의 기원을 추측함從幾種史前和有史早期陶文的觀察蠡測中國文字的起源」[142]을 발표했다. 이후 다시 선사시기의 77종을 포함한 150종의 도문을 수집하여 이에 관한 많은 글을 연속해 발표했다.[143] 그의 주요 관점은 다음과 같았다. 첫째, 한자의 기원은 B.C. 4천 년 이전까지 거슬러 올라가며, 그중에서도 반파가 가장 이르다. 둘째, 도기는 필사 자료가 아니었으며, 수량에 한계가 있다. 은허의 도기문자와 갑골문자의 수를 비교해 본다면 반파 시기의 상용자는 이미 2천 자

1967.

141) 中國科學院考古研究所·陝西省西安半坡博物館, 『西安半坡－原始氏族公社聚落遺址』, 文物出版社, 1963.

142) 新加坡 『南洋大學學報』, 1969年 第3期.

143) 李孝定, 「中國文字的原始與演變」 上·下, 『中央研究院歷史語言研究所集刊』 第45本 2·3分, 1974; 「再論史前陶文和漢字起源問題」, 『中央研究院歷史語言研究所集刊』 第50本 3分, 1979; 「符號與文字－三論史前陶文和漢字起源問題」, 『中央研究院第二屆國際漢學會議論文集』(語言文字組), 1989; 「漢字起源的一元說和二元說」, 『古文字學論集初編』, 香港中文大學, 1983. 이상은 『漢字的起源與演變論叢』(臺北聯經出版事業公司, 1986)에 수록되었다. 또 「研究漢字起源與演變的幾點心得」, 『第二屆國際中國古文字學研討會論文集』(香港中文大學, 1993)도 있다.

정도로 추정된다. 셋째, 반파 도기문자에는 이미 상형자와 가차자가 출현했는데, 가차자의 출현은 상형·지사·회의보다 뒤에 생겨났다. 넷째, 서로 다른 시기의 서로 다른 지역에서 출토된 도기문자 중 해독 가능한 글자는 모두 갑골문이나 금문과 완전히 동일한데, 이는 한자기원의 일원설을 반영해 주고 있다. 다섯째, 선사 시기 도기문자의 각획 부위를 보면 대부분 제사나 부장품에 쓰였던 기물의 어깨나 아가리 부위에 위치해 있으며, 이는 후세의 청동기문자의 새김 습관과도 밀접한 관계를 가지고 있다. 이효정의 한자기원 일원론에 대해 홍콩의 양건방楊建芳은「한자기원 이원론漢字起源二元論」에서 대문구大汶口의 도기문자와 앙소의 도기문자는 하나의 체계가 아니라고 주장했다.[144] 장광유張光裕는 중국문자의 기원과 발전사를 세 단계로 나누었는데, 제1단계는 초창기로 도기문자를 대표로 하며, 제2단계는 발전演進 시기로 상나라의 금문을 시초로 삼을 수 있으며 갑골문은 중국문자에서 최초의 간화자簡化字였으며, 제3단계는 정형화 시기로 소전과 해서를 앞 뒤 시기의 대표로 보았다.[145] 그는 또 중국 상고 시기의 각종 도기문자 36종을 수집해 일일이 분석하여「새로 출토된 자료로부터 중국문자의 기원 및 유관 문제를 다시 논의함從新出土的材料重新探討中國文字的起源及其相關的問題」이라는 논문을 발표했는데, 완전히 동일한 몇몇 각획 부호가 서로 다른 시기의 서로 다른 지점에서 출현하고 있는데 이는 후세의 문자와 서로 연계되어있다는 절대적인 증거라고 했다.[146] 이보다 조금 늦지만 진소용陳昭容도「도기문자로부터 논의한 한자기원 문제의 총체적 검토從陶文探索漢字起源問題的總檢討」라는 글에서,

144) 香港大學,『中國語文硏究』, 1981年 第3期.

145) 張光裕,「從商周文字談龍」,『龍在故宮』, 1978. 原文은 볼 수 없어, 여기서는 그가 지은「商代金文爲正體字, 甲骨文爲簡體字說」, 臺灣『故宮文物月刊』 第141期, 1994年에서 재인용했다.

146)『香港中文大學中國文化硏究所學報』第12卷, 1981. "Recent Archcheological Evidence Relating to the Origin of Chinese Characters", Translated by David N. Keightley, *The Origins of Chinese Civilization*, University of California Press, 1982.

도기문자에 대한 선행 연구의 득실을 평가했으며, 반파와 앙소 도문에 대한 이효정의 제설을 긍정하여 선사 시기의 도기 각획 부호는 한자가 발전해 가는 역사의 궤적 속에서 고찰하는 것이 정확하다고 했다. 이와 동시에 그 중 일부분은 약정속성의 과정을 거쳐 문자로 발전했지만, 일부분은 이미 일찍부터 고정된 글자였으며, 또 다른 일부는 영원히 기호의 층차에만 머물러 있기도 했다고 보았다.147)

중국 본토에서는 1970년대 초, 곽말약은 당란이 주장했던 문자의 기원에 대한 관점을 부정하고 지사계통의 문자가 있다고 했다. 그는 “갖가지 지하 자료와 현존하는 민속과 문헌기록 등을 참조해 볼 때, 중국문자의 기원은 지사와 상형의 두 가지 계통으로 귀납할 수 있으며, 지사계통이 상형계통보다 이전에 생겼으며”, “지사가 상형보다 앞서는 것은 제 마음대로 획을 새기는 것이 그림을 그리는 것보다 앞서는 이치와 같다”고 했다. 곽말약은 지금으로부터 6천 년 정도 전의 유적인 반파 유적을 비롯해 그 후의 용산 문화의 “채도와 흑도 상에 새겨진 각획 부호는 한자의 원시계단임에 분명하며”, “이것이 바로 중국문자의 기원, 혹은 중국원시문자의 유일한 혈통이라 할 수 있다”고 했다.148) 우성오는 반파 앙소 문화의 채도 각획 부호는 바로 “간단한 문자”라고 직접적으로 말했으며, 그는 산동성 거현莒縣 출토 도존陶尊에 새겨진 ‘’에 근거해 용산 시기에 이르면 “시기가 더욱 이른 간단한 독체자가 이미 복체자復體字로 변하게 된다”고 했다.149) 이 이후로 당란은 『대문구大汶口』150)의 발굴보고서에서 공표된 도기 각획 부호에 새로 근거해 서안 반파의 도기상에 새겨진 간단한 각획이 부호인지 문자인지 아직 확정할 수 없지만, 대문구 문화의 도기문자는 분명히 “그림문자 체계”에 속하며,151) 또 “이미

147) 『中央研究院歷史語言研究所集刊』 第57本4分, 1986.
148) 郭沫若, 「古代文字之辯證的發展」, 『考古學報』, 1972年 第1期.
149) 于省吾, 「關于古文字研究的若干問題」, 『文物』, 1973年 第2期.
150) 『大汶口－新石器時代墓葬發掘報告』, 文物出版社, 1974, 116~118면.
151) 唐蘭, 「關于江西吳城文化遺址與文字的初步探索」, 『文物』, 1975年 第7期.

규격화"된 "의부意符문자"로, "중국 현행 한자의 먼 조상이다"고 했다.[152]

이에 대해 많은 학자들이 자신의 견해를 발표했다.[153] 예컨대 구석규는 이렇게 생각했다. 한자는 대략 중국의 원시사회 후기에 출현한 상형부호를 기초로 하여 당시 유행하던 몇몇 기호를 흡수하여 발전해 온 것이지만, 기호와 상형부호는 한 가지 계통에 속하는 것이 아니다. 그리고 한자 형성과 관련된 이 두 가지 고고자료의 경우, 하나는 원시사회 후기의 앙소仰韶・마가요馬家窯・용산龍山 문화 등의 기하형 기호이고, 다른 하나는 원시사회 후기 대문구大汶口 문화의 "실물의 모양을 본뜬" 상형부호인데, 후자가 "원시문자의 선구에 속한다."[154] 고명의 생각도 구석규와 비슷해, 선사 시기의 도기 각획 부호를 두 가지로 나누었는데, 하나는 "도기부호陶符"로서 도공들이 어떤 용도로 쓰고자 임시로 만든 부호로, 음성언어의 기초를 갖지 않으며 음성언어를 대표하지도 않는다. 다른 하나는 "도기문자陶文"로 이는 단어의 의미와 독음을 갖고 있다. 하지만 대문구 도기의 각획 부호는 자신의 도형으로 단어의 의미를 표현하고 있어, 청동기 명문에서의 씨족표지族徽와 유사하다. 하지만 아직 음성언어를 대표하는 서면형태로 발전하지는 못했으며, 이러한 도기 문자는 원시적인 한자형체로서 그 구조는 초기한자와 같은 체계에 속한다.[155]

---

152) 唐蘭, 「從大汶口文化的陶器文字看我國最早文化的年代」, 『光明日報』, 1977.7.14; 「再論大汶口文化的社會性質和大汶口陶器文字－兼答彭邦炯同志」, 『光明日報』, 1978.2.23. 이들은 모두 『大汶口文化討論文集』(齊魯書社, 1979), 79～84・90～95면에 수록되었다.

153) 彭邦炯, 「是氏族社會不是奴隸社會－就大汶口文化和唐蘭商榷」, 『光明日報』, 1977. 12.15. 이는 『大汶口文化討論文集』, 85～89면에 수록되었다. 邵望平, 「遠古文明的火花－陶尊上的文字」, 『文物』, 1978年 第9期; 陳國强, 「略論大汶口墓葬的社會性質－與唐蘭同志商榷」; 高廣仁, 「大汶口文化的社會性質與年代－兼與唐蘭商榷」. 이상은 모두 『大汶口文化討論文集』에 수록되었다. 王樹明, 「談陵陽河與大朱村出土的陶尊'文字'」, 『山東史前文化論文集』, 齊魯書社, 1986, 249～283면; 汪寧生, 「從原始記事到文字發明」, 『考古學報』, 1981年 第1期.

154) 裘錫圭, 「漢字形成問題的初步探索」, 『中國語文』, 1978年 第3期. 이는 『古代文史研究新探』(江蘇古籍出版社, 1992), 248～269면에 수록되었다. 裘錫圭, 「漢字的起源和演變」, 『中國古代文化史』 1, 北京大學出版社, 1989, 제4장, 128～139면.

155) 高明, 「論陶符兼談漢字的起源」, 『北京大學學報』(哲社), 1984年 第6期.

이학근李學勤은 한자의 기원을 고대 이집트 문자의 기원과 비교해, 선사시대의 도기부호가 문자의 전신이며, 특정부위에 새겨진 도기부호는 언제나 "소유"관계, 즉 기물이 누구의 것인지, 어느 가족 어느 씨족의 소유인지를 나타내는 데 쓰였다고 하면서, 제가의 학설을 귀납하여 네 가지 방향에서 대문구문화 도기부호의 특성을 논의했다. 첫째, 형상 구조가 갑골문과 금문에 근접해 한눈에도 문자와 대단히 닮았다는 느낌을 받게 된다. 둘째, 특정 기물 외벽의 특정 부위에 새겨졌다는 것은 기물상에 새겼던 금문의 부위와 유사하다. 셋째, 상형이지만 상당한 정도에서 추상화가 이루어졌다. 넷째, 장식성의 무늬와는 달라 약간의 도안 단위로 분리가 불가능하다. 또 어떤 부호는 모습에 조금의 변화가 있었는데, 어떤 부호는 언제나 붉은 색을 칠했고, 어떤 부호는 작은 원을 그려 넣었는데, 이는 모두 부호를 돌출시키기 위한 것이었으며, 어떤 부호는 갑골문과 금문에서 그것들과 기본적으로 일치하는 예를 쉽게 찾을 수 있다는 점도 함께 지적했다.[156] 하지만 왕녕생汪寧生은 이와 다른 의견을 견지했다. 그는 도기부호와 관련된 민족학적 자료를 참고하여 이렇게 말했다. 문자는 원시사회 후기 물체기사物體記事・부호기사符號記事・도화기사圖畫記事 등 세 가지 방법에서부터 나온 것으로, 단지 그림圖畫에서만 기원한 것은 아니다. 진정한 문자는 여전히 표음表音에서 시작되어 말을 기록하는 기능을 가짐에도 불구하고, 대문구의 도기에 새겨진 도형은 그것이 말을 기록한 부호라는 것을 증명할 수 없기 때문에 이를 문자의 시작으로 볼 수 없다.[157] 구사경裘士京도 이렇게 말했다. 대문구 도기부호는 반파의 도기부호보다 훨씬 복잡하긴 하지만, 말을 기록할 수 없었기 때문에 이를 문자라 부를 수는 없다.[158] 최근에 들어, 요종이饒宗頤는 『부

156) 李學勤, 「中國和古埃及文字的起源－比較文明史一例」, 『文史知識』, 1984年 第5期; 『比較考古學隨筆』, 香港中華書局, 1991, 187～195면에 수록되었다. 「論新出大汶口文化陶器符號」, 『文物』, 1987年 第12期.

157) 汪寧生, 「從原始記事到文字發明」, 『考古學報』, 1985年 第1期.

158) 裘士京, 「文字起源和南方古文字問題的探索」, 『文物研究』 第5輯, 1989.

호・초기문자와 알파벳符號・初文與字母－한자 나무漢字樹』라는 저서를 새로 출간했는데, 그는 “세계적인 관점에서 출발”하여 새로운 학설을 제시했다. 즉 원고遠古시기 중국은 세계의 고대문명과 자주 접촉하였으며, 앙소문화의 반파유형의 도기부호의 경우 20여 개가 페니키아 알파벳과 완전히 일치한다. 그래서 반파 도기부호를 포함한 중국의 선사 시기의 적잖은 도기부호가 “알파벳 형 부호字母型符號”에 속하며, 단지 표기 기능만 가졌을 뿐 문자와는 관계가 없다. 다만 이러한 “알파벳 형 부호”가 이후 충분히 발전할 수 없었던 것은 “말과 문자의 분리”에 연유한다. 문자가 언어를 따라 변화하지 않음으로써 알파벳은 순전히 독음만 기록한데 반해 한자는 부분적인 독음을 기록하게 되었으며, 한자는 기원과 발전과정에서 서화 예술과 문자에서 의미부形文와 소리부聲文를 결합시킨 길을 걷게 되었다.159)

1980년대 이래로 중국의 전역에서 대량의 선사 시대 각획 부호가 다시 발견되었다. 그 대부분은 도기에 새겨진 것이고, 일부분은 귀갑이나 골기骨器에 새겨진 것이며, 출토 지점이나 범위도 대단히 넓게 분포되어 있다. 중원지역의 경우, 하남성 무양舞陽 가호賈湖의 배리강裴李崗 유적지에서 출토된 귀갑상의 각획 부호는 그 상한 연대가 8천년 전까지 올라간다.160) 장강 중류 지역에서는 지금으로부터 6천년 전 정도 되는 대계大溪문화 시기의 유적이 있다.161) 황하 하류의 동부 해안 지역에는 지금으로부터 7천년 정도 되는 북신北辛문화 시기의 유적이 있으며,162) 특히 산동성 추평鄒平의 정공丁公 용산 문화시기의 도기문자는 5행 11자로 글자 수가 많고 문장을 이루고 있어,163) 국내외 학계의 넓은 관심과 다양한 반향을 일으키고 있다.164) 근년에는 또 산동성 환대桓臺 사가史家 유적지에

159) 饒宗頤,『符號・初文與字母－漢字樹』, 香港商務印書館, 1998.
160)「河南舞陽賈湖新石器時代遺址第二至六次發掘簡報」,『文物』, 1989年 第1期.
161) 余秀翠,「宜昌楊家灣在新石器時代陶器上發現刻劃符號」,『考古』, 1987年 第8期.
162)「山東滕縣北辛遺址發掘報告」,『考古學報』, 1984年 第2期.
163)「五次發掘簡報」,「山東鄒平丁公遺址第四」,『考古』, 1993年 第4期.

서 악석岳石문화 시기의 갑골문이 발견되어 세인의 주목을 받기도 했다. 장강 하류의 양저良渚문화 시기의 여러 글자가 새겨진 도문陶文도 자주 발견되고 있다. 이들에 대해서는 근 몇 년간 왕온지王蘊智·왕진중王震中·상요화常耀華 등이 전면적으로 자료를 수집하고 자세하게 기술했기에 여기서는 더 이상 서술하지 않는다.

하지만 분명히 알아야 할 것은, 이전의 연구는 중국문자 기원을 파헤치는 방법론적인 측면에서 아직 몇몇 문제점을 안고 있다는 점이다. 그래서 계속적으로 반성함으로써 이러한 연구의 과학성과 학술방법의 엄밀성을 강화해 나가야 할 것이다. 이학근의 최근 지적처럼, "새로 발견된 고고자료, 주로 선사 시대의 도기에 새겼거나 그린 부호를 근거로 삼아 중국문자의 기원을 논의하는데, 논의에 참여한 학자들의 의견이 비록 다르긴 하지만 그 운용 방법은 기본적으로 모두 상주시기의 갑골문과의 비교였다. 갑골문과 금문이 지금까지 확정할 수 있는 가장 오래된 문자이기 때문에 이로부터 거슬러 올라가고 문자의 연원을 파헤치려 하는 것은 인지상정이라 하겠다. 하지만 선사 시기의 도기 및 다른 문물의 부호는 그 연대가 가장 빠른 갑골문과 금문과 비교해도 이미 천 년 이상, 심지어는 몇 천 년이나 차이가 나기 때문에, 갑골·금문의 연구에서 누적된 지식으로 이를 추정 판단한다는 것은 사실 대단히 위험한 일이다. 게다가 선사 시대의 부호가 갑골·금문과 서로 계승 관계에 있는지의 여부도 증명할 방법이 없다." 결론적으로 말해서 갑골문자로부터 야기되

164) 「專家筆談丁公遺址出土陶文」, 『考古』, 1993年 第4期 참조. 또 裘錫圭, 「究竟是不是文字一談談我國新石器時代使用的符號」, 『文物天地』, 1993年 第2期; 林小安, 「中國文字起源之我見」, 『傳統文化與現代化』, 1993年 第3期; 松丸道雄(撰), 蔡哲茂(譯), 「發現中國最古老的文字一記山東省出土的"刻字"陶片」, 『故宮文物月刊』 第143期, 1995; 朱歧祥, 「論陶符和陶文」, 『于省吾教授百年誕辰紀念文集』, 吉林大學出版社, 1996; 松丸道雄, 「"漢字起源"で新見解」, 日本 『書道美術新聞』(旬刊) 第585號, 1997. 6.1.; 松丸道雄, 「漢字起源問題の新展開」 1~5, 日本『書道美術新聞』(旬刊), 第586~589·591號, 1997.6~8; 阿辻哲次, 『漢字の文化史』, 日本放送出版協會, 1994, 10~11면; 曹定雲, 「山東鄒平丁公遺址"龍山"陶文辨僞」, 『中原文物』, 1996年 第2期, 『中國文字』 新20期(藝文印書館, 1995.12)를 참조.

었고 그 이후 현장에서 출토된 도기 각획 부호를 중국문자의 기원으로 논의하는 이 방안은 앞으로도 계속 되어야 하겠지만, 이론과 방법상에서 끊임없는 발전이 이루어져야 할 것은 분명하다. 하지만 출토 자료의 지속적인 증가와 연구의 심화로 한계를 극복할 수 있는 발전이 조만간 이루어질 것이라 믿는다.